五代十國

裂世局

大唐終焉與新王初起

王朝餘燼未冷×諸侯稱帝為王×契丹借勢崛起，

正統沒於烽火，亂世自此無主

天下分崩，忠與奸並生！

譚自安 著

五代十國，亂世四起，帝王如走馬燈般更迭

英雄豪傑在血雨腥風中崛起，也在權謀與戰火中殞落

目錄

目錄

第一章
中原崩裂，契丹初興

1. 帝國謝幕與群雄逐鹿

西元 907 年，曾經強盛得目中無人的大唐王朝終於黯然宣布歇業，徹底退出他們霸占了近三百年的歷史舞臺。相對於很多王朝來說，大唐在歷史上停留的時間已經算是很長了，而且在歷史上的存在感，也比其他王朝要強烈得多，打造出了以唐詩為代表的文化品牌，更是光耀千秋。只是宣布大唐謝幕的人卻是朱全忠。朱全忠是一個叛將，更是一個出身草莽、不識詩書的叛將——這就讓人真的覺得情何以堪了。

歷史就是這樣，從來不照顧任何人的情緒。

當然，朱全忠卻必須照顧到很多首領的情緒。

朱全忠（此時，他已經改名朱晃，但因為這個名字太為不為人知，我們還是叫他朱全忠）宣布終結大唐王朝之後，還是按照那一套堅硬的傳統，廢唐朝最後一個皇帝為濟陰王，然後派出使者，向全國各地首領通告，我已經受禪稱帝了，從此神州不再有唐，只有大梁了。同時，也宣布汴州為開封府，稱東都，以洛陽為西都，至於長安的西京稱號則被廢除。

唐宣帝雖然還被封為濟陰王，但朱全忠對他仍然不放心，把他遷到曹州。當然，如果只是遷到曹州，讓他繼續享受貴族的生活，那也沒有什麼。可是當李柷來到這個新住所時，突然發現，他的住處都用荊棘紮上了圍欄，外面還有一隊甲士守著。他立刻知道，他進入這個住處之後，想離開半步都不能了。

朱全忠還對權力機構進行了一點改制。他雖然還設有宰相，但增設了一個崇政院。任命敬翔為知崇政院事，其職責是當他的顧問和參議。幾乎所有的大事小事，他都先跟敬翔商議，做出決定之後，再由崇政院傳達給宰相，由宰相去實施。宰相的權力就這樣大大縮水，淪為純粹的辦事機構。宰相有時需要進宮奏對，也得透過崇政院代為奏報。

敬翔就成為皇帝和宰相之間的紐帶，其地位和權力完全可以說是一人之下萬人之上。

敬翔為人沉著內向，而且頭腦很好，是個全能式的人才。他在幕府三十多年，一直是朱全忠最為信賴的謀士。朱全忠雖然極度多疑，似乎誰都不都信任，但對敬翔卻十分放心，自把敬翔當心腹謀士以來，都讓他在自己的幕府裡當最高參謀，軍事計畫、民事政務這些大事，都讓他全權力處置。

當然，敬翔也十分盡心盡職，經常加班拚命工作，一天之中，基本都是在辦公室裡忙碌，連睡眠的時間都很少。他說，他只有在行軍時，騎在馬上才能好好地休息一下。

朱全忠性情多疑又殘暴且乖戾，人莫能測，誰都不敢接近，只有敬翔能夠準確地掌握他的心理，知道他什麼時候想什麼，知道什麼時候可以找他辦什麼事。朱全忠對敬翔的性情也掌握得很到位。有時，敬翔看到朱全忠的心情不夠好，而某些事又不能不辦，他並沒有直接說出來，只是在那裡稍微表示有些難辦，朱全忠一看，就已經理解，然後改變自己的決定。朱全忠取代大唐的整體策劃，基本都出自敬翔之手。

朱全忠雖悍然把李氏王朝踢出歷史舞臺，自己宣布以梁代唐，全面接過大唐的全部遺產，但目前整個神州大地仍然處於一片混亂的割據狀態。很多地方的掌權者都還在執行高度自治，根本不鳥大梁朝廷，甚至很多勢力還是朱全忠的死對頭。

李克用是朱全忠最硬的死對頭。

朱全忠宣布自己就任皇帝的時候，就下召削去李克用所有的官職——當然，這個命令，除了對李克用製造點噁心的感覺之後，沒有其他作用。

其他勢力此前都奉大唐年號，好像還有個心理依託，現大朱全忠宣布廢除大唐，大家在短期內都覺得有些不適應，大多都是在觀望。很多勢力的老大都是投機分子，先承認一下朱全忠的年號，表示可以向他納貢稱臣。但河東、鳳翔、淮南都表示堅決不接受朱全忠這個粗鄙無德、又忘恩負義、還反覆無常的傢伙的領導。河東、鳳翔、淮南形成統一陣線，用的年號是「天」，西川則用「天復」年號。

雖然朱全忠最恨的人是李克用，李克用也是這個世界上最仇恨朱全忠的人，但最先宣布向朱全忠叫板的卻不是李克用。

是蜀王王建。

王建得知朱全忠做了這個大逆不道之事之後，第一時間就跟楊渥取得聯繫，宣布組成抗梁聯盟，向朱全忠叫板。兩人商議之後，馬上移檄諸道，請李茂貞和李克用加入他們的聯盟，一起討伐朱全忠，說要興復唐室。

在他們看來，興復唐室這個口號還是很響亮的，是很有號召力的。

哪知，檄文發出去之後，跟泥牛入海一個樣，沒有誰出來響應一聲。他們這才知道，唐室的號召力真的已經歸零了。

王建看到唐室都已經被大家掃進歷史的垃圾桶了，誰還抱著大唐招牌，誰就會被淘汰出局。這又是一個大亂時代，人人都有機會。既然朱全忠那個流氓都敢稱帝，我這個堂堂的大丈夫為什麼不能當皇帝？這個時代，就是出產皇帝最多的時代。

王建突然看穿了這個世界，就收住心神，做好稱帝的宏偉規劃。

王建知道，現在各勢力都還很強大，沒有哪股勢力能憑一己之力，可以橫掃群雄、獨領風騷 —— 即使朱全忠也無法做到，他更無法做到，他想當的皇帝，也並不是一個大一統的皇帝，而是一個割據一方的小皇帝而已。

王建同時知道，他一旦稱帝，其他勢力就會以此為理由，對他大打出手，首先朱全忠就會先對他出手。蜀道雖險，但也經不住多股勢力的打擊啊。

王建這麼一想之後，就派人送一封信給李克用，說：「朱全忠那廝已經稱帝。我們絕對不能臣服於他。所以，我們也都稱帝，不要在明面上低他一等。我們稱帝之後，就全力剿滅朱全忠，然後再找到唐室後人，恢復大唐。那時，我們再一起除去帝號，恢復藩鎮之職。這絕對是利國利民還利己之舉。」

王建以為，李克用是個胡人，心裡根本不會有漢地這些傳統文化，對當皇帝不會有什麼心理障礙，讀了他的信之後，馬上就會興奮地大叫：「我要當皇帝了！」哪知，李克用讀了這封信之後，不但不為所動，而是立刻回信給王建，嚴肅地說：「誓於此生靡敢失節。」態度十分堅決。弄得王建讀著這一行字時，臉面不自覺地有些掛不住。

此前，大唐朝廷曾經大殺宦官。當時，朝廷的文件也發到河東，要求李克用誅殺他的監軍張承業。其他勢力接到這樣的文件，大多都喜出望外，哈哈，這些宦官監軍，平日裡仗著朝廷的威勢，為所欲為，今天就可以清除了。於是，很多地方那些曾跩得二五八萬的宦官，都成了刀下之鬼。但李克用接到這個命令之後，並沒有執行，而是把張承業藏在斛律寺，然後到牢裡砍下一個死刑犯的腦袋去給朝廷交差了事。這時，大唐已經被朱全忠摘牌，李克用為了表示自己仍然高舉大唐的偉大的旗幟，又把張承業放了出來，然後讓他官復原職——繼續當監軍——這可是大唐留下的職務啊。

李克用態度很堅決，但李茂貞的心頭就大動起來了。

李茂貞的勢力跟王建相鄰。這人的人品向來表現得很不上乘，程度也很有限，治軍不嚴。但他也有一個優點，就是對士兵很平易近人。有一次，有人向他告狀，說符昭準備謀反，歧王一定要當心啊。

李茂貞聽了，什麼話也不說，直接跑到符昭的家，然後叫他的所有隨從都回家休息，他自己就在符昭的家裡過夜。大家第二天看到他從符昭的家裡伸著懶腰出來，對他都極是佩服。雖然他對部下很友好，部下對他也不錯，可是他治軍能力太差，整個部隊毫無軍紀，鬆鬆垮垮，就像一支散裝的土匪。李茂貞曾經敢生事，多次逼迫過大唐皇帝，也曾跟朱全忠、李克用這些頂級猛人對抗過。也算是個敢做敢當的傢伙。他看到朱全忠稱帝，王建到處動員大家當小皇帝，就在那裡怦然心動，當個皇帝也很不錯啊。

李茂貞覺得當皇帝很不錯之後，並沒有像以前做事那麼魯莽了，而是把自己的形勢認真地估算了一次，很快就得出結論：自己的程度很差，再加上目前他掌握的地皮一點都不遼闊，部隊紀律渙散、戰鬥力不強，當個地方軍閥，也還能過得去。於是，他沒有壯著膽子響應王建的號召——宣布當小型號的皇帝。但他又不甘心，以前天下還沒有大亂，他都敢搞那麼大的事了，現在哪能比以前更膽小？不能堂堂正正地當皇帝，那就打個擦邊球吧？

於是，他宣布開歧王府，置百官，並稱其居所為宮殿，然後讓他第一夫人稱皇后，部下上書稱箋表。其他號令也都參照皇帝的規格。

2. 羅隱的沉浮人生

另一個大大的強者錢鏐也在睜著那雙眼睛，觀察著形勢的發展。

這時他手下有一個大大有名的人。

羅隱。

很多人都知道羅隱的身分是詩人。其實他也和當時很多詩人一樣，都還有個官員身分，寫詩都是他們的副業。

羅隱的出身很貧苦，而且相貌很不美觀，但他卻很努力學習。他一心只想靠讀書改變自己的命運。

當時，能改變自己貧苦命運的，只有靠科舉。

羅隱還在讀書時，就是有名的學霸，跟族人羅虯、羅鄴齊名，人稱三羅。在大多數人看來，羅隱去考個公務員，那是手到擒來，根本不算事。哪知，羅隱的才華高黃巢 N 個等級，跑到長安考試時，成績也跟黃巢一個樣。只是他比黃巢更有耐心，對考試更堅忍不拔。從大中十三年開始，參加科舉考試，一直考了六次，六次都名落孫山。黃巢考不中了，就憤怒起來，最後成為我們歷史上的黃巢。羅隱沒有黃巢的膽量，唯有繼續咬牙考試。但他心裡也十分激憤，就寫了一大堆對現實不滿的文章，然後編成一本書。這本書叫《讒書》。這個讒可不是嘴讒的意思，而是誹謗嘲諷之意。他本來叫羅橫，也是在這個時候，他覺得自己橫不起來了，就改名羅隱。

在這期間，他曾客居池州。他雖然屢試不第，但他的才華當時卻十分有名，連日理萬機、高高在上的大唐宰相鄭畋、李蔚兩人都對羅隱之名如雷貫耳，對他極是賞識。就是那個羅紹威對他也很是推崇。

有一次他來到魏地——也就是羅紹威的地盤時，他看到羅紹威也姓羅，便決定去拜見這位大人物。

如果是別人，肯定會很謙虛地去求見，然後會說很多奉承的話，讓羅紹威對自己有個好印象。可這人卻十分狂傲。他進入魏博地境之後，就寫了一封信給羅紹威 —— 當然這也沒有問題，很多人都是先修書一封，把自己介紹一番，然後認認親戚。可是他這封信裡，先是自我介紹，把自己吹了一番之後，再敘同宗之誼，最後說，你應該是我的堂姪。我是你的叔叔。

羅紹威手下那幫幕僚一看，居然讓老大當他的晚輩，是不是想死？他們對羅紹威說：「老大，這個羅隱就是小屁民一個，居然在鄴王面前擺架子。老大應該好好教訓他一番。」

哪知，羅紹威對羅隱之名，也早有耳聞，聽了那幾個傢伙的咬牙切齒後，心平氣和地說：「羅隱是天下的名人，長安城裡大多王公都被他瞧不起。現在他肯前來看望我，是我的榮幸。他肯認我為姪子，更是我的榮幸。」

羅紹威說過這些話後，就帶著一大批手下來到郊外迎接這個羅隱叔叔。

見到羅隱叔叔時，羅紹威更是放下架子，對這個叔叔執禮甚恭。

羅隱看到羅紹威向他行禮如儀，更不推讓，大剌剌地接受了。

羅隱雖然考不中，但很多考中了進士的人，對他都很服氣。

令狐綯（令狐楚之子）的兒子令狐滈高中士時，羅隱寫一封賀信給他。

令狐綯看到後，激動地說：「我兒子考中進士，我覺得很平常，沒有什麼值得開心的。我激動的是他能得到羅公的祝賀。」

由此可見，當時的上層菁英，對羅隱的才華都極是推崇。

據說當時的唐昭宗李曄對他的才華也極為賞識。李曄在讀到他的詩章之後，覺得羅隱的詩真好，聖心大動，「欲以甲科處之」—— 也就是要點羅隱進入前甲。可就在羅隱的前程準備大放光彩時，有大臣對李曄說：「陛下，羅隱雖然很有才華，但為人不穩重，性格輕佻，目中無人，即使是明皇聖德，他都照樣譏謗不誤，毫不留情。其餘將相臣僚，更是不在話下。」其原話是：隱雖有才，然多輕易，明皇聖德，猶橫遭譏謗；將相臣僚，豈能免於凌轢（侮辱）？

李曄說：「證據。」

答：「羅隱有一首〈華清〉之詩。詩曰：

桂殿層層佳氣多，開元時節好笙歌。

也知道德勝堯舜，爭奈楊妃解笑何！」

李曄一聽，果然是譏諷唐玄宗的。「其事遂寢」。

於是，羅隱只得不斷地參加考試，結果只能不斷地落榜——因為皇帝都救不了他。

羅隱不但譏諷李隆基，連現任皇帝李儇也敢諷刺一把。李儇絕對是一個玩家皇帝。即使已經到了國破山河在的危亡之時，他被迫連包袱都來不及捲起就逃離長安、往四川逃難時，帶的不是倚為國家干城的文武之才，而是一個耍猴人和一群猴子。這些猴子都受過專門訓練。作為大唐馬戲團的猴子，牠們從來不用擔心這個國家的興盛衰亡，牠們活著的唯一任務就是提供快樂服務給皇帝。所以，即使李儇還在跑得尿褲子的時候，牠們仍然扮出各種怪相，逗李儇開懷大笑。而且，有時牠們還會像大臣們一樣，整齊地班列於李儇面前。李儇高興得哈哈大笑，覺得猴子們真是太解聖意了。他一高興，就賜了一襲紅色朝服給猴子教練，即所謂的「賜朱紱」，享受四品待遇，封號「孫供奉」——當然這個教練並不姓孫，而是跟孫悟空一樣、取「猢猻」的諧音。

這事很快就到處被傳頌。羅隱很快就知道了這事。羅隱本來就對現實極度不滿，聽到這個事之後，若不憤慨他還是羅隱嗎？他讀了這麼多聖賢書，讀得百姓都知道他的才華，可是他硬是考了十次都沒有上榜，這個孫供奉靠耍猴就直接成為四品。原來在這個神奇的國度裡，讀聖賢書遠不如耍猴的。羅隱一怒之下，就寫了首〈感弄猴人賜朱紱〉：

十二三年就試期，五湖煙月奈相違。

何如學取孫供奉，一笑君王便著緋。

這首詩是說，自己多年來想透過科舉進入仕途，拋開家鄉的「五湖煙月」，旅居長安，到頭來卻考了個寂寞，哪比得眼前這個孫供奉，只要猴子耍得好，能博得君王一笑，瞬間就可以穿上緋紅色的朝服。把諷刺的矛頭赤裸裸地指向了現任皇帝。

你想想，當權者對他還看得順眼嗎？所以他雖然才名滿天下，結果只能臥病長安，謀不到一個職位。為此，羅袞曾贈詩給他：讒書雖勝一名休。

羅隱繼續考，前後總共考了十多次，但由於這人對現實太過不滿，不滿的情緒已經深入骨髓，最後連試卷裡滿滿的都是諷刺意味極強的文字，再加上他跟很多才子一樣，為人極為狂傲，考官們對他都十分惱火，總是沒有給他高分。

羅隱雖然屢試不第，但他卻有著極強的參政欲望。

有一次，他投考時，正遇上大旱，朝廷下詔求雨作法。

按當時大家的認知，朝廷這麼做絕對是件正確之事，百姓，有法獻法，無法就默默祈禱。可是羅隱卻上書進諫。他說，水災旱災和天地一樣，是永遠存在的，人類是永遠無法消除的。如果朝廷真心去祈禱，老百姓看在眼裡，也會激動在心上，受再重大的災害也會感激皇帝的親切關懷。可現在的問題是，大臣們都不為朝廷出力。出來唸唸有詞作法的，都是狗屁不通的無名之輩，騙錢騙財能力很突出，而作法的程度就太等而下之了。所以，這個求雨的辦法不可取。

這麼一封諫書送上去，皇帝憤怒，大臣們更憤怒。於是，他就只好又

落第了 —— 你有本事，就在家裡真心祈禱吧。

這樣一個被當權派拒絕的人，再怎麼努力都不會考出好成績來。

雖然他每次都從考場上鎩羽而歸，但他仍然不服氣，仍然奮戰考場，結果不但考不成，反而得了個「十上不第」的雅號。

羅隱仍然堅定信心繼續考，他不信他考不過人家。

可最後他沒有再考了。因為黃巢打進來了，中原大亂，連長安都失守、皇帝都顛沛流離、躲到邊遠山區去了，哪還有考場？他終於考不成，只得跑到九華山躲避戰亂。

九華山確實很好隱居。可是羅隱的名字裡雖然有個隱字，但他絕對不想當隱士 —— 否則，他就不會這麼拚命在長安考而不倦了。他在九華山住了一段時間後，覺得再這樣下去，這輩子就會被磋砣掉。於是，他決定出山去謀個職業。

這時天下已經大亂，朝廷只能偏安於西部，而且還被幾個地方勢力反覆折騰，長安都在反覆失守。他知道這個朝廷真的沒有希望了，想混個出身，只能投靠某個強者暫棲身。他是杭州人，錢鏐自然成為他的首選。

於是，羅隱從九華山裡出來之後，就立刻回到杭州，去求見錢鏐。

他這次來見錢鏐，就是想在這位老鄉這裡混個前程，所以他很怕錢鏐不接受他。他已經五十五歲，時間真的不多了。這個向來狂傲、敢當羅紹威叔叔的大才子，這時也有些擔心起來。當然，他怕了之後並沒有畏首畏尾，或者找人打通關係，而是仗著自己的才華，在求見錢鏐時，把自己寫夏口的詩放在拜帖的首頁上，以便讓錢鏐才打開這個拜帖就先讀到這首詩：

夏窗七葉連陰暗，賴家橋上潏河邊。

細看月輪真有意，已知青桂近嫦娥。

一個禰衡容不得，思量黃祖謾英雄。

張華謾出如丹語，不及劉侯一紙書。

山雨霏微宿上亭，雨中因想雨淋鈴。

老僧齋罷關門睡，不管波濤四面生。

當錢鏐讀到「一個禰衡容不得，思量黃祖謾英雄」時，不由大笑起來。在這裡，羅隱以禰衡自許。如果錢老大不用我，那麼錢老大就是曹操。

錢鏐此時的事業基礎雖然很穩固了，但所占的地皮並不大，手下的人才也十分緊缺，哪敢向曹操學習？他哈哈大笑，把這個當代禰衡請進來，加以殊遇，然後也回贈了一首詩給羅隱：

仲宣遠託劉荊州，都緣亂世；

夫子闢為魯司寇，只為故鄉。

要羅隱像孔夫子一樣，為故鄉作出自己的貢獻。也就是說，我不當曹操，你也要像孔子一樣為故鄉任勞任怨。

羅隱大喜，終於可以有個正當的職業了。他馬上回答：永遠不離開這裡了。

他已經五十五歲，他還能離開這裡嗎？

正好錢鏐被任命鎮海節度使。錢鏐就叫沈崧為他起草謝表。

沈崧接受任務之後，立刻奮筆疾書，把錢鏐治下的浙西大大地誇耀了一番，說在錢鏐的英明領導下，經過浙西人民的奮發努力，已經把浙西大地建設得繁榮富強。

他寫完之後，還興沖沖地拿來給羅隱看，當然說是請斧正，其實是想得到羅隱的表揚。

羅隱看了之後，搖搖頭說：「這些年來，全國大亂，朝廷財政已經十分緊張，正準備到處搜刮。你把浙西寫得這麼豪橫，好像遍地是金子。他們看到此表後，能不眼睛放亮、派人前來索取財富？那樣一來，剛經歷戰火的浙西就難過了。能不能讓我再修改一下？」

錢鏐當然同意。

於是，羅隱進行了修改。

錢鏐把羅隱定稿的謝表送到長安。

朝廷那夥人一看，馬上就說：「必羅隱辭也。」這一定是羅隱的手筆，可見羅隱當時名氣之大。

朱全忠代唐之後，對錢鏐勢力也是採取拉攏手段，先是封錢鏐為吳越王，還任命羅隱為諫議大夫。

羅隱斷然拒絕了朱全忠的任命。

羅隱一點不看好朱全忠，他對錢鏐說：「大王是唐朝的大臣。現在朱全忠篡唐自立，大逆不道，大王正應當舉兵北伐，討滅逆賊。即使不能成功，也可以退保杭越，自為東帝。奈何卻尊奉逆賊，做遺恨千古之事？」

錢鏐又是哈哈大笑：「吾豈失為孫仲謀邪？」他接著說：「我的子孫都必須好好事奉中原王朝，不要搞出什麼違背大禮之事來。」

他雖然不採納羅隱的建議，但他對羅隱的忠義之心很是欣賞。

當然，後來很多人都認為錢鏐有一顆忠心。其實，他只是基於他的現實情況而採取的一種策略而已。他現在的地盤是浙西一帶，這一帶的百姓勤勞勇敢，創造財富的能力舉國無雙。但畢竟地皮不夠遼闊，難以得到更大的發展。他現在只想有個和平環境，使得綜合國力盡快恢復起來。至於中原那裡，誰當皇帝，都跟他無關。他從事革命到現在，並沒有受到過大唐朝廷的提攜，也跟大唐朝廷沒有多少親密接觸。他到現在都沒有到過長安。所以，他對大唐朝廷是沒有多少感情的。在他的眼裡，朱全忠跟大唐朝廷沒有什麼兩樣。他為自己制定的任務，就是守好他的地皮，何必去惹什麼事。

這些強者各懷鬼胎，對朱全忠廢唐自立的行為，最多就只亂喊幾聲，然後都做好鞏固自己地皮的準備，把自己的陣腳站穩，靜觀天下大變，使得朱全忠在做完這個別人不敢做的事後，並沒有受到什麼威脅。

朱全忠當然也知道，目前這些強者沒有對他大動干戈、一齊向他群毆，那是因為各懷心思。他也不敢再像以前那樣，到處惹事了。他必須把這引起人拉攏到他的身邊，讓他們甘心當自己的小弟 —— 先當小弟，等當小弟習慣了，再當臣子。

於是，他又加王鎔為太師，加羅紹威為太傅，加王處直為侍中。這幾個人雖然都割據一方，但這些年來，都把他當成靠山，服從他的指揮。他也必須盡量滿足他們的官位的要求。

3. 耶律阿保機的崛起

中原這些強者對朱全忠不冷不熱，但契丹人對他卻很看好。作為少數民族勢力，契丹這些年來一直把中原王朝當成他們的靠山。現在大唐沒有了，朱全忠當了皇帝，他們立刻就轉變立場，派大臣前來見朱全忠，跟大梁朝廷通好。

北方的少數民族中，其他勢力已經在不斷地折騰中弱化，而契丹卻越來越強大。

契丹本來有八個大部落，每部各有個老大。他們看到其他各族折騰來折騰去，結果把自己的都折騰掉了，就得出一個教訓：如果全部落沒有一個強力的領導核心，把大家團結起來，形成一個合力，他們最終也會像那些已經弱掉的勢力那樣完蛋。於是，他們在一起開了個會，推選一個有能力的人為大汗，還推選一個人為夷離堇。夷離堇來自於突厥語，意思是「智慧」，原為部落老大之稱。契丹臣服突厥之後，就被稱為「夷離堇」。漢譯即為「大王」。之後，夷離堇一直是契丹各部的軍方第一人，掌握著本部兵馬，權力極大。順便說一下，後來，大遼國建立之後，他們把這個職位分為南北院兩部。兩院負責人分別稱南院夷離堇和北院夷離堇。分掌軍政事務。再後來，他們直接把夷離堇改用漢人稱呼 —— 大王。《天龍八部》裡的蕭峰，就曾擔任南院大王。

這個時期的夷離堇權力極大，相當於部落聯盟的頭號人物。他們經過民主選舉，推選一個有能力的人擔任夷離堇，以號令諸部。他們規定，每屆夷離堇的任期為三年。

一直到咸通末年，他們在時任老大習爾的帶領下，領土才得到急速的擴張，契丹的大模樣開始形成。習爾之後的老大叫欽德。欽德也是個狠人。他看到中原各地已經亂成一團，覺得契丹的機會已經到了，便開始大著膽子，進入漢地邊界，打砸搶掠。

欽德之後，就是著名的耶律阿保機接過權力棒。

耶律阿保機姓耶律，名億，字阿保機，是契丹迭剌部霞瀨益石烈鄉耶律彌里人。同時，他家世代為迭剌部的老大。他的祖父叫耶律勻德實，他的父親叫耶律撒剌。

阿保機的祖父在位時，正是契丹內鬥的高潮時期，各部老大為了爭奪首領之位，大打出手，殺人如麻。阿保機的爺爺就在一次火拼中失敗，結果被人砍死。阿保機的老爸帶著一幫人倉皇逃出本部，躲到鄰部突呂不部老大耶律臺押的家裡。

當時，阿保機剛剛出生。

跟很多歷史上的帝皇一樣，阿保機的出生，也有一個不怎麼可靠的傳說。傳說他的母親在一次睡覺中，夢到那輪太陽突然從空中落下來，最後直直地掉到她的懷中。於是，她就懷上了身孕。這個胎兒當然就是阿保機。

等到阿保機出生時，據說室內又是「神光異香」，弄得大家好像都置身於神仙世界。更讓大家驚掉下巴的是，剛剛從母親身上分離出來的阿保機「體如三歲兒」，才一呱呱落地，就可以在地上爬著前行。這樣的新生兒，沒有神助是不可能的。他的奶奶蕭氏看到後，當然也「異之」，把他當成自己的兒子來帶在身邊。

可是就在這個時候，部落遭到了空前的災難。他爺爺被砍死，他的父親逃跑，由於他父親逃得太過倉皇，來不及把他帶走。

他奶奶只得帶著他到處躲藏。

蕭氏怕他被仇人發現，就把他藏在別人的帳裡，還用別的東西塗在他的臉上，從來不讓他去跟別人見面。據說他三個月就能說話，而且說的不是別的話，全是那些未卜先知的預言。他自稱左右有神人護衛 —— 如果真的如此，他奶奶還用把他藏來藏去，還要用油漆把他的臉面塗得那麼噁心嗎？還據說，他還童年時，嘴裡說的話，全是國家大事 —— 這個情節就說得更有板有眼了，說當時他的伯父當國，碰什麼疑難之事，都跟這個還穿開襠褲的小屁孩商量。看到這樣的傳說，你還說仲永是神童嗎？

阿保機長大後，長得身體魁梧，特別健壯，武功高強 —— 不高強才怪，而且胸懷大志，史書的描述：身長九尺，豐上銳下，目光射人，關弓三百斤。

在阿保機生長的過程中，契丹內部仍然很亂。

本來，契丹部的核心部落是遙輦部落。前面提到的欽德可汗就是出自遙輦部落。欽德絕對是契丹比較有作為的可汗。他靠鐵腕手段，打服了奚、室韋諸部，使得契丹成為北方的獨霸一方之後，膽子就更大了，多次帶著部隊，踏進幽州和薊州，能搶就搶，能殺就殺。因為他現在看到大唐很亂。可是他卻沒有想到，現在割據此地的是劉仁恭。劉仁恭雖然比不得李克用、朱全忠那些人勇猛，但實力還是有一點的。劉仁恭雖然打不過李克用他們，但打契丹還是有把握的。他看到契丹居然老是侵犯他的領地，不由惱火起來，帶著部隊對契丹進行了一次強烈地報復，一把火把契丹的草原都燒了個精光，致使契丹的很多良馬都損失掉了。

欽德這才知道劉仁恭的厲害。戰馬對契丹來說，絕對是國之重器。現在一下損失了大批戰馬，欽德不由得瑟瑟發抖起來，不敢再惹事了。他派人去見劉仁恭，獻上了一批良馬，求劉仁恭原諒他這一次。

劉仁恭同意了。

欽德也是個反覆無常之人。他得到劉仁恭的諒解後，老實地在那裡過了一段時間，覺得氣力得到了恢復，便又撕毀協議，再次入侵。

正好是劉守光守平州。劉守光雖然人品備受質疑，但戰力還是很強的。他看到契丹騎兵前來，其勢很猛，心裡也有些打鼓，知道不能力敵，便派人去跟欽德求和。欽德不知是計，放鬆了警惕。劉守光設下伏兵，出其不意地活捉了契丹的大將。

欽德這才知道，自己一不小心就著了對方的圈套。他想把他的首席大將贖回來，而且是以五千兵去換。

但劉守光不同意。

欽德看到劉守光既決絕、又決德，也有點怕了起來。從此之後，不再進入幽州地界生事。

欽德可汗雄心被磨掉之後，遙輦部落也就跟著走下坡路。

迭剌部落又開始抬起了頭。當時，迭剌部落有出了幾個強者，其中一個叫罨古只，一個叫耶律轄底，還有一個叫耶律釋魯。三個都是兄弟，其中前一個是後兩位的異母兄。

欽德可汗在位時，罨古只被推舉為夷離堇，成為契丹軍方頭號人物。

耶律轄底一看，心裡很不服氣。

這人也是心狠手毒之輩，不服之後，就決定把這個同父異母的哥做掉。

而且他在下這個決心之前，還跟耶律釋魯進行了祕密商議。耶律釋魯表示贊同。

罨古只並不知道這兩個兄弟準備對他下手。

他們選在罨古只行再生禮時行動。

再生禮是當時一個儀式，也稱復誕禮。大家知道，古代以生肖紀年，每十二年生肖輪迴一次，到了屬於每人出生生肖這一年 —— 即現在所說的本命年，都要舉行一個儀式來紀念自己的出生，報答母親養育之恩。尤其對於貴族來說，這個儀式是必須做的。而且，按當時契丹人的規矩，只有行再生禮之後，才能接過夷離堇的大印。

到了舉行再生禮的當天，罨古只按規定進帳易服。

當罨古只還在很繁瑣地更換衣服時，耶律轄底就取出早就準備好的紅袍和貂蟬冠 —— 也就是夷離堇的制服，然後騎著白馬出來。

他的部下們馬上就大叫：「新夷離堇來了。」

大家一聽，都趕緊向他下拜。等大家下拜之後，抬頭一看，怎麼是耶律轄底？剛才進去再生的可是罨古只啊，出來卻變成了轄底先生？這也太魔幻了吧？但大家想來想去，那也是人家兄弟之間事，我們也不用管那麼多 —— 說不定那是罨古只兄弟情深，突然之間把大位讓給了兄弟。反正已經拜過了，也就算了。

耶律轄底就這樣坐上了軍方頭號交椅之位。

罨古只換了衣服之後，出來一看，自己的職務已經沒有了。可是生米已成熟飯，他無可奈何。他在那裡想哭起來，這個狗屁的再生禮，原來是把我往死裡推的。

他去找欽德，請欽德幫他主持公道。欽德雖然還是可汗，但威望已經跌到底谷，哪還能幫他討到什麼公道？他又跑到耶律釋魯那裡控訴。耶律釋魯本來就是全力支持耶律轄底生事的，聽了他的控訴之後，也只是在那裡敷衍幾句，我也沒有辦法啊。老哥你就接受現實吧。

罨古只沒有辦法，只得恨恨地接受了這個現實。

契丹高層除了夷離堇之外，還有一個更大的職務叫于越。如果說夷離堇相當於漢朝的大將軍，那麼于越就當相於中原王朝的宰相。而現在擔任于越的正是耶律釋魯。他跟耶律轄底是親兄弟。於是，契丹的軍政大權就都歸於迭剌部落的兩個超級強者手裡了。

阿保機雖然不是耶律釋魯的親生兒子，但他十分喜愛這個姪兒。耶律釋魯因為跟自己的兄弟對罨古只搞了一次政變，心裡很不踏實，老怕別人也對自己暗算，就想辦法加強自己的保安。他在自己家族後代裡進行了考察，覺得還是阿保機厲害，人長得高大猛威，武力指數高，還十分聰明，又是自己的親姪兒，完全可以放心。於是，就任命已經長大的阿保機為撻馬狘沙里（即扈衛官）。阿保機就成了耶律最信任的心腹。

阿保機果然沒有讓他的這個伯父失望。他當上撻馬狘沙里之後，立刻組建了一支強悍的侍衛親軍，然後他帶著這支精銳武裝，不斷地出征，先室打服了黃室韋，再連破越兀、兀古、六奚諸部。短時間內就戰功赫赫。當時可是先軍政治，能打勝仗的人，就是英雄。於是，阿保機就被契丹人民稱為「阿主沙里」。沙里是契丹語，意為郎君。阿主沙里，大概就相當於漢語的「少帥」。

當然，如果他只會打點仗，他絕對不會成為歷史上的那個耶律阿保機。他的政治能力也很強。他的伯父總是跟他商量各種軍國大事。於是，他也不斷地得以參與軍政大事的討論。這些討論，讓他得到了旁人無法得到的鍛鍊。只要有點眼光的人，都可以看出，阿保機的前程已經無比光明。

耶律釋魯還是很有能力的。他在掌權期間，契丹的經濟、軍事都有較大的發展。他仍然四處征討：北征突厥、室韋，西打党項、吐谷渾，南略易定，占有潢河一帶那片肥美的土地，史稱：遼王業之隆，其亦肇跡於此，也就是說他為後來的遼國奠定了一個堅實的基礎。

耶律釋魯雖然靠阿保機的親軍部隊保住了自己的安全。哪知，外敵好防，家賊卻難防。

而且這個家賊還是他的兒子耶律滑哥。

耶律釋魯是契丹的一代強者，可是他的這個兒子卻沒有承接他的基因，完全是個小混混。他還很小的時候，經常跟阿保機玩耍。那時，生態十分良好，契丹勢力範圍內還經常有東北虎出沒。兩人在一起玩時，突然冒出一個東北虎來，耶律滑哥嚇得當場尿褲子，從樹上落下來。阿保機卻十分鎮定，用各種手段嚇跑了老虎，這才把耶律滑哥救了下來。

耶律滑哥雖然怕老虎，卻不怕老爸。他仗著有個全契丹最有權力的老爸，就敢胡作非為，除了正經事不做之外，其他事都敢做。

耶律釋魯有個叫花姑的小妾。這個花姑長得十分漂亮，不但能迷倒耶律釋魯，更能迷倒耶律滑哥。

耶律滑哥看到老爸的這個漂亮小妾後，就再也按捺不住那顆色心了。

正好耶律釋魯日理萬機，也沒有多少時間摟著花姑卿卿我我。花姑也很花心，一連多天沒有跟歐吉桑零距離接觸了，自然也春心蕩漾，心癢難耐起來。於是，耶律滑哥就乘虛而入，做了見不得人的勾當。

本來，兩人做得還十分隱祕，時間拿捏得很到位，根本不讓耶律釋魯發覺。

而在這個期間，阿保機一直在出征。

這一次，阿保機得勝而回。

耶律釋魯十分高興——這個姪子實在太爭氣了。他設了個豐盛的宴會給英雄的姪子慶功。當天晚上，耶律釋魯大喝特喝，一直喝到爛醉如泥。

而耶律滑哥卻趁著這個機會，又去跟花姑幽會，胡天胡地。

阿保機看到伯父喝醉了，就親自送伯父回家。

當他進入耶律釋魯的房間時，第一眼就看到了那對正風流快活的男女。

阿保機雖然十分震驚，但他也沒有說什麼，把伯父放在房間之後，便離開了這個不堪入目的現場。

耶律釋魯這時已經醉得地球都停止運轉了。

但那兩個男女卻嚇得在那裡瑟瑟發抖。雖然現在他們可以趁著耶律釋魯不省人事時，逃離現場，但阿保機已經看到了。阿保機知道了，耶律釋魯不久就會知道的。耶律釋魯要是知道，他們還有活路嗎？

兩人只用目光交流一下，就立刻達成共識：他們肯定沒有活路了。

最後，兩人只得咬牙做出決定：那就先讓老爸沒有活路吧。

但耶律滑哥畢竟只是個小混混，要真的下手拿老爹起來，膽量還是不足的。他知道，現在這個世界上最恨老爹的不是他和花姑，而是罨古只。他跟花姑商量之後，便決定由他去找罨古只、由花姑去找她的哥哥蕭臺哂，聯手起來，把老爹做掉。

於是，契丹一代強者耶律釋魯就被這幾個傢伙殺死。

當他們殺死耶律釋魯時，耶律轄底也知道了。他是耶律釋魯的兄弟兼政治盟友。他聽說老兄丟了腦袋，就斷定那夥人接著就會提刀來找他。他連夜帶著兩個兒子逃得不知去向。

一天之內，于越被殺，夷離堇又失聯，大家都慌了起來，不知道如何是好。

於是，他們又去請契丹另一個老一輩革命家耶律偶思前來主持大局。耶律偶思也曾當過夷離堇，也是阿保機的族叔，對阿保機比任何人都看好。耶律偶思自己厲害，更生了一個比他更勇猛的兒子耶律曷魯。耶律曷魯跟耶律阿保機是同輩，年紀也差不多，又都是迭剌部的貴族二代，從小就在一起玩。當時跟耶律阿保機一起玩的小屁孩很多 —— 比如耶律滑哥也是從小就跟他們在一起。但耶律曷魯跟阿保機玩得特別來。這人比其他小屁孩都聰明，人品還很好。他經常和阿保機一起打獵。

還在小時候，他們的長輩對他們就已經十分看好，高度一致地認為，以後使契丹振興的，一定是這兩個孩子。

兩人長大後，也仍然保持著不同尋常的友情。耶律曷魯雖然比耶律阿保機稍長一點，但他佩服阿保機，一路而來，都甘願當阿保機的小跟班。兩人的友情深厚到什麼程度？可以經常換衣服來穿，還可以交換戰馬。要知道，契丹是游牧民族。馬對於他們而言，是至為重要的。能把自己最心愛的戰馬給某人去使用，那是對某人極大的信任。

阿保機雖然把耶律曷魯當成自己最親的兄弟，但耶律曷魯仍然像以往那樣尊重阿保機，對他更加恭敬小心，跟著阿保機四處征戰。

這時，耶律偶思出來主持大局，再任夷離堇。他釋出的第一個命令，就是要把殺害耶律釋魯的凶手捉拿歸案。

耶律阿保機很快就抓到那幾個凶手。於是，罨古只、花姑和蕭臺哂被當場砍了腦袋，他們的全體家庭成員也變成了奴隸。對於此案中的主犯耶律滑哥，耶律偶思還是網開一面 —— 這一面，其實是耶律家族的顏面。他宣布動手行凶的是罨古只和蕭臺哂，而不是耶律滑哥。當然不殺滑哥的另一個重要原因是，耶律釋魯當了多年的權臣，目前其家族勢力十分強悍。耶律釋魯死後，滑哥自然成為其家族的帶頭大哥。如果把滑哥逼急了，這個家族反起來，也是十分難搞的。不如先放過滑哥一馬。其實耶律偶思和阿保機對滑哥十分憤怒。

阿保機協助耶律偶思捉拿罨古只後，就對他親密同袍耶律曷魯說：「滑哥殺了他的父親，可謂無惡不作。他現在對我也已經很仇恨了。以後他肯定也會找機會加害我。」

耶律曷魯說：「為何現在放過他？」

阿保機說：「目前他的勢力還是很強的。以後再說吧。」

從此，耶律曷魯每天都帶著雪亮大刀，貼身跟著阿保機，充當阿保機的保鏢。

耶律偶思當了一段時間的夷離堇之後，就病重了起來。

耶律偶思覺得自己的病真的到了不治的地步了，便把耶律曷魯叫來，說了他的遺囑：「阿保機神略天授，我死之後，你們兄弟一定要齊心協力輔佐他。」

然後又把阿保機叫進來，說：「命世奇才，吾兒曷魯者他日可季以事，吾已諭之矣！」

耶律偶思在臨死之前，也大力為阿保機造勢，使得本來已經聲望極高的阿保機更是如日中天，成為契丹無人可比的大英雄。於是，在耶律偶思死後，阿保機毫無爭議地被推選為夷離堇，成為契丹軍方頭號統帥。

耶律阿保機成為頭號軍事統帥之後，就帶著兵馬到處征討。他忙著征討是有自己的原因的。第一個原因擴張領土，把契丹的版圖不斷擴大，為打造一個強大的契丹而努力奮鬥，這個原因是最能拿上檯面的，是很理直氣壯的。第二個原因就是以此來躲避滑哥對他的暗算。因為他始終記得，他對滑哥恨之入骨、滑哥對他也恨之入骨。他時刻想找機會做掉滑哥，滑哥同樣想找機會把他一刀砍死。現在他又不能公開透明地做掉滑哥，而滑哥卻完全可以對他來個暗算。於是，就只好帶兵出征。帶兵出征，一來可以累積戰功，為個人聲望加分，二來也可以靠軍隊來保護自己，讓滑哥無從下手。

當然，此時的阿保機已經不像他的那些前輩那樣，目光只死盯著南方的中原王朝，只要看到中原王朝有什麼漏洞，就抓緊時間帶著騎兵衝過去，搞一輪打砸搶活動，只要有所收穫，就高呼萬歲。但這常遭到中原王朝的雷霆反擊 —— 如果碰上中原王朝勇猛的邊將，常常被打得遠遁北漠，傷得好多年不能自理。這種思路，全是土匪的思路，以至於北方這些游牧民族，生事不斷了幾百年，雖然常讓中原王朝很頭痛，但卻從來沒有強大起來。匈奴、柔然、突厥，都曾經盛極一時，甚至曾迫得中原王朝稱臣過，可是過得一段時間，又被中原王朝打得路都不見。現在這些曾在歷史上赫赫有名、曾讓中原王朝的高層睡覺不著覺的勢力，都已經沉了下去。如果契丹仍然堅持這個思路，不用多久，契丹也是另一個突厥的翻版。阿保機對此肯定進行了很深入的思考過。他知道，如果只把眼光死盯中原王朝是打不開局面的，必須把基本盤做好，把根據地做實，然後才可以向南擴張。也就是說，只有統一了契丹周邊的少數民族，使得這些勢力都納入契丹的勢力範圍，重新整合，形成一個巨大的合力之後，再向中原叫板，才可以立於不敗之地。

阿保機趁著中原大亂之機，對契丹四擊的勢力進行打擊。他當夷離堇的第二年，也就是西元 902 年，他帶著大軍進攻河東、代北。這次他大獲全勝，獲得大量的人口和牲畜。之後，他在潢河南岸修築了龍化州城，把俘獲的漢人遷居在那裡。

阿保機接著向北出兵，攻打女真。此時的女真還處於十分薄弱的階段，哪禁得住阿保機的奮力一擊？阿保機毫不費力地擊敗了女真，俘獲三百戶。

當年十月，阿保機轉攻薊北，又獲得大量人口和財物。

在這些征戰中，耶律曷魯始終是阿保機手下最得力的戰將。

耶律曷魯不但衝鋒陷陣十分勇猛，腦袋也很好用，絕對可以稱得上智慧雙全。

阿保機決定攻打小黃室韋部時，耶律曷魯作為先鋒先行。耶律曷魯來到指定地點後，並沒有發起進攻，而是帶著幾個親隨進入小黃室韋的總部，去見小黃室韋部的老大，一番話下來，居然把這個老大的思想打通。結果，小黃室韋總的老大，一拍大腿，你說的很對，那我就歸順你們了。反正真打起來，也不是阿保機的對手，不如提前歸順，你好我好大家好。

耶律曷魯憑著那張嘴，就完美地收服了小黃室韋部，為阿保機拉到一支生力軍。

阿保又去攻打越兀部和烏古部。

仍然是耶律曷魯當先鋒。

耶律曷魯一路猛打猛衝，無人能擋，為契丹擴大了大片土地。阿保機更是大喜，任命耶律曷魯為迭剌部的夷離堇。

當然，這些部落的規模都不大，部落裡又沒有什麼軍事強者，基本是一打就敗。阿保機把這些小部落都統一之後，終於去向一個大部族——奚叫板了。

奚部落以北方為根據地已經很悠久了，當然，此前他們都掛著突厥這樣的大部落而存在的，基本都是當突厥他們的小跟班，自己單幹的事並不多。但現在突厥他們都已經沉入塵埃了，奚部落還在那裡堅挺著，而且現在奚部落的老大術里也是一個很猛的人。此人不但武力指數高，而且打仗很有一套，也算得上有勇有謀的軍事強者了。

術里看到阿保機不斷地攻滅周邊的勢力，知道這個好戰的傢伙，肯定不會放過奚族。於是，他也老早就好準備，在城外險要之處，修了大量的工事。

這時，阿保機已經吃掉了周邊那些小部落，必須拿奚族開刀了。阿保機雖然好戰，這些年來，不是在打仗就是在去打仗的路上，但他絕對不是蠻幹人士。他看到術里這麼準備之後，就知硬打是打不下的，即使打得下，結果也是慘勝。阿保機當然不願意，打敗了術里之後，自己也虛弱得無法動彈。

但他又必須拿下奚部。奚部是目前北方勢力中對他威脅最大的，如果奚部不除，他就無法南顧。

阿保機只得叫來耶律曷魯，討論一下如何打下奚部。

耶律曷魯認為，真的不能硬來，還是靠軟實力。

怎麼靠軟實力？

耶律曷魯說：「我前去試一試。」

阿保機說：「帶多少人？」

耶律曷魯想了一想，說：「一人一支箭。」

阿保機說：「一支箭就解決問題？」

耶律曷魯笑了笑說：「試一試。」

耶律曷魯就拿著一支箭，獨自一人走進了奚部的領地，被奚人抓著，他說，請帶他去見術里老大。

術里看到只有他一人一箭過來，當然沒有為難他，叫手下為耶律曷魯鬆綁，然後讓他進入自己的大帳，然後問他的來意，為什麼拿著一支箭過來，難道是想來跟我比箭法的？就是想比箭法，也不須你老遠拿著一支箭過來啊，我這裡別的寶物沒有，箭還是有很多的。

耶律曷魯說：「我只想跟老大拉點家常。」

術里又有點懵了，你拿著一支箭過來，居然就想閒話家常。

耶律曷魯說：「我想說說契丹和奚的一些家常。我們雖然分成兩部，但說的是同一種語言，在一起時跟本族同胞兄弟沒有什麼差別。一直以來，我們也都和睦相處。雖然北方各部發生了數不清次的流血衝突，但契丹和奚從來沒有出現過什麼重大的流血事件。契丹更是從來沒有消滅奚的想法。」

術里歪頭一想，兩部還真的沒有結過什麼大的梁子，便點了點頭，兄弟說得沒有錯。

耶律曷魯接著說：「我們親如兄弟，只是唐朝一直欺壓著我們。把我們狠狠地擠壓得喘不過氣來。他們才是我們最大的敵人。他們曾經殺過奚族的老大，也曾經多次欺凌過契丹。我們契丹的夷離堇對此恨之入骨，日夜想著要為奚人報此大仇。只是以契丹現在的力量，還十分單薄，無法跟唐朝硬拚。所以，他特派我前來，向你們求援，請你們跟我們團結起來，一致對抗唐朝。他讓我拿他的這支箭來，就是表明信用罷了。我們的夷離堇受命於天，以德為先，深受民眾的擁戴，所以能有這麼多兵力。如果今天你們殺我，就是違背天德，是大大的不祥，馬上就會兵連禍結。這難道是奚族之福嗎？」

術里雖然是個打仗能手，但他也知道，目前他的力量比契丹差太多了，要是真的打起來，無論他如何英勇善戰，也不是契丹大軍的對手，何況阿保機的軍事能力，完全可以甩他幾條街，既然他提出這個建議，何不順著臺階下？術里就答應了耶律曷魯，表示歸順契丹。

經過幾年的恩威兼施，契丹周邊的各個勢力，都被阿保機吃掉了，契丹的基本盤也史無前例地穩固起來了。阿保機的聲望又攀升了一個高度。於是，他被任為于越，總理軍事大事。

阿保機成為首席大臣之後，就任命耶律曷魯為迭刺部的夷離堇。

可是耶律曷魯卻不接受。他對阿保機說：「時刻想暗害你的賊人就在你的身邊。我不能遠離你。」

阿保機當于越之後，繼續出兵。

這一次，他的目標是黑車子室韋。

黑車子室韋一直是劉仁恭的跟班。他們看到契丹大軍衝殺過來，不用想就知道他們絕對不是契丹的對手，就在第一時間向劉仁恭求救。

劉仁恭當然也不想見到契丹更加強大起來，接到求救信後，立刻派他的養子趙霸率兵去救黑車子室韋。

阿保機知道幽州兵的戰鬥力還是很強的，遠非他周邊那些少數民族勢力的戰鬥力可比，如果正面對撞，獲勝的機率極低 —— 即使最後勝利了，也只能是慘勝，那是很不划算的。

阿保機又找來耶律曷魯，商量戰術。

耶律曷魯說，還是智取吧。我看趙霸的名字雖然很霸氣，長得也很威武，但腦瓜子還是不很靈活的。

兩人商量之後，定下了方案：耶律曷魯在桃山設下埋伏，阿保機率兵跟趙霸對抗，然後把趙霸引入埋伏圈。

這個方案看起來很簡單，但趙霸卻一點不提防。

趙霸絲毫不把契丹兵放在眼裡，他一看到契丹兵，就揮兵猛衝。結果，很快就衝進了耶律曷魯的埋伏圈，而阿保機又返身衝殺。

趙霸這才知道，在戰場上粗枝大葉，真的會打敗仗。他的部隊看到中了敵人的埋伏，無不大驚失色，陣仗大亂。

趙霸高聲喝叫，帶著身邊的士兵，奮力衝殺，要撕開一個口子，突圍出去。可是這個口子太難撕開了。最後，趙霸自己都打得渾身無力，連手中的武器都提不起來。

趙霸就這樣成了契丹的俘虜。

阿保機全殲了趙霸部之後，這才對室韋猛攻，把室韋打得大敗。

第二年，阿保機再攻黑車子室韋。黑車子韋室上次剛被大破一陣，還沒有緩過一口氣來，哪禁得契丹大軍的碾壓。阿保機一陣狂打，把黑車子室韋徹底打服。

阿保機接著向劉仁恭的地盤進軍，一口氣連克幾個州，擄到大量的人口和財物。

阿保機此番大打劉仁恭，一來是他真的看衰了這個大唐北方軍閥，二來也有他自己的目的。這時，欽德可汗已經垂垂老矣。欽德可汗開局時，做得有聲有色，但這人沒有策略思想，一來就打劉仁恭，結果被劉仁恭狠狠地修理了一番，聲望急轉直下，從此成為掛名可汗。阿保機的眼睛老早就盯著可汗之位。他認為，只有把劉仁恭狠狠地打一次，以報欽德當年大敗之仇，讓大家看到他比欽德強悍得多，大家才會真正的擁戴他。

這時劉仁恭已經不是當上的劉仁恭了，被阿保機一番大打，毫無還手之力。

阿保機還在乘勝猛打時，欽德可汗卻挺不住了。

欽德可汗死於西元 906 年的十二月，而這一年恰好也到了可汗的換屆年。

阿保機聽說欽德掛掉之後，馬上就收兵回來，然後接過欽德的班，成為契丹新的可汗。

阿保機當上可汗，有兩個版本，一個是說，欽德臨死前，極力向大家推薦了阿保機。另一個版本是說，契丹各部覺得欽德太過窩囊，看到阿保機把劉仁恭修理得沒有脾氣，為契丹爭了大大的面子，這才是契丹大大的英雄，這樣的人才是他們當之無愧的領袖。於是，他們都跑到欽德面前，開了個大會，把欽德罷免了，然後公推阿保機為可汗。

阿保機當然得把謙讓精神狠狠地表演了一次，說他還很新嫩，沒立什麼戰功，無德無才，哪能當可汗，請大家再選賢能吧。

大家當然知道，現在哪個賢能敢搶這個位子？

耶律曷魯看到阿保機謙讓，便帶頭去勸進。

阿保機說：「大汗剛剛歸天，你們不去問他的兒子，卻過來叫我去當可汗。我堅決不答應。」

大家還勸，說他現在功勞比天還大，大家都擁戴他。

阿保機仍然說：「按照傳統，也得先到我叔叔耶律轄底啊。」

耶律轄底曾經是個陰謀家，曾經耍過手段，搶到過夷離堇之位，家族勢力很可觀。如果他不同意，麻煩還是不小的。

耶律轄底當然知道自己的斤兩。這人有過玩陰的前科，人品早就擺在百姓面前，如果他真的當這個可汗，大家是不會答應的。他知道，阿保機這時讓位給他，其實是在試探他，也是在警告他。他的家族勢力雖然很大，但哪能跟阿保機比？人望不如阿保機，實力更是被阿保機碾壓，哪敢跟阿保機對抗？他急忙擺擺手，說，這個世界上除了阿保機，誰都不能當可汗。誰搶這個可汗，他就跟誰拚命。

當天夜裡，耶律曷魯又去見阿保機，對他說：「現在我們契丹，君臣之禮早就沒有了，各部或者依附他人，或者只忙於鞏固自己的勢力。如果再這樣下去，契丹又會四分五裂，再次受制於人。只有你才有能力改變這個現狀啊。請你拿出擔當的勇氣來。」

阿保機這才同意了耶律曷魯的請求。

第二天，在各部老大的推舉下，阿保機終於接受了契丹可汗之職，成為契丹新的老大。

阿保機雖然玩了一把謙讓精神，但他對這個可汗的渴望程度比任何人都嚴重。此時契丹仍然執行可汗三年任期制，到換屆時由各部大老開會再推選。阿保機實在不想讓這個制度繼續下去了。因為哪天各部首領覺得他不爽了 —— 或者哪天他不小心犯了個錯，就會被人家罷免，然後黯然下臺、最後黯然地過著餘生，那是很鬱悶的。阿保機看到其他勢力，都搞世襲制，老頭死了，二代接著。中原一代，不光皇帝世襲，各路藩鎮也在搞世襲。就他們契丹搞了個奇葩的推選制，使得老大處處受制，一點不自由。他不願當這樣的老大。於是，他一上臺，就做稱帝的準備工作，一定要廢除這個公推可汗制度。

阿保機知道，要想成為皇帝，就必須繼續打，打出個人的絕對威望來，打到所有的人看到自己時，都噤若寒蟬、甚至倒吸一口氣來。

阿保機當了可汗之後，就到處發動戰爭，繼續攻打周邊的勢力，而且還不斷地向遼東、代北、河東、平州、幽州等地開戰。

阿保機出道以來，基本都在戰鬥，現在力量更加強大了，他當然更加戰鬥下去。

這時，東北已經沒有什麼勢力值得他去開火了。他便把目前投向了南方。

阿保機此前多次欺負劉仁恭，現在他覺得只打劉仁恭已經不過癮，便把槍口指向了河東。

這是當代最勇猛的強者之一李克用的根據地。

阿保機當然知道李克用是大大的強者。因此，他十分重視這次行動，帶著三十萬大軍，逼向雲州。

如果按李克用往時的脾氣，看到契丹突然侵犯，肯定是二話不說，帶著大軍直上，不打得血流成河，絕不收兵。可是現在李克用的年紀已經大了，脾氣不再那麼火爆了。他看到契丹大軍前來，並沒有派兵前去迎敵，而是派人前來跟阿保機見面，說我們都是北方少數民族同胞，為什麼一定要兵戎相見？殺得你死我活？既然你都到這裡了，何不到城裡跟我把酒言歡，盡興之後再回去？

契丹想不到李克用居然會來這一著。他也知道李克用絕非等閒之輩，況且他手下還有一干猛將，實力雄厚，連朱全忠都拿他沒有辦法，要是真的打起來，結局如何，誰都不敢下結論。既然他說和為貴，那就和為貴吧。

阿保機就帶著耶律曷魯到城東來與李克用舉行了見面會。

阿保機跟李克用見面時，耶律曷魯就站在阿保機的身後。

李克用看到耶律曷魯長得威武雄壯，不由眼前一亮，問阿保機：「偉男子為誰？」

阿保機說：「吾族曷魯也。」

之後，李克用把阿保機請到自己的大帳中。兩人越談越投機，最後約為兄弟，放開肚皮大喝特喝，然後噴著濃濃的酒氣言歡。最後，還在酒桌上達成一個協議：聯合起來，去打倒朱全忠。

兩人雖然在那時表現得親密無間，但背後仍然暗藏殺機。作為當時北方實力最為雄厚的兩大實力的老大，在這裡會面，他們手下的人員都知道，這個場面也僅僅是場面而已，只要時局有變，這兩個「約為兄弟」的老大，立刻就有翻臉的可能。尤其是李克用手下的那夥人，都是江湖老手了。他們看到阿保機英勇善戰，是契丹不出世之才，現在已經把契丹事業搞得風生水起，北方無人能敵。這樣的人不久之後，勢必成為河東最大的敵人。因此，他們都勸李克用趁此機會，把阿保機做掉，去除這個隱患。

作為一代梟雄，李克用當然看得出阿保機是個大才，可是這人此時很厚道，他說：「現在我們最大的仇敵是朱全忠。仇敵未滅，而先失信於契丹，這是取敗之道。」硬是放過了阿保機。

阿保機在雲州跟李克用吃吃喝喝了十多天，這才告辭。

阿保機離開時，李克用贈送數萬金繒給他。阿保機則留下馬三千匹，各種牲畜數以萬計。

很多人一看，這兩家的關係至少會牢固一段時間了。

哪知，在這個混亂的時代，最容易反覆的就是人心，友誼的小船向來說翻就翻。

相對而言，李克用的為人還是很厚道的，但阿保機卻那顆腦袋卻靈活得很。那雙眼睛只盯著利益二字，別的都是浮雲，什麼兄弟之情，通通是酒桌上的話術而已。

阿保機透過與李克用這位大強者約為兄弟之後，在契丹內部的威望又是一片高漲，使得自己的地位更加鞏固。

正好朱全忠也是在這個時候稱帝。朱全忠稱帝之後，自然知道很多藩鎮對他是不爽的。他的地位並沒有得到極大的鞏固——李克用、李茂貞、王建等等勢力，都公開向他叫板。他也知道，如果這些領袖集體向他打來，他也很難敵得過。他必須在這些人達成共識之時，趕快找到一些朋友。中原這些人是靠不住的——因為他本身向來就是靠不住的，當年朱瑄兄弟幾次救他於危亡之時，結果他最先攻打的正是朱家兄弟。於是，他也把目光投向了阿保機。他看到李克用把阿保機拉過去了，心裡暗吃一驚，如果這兩家真的團結如一人，然後一起來打他，他就會真的難受。

朱全忠是個很反覆的人，他也相信在這個時代混能混到一定程度的人，都是很反覆的。所以，他聽說李克用和阿保機「約為兄弟」之後，並沒有慌了手腳，而是派個使者到契丹那時，跟阿保機見面。

阿保機現在是契丹的可汗。他這個可汗雖然是契丹各部公推出來的，但要真正成為合法的契丹可汗，還得辦一個手續：向中原王朝報備，得到中原王朝的冊封。阿保機雖然有稱帝之思想，可是在稱帝之前，他還是必須遵守這個規則的。這個規則讓他成為合法的可汗，也讓他在契丹內部的地位更加牢固。

這時，大唐已經沒有了，中原除了朱全忠的大梁之外，又沒有其他王朝。所以，阿保機很渴望得到朱全忠的冊封。

他看到朱全忠的使者之後，立刻把他跟李克用的誓言拋到腦後，隆重地接待了朱全忠的使者。然後送名馬、女樂、貂皮給朱全忠，請求朱全忠冊封他。

朱全忠一看，心裡哈哈大笑，答應替他辦理這個手續，但還是有條件的，就是要求阿保機要跟大梁朝廷在政治上保持高度一致，為朝廷平定李克用作出貢獻。

朱全忠在回信給阿保機時，直言：朕今天下皆平，唯有太原未伏，卿能長驅精甲，徑至新莊，為我翦彼寇讎，與爾便行封冊。

阿保機當然答應。

李克用知道之後，自然很生氣。這人在唐末混戰中，打得風生水起，威震一時，哪想到晚年來，居然被阿保機玩弄了一把，他能不氣死才怪。

第二章
梁晉爭鋒，父子相殘

1. 朱全忠建梁稱帝

朱全忠除了拉攏阿保機之外，也還拉攏其他勢力。他又以中央王朝的名義，提拔河南尹兼河陽節度使張全義為魏王、錢鏐為吳越王，加清海節度使劉隱為大彭王。只要跟他沒有直接翻臉的，都讓他們的爵位升到最高位。

朱全忠目前最大的威脅仍然是李克用的河東勢力。

李克用近來稜角有些被磨圓了，鬥志沒有以前那麼強烈了，即使在朱全忠稱帝後，他仍然沒有主動聯合其他勢力向朱全忠叫板，看上去老實了很多。但他的實力仍然在那裡，仍然讓朱全忠睡不著覺，於是他派康懷貞率領八萬大軍，跟魏博軍隊一起進攻潞州。

朱全忠目前手下雖然人手不少，但能讓他放心的人並不多。

他目前最相信的仍然是敬翔。

他覺得只有把權力交給敬翔才讓他放心。

於是，他又下令撤消樞密院，樞密院所職掌的權力都打包入崇政院，然後任命敬翔為崇政院使。

朱全忠在廢唐自立的過程中，雖然敬翔是主謀，但他只是在幕後操作，出了很多點子，真正在前臺操盤的是蘇循和他的兒子蘇楷。父子兩人經常赤膊上陣，撕下面皮，為朱全忠做了很多別人不敢做的事。他們以為，朱全忠大功告成之後，肯定會對他們大加提拔，讓蘇循當上宰相，成為大梁的頭號大臣。哪知，這對父子雖然全力以赴、不顧人品地為朱全忠效勞，朱全忠對他們雖然心存感激，但又「薄其為人」—— 朱全忠的人品雖然也不怎麼樣，但他當上皇帝之後，最想用的還是人品佳的人才，而且敬翔以及另一個當權派殿中監李振在談到蘇氏父子時，也是「鄙之」。

尤其是敬翔，最怕朱全忠哪天突然重用起蘇循來，就專門提醒朱全忠：「陛下，蘇循這個人，簡直就是鴟梟一樣的奸邪小人，為了自己的利益，不惜出賣國家。這樣的人是不能立於新朝的。」他的原話是：聖祚維新，宜選端士，以鎮風俗。如循等輩，俱無士行，實唐家之鴟梟，當今之狐魅，彼專賣國以取利，不可立維新之朝。

朱全忠覺得很對。他即位當年的七月，就下了一道詔書，強令蘇循等十五人退休，將蘇楷驅逐回鄉。父子倆這才知道，自己前番不顧一切，不惜把事情做絕，討好朱全忠，結果卻是這個下場。

蘇氏父子當然不甘心，便又跑到河中，依附朱友謙。

朱友謙也是朱全忠的養子。當然他當朱全忠的養子之前，叫朱簡。他的出身也不高貴，最先是在澠池鎮當下等兵。他當兵時又不老實，犯了個大罪，怕追查，就當了逃犯。為了餬口，他就在石濠、三鄉一帶做起了打家劫舍的勾當，專門搶劫過路的商人。後來，他覺得這個行業雖然來錢快，但也很危險，於是就又洗手不做，跑到陝州繼續當兵吃糧。在這裡，朱簡時來動轉，很快就成了基層軍官。

當時陝州的老大就是王珙。這人軍事能力不怎麼樣，但為人卻極其嚴厲殘酷，而且還跟他的弟弟王珂爭當河中節度使。結果，兄弟倆在較量中，王珙大敗。王珙的牙將李璠看到王珙大敗了，就找到朱簡。兩人簡單商量之後，就一致認為，王珙除了脾氣火爆之外，真沒有其他本事，這類人是無法在亂世打開局面的，再跟他下去，只有越混越差，不如把他搞定，然後投奔朱全忠。兩人立刻按計畫行事，把王珙殺掉，然後歸附了朱全忠。

朱全忠大喜，上表請求任李璠取代王珙當了陜州老大。

李璠很高興，王珙啊，幸虧你們兄弟自相殘殺，結果殘殺出我的機會。

李璠還在笑得合不攏嘴，朱簡卻又動了心思。

朱簡本來就是一個犯罪分子，又當過攔路搶劫的強盜，是什麼事都做得出來的。他看到李璠聯合自己把王珙做掉，就成了陜州節度使，看來自己把李璠做掉也能當上節度使。在這個世界上混，你想當什麼官，就是把那個官員做掉，想當皇帝就把皇帝幹掉。於是他帶著部隊突然向李璠發起攻擊。

李璠剛當上節度使才幾天，新鮮的感覺還有身上熱乎乎的，哪想到朱簡突然向他打過來？

李璠毫無準備，只得拔腿逃得路都不見。

朱全忠知道後，果然又上表讓朱簡代李璠當陜州節度使。

後來，朱全忠率兵進討李茂貞時，經常經過陜州。

朱簡自然每次都親自接待。這人雖然敢殺李璠，但對朱全忠卻心存畏懼，因此他在接待朱全忠時，都畢恭畢敬，把朱全忠服侍得舒舒服服。

他看到朱全忠對他已經很有好感之後，就對朱全忠說：「元帥，我本來就是粗人一個，又沒有建立過什麼功勞，現在能混到今天，都是老大提攜的結果。我有幸跟元帥同姓，就斗膽請求元帥幫我改一下名字，成為元帥之子。」

朱全忠大喜，就把他的名字改為朱友謙，將他收為養子。

朱全忠即位後，就把朱友謙移鎮河中，並擢升中書令，封冀王，權力很大。所以，蘇循就又去投奔他。

2. 敗將不降，忠心可斬

朱全忠在調整他的權力結構時，南方那幾個老大也沒有閒著。

楊渥雖然不敢對朱全忠怎麼樣，但他覺得馬殷還是可以欺負一下的。

他派劉存、陳知新、劉威帶著三萬水軍去攻打馬殷。

馬殷這時的腳跟剛剛站穩，部隊戰鬥力還沒有強悍起來，看到楊渥的大軍乘風破浪而來，很是害怕，不知如何迎敵。

他手下的靜江軍使楊定真卻一臉喜色，對他說：「老大，我軍勝矣。」

馬殷一聽，敵人大軍殺來，我們就這幾個兵，哪能勝矣？吹牛也要有點根據啊。勝仗是靠實力拚出來的，不是靠嘴炮吹出來的。

楊定真說：「我當然是有根據的。」

馬殷說：「說說看。」

楊定真說：「打仗的時候還是有個規律的。也就是說，懼則勝、驕必敗。現在淮南兵直衝我城下，是驕而輕敵；而大王臉有懼色。所以，我知道此戰必勝。」

馬殷一聽，差點當場咆哮著把全世界最髒的話噴向楊真定。這是什麼理論？臉有懼色，就成為必勝的法寶？孫子都不敢這麼說啊。

當然，馬殷並沒有咆哮出來，他也知道，如果他真的大發脾氣，也無法改變這個局勢。他還真得下定決心，來個哀兵必勝了。

馬殷不再坐在那裡等著人家來打了，他派秦顏暉帶著三萬水軍順江而下，再派黃帥帶三百戰艦屯瀏陽口。

恰好是雨季。

劉存的部隊碰上大雨，就不敢再進軍了。他引兵回到越堤北邊，想躲避一下，等大雨過去之後，再向馬殷軍展開猛烈的進攻。

秦彥暉能答應嗎？秦彥暉看到他引兵而去，立刻抓住機會，揮軍直追。

劉存沒有辦法，只得回頭接招。這種被動的打法，哪能取得勝利。兩人打了幾仗，劉存都是失利。

劉存知道自己的士氣已經下沉，無法再提振上來了，就想了個詭計。

這個詭計就是詐降計。

劉存派人拿著他的信去見馬殷，說楚兵太厲害了，我真的打不過。反正再打下去，我也是失敗，不如現在向楚王投降，請楚王愉快地接受我的投降。

秦彥暉得知後，第一時間就派人去見馬殷，說：「劉存絕對是詐降，大王要是信他，就中計了。」

秦彥繼續進兵，與劉存的部隊夾水擺開戰陣。

劉存看到對方的兵勢大盛，真不能硬拚，便隔陣大呼：「老秦啊，我已經向楚王投降了。你還來打我。你難道不知殺降不祥嗎？你只想取得勝利，難道就不為子孫後代著想嗎？」

秦彥暉冷冷一笑，說：「侵略者入侵，如果都不反擊，還有什麼臉談子孫？」

他吼完之後，下令擊鼓進軍。

劉存抵擋不住，只得扭頭而逃。

正好黃璠率兵在瀏陽橫渡湘江而來，跟秦彥夾擊劉存，把淮南兵殺得大敗，而且敗得很徹底，連劉存和陳知新都成了俘虜，殺死淮南裨將一百多人，繳獲戰艦八百艘。

劉威見狀不妙，帶著殘兵逃跑。

秦彥暉乘勝進兵，攻下岳州。

馬殷想不到這次戰鬥還真的取得了勝利，而且勝得這麼順利、這麼徹底。當武士把劉存和陳知新帶到他的面前時，他滿臉笑容地替兩人鬆了綁，然後好言好語勸兩人為他效力。

哪知，這兩人打仗水很不出色，但卻很有骨氣，聽了馬殷的話，不但沒有感謝，反而睜大眼睛，然後放開嗓門大罵：「大丈夫只能以死報主，哪能降賊！」

馬殷沒有辦法，只得下令開斬。

這一戰，馬殷取得了勝利，鞏固了自己的地盤，但還有一個大贏家——徐溫和張顥。這兩個傢伙此前是楊行密的得力部下，但楊渥跟他們很不對調。他們在心裡已經產生了其他想法，找機會削掉楊渥的臂膀。那個許應玄正是楊渥的頭號心腹。於是，徐溫和張顥就趁著他戰敗回來的時候，塞了個大大的罪名，「收斬之」。

馬殷取得了一場大勝，信心大增，又派部隊進攻洪州，但沒有取得成效。

3. 潞州攻防戰

在馬殷與楊渥大戰時，朱全忠派出的康懷貞也已經到了潞州城下，向潞州展開軍事行動。

潞州的守將是李嗣昭和李嗣弼。

兩人的兵力雖然不多，附近也無援兵，但他們卻堅定信心，緊閉城門，跟康懷貞對抗。

康懷貞則晝夜攻擊，一直堅持不懈地打了半個月，仍然沒有一兵一卒打進城裡。

康懷貞終於知道，這樣硬攻下去，只怕他的部隊戰鬥到最後一人，都無法取得勝利。於是，他改變了戰法，下令部隊停止硬攻，只在城外挖出一道道壕溝，並築起垣牆，把城池全部包圍，然後派兵日夜守護，使得城內與外界全部隔絕。想以此來把城內的守軍困死。

李克用當然不會任由康懷貞圍困潞州下去。他迅速派周德威為行營都指揮使，帶李嗣本、李存璋、史建瑭、安元信、李嗣源、安金全等人去救潞州。你一看這個陣容就知道，這次李克用真的急了 —— 基本上把最能打的幾個部下都派了出來。而且他還派兵進攻澤州。

朱全忠得知後，派范居實去救澤州。

周德威雖然很勇猛，打仗從不怕死，但他並不是蠻幹人士。他到了前線之後，並沒有馬上就衝上去跟康懷貞先打一架再說，而是很冷靜地下令全軍停住，在高河紮下營來。

康懷貞看到晉軍大步前來，就先按捺不住，派秦武去向周德威進攻，結果秦武大敗而歸。

朱全忠看到康懷貞打潞州打了這麼久，不但沒有打進潞州城內，反而被周德威打敗，大怒起來，直接把康懷貞貶為行營都虞侯，然後派要李思安去取代康懷貞。

李思安來到潞州城下之後，也沒有急於進攻，而是又築了一道城垣，內防奔突、外拒援兵，稱為夾寨。

所有人看到這個部署，都知道李思安也是要搞持久戰的。

持久戰最重要的是後勤補給。

李思安為了讓他的持久戰能持久下去，調發山東老百姓為他的部隊輸送軍糧。

周德威當然不能讓李思安的糧道那麼安全的來來往往，便每天都派小股輕騎去襲擊李思安的運糧隊。

李思安只得從東南山口又修築甬道，與夾寨相連 ，以便保護運糧隊。

周德威當然沒有閒著，跟諸將輪換著前去攻打，推倒梁兵剛剛修成的垣城，然後填平壕溝。這次晉兵的行動極為靈活，而且晝夜不停。李思安看到他剛剛竣工的工程不斷地被推倒、填平，心裡當然大急，只得派部隊到處應戰。可是防線太長，你根本無法料到人家哪次的攻擊點在哪裡。只得在那裡做好戰鬥準備，待看到人家的攻擊點之後，才呼啦啦地跑過去跟人家唱反調。不多久，大梁兵都陷於疲於奔命的困難境地。

李思安搞了個夾寨，看起來很安全。可是無形當中，自己也處於被困的境地。他也必須派後勤人員出來割草放牧。

周德威只要發現這些人出來就派兵去打他們。

最後梁兵只得緊閉營門不出。如此一來，本來進攻方的梁兵，反而被動挨打起來，李思安十分鬱悶。

李克用又派李存璋去攻打晉州，藉以分散上黨的兵勢。

朱全忠急令河中、陝州兵去救晉州。

梁晉戰爭的規模越來越大，涉及的城池也越來越多。

本來是朱全忠主動挑起事端的，但雙方打到現在，主動權似乎已經掌握在李克用手裡了。

4. 李克用死後河東政變

很多人都認為，最後必定以李克用大勝來結束這場戰鬥。

估計連李克用都這麼認為。

可是當大家都這樣認為時，卻出現了一個重大的變故。

梁晉雙方這次大戰，一直打到第二年的正月，前線仍然在熱火朝天，沒有分出勝負。

也是就西元 908 年 —— 即朱全忠稱帝的第二年正月，剛剛過完年的李克用突然覺得腦殼上疼痛起來。他一摸，腦袋上什麼時候居然生了一個毒瘡。而且才一發現，就產生劇烈的疼痛，痛得他哇哇大叫起來。李克用是當世少有的硬漢，在戰場上衝鋒陷陣，多次殺得渾身血跡斑斑，但從來不叫疼過。這一次，他居然叫喊了起來，喊得忍無可忍。可見這個毒瘡是真的痛。

大家一看，就知道老大這次是真的很嚴重了。

到了初十，李克用也意識到，自己真的撐不過去了。

周德威等人得知李克用的病已經嚴重到最後關頭了。周德威也是老江湖了，知道本勢力又要到最關鍵時刻了。也急忙把部隊退到亂柳，靜觀其變。

李克用知道自己必須交待後事了，他把他的弟弟李克寧以及張承業、李存璋、吳珙、盧質等人來到他的病塌前，要求他們從此之後，跟他的兒子李存勗好好幹。他對他們說：「此子志氣遠大，必能成吾事，爾曹善教導之！」

然後他叫來李存勗，對他說：「我也沒有什麼話跟你說了。現在李嗣源被梁兵包圍，陷於困境，我來不及見他了。把我的喪事辦理完畢後，你馬上就跟周德威一起，全力以赴去救他。」

李克用又對李克寧說：「我就把這個小孩交給你了。」

李克用說過這句話之後，就宣布與世長辭。

李克用是沙陀人，曾經十分殘暴，史稱他「性喜殺，左右小有過失，必置於死。」

可是這人後來對大唐卻十分忠誠，幾次三番發兵救唐，思想比中原那些藩鎮還要傳統，而黃巢的部隊就是靠他殺滅的。他的一隻眼睛已經失明。據說當年他在河東打開局面後，聲威大振，楊行密很想知道他長什麼樣。楊行密又不可能跑到河東跟他見面，就物色了一個畫家，讓這個畫家扮成商人到河東去，找個機會偷畫李克用的相貌回來。

這個畫家領了任務之後，就向河東跑過去。

這個畫家的本職業務肯定很出色，可是做間諜之類的工作就很不稱職了。他還沒有到河東地界，人家就知道他要來做什麼了。

這個畫家一踏進河東地界，就被人家一把抓獲。

李克用知道這事之後，開始有點生氣，但過了一會，他又對左右說：「本人少了一隻眼睛，看他怎樣畫我。」

畫家被帶到了李克用面前。

李克用端坐在那裡，手按膝蓋，臉上全是怒火，大喝道：「李行密派你來畫我，想來你一定是美術界的頂尖高手。如果今天你畫我畫得不好，我就直接把你砍死在這裡。」

畫家對著威風凜凜的李克用磕頭下拜之後，就開始為李克用畫像。

畫家當然明白李克用的意思。他努力想著，如何避開李克用的這個缺陷。

當時正值盛夏，天氣炎熱。

李克用手拿著八角扇為自己搧風。

畫家靈機一動，就讓扇角遮住了李克用那隻失明的眼睛。

旁邊的人都大叫妙哉。

李克用一看，卻差點大罵起來，我堂堂沙陀猛男，威武雄壯，現在卻舉著八角扇，而且還遮著了半邊臉，簡直像個正在賣唱的青樓美女，但看這個畫家的手藝還真不錯，還是讓他繼續畫吧，便大喝：「你這是向我諂媚。再給你一次機會。」

畫家這才知道，自己剛才的靈機一動，還是動得不對點子。

他再看了看這個沙陀猛男，看上去確實很威武。威武的人，必須有威武的相貌，也必須有威武的道具。他突然記得李克用的那些故事來。李克用是當世少有的神箭手，當他還是十三歲時，就曾一箭射下當空飛翔的兩隻野鴨。於是，他再靈機一動，就畫李克用在彎弓射箭。讓一隻眼睛瞇了起來，好像就在瞄準目標。

李克用一看，果然大喜，你真是個好畫家。讓手下拿來一堆現金，送給這位好藝術家，然後讓他回去。

唐末梟雄確實很多，但能像李克用這樣豪邁的人卻不多。李克用此生最仇恨的就是朱全忠，然後就是契丹的耶律阿保機，再然後就是劉仁恭。

據說他在最後時刻，向李存勗交待後事之後，還拿來三支箭，交給李存勗，說：「第一支箭要你攻討劉仁恭。如果你不先攻下幽州，黃河以南就不能打下來；第二支箭要你去打倒契丹——耶律阿保機先與我會盟，約為兄弟，信誓旦旦地說一起光復大唐。可是言猶在耳，他就去跟朱全忠勾結起來，你無論如何都要去打他；第三支箭就是要消滅朱全忠。消滅朱全忠的意義就不用我多說了。你能完成我這三個最後的心願，我就死而無憾了。」

李克用掛掉之後，李克寧成為河東勢力的輔政大臣。

李克寧雖然沒有李克用那麼勇猛，但卻頭腦清醒，作戰也很勇敢，在老哥去世之後，到軍府上班，主持大局，內外都沒有人敢喧譁。

李克寧早期跟隨李克用，而且掌管兵權。沙陀還有個規矩就是兄死弟立。再加上現在上黨那裡被梁兵包圍，情勢危急，河東確實處於麻煩之秋，而李存勗年紀又小。這些因素綜合在一起，很多人都在偷偷議論，認為李克寧肯定會趁勢坐上第一把交椅。這些議論，越來越多，弄得群情洶洶。而且這些議論也傳入李存勗的耳朵裡。

李存勗雖然少年英雄，被李克用看好，但畢竟年少，李克用也還沒有來得及為他配備輔政的班底，孤立無援，完全處於弱勢。他聽到這些議論後，也懼怕起來，便去找叔叔，說自己還年幼無知，肩膀太嫩，無法挑得動這個千斤重擔。雖然有先王的遺命，但終究力不從心。叔叔德高望重，先王曾經把大政委託給你。我想，現在仍然叔叔全權管理軍府之事，待我年長再說吧。

李克寧說：「你怎麼能說這樣的話？你是嫡長子，又有先王之遺命，誰敢違抗？」

一幫高級部下過來進見李存勗，李存勗正在那裡悲傷地哭著，沒有出來跟大家見面。

張承業進去，對李存勗說：「大孝在於不失去基業，多哭無益。」於是，他就上前把李存勗扶起來，帶著他來到前廳，宣布就任河東節度使、晉王，成為沙陀集團第二任老大。

李克寧帶著諸將向他拜賀。

李存勗當場宣布把軍府的一切事務都交給李克寧全權處理。

李克寧任命李存璋為河東軍使、馬步都虞侯。李克用當權時，特別寵信胡人及軍士。這些胡人紀律性極差，一有空就跑到大街去搶店鋪，李克用基本不理。

李存璋就任都虞侯之後，馬上對這些胡人進行整治。他抓捕了一批人，然後把幾個首惡分子全部拉到大街上斬首。幾刀砍下來，城中的秩序立刻肅然。

當大家看到這個形勢時，都以為河東的局勢已經平穩了下來。

哪知，還是出了一些狀況。

大家知道，當時很多強者都有一個愛好，就是收了很多養子。他們都靠「養子」這兩個子來拉攏那些勇猛的人，以便讓這些人死心塌地地為他們拚命，當他們絕對的死黨。李克用也收了很多養子。李克用為人豪爽，對這些養子都很器重，「寵遇如真子」，而且都讓他們在軍中任職。

等到李存勗接過李克用的班時，李克用的這些養子，個個都比李存勗年長，而且都手握重兵，長期為李克用打拚，立下了很大的功勞，李克用能成就如此霸業，大多都是靠諸養子之功。他們看李克用死後，居然把大位傳給李存勗這個小青年，心裡就都不高興起來。

他們都看不起這個新嫩的老大。在李存勗宣誓就任河東實際掌權者之後，大多都託病不出。有時不小心跟李存勗碰面，也是把臉扭到一邊，不向李存勗下拜。

此時，李克寧更是位高權重，大家就都把目光投向他，覺得他才有資格領導河東人民繼續將革命進行到底。這些想法最突出的就是李存顥和李存實。

李存顥最先跳出來，他對李克寧說：「叔叔啊。兄終弟及，自古有之。現在你以叔拜姪，居然也拜得這麼安心。叔叔，你就聽我一句話，天與不取，後悔無及。」

李克寧正色道：「我家世代以慈孝聞名於世，現在先王的基業有了繼承，我就已經滿足了。你再胡說，我就砍了你的腦袋。」

李克寧這時說得很義正詞嚴，但李存顥他們並不把他的話當一回事。

他們知道李克寧雖然立場堅定，但他們更知道李克寧的夫人孟氏性格強悍，權力欲望也很強，李克寧在她面前，向來不能抬頭。於是，他們便都去找孟氏。

孟氏聽了他們的話，覺得太有道理了。

她馬上對李克寧說：「他們討論的這些話是很有道理的。你當老大，是眾望所歸啊。你為什麼拒絕？」

李克寧一聽，冷汗直流，渾身瞬間溼透，在那裡說不出話來。

孟氏說：「現在他們都已經進入了實質性的策劃，如果他們的策劃洩漏出去，我們仍然脫不了關係。」

李克寧本來性格就比較溫和，在母老虎面前，向來就沒有展現過男人本色，被孟氏這麼一說，汗水就更是一波接著一波。

孟氏再逼迫幾次，李克寧也就在那裡低頭不語了。

孟氏看到他已經就範，心下大喜，把情況跟那幾個傢伙說了。

那幾個傢伙更是每天都跑到李克寧的府上，不住地勸說李克寧，終於堅定了李克寧的決心。

李克寧雖然能力不錯，但這些年來在高層混著，跟張承業和李存璋關係有些微妙，掌權之後，就多次板著那張臉責備他們。搞得雙方的關係越來越僵。

李克寧私心一起，就一心一意把權力集中到自己的手上。他先是擅自殺了都虞侯，剷除一個障礙。

接著他又請求領大同節度使，以蔚州、朔州、應州為巡屬，使自己的實力短時間內大增。

李存勗都依從了他。

李存顥那幾個人看到李克寧的要求都得到了滿足，他們的計畫一步步得到實現，心頭更是興奮不已。他們認為，現在李存勗唯一的依靠就是張承業和李存璋，只要把這兩個傢伙 —— 尤其是張承業搞定，李存勗立刻無依無靠，完全可以輕而易舉地將他拿下。於是他們為李克用制定了一套除掉張承業的方案：趁李存勗到李克寧家時，殺死張承業和李存璋。然後就直接奉李克寧為節度使，率河東所屬九州歸附朱全忠。然後抓捕李存勗以及太夫人曹氏送往大梁，當投名狀。

他們密謀到現在，李存勗還被蒙在鼓裡。他還以為他的這個叔父還像以前那樣，遵守他老爸的遺命，堅決擁立他當老大，一心一意為他保駕護航。

如果李克寧不那麼小心謹慎，他成功的機率是很高的。

偏偏這人做這事時，特別小心，想時刻都掌握李存勗的動靜。晉王府裡有一個叫史敬熔的人，年輕時就成為李克用的親隨，十分受到李克用的親信，現在仍然在晉王府裡當差，對王府裡的動靜知道得比別人更全面。於是，李克寧就把史敬熔請到府上，把自己的密謀告訴了史敬熔，然後請史敬熔當他的臥底，把李存勗的動靜隨即向他報告。當然，他也作出了很重的許諾。

史敬熔當場拍著胸膛表示，一定要完全老大交給的這個任務。

李克寧一看，覺得自己這一步走得太正確了，正確得簡直出神入化了。

其實，李存勗此時什麼事都不知情，什麼動靜都沒有。李克寧精心搞的這個臥底計畫，完全是多此一舉。當然，如果只多此一舉，那也沒有什麼。偏偏這個史敬熔對李克用忠心耿耿，現在看到李克用的繼承人就要被李克寧他們算計了，心裡當然不爽。他假裝應允了李克寧的拉攏 —— 他能不應允嗎？如果他不應允，他就得橫屍當場。

史敬熔從李克寧那裡出來後，立刻就把李克寧的密謀告訴了李存勗的母親曹氏。

曹氏大驚失色，想不到看起來老實忠誠的李克寧居然會動這樣的心思。曹氏跟隨李克用多年，為人極有膽略，多次處變不驚。她大驚失色之後，並沒有癱倒下去，垂胸頓足，而是收住心情，派人火速把張承業叫來 —— 她和她的兒子目前只有這個人可以依靠了。

張承業來到內府後，曹氏指著李存勗對他說：「先王臨終時，把他的這個孩子託付給你們。如果真的有什麼人耍陰謀詭計，做出背棄先王的事情來，我只要求有個地方來安置我們孤兒寡母，不要把我們送到大梁。別的事，我就不敢再連累你了。」這個老太婆說的話還是很有藝術的。

張承業也摸不著頭緒，看到她這麼急把自己召來，又說了這樣的話，肯定會有什麼事要發生了，而且好像她還懷疑自己不再忠於李克用了，一下就惶恐起來，說：「老奴以死奉先王之命，此何言也！」

李存勗便把李克寧他們的密謀告訴了張承業，最後說：「我和叔父是至親。常說至親不可自相魚肉。我想，只要我把位子讓給叔父，亂子就不會發生了。」

張承業一聽，心下也自大駭。他跟李克寧本來就不合拍，如果李克寧成功，要殺的第一個人就是他。他哪能讓李克寧成功？現在保李存勗就是保他自己的性命，當下道：「李克寧想造反，把大王母子投進虎口，這絕對是大逆不道之舉，我們必須堅決把他除掉。」

幾個人一商量，最後又把李存璋、吳琪、李存敬、吳璋、李存敬、朱守殷幾個人叫來，把情況都告訴他們了，讓他們做好一切準備，然後搶先對李克用採取行動。

仍然是擺一個盛大的宴會。

宴會地點在李存勗的晉王府裡。

時間是西元 908 年二月二十一日。

參加人員是河東諸將。

看起來這是一個團結的盛宴、一個鼓舞的盛宴、一個祥和的盛宴。

然而，在張承業和李存璋的安排下，這個團結、祥和的盛宴周圍都埋伏了殺氣騰騰的甲士。

李克寧他們對此一點不知情。他們以為自己的策劃天衣無縫，他們以為李存勗對他們的密謀還矇在鼓裡，只等這次盛宴結束之後，他們就馬上行動。哈哈，李存勗啊，張承業啊，這可是你們最後的盛宴了。

當李存璋看到該到的人員都到齊了，也不等張承業舉杯為號，就直接一聲令下，甲士們從四面衝出，把李克寧和李存顥兩人死死按住，然後拇指大的繩子將兩人五花大綁。

李克寧和李存顥這才知道，這個盛宴才是他們最後的盛宴。

他們根本不知道到底是哪個環節出了差錯。他們都密謀得天衣無縫、鬼神不知啊。

李存勗出現了。

李存勗站在李克寧面前。

叔姪倆面對面相互凝視片刻，這是讓兩人都很尷尬的片刻。

李克寧似乎有很多話要說，可是他又無話可說。

李存勗把早已準備好的淚水飆出眼眶，然後帶著哭腔對李克寧說：「姪兒曾經把節度使之位讓給叔叔，叔叔堅決不接受。現在事情已經確定了，叔叔怎麼又圖謀來奪取這個位子？難道叔叔的目的就是要把我們母子送給仇人嗎？」

李克定知道，再怎麼爭辯都沒有用了，這人再一次把自己的性格展現了一次。他用誰都聽得出的怯懦的口氣說：「這都是那些說壞話的讒人的挑撥離間。我還有什麼話說？」

就在當天，李存勗把李克寧陰謀集團全部處死。

5. 潞州鏖戰

當河東這裡出現這些變故時，對於朱全忠來說，是大大的機會。

朱全忠以為，周德威已經撤兵回去，潞州孤立無援，李思安完全可以放開手腳猛攻潞州了。潞州被圍困到現在，肯定已經精疲力竭，李思安應該可以一鼓而下。

哪知，李思安連續進攻，都沒有取得一點成效。李嗣源仍然在城裡緊守著，李思安仍然在城外大喊大叫。

由於久攻不下，梁兵都已經疲憊不堪，且產生了厭戰心理，於是就不斷地逃跑。而河東兵雖然沒有像以往那麼活躍、到處襲擾，但他們仍然在余吾寨那裡駐紮。

朱全忠知道後，就懷疑李克用是在裝死。他想到這一層，心裡就有點不安起來，怕李克用會有什麼厲害的後招對付他。雖然這次大戰是由他主動挑起的，但仗打到現在，主動權卻掌握在人家手裡。如果李克用還藏有後手，他的麻煩就大了。

朱全忠這麼一想，覺得還是把部隊撤回來算了。可是他又怕部隊一撤，敵人就會銜尾追擊，那樣會敗得更慘。要知道，周德威和李嗣源都是這方面的高手啊，稍一不慎，後果就會很嚴重。

朱全忠跟手下商議了一通之後，決定親自出馬，到澤州去接應召回的軍隊。為了確保安全，他又命令匡國節度使劉知俊帶著部隊到澤州跟他會師。

當年三月，朱全忠從大梁出發，來到澤州。

幾天之後，劉知俊也如期而至。

朱全忠任命劉知俊為潞州行營招討使。

朱全忠對李思安很生氣。他到澤州之後，就追究李思安的錯誤。說李思安在潞州城下，不但沒有取得一點進展，反而令手下的將校逃跑了四十多人，打混摸魚的士兵更是數以萬計。而且只顧閉營自守，毫無作為，請即到行在，聽候處分。

李思安到達行在之後，就被削掉職務，並被勒令回到原籍應差充役。監押楊敏貞就更倒楣了 —— 被當場斬首。

其實潞州城裡的李嗣昭也已經很困難了。他堅守潞州已經超過一年，城中的物資都已經見底。他登上城頭，設了個簡單的宴席，與諸將飲酒為樂。

當時，城外的梁軍還在進攻，一支箭嗖地飛來，居然射中了李嗣昭的腳。

李嗣昭雖然感到椎心的疼痛，但他硬強忍著，連眉頭都沒有皺一下，笑聲仍然爽朗地從口中發出，而一隻手卻摸到腳邊，硬生生地把那支箭扯了出來，丟到桌子底。

座中諸將，沒有誰發現他在拔箭。

朱全忠當然也知道潞州現在已經很困難了，於是就派使者帶著他的詔書去勸李嗣昭投降 —— 你堅守這城已經超過一年，也算對得起李家父子了。現在他們都忙於爭權奪利，沒有誰把你當一回事，你還是投降了吧。

李嗣昭連看都不看，直接把那份詔書丟進火盆裡，然後把使者的腦袋也砍了。

朱全忠在澤州遙控指揮了十多天，同樣沒有取得什麼進展，也覺得打潞州沒有多大意思了，想把部隊召回來算了。

他派人把他的意思帶到前線，讓諸將討論。

那些將領都認為，現在李克用已經掛掉了，周德威的援兵不久就會撤回，潞州馬上就陷於孤立無援的境地，這個機會千萬不能輕易放過啊。他們要求繼續留下半個月，等周德威他們撤兵之後，就會有機會的。

朱全忠覺得很對，就下令增運糧草，保障前線軍隊的用度。

這時，前線總指揮已經是劉知俊了。

劉知俊是朱全忠手下的猛將，打仗向來很積極。他到前線之後，並沒有消停，而是帶著精兵一萬多人，去向河東軍進攻，果然取得了勝利。

劉知俊勝了一場之後，就向朱全忠上表，請留下他率軍繼續進攻潞州，而車駕可回京師坐等好消息。

朱全忠讀著劉知俊的表書，心裡很興奮，可是他又考慮到目前關中空虛，怕李茂貞那廝突然心血來潮，又要出兵攻打同州和華州，麻煩就大了。於是，他又下令劉知俊在長子休息十天，然後撤回晉州，到五月再回本鎮，以備李茂貞。

李克寧集團被粉碎後，還有一個人也處於議論的漩渦中。

這個人就是周德威。

周德威此時正手握重兵在外，是目前河東首領中掌握部隊最多的強者。而且這人長期以來追隨李克用，深得李克用的器重，打了很多硬仗惡仗，功勞巨大到幾乎無人可比的地步，軍中的威望也到了無人可比的地步。

在這個關鍵時刻，周德威自然成為了大家關注的焦點。如果周德威這時突然產生什麼想法，局勢很可能就又會亂成一鍋粥。

在一片懷疑的聲音中，李存勗也不得不下令，召周德威率兵回晉陽。只有周德威把部隊帶回晉陽，把兵符交到李存勗的手上，李存勗才算是真正掌握了大權，才可以算是完全掌控了局面，否則一切都是浮雲。

周德威雖然比誰都知道，他此時撤兵，對於潞州而言絕對是一個沉重的打擊。可是他要是不撤兵，那將對他本人以及整個河東是一個沉重的打擊。

周德威迅速把部隊帶回晉陽。

他到了晉陽後，把部隊留在在城外，然後獨步而入，伏在李克用的靈柩上痛哭，而且哭得「極哀、禮甚恭」。

大家看到這個畫面，心情才放鬆下來。

當周德威帶著部隊撤回去時，夾寨裡的將士都歡呼起來，馬上向朱全忠報告：敵人的援軍果然全部撤得一個不剩了。

朱全忠一看，這些前線將士的判斷力真的很精準。他也喜出望外，斷定河東援兵這一撤，就不會再來了，看來攻下潞州沒有問題了。

朱全忠這麼一想之後，覺得前線完全可以放手讓諸將去打了。他完全可以返回大梁了。

朱全忠很興奮地回到大梁，潞州前線的將士就更興奮了。周德威的大軍一撤，就只剩下潞州城內那幾個疲憊之兵了，他們還怕什麼？

全部放鬆警惕。

6. 河東初勝

李存勗當然還記得老爸臨終的遺言，就是要他無論如何都要救潞州。

他在排除內部的炸彈之後，第一件事就是把救潞州之事拿出來跟諸將討論，他說：「上黨（潞州）是河中的屏障。可以說，無上黨就無河東。朱全忠向來剛愎自用，不把天下人放在眼裡。他唯一有所忌憚的只有先王而已。他現在聽說我剛登位，以為我是個小孩，懂什麼軍國大事，不會把我當一回事，他們的將士也會因此產生驕傲懈怠的心理。這對於我們來說，也是個機會。我們如果選派精兵兼程急進，出其不意，完全可以打敗梁兵。諸位，取威定霸，在此一舉。這個機會萬萬不能錯失。」

張承業也堅決贊同李存勗親征，讓百姓看到李存勗雖然年輕，但並不粉嫩，是有雄才大略的，是可以打敗朱全忠的，把他的權威迅速高高豎立起來。

經過一番緊急籌劃，李存勗定下了方案。為了保證此次突襲的成功，必須把劉知俊的部隊死死地牽制，不能讓劉知俊投入戰場。因此，他派人去跟李茂貞取得聯繫，請李茂貞出兵同華；然後又派人去找阿保機，請他看在跟李克用約為兄弟的分上，借給他騎兵。

這個方案制定出來後，大家都認為，李茂貞是朱全忠的死敵，又是個愛惹事的專業人士，接到他們的請求後，肯定會帶著部隊亂哄哄地出來，乘著朱全忠無法顧及時，搶點便宜。哪知，這人也跟很多強者一樣，一上年紀，性格就全變了。李茂貞這些年來，雖然死守鳳翔，但已經沒有什麼作為，啃著老本度日，他統治的那個地盤，連他都看得出已經兵弱財竭，哪能出征？因此就婉拒了李存勗的請求。

李存勗並不因為李茂貞的拒絕合作就罷作。他仍然堅定信心，按計畫行動。他在晉陽舉行了一次大規模的閱兵儀式，然後任命丁會為都招討使，率周德威等人，從晉陽出發，去救潞州。

四月二十九日，李存勗來到黃碾，距潞州城只有四十五里。

李存勗此次率兵前來，打的就是突襲戰。

李存勗到了黃碾之後，立刻進行部署，下令部隊進入戰鬥準備。

五月初一，李存勗將部隊埋伏在垂岡下。

正值凌晨大霧。

李存勗一看，真乃天助我也，下令部隊乘霧而進，直達夾寨。

夾寨裡的梁軍一直保持著鬆懈的狀態。他們無論如何都沒有想到，李存勗居然會在這個時候殺到。他們邊個崗哨都不設置。

當李存勗的部隊衝鋒之聲響徹天地之時，他們都還躺在床上。他們開始還懷疑是產生了錯覺，可是後來發現這個錯覺的真實性越來越強時，知道大事已經壞，都從床上跳起來，全軍瞬間亂成一團。指揮系統更是無法啟動。

李存勗兵分兩路，分別由周德威和李嗣源率領，一路攻向夾寨的西北角，一路進攻夾寨的東北角。

河東兵一邊狂喊而進，一邊填塹燒寨，殺入夾寨。

夾寨中的梁兵毫無還手之力，一時被打得大潰，紛紛搶路向南奔逃。

混亂中，大梁招討使符道昭的戰馬被絆倒，被趕過來的河東軍手起刀落。

只一會，梁兵就丟了下數以萬計的屍體，委異的資糧、器械，堆積如山。

在大梁兵全部潰逃之後，周德威等人來到潞州城下，大聲向李嗣昭喊話：「先王已經歸天。現在是嗣王親自前來救援。我們已經攻破敵人的夾寨。現在梁賊已經敗逃，你們可以開門了。」

這個消息來得實在是太突然了，李嗣昭當然不信，他說：「周德威一定是被敵人俘虜了，然後被敵人挾持前來詐我。」

李嗣昭說完，就拈弓搭箭，準備向周德威射過去。這人的箭法很精，距離又近，如果一箭射下去，周德威只有沒命。

幸虧他的左右還算冷靜，急忙把他抱住，大帥，先不急啊，再問清楚些。

李嗣昭對周德威說：「大王真的來嗎？我可以見到了的本尊嗎？」

李存勗馬上前去，大聲呼喚李嗣昭。

李嗣昭看到李存勗穿著白色喪服，知道周德威說的真沒有錯：李克用已經駕崩，李存勗已經把敵人打敗，解了潞州之圍。

一切都太突然，一切都太意外了。

李嗣昭突然之間，淚水奔流，在城頭上放聲大哭，而且哭得「大慟幾絕」，城中的士兵也全部哽咽不已。

李嗣昭終於打開了城門。

周德威本來跟李嗣昭的關係並不和諧——這也是導致李嗣昭要箭射周德威的原因之一。李克用對這個情況是很了解的，因此他在臨終時曾交待李存勗說：「李嗣昭為人忠誠孝敬，我十分喜歡他。現在他還被包圍著，是不是周德威還在記著舊日的仇怨？你替我把這個意思告訴他。潞州之圍不解，我真的死不瞑目。」

李存勗在出兵之時，就把李克用的這話告訴了周德威。

周德威聽了之後，當場感激得哭泣起來，因此在攻打夾寨時，比誰都賣力，從此與李嗣昭親如兄弟。

夾寨被破，梁兵大敗，康懷貞還算幸運，能脫身出來。康懷貞這時任潞州行營都虞侯，他帶著一百多人從天井關逃回大梁，向朱全忠報告了戰敗的消息。

朱全忠聽說夾寨被攻破，他的部隊幾乎被全殲，自是大驚失色，在那裡發呆了半晌，這才一聲嘆息，說：「生子當如李亞子（李存勗的小名）。克用為不亡矣！至如吾兒，豚犬耳。」

這一次，他沒有再嚴厲處分誰了，下詔命各地安撫召集逃散的士卒。

河東軍大勝之後，周德威和李存璋更是意氣風發，帶兵乘勝向澤州挺進。

大梁的澤州刺史王班，官僚作風十分嚴重，向來不得民心和軍心，大家都不願聽從他的指揮。可以說，只要周德威殺到澤州城下，不費什麼力氣，就可以一鼓而下。

龍虎統軍牛存節當然知道這個情況。當時，他正奉命從西都帶兵前來接應夾寨潰兵。他來到天井關時，對大家說：「澤州是在害之地，不可失也。即使沒有詔書，我們也應該救援。」

大家一聽，都不願去救，王班那個囂張的傢伙，一想到就想吐，為什麼去救他，當然他們不能這樣說，而是說：「現在河東軍勝氣方銳，而且部隊數量巨大，我們就這幾個兵，硬衝過去，瞬間就會被人家全殲。」

牛存節瞪著兩隻大眼，大喝道：「見危不救，非義也；畏敵強而避之，非勇也。」

他說過之後，就舉起鞭子，策馬前進。大家看到他如此堅決，也只好跟著他向澤州而去。

他們進入澤州時，果然看到城中軍民一片慌亂，很多人都在做著響應河東軍的準備。平時跩得沒邊的刺史大人，此時兩眼空洞，毫無辦法，只是在那裡關閉著城門，然後聽天由命。牛存節帶著部隊抵達之後，城中的慌亂才平靜了下來。

牛存節才剛剛進城，河東大軍就已經席捲而來，抵達城外。

周德威他們絕對沒有浪費時間。他們一到城下，馬上就沿城挖道地攻城。

牛存節則帶著部隊晝夜苦戰。一直打了十三天，周德威還沒有攻進城裡。這時，劉知俊看到澤州危急，也率部前來救援。

周德威知道後，也不敢再打了，下令焚燒攻城器具，然後率兵退保高平。

李存勗回到晉陽之後，休兵行賞，任周德威為振武節度使、同平章事。這人雖然年輕，但比他老爸更能治軍。他老爸是個戰場猛人，做事大多憑著情緒進行，而其情緒波動又大，脾氣一發作，基本就不計後果，而且那雙眼睛也只是盯著軍事人才，對別的人才基本就不怎麼在意了。李存勗就不一樣了。他當上老大之後，立刻下令，要求各州縣：舉賢才，黜貪殘，寬租賦，撫孤窮，伸冤濫，禁姦盜。這些舉措一實施，河東境內很快就「大治」。李存勗深知，河東地狹兵少，必須把部隊訓練成精兵，才能以一當十。他在境內大力訓練士兵，而且還制定了一套軍規：騎兵看不見敵人不準騎馬。各軍部署已定，不得相互超越和停留、中斷來躲避危險。分路並進，約定會合的時間不得相差片刻。犯者必斬。

沙陀這幾十年來，雖然騎兵縱橫，戰鬥力破表，但卻從來沒有什麼軍紀，直到這時，李存勗才給沙陀軍隊制定了這套軍紀。其實，當時很多藩鎮的強者，也都沒有什麼軍規，部隊一邊打仗，一邊燒殺擄掠，沒有軍糧了，就殺老弱來度過難關。李存勗的這套軍紀，一經發表，境內就一片肅然，為他日後事業的發展奠定了基礎。

李存勗對張承業十分感激。他能粉碎李克寧集團，全靠這位前大唐監軍。所以，他即位後，對張承業都是以兄事之，一有時間就到張承業家。到張家之後，便進內堂叩拜張母，賜給了張家大量的錢財。

李嗣昭則繼續當潞州一把手。這人不但能守城，而且也很有治理地方的能力。潞州被梁兵圍困一年多，城中的士民「凍餒死者過半」，市井已經一片蕭條，跟鬼城都差不多了。李嗣昭發表政策，獎勵督促大家，大力抓生產，並減租寬刑，花了幾年時間，潞州才得以全面恢復。

朱全忠代唐之後，發起的第一場對外戰爭就這樣結束了，而且是以他的失敗而告終的。這一戰，使得朱全忠的銳氣大為消磨，而新科強者李存勗則因此戰而樹立了自己的強者形象，並挺進了歷史舞臺。

7. 雷彥恭之亂

在朱全忠攻打潞州時，南方幾個小強者也沒有消停。

先來看看武貞節度使雷彥恭跟荊南節度使的對抗。

雷彥恭是雷彥威的弟弟。但他跟他的哥哥並不對調。

當年雷彥威擊敗成汭，攻進江陵府，形勢大為看漲。可是雷彥恭卻不服哥哥當老大，突然起兵，在趙匡凝的幫助下，把雷彥威逐出江陵，然後奪下哥哥的權力，成為武貞節度使。

雷彥恭打倒哥哥後，也占領了江陵，可是趙匡凝的弟弟趙匡明又殺回來，把他趕出了江陵地界。

雷彥恭貪婪殘暴，一有時間就縱兵劫掠荊南。

荊南可是朱全忠的地盤，時任荊南節度使叫賀瓌。

賀瓌跟雷彥恭玩了幾次，每次都吃了大虧。

朱全忠沒有辦法，只得派高季昌前來代替賀瓌。

高季昌就是後來很有名的高季興。當然，現在他仍然叫高季昌。

高季昌出身也很草根。他是陝石人。他最先的身分是朱全忠養子朱友讓的家奴。

朱友讓原來是叫李讓，是汴州的大富豪，曾貢獻了大量的錢財給朱全忠，被朱全忠收為養子，這才改名朱友讓。朱全忠來到朱友讓的家裡，在家奴中發現了高季昌。他覺得這個家奴的面相很不尋常，便叫朱友讓收高季昌為養子，然後就成為朱全忠的親隨牙將。高季昌這時才開始學習騎射技術。他不斷地得到朱全忠的提拔，最後成為勇毅指揮使。

後來，朱全忠圍困鳳翔時，高季昌表現得很搶眼，被授予「迎鑾毅勇功臣」稱號，遷宋州刺史。隨朱全忠掃蕩青州，累功升至潁州防禦使，終於完成了從奴隸到將軍的逆襲。

高季昌就是在潁州防禦使的職位上，被派到荊南擔任荊南節度使的。

高季昌來到荊南之後，立刻就修長了江陵防禦工事，以備雷彥恭的襲擊。

在唐末大亂時，南方這些大大小小的軍閥，基本跟大唐沒有什麼聯繫，都是各自為戰，既沒有靠得住的朋友，也沒有長期的死對頭，基本都是看眼前利益行事。朱全忠代唐之後，這些大小強者就必須選邊站了。

開始時，雷彥恭相鄰的馬殷集團宣布他擁戴朱全忠，而楊渥則堅決不跟朱全忠合作。

雷彥恭這些年來，都做著襲擾荊南的工作，當然不會站邊朱全忠，於是他就表示歸順楊渥。

可是沒有過幾天，這幾個勢力的態度又發生了巨大的變化。

雷彥恭一直都死盯著江陵，而楊渥則死盯著馬殷。楊渥被馬殷打修理了一次之後，又不敢動彈了。馬殷本來在朱全忠稱帝時，就已經派使者到大梁，納貢給朱全忠，是最先承認朱全忠政權的南方強者。可是這些年來，他被楊渥威脅來威脅去，多次向朱全忠告急。因為朱全忠把精力都投入北方，根本沒有力量來顧及他。馬殷心理就有點難受了。這時他看到雷彥恭不斷地占荊南的便宜，覺得也可以趁機撈上一把。

正好雷彥恭覺得自己的力量不足以打敗高季昌，便派人來找馬殷，說我們一起打江陵，成功了，就一起分贓。目前荊南並沒有多少兵力。

馬殷覺得很有道理。

兩人立刻組成聯軍，向江陵開過去。

如果是賀瑰，荊南就只好宣布失守了。

可現在是高季昌。

高季昌兵力不足，所以他並沒有蠻來，而是率部屯公安，截斷雷彥恭的糧道。

聯軍的糧道一被切斷，軍心馬上就亂了起來。馬殷和雷彥恭哪敢戀戰，雙雙退出戰鬥。

雷彥恭此前去打賀瑰，每次都可以盡情虐待賀瑰一番。他已經料到高季昌比老賀強，這才邀馬殷一起去打荊南。他出發的時候，信心滿滿，以為高季昌就那點力量，哪禁得住他們兩人的聯手打擊，因此都做好大發一場的心理準備。哪知，卻被高季昌輕易地化解了。他不由惱火起來，這個馬殷打楊渥有一套，但跟我一合作就成這個樣子，看來跟楊渥拚鬥那一場之後，也已經軟得不成樣子了。既然打不動高季昌，那就打馬殷吧。

雷彥恭這麼一想之後，馬上就掉轉槍口，去攻打馬殷的岳州。可是他能打得下嗎？

結果他在岳那裡圍攻了幾天，就不得不自動退了下來。

朱全忠屢次被雷彥恭騷擾，雖然損失不大，對大局沒有什麼影響，但到底也是一件鬱悶的事。他下詔削奪雷彥恭的官爵，然後下令高季昌和馬殷一起去討伐雷彥恭。

這個世界讓人眼花撩亂吧？

馬殷前幾天都還跟雷彥恭結成一夥，共同去打朱全忠的地盤，只轉眼之間，又跟朱全忠綁在一起、去打雷彥恭了。

雷彥恭大概不知道自己的後果很嚴重，繼續去打荊南的涔陽和公安。

高季昌大怒，這傢伙簡直是荊南的狗皮膏藥一樣，天天黏著荊南打來打去，不好好收拾一回，真是天理難容了。他率兵打過去，直接就把雷彥恭打敗。

高季昌對雷彥恭很是惱火，決定繼續狠狠地打擊他一把。

西元 907 年十月，高季昌命令手下大將倪可福跟馬殷手下的大將秦彥暉一起，進攻朗州。

雷彥恭看到敵人大軍風煙滾滾殺來，也知道自己這點斤兩，萬萬敵不住，馬上派人去向楊渥表示從歸順，然後請楊老大趕快派兵前來救他。

楊渥立刻派泠業帶著水軍進屯平江，還派李饒帶步騎進屯瀏陽，去救雷彥恭。

馬殷對楊渥最為仇恨，他看到楊渥的部隊開來，二話不說，直接派許德勳前去迎敵。

許德勳很快就跟泠業的部隊在朗口相遇。

許德勳派五十個水性極好的士兵用樹木枝葉遮住頭部，手持長刀，順長江漂浮而下，在夜裡殺進泠業的大營，最後還放起大火。

泠業的部隊馬上就大亂起來。

許德勳看到後，知道突襲隊已經得手，立刻揮兵掩殺。

泠業此時在夜裡也團團亂轉，好半天都分不出東南西北，根本無法指揮部隊反擊。結果，許德勳大破淮南兵，泠業好容易瞅個空子逃了起來，帶著殘兵一路狂奔。

許德勳率部追擊，追到鹿角鎮時，泠業終於精疲力竭，被對方活捉過去。

許德勳大勝一場之後，並沒有消停，而是乘勝進兵，一鼓作氣，攻打瀏陽寨。

李饒也沒有想到泠業敗得這麼快、這麼徹底，更沒有想到許德勳來得這麼快，幾乎沒有做什麼防範，被許德勳直衝進來，一陣橫掃，瀏陽寨瞬間被攻破。李饒也逃不掉，也跟泠業一樣，被生擒過去。

許德動還不收手，繼續打進上高和唐年兩縣，搶了大量財物，這才收兵而回。

馬殷在長沙街上，將泠業和李饒斬首。

楊渥也沒有想到，他派出的兩路援兵，敗得這麼慘，心下當然不服，又派兵去攻打石首，仍然被襄州兵打敗。他還不服，再派李厚率水軍一萬五千人直赴荊南。

高季昌看到淮南兵大舉而來，冷冷一笑，帶著部隊迎戰，只一接觸就把把李厚殺敗。

許德動和高季昌把楊渥派出的援兵全部殲滅，而秦彥暉則負責圍攻朗州。

朗州是雷彥恭的老窩。

這人雖然也搶得個節度使的頭銜，但行事並不比土匪好多少，軍事程度更是等而下之。不過他對朗州的防守工作做得還是很到位的。他此前就搞了個大工程，引沅水玩繞朗州，極大地增強了朗州的防守能力。

秦彥暉天天攻城，整整打了一個多月，還是沒有打進城裡。

雷彥恭絕對不是個合格的老大。他看到秦彥暉雖然進攻個不停，但沒有取得絲毫進展，心下也就得意起來，你秦彥暉不是名將嗎？可是在老子這裡，你這個名將算個屁。老子的朗州固若金湯。

這人一得意，防守自然就鬆懈了下來。

秦彥暉一看，知道機會來了。他馬上派曹德昌帶著壯士在夜裡從水洞裡潛入城中，然後內外點火相應。

城中士兵一看，原來敵人已經進城了，頓時驚慌失措起來，到處都亂成一團。

秦彥暉下令全軍火力全開，猛攻城門。守軍已經大亂，誰也顧不及城門了。

秦彥暉的部隊用力撞擊著城門，終於把城門撞開，然後喊殺連天衝進城中。

雷彥恭這才知道，自己在這樣危險的形勢下盲目樂觀，後果是十分嚴重的。當然他更知道，現在後悔已經來不及了，他搶一艘小船，逃了出來，急奔廣陵，去當了楊渥的部下。

秦彥暉抓到了雷彥恭的弟弟雷彥雄，送到大梁，由朱全忠處理。

至此，雷彥恭的勢力終於被消失。

8. 父子成仇，幽州易主

另一個老大，在這個時期也很倒楣。這個老大就是劉仁恭。

劉仁恭本來是幽州的第一把手，多次跟朱全忠作對，也多次被朱全忠和李克用欺負。當然，他被李克用和朱全忠欺負，那也是很正常的——論能力，他不是那兩個強者的對手，論實力，他也跟那兩個強者不在一個等級。所以，被那兩個人打得敗來敗去，他都沒有話說。可是這一次，他並沒有被那兩個勢力怎麼樣，而是被他的兒子劉守光抓了起來關在某個房間裡。

朱全忠在稱帝前，本來想討伐劉仁恭，取一場大勝來立威，但卻沒有取得勝利。

劉仁恭看到朱全忠撤兵之後，心裡很高興。這人向來驕奢貪婪，又十分膽小。他雖然占有幽州城，但因為經常被人修理，時刻都擔心幽州城不夠堅固，便又在大安山上修建了個建築群，說：「此山四面懸絕，連猿猴都難以攀援，只要守住險要，便完全可以以少制眾，立於不敗之地。」

這些建築都裝修得極為富麗堂皇，其規格都跟皇宮接軌。這人也很喜歡美女。他挑選了大量的美女，都安置在大安山的建築裡。他覺得還不夠，還想長生不老。於是，又請了很多道士在山上，為他煉製丹藥。這人自己窮奢極欲，但從來不顧百姓生死。為了讓自己的生活更加美好、更加富足，他「悉斂境內錢」—— 即把境內的財富，搜刮一遍又一遍。最後把搜刮到的錢財，都埋藏在山頂上。民間的錢沒有了，他就叫民間用黏土作錢來使用。很多人都知道，這個世界上有過銅錢、有過金子、有過銀子，也有過紙幣，但絕對沒有誰知道，劉仁恭治下的幽州，就有過泥土錢。他還禁止江南的茶商入境。他不讓茶商入境，並不是不想讓大家喝茶，而是他自採山中的草木為茶，賣給境內的廣大茶友們，徹底壟斷了茶業。

劉仁恭有個愛妾羅氏。這個羅氏十分漂亮，他的兒子劉守光看到第一眼，就覺得魂魄已經不是自己的了。不久，劉守光就跟羅氏勾搭上，讓老爸結結實實地戴上了一頂新鮮亮麗的綠帽。

幾個回合下來，劉守光和羅氏的姦情就被劉仁恭發現。

劉仁恭當然怒不可遏，如果是別人，他肯定就會手起刀落。可到底是他的兒子，他只得收住狠心，當面把劉守光狠狠地罵了一頓，然後在劉守光那個肥白的大屁股上打了幾十大板，然後把他趕走，宣布劉守光不再是他的兒子了。

不久，李思安引兵前來攻打幽州，所過之處，燒殺擄掠。當年（西元 907 年）四月，李思安直抵幽州城下。

當時，劉仁恭還在山上過著快樂的神仙生活。幽州城內毫無防備，被李思安一輪猛攻，差點失守。幸虧劉守光從外面引兵進入，登城防守，這才保住了幽州。後來，劉守光找了個機會，突然出兵城外，跟李思安大戰，把李思安擊敗。

劉守光擊退李思安之後，就自稱幽州節度使。這人奪取了老爸的職務之後，並沒有放過老爸。他派部將李小喜、元行欽帶兵去攻打大安山。

劉仁恭萬萬沒有料到，這個兒子大逆不道的程度比自己還厲害。他沒有辦法，只得率兵出來迎戰。當他看到李小喜的部隊猛衝猛打而來時，就知道自己真的不是對手。他想退兵回去，但已經來不及了。結果他大敗虧輸，連自己都逃不掉，被李小喜抓了回去。

這人滿以為自己占據大安山，據守險要，就不怕任何人前來攻打了。哪知，最後卻這個大逆不道的兒子打破，而且破得這麼順利，沒有一點卡住。

劉守光聽到捷報之後，哈哈大笑，你先不把我當兒子，現在別怪我不把你當老爸啊。當然，他並沒有把這個老爸殺掉，而是關在別室，讓這個老爸好好在那裡面壁思過。

劉守光對劉仁恭的那些部下就一點不客氣了。只要曾經得罪過他的，他都一刀斬過去。

劉仁恭的另一個兒子劉守文得知後，把眾將都召集起來，大哭道：「意吾家生此梟獍！吾生不如死，誓與諸君討之！」便發兵去攻打劉守光。兄弟幾番大戰，互有勝負。劉守文終於沒有救出他的老爸。

在兄弟倆大打出手時，羅紹威覺得機會也到了。

羅紹威對他手下說：「劉守光現在情勢危急，不得不歸順大梁，而劉守文又孤立無援，看來滄州可以不戰而服了。」

他馬上修書一封，對劉守文「諭以禍福」，勸他認真形勢，歸勢大梁。

劉守文這時跟這個弟弟打得都有些累了，也怕朱全忠的勢力乘虛打他的後院 —— 他現在跟劉守光打得都有些力不從心了，如果羅紹威此時補上一刀，他還能活嗎？

於是，他就派使者到大梁，向朱全忠請求歸降，並派兒子劉延到汴州充當人質。

朱全忠哈哈大笑：「紹威折簡，勝十萬兵。」要知道，朱全忠前段時間為了在滄州取得一場勝仗，結果打得狼狽不堪。現在羅紹威一封信就解決了滄州，能不讓他心花怒放？

第三章
謀士策定江南局，兵馬平亂戰未休

1. 蜀中異象，為帝鋪路

朱全忠宣布稱帝時，反對得最激烈的就是遠在蜀地的王建。

王建反對朱全忠，並不是真的為了恢復大唐，而夾帶著他的私心。他大聲反對之後，看到大家不響應，就沒有再反對下去，而是忙著做自己稱帝的準備工作。

在這期間，蜀地各州縣就不斷湧現出那些所謂的祥瑞之事。先是當年正月，有人說，神祕的青城上，出現個跟山一樣高的巨人；六月，萬歲縣又有來報，老百姓們看到天上鳳凰在蔚藍的天空上飛翔，漂亮得讓人目瞪口呆；接著又有人氣喘吁吁來報，就在剛剛，嘉陽江上有一條黃龍在那裡舞得翻江倒海，壯觀得要命。真是龍鳳呈祥啊。然後其他州縣也都派人前來報告。有的說他們那裡出現了甘露，有的說看到白鹿在矯健地飛奔，還有的說發現了白雀等等。反正你從沒有見過的動物，這時紛紛來到蜀地，眼花撩亂地一展身姿。

當然，大家根本不用腦子去想，就知道這些都是王建自己導演的鬧劇。他現在需要這些鬧劇來糊弄人，來為他製造輿論。等輿論造得聲勢浩大了，他就可以宣布順天應人當上皇帝。

經過一番準備，覺得完全可以按自己的想法實施下去了。他召集手下開了個會，對稱帝一事進行專題討論。

大家都說：「大王雖然對大唐忠心耿耿，無人能比。可現實是，大唐已亡，大王效忠的對象沒有了。既然如此，大王何不自己當上皇帝。天與不取，也是對老天爺的不敬啊。」

會議結束後，馮涓再獨自進去，對王建說：「還是先不稱帝的好。」

王建一聽，就有點不快樂了，那先稱什麼？

馮涓說：「還是先以蜀王代行皇帝事。這樣做，如果唐朝復興時，大王也算不失臣節啊。」

王建一聽，都什麼時代了，還這麼迂腐？他擺擺手，如果你只提這個意見，就請回去吧。這樣的意見，我堅決不採納。

馮涓也很不爽，就杜門不出。

王建當然不管馮涓的感受，他又找到大詩人韋莊，讓大詩人幫他籌劃一番。

最後他按照韋莊的劇本，假惺惺地帶著大家痛哭三日，表示悼念一下唐朝。這個手續完畢之後，已經到了當年的九月下旬了。他不想再等下去了。

西元 907 年九月二十五日，王建終於宣布登基，國號大蜀，以王宗佶為中書令，韋莊為左散騎常侍、判中書門下事。

很多人都知道韋莊是史上有名的大詩人，殊不知他還是這個時代的政客。

韋莊的家世絕對顯赫，大唐右相韋待價就是他的祖先，著名詩人韋應物也是他的祖先。只是到了他這一代，家世已經有些破落了，他的長輩們也只能在嘴裡說我的祖先曾經闊過。

韋莊的少年時代，很悲催，他的父母早亡，家境十分貧寒。但這人卻很有志氣。硬是努力學習。而且他還才敏過人，一直是同輩的學霸。他長大後，憑自己的才能，先到昭義節度使劉潼手下謀了個職業，將就餬口。

西元 880 年，韋莊到長安應試，結果卻名落孫山。

韋莊正想繼續攻讀，爭取下次入圍。哪知，就在他下定決心時，黃巢的部隊打入長安，全國進入空前的戰亂時代。他和弟妹們也都散失了。

兩年後，韋莊看到在長安已經無望，便離開已經被兵火反覆蹂躪長安，來到洛陽。之後，又到周寶手下混。

韋莊這時的志向顯然很遠大，覺得只在一個軍閥手下混，而且是沒有功名的混，跟他原來樹立的遠大理想差得太多了。於是就他又走洛陽。

正好，唐僖宗被迫逃離長安之後，又準備返回。

韋莊覺得這也是機會。他拔腿就跑，赴寶雞「迎駕」—— 這也是個功勞，如果皇帝認可，即使不高官厚祿，也會成為皇帝身邊的紅人，一腳踏入權力核心。

當他準備到寶雞時，車駕卻到了興元府。韋莊又以興元為目標繼續爬山涉水。可是當他到孟津時，正好秦宗權占領了許昌。韋莊當然不敢跑到秦宗權這個吃人的魔頭的地盤裡。他只得折返回潤州，再次投奔周寶。哪知周寶這時又碰到了麻煩，被手下幾個大將造了反，弄得焦頭爛額，日子一點不好過。

韋莊沒有辦法，只得又返回孟津。

之後，韋莊不斷地躲避戰亂，足跡遍及天南地北，對他詩歌創作倒很有幫助，可是他卻苦不堪言。

直到西元 892 年的冬天，韋莊覺得奔波也很累了，他看到長安似乎又平穩了下來，於是又決定去參加科舉考試。此時，我們的大詩人已經五十歲，那雙已經有渾濁的眼睛裡仍然充滿了對進士及第的無比渴望。

第二年，經過長途跋涉的韋莊終於來到了長安，順利地參加了當年的科舉考試。然而，當張榜公布的時候，滿臉風霜的韋莊又名落孫山。

當韋莊站在寒風呼嘯的長安街頭，想哭地望著那多次被焚毀的宮殿時，眼裡全是無邊無際的絕望。

後來，他的好友也是當時著名的大伽黃滔建議他不能再這裡逗留下去了，可以去找鄭尚書，謀個出身。

韋莊就離開了長安，出潼關去投奔鄭尚書，結果仍然沒有成功。最後，韋莊又回到了長安。他只得咬緊牙關，繼續等著科舉了 —— 這已經成為年近六十的大詩人唯一的出路了。

西元 894 年，鬚髮盡白的韋莊終於考中了進士，被任命為校書郎。

很多人到這個年齡已經辦了退休手續，在家裡含飴弄孫，而我們大詩人的仕途才剛剛開始。

韋莊到這個時候，估計也就想在朝廷裡把這口飯混到自然死亡的那一天了。因為當時天下大亂，最適合流氓們打拚，而韋莊這樣的一介文人，而且又已經老之將至，還能混出什麼名堂來？

但命運就是經常作弄人，時不時會把你安排得十分意外。

在韋莊準備入職的時候，王建和顧彥暉又打得火熱 —— 本來這兩個人都跟韋莊沒有過什麼交集，而且還遠在蜀地，韋莊做夢都沒有夢見過他們一次，但因為朝廷看到他們打了起來，不得不出面去勸架，以表示朝廷的存在。當時，朝廷已經疲於奔命，原來的重臣，大多已經走散，皇帝身邊就只有那幾個老傢伙，他們又不願再翻山越嶺去蜀地當朝廷的調解員 —— 調解得不好，說定腦袋都會完蛋。於是，他們就任命韋莊為判官，跟諫議大夫李詢入蜀，當調解員。

調解工作果然不好辦。

王建根本不把朝廷的調解當一回事，繼續按既定策略戰術大打出手，直到把老顧徹底擊敗，強行占領兩川之地，完成了他在蜀中的布局。

韋莊的任務自然沒有完成，辛苦了一趟，一點得不到自家老大的賞識。

韋莊雖然得不到自家老大的賞識，但卻得到了王建的賞識。

於是，韋莊的命運就在這次失敗的調停中得到徹底的改變。

王建當時手下全是一群雄糾糾的武夫，皮肉很粗糙，臉上殺氣很重，但卻沒有一個知識分子。王建當時心裡就已經有了很多想法，心知要想讓這些想法成為現實，手下還必須有學問深厚的讀書人。他看到韋莊雖然已經老了，鬚髮皆白，滿臉皺紋，但學問極高，文采極好，而在朝廷那邊又不得意，自己帳下恰恰又缺乏這樣的人才，就有意招他到自己的帳下。

韋莊剛剛入仕，正對自己的職業無比珍惜，而王建又是一個大老粗軍閥，因此就沒有答應王建的延攬。

韋莊回到長安後，被任為左補闕。雖然這時局勢更亂了，但韋莊的心卻很平靜。就在這個亂得像一鍋一樣的時代，他硬是靜下心來，跟自己的弟弟韋藹合作，編著了一本書《又玄錄》。這說明，在韋莊的心裡，真的是一片歲月靜好。

可是當這部書剛剛脫稿，長安又發生了一場讓韋莊膽顫心驚的劇變。宦官集團發動了一場政變，將唐昭宗幽禁起來，然後立李裕為帝。長安自然又是一陣大亂。

韋莊萬萬想不到局勢會變到這個地步，堂堂大唐皇帝，居然被一群閹人關起來，他心裡的那片歲月靜好，瞬間化為烏有。大詩人終於托著那個皮肉已經無比鬆弛的腦袋，對局勢進行了認真的思考。大唐朝廷的偉岸形象，終於在他的心目中徹底崩塌。他對這個朝廷曾經無比的尊崇，把自己一生的希望都寄託在這個朝廷身上，為了擠進這個廟堂，他一直參加科舉考試，一直考了頭髮花白，成為考場中年歲最大的考生之一。他終於考上了。當他得知自己進士的那一刻，心頭的激動真是翻江倒海，他以為，從此之後，他的餘生就有了依託。哪知，才在這個朝廷裡上班沒有幾天，就發生了這樣的事。大唐皇帝已經淪落到被宦官關押起來的地步。這樣的朝廷還有什麼希望？在一個沒有希望的朝廷裡上班，個人又還有什麼希望？

韋莊對大唐朝廷徹底絕望了。

絕望的韋莊當時就寫了一首詩：

南北三年一解攜，海為深谷岸為蹊。

已聞陳勝心降漢，誰為田橫國號齊？

暴客至今猶戰鶴，故人何處尚驅雞？

歸來能作煙波伴，我有魚舟在五溪。

當然，他後來並沒有真的泛舟五溪。他在絕望之後，第一時間就想到了王建。當初他婉拒王建，就是因為他對朝廷抱有希望，不想矮化自己當一個軍閥的幕僚。現在他對朝廷已經絕望，那就只好去找王建了。

於是，年近花甲的韋莊又白鬚凌亂地捲起褲腳，離開長安，一翻艱難跋涉，氣喘吁吁地來到蜀中，投奔王建。

王建看到大詩人來向自己報到時，自然心頭大喜，立刻任命他為掌書記，成為王建的首席幕僚。

後來，朝廷又徵召韋莊回去，說已經提拔他為起居舍人。這個職位就是在皇帝的身邊工作。如果是此前，韋莊肯定會喜得手舞足蹈，即使在沒有人的時候，都還獨自張著沒有牙齒的嘴巴傻笑。但現在他面對那張任命書，只在那裡苦笑兩下而已。

王建更不願意他離開。

當然，韋莊不能抗命——畢竟王建當時也還是打著大唐的旗號。

於是，王建就上表，請朝廷讓韋莊留在蜀地，不管在哪裡，都是為民服務啊。

朝廷當然對王建沒有辦法。

韋莊就這樣成了王建的高級員工。

不久，王建又任命韋莊為起居舍人。王建對韋莊十分尊重，重大事務，都徵求韋莊的意見。

南北三年一解攜，

海為深谷岸為蹊。

已聞陳勝心降漢，

誰為田橫國號齊。

暴客至今猶戰鶴，

故人何處尚驅雞。

歸來能作煙波伴，

我有魚舟在五溪。

韋莊這時已經不再把大唐當成自己的朝廷了，只一心一意地為王建出謀獻策。

當王建想稱帝的時候，雖然馮涓極力反對，飽讀聖賢書的韋莊卻堅決支持王建稱帝。

王建手下的知識分子不多，對皇帝那套禮制都不知道，全靠韋莊為他制定各種制度。

韋莊迅速成為王建手下頭號重臣，先是被任為左散騎侍，鄭判中書門下事，第二年就被任為宰相。

王建絕對是個純粹的大老粗，是真正的目不知書，但他卻愛跟書生在一起熱聊，然後從中得到啟發。久而久之，他也能粗曉其理。當時，由於內地都亂成一鍋粥，到處軍閥割據，一言不合，大家就開打。所以，很多讀書人都跑到蜀中來避難。王建對這些前來避亂的知識分子都尊重，都能「禮而用之」。所以，在當時的割據勢力中，蜀中的「典章文物有唐之遺風」。

有個僧人看到王建這麼尊重知識分子，覺得他也應該尊重一下佛教徒。當然，他也知道，王建尊重知識分子，是因為這些讀書人有學問、能幫他制定很多利於政權穩固的政策，幫他管理好蜀地。他們這些光頭和尚除了吃齋念佛之外，沒有別的人本事。但他仍然想了個很血腥的辦法，來博取王建的喜歡。

有一次，王建登義興樓玩。

那個和尚老早就等在那裡。

當王建玩得興致勃勃時，和尚突然來到王建面前，伸出他那根大概練過六脈神劍的指頭，狠狠地插入自己的眼裡，然後把那顆眼睛血淋淋地摳出來，獻給王建。

如果是別的人，突然面對這個血淋淋的場面，不嚇死才怪，然後就會堅定地認為，這個無緣無故自殘的和尚，一定是從精神病院裡逃出來的。但王建卻不這樣認為，他認為這個僧人這是在向他表示極大的忠心。不是說眼睛是心靈的窗戶嗎？他把眼睛都獻給自己了，還有什麼不能獻給自己？哈哈，原來這些宗教團體也這麼擁戴我。於是他當場下令，施飯給一萬名僧人，以資鼓勵。

翰林學士張格說：「陛下。這名僧人無故自殘，形如瘋子，令人驚懼，能赦免他的罪過已經算他命好了，哪能再獎賞他們以敗壞風俗。」王建一聽，這才作罷。那個僧人白白地廢了一邊眼睛。

王建雖然很尊重韋莊，但他最親信的仍然是他的那些養子。

2. 一紙催命符

他這些年基本都是靠這些養子打天下的、擴充勢力的。這些養子中的長子叫王宗佶。王宗本來姓甘，是最早成為王建的養子。當年王建還是個下等兵時，跟他的長官到處做打砸搶，擄得王宗佶。王建當時覺得小子很可愛，就收他為養子。可以說，王宗佶是最早跟王建混出來的，王建從下等兵混到今天，每一步都有王宗佶的付出。王建在創業階段，多次把最重要的任務都交給王宗佶。王宗佶一直是這個集團中除了王建之外最有權力的人。可以說，在王建那麼多的養子中，王宗佶不但是資格最老、也是功勞最大的養子。他當王建的長養子久了，手中的權力也大了，他當這個首席養子久了，就把自己也當成了王建的長子。

可是大家都知道，當時這些藩鎮權貴收養子，其實就是籠絡人的一個手段，讓你把這些人牛當父親看待，他卻只把你當成最好用的工具，並不是真的把你當兒子的。他們只把自己的親生骨肉當兒子。

隨著王建幾個親生兒子的長大，王宗佶從王建的眼神裡看到，王建對親生兒的期望是很大的。王建看親生兒的眼神跟看養子們的眼神是有著明顯的區別的。王宗佶的心裡就有些不安起來，他似乎也看出了自己的分量，心裡暗自著急。

他知道，他們這些養子、其實就是王建手下的功狗，無論你為王建殺了多少人、搶到多少地皮、立下多少功勞，在王建的眼裡，他們永遠只是養子，或者說就是一條狗——是真正的犬子。

王建稱帝之後，也論功行賞，授王宗佶太師、封晉國公。

太師是最高級別了，可也只是個榮譽性質的。

王宗佶知道，在這個世界上混，級別再高都沒有屁用，最有用的是手中的權力。所以，他就竄通御史中丞鄭騫，共同密謀把大司馬弄到手，而且還要有總六軍、開元帥府的特權，凡是軍隊上的事，都可以便宜行事。

要謀求大司馬之職，再怎麼密謀，最後都得在王建那裡公開出來——因為這個委任狀必須由王建簽發的。

當王宗佶的這個要求提出來後，王建當然很生氣。王建是個大老粗，也是從最底層打拚出來，而且也是從養子幹出來的。他知道，養子如果管不好，權力太大，最後養父就會跟丁原和董卓一樣。當他看到王宗佶向他這麼獅子大開口索要權力的時候，心裡十分惱火。但又考慮到這個養子立下的功勞太大，也就把那口氣強行吞下去，沒有大光其火。

王宗佶看到王建沒有批下來，還不死心，繼續提出要求。這人地位高、功勞大、權力重，所以心氣也高。王建雖然是個大老佬粗，但也跟很多官僚一樣，喜歡歌舞。他手下有一個舞童叫唐道襲，長得可愛、舞姿還優美，深得王建的寵幸。你想想，王宗佶能看得上這樣的人嗎？每次碰到這個舞蹈家時，王宗佶的眼裡都是強烈鄙視的目光。

王建寵幸唐道襲一段時間後，就提拔這個舞蹈家為樞密使。

唐道襲都沒有想到，自己憑著那幾個肢體動作，就成為權力中心的一員，只高興得心花怒放。王建手下的那夥人，看到唐道襲既得王建的寵幸，還爬上了高位，自然都傾力巴結。只有王宗佶繼續鄙視著唐道襲，有時碰面不得不打招呼時，他也是直呼其名。

每次聽到王宗佶那個粗獷的聲音高叫「唐道襲」三個字時，唐道襲還沒有把自己的反應表現出來，王建就先不高興了，怒吼起來：「王宗佶名呼我樞密使，是將反耶？」

當這樣的話從王建的嘴裡噴出來時，就說明王宗佶真的很危險了。

可是王宗佶仍然不知道收斂，繼續向王建施壓，讓他當大司馬，而且在請求當大司馬的報告中，用語十分狂傲：

臣官預大臣，親則長子，國家之事，休戚是同，今儲貳未定，必生厲階。陛下若以宗懿才堪繼承，宜早行冊禮，以臣為元帥，兼總六軍，儻以時方艱難，宗懿總幼，臣安敢持謙不當重事！陛下既正位南面，軍旅之事宜委之臣下。臣請開元帥府，鑄六軍印，征戍徵發，臣悉專行。太子視膳於晨昏，微臣握兵於環衛，萬世基業，唯陛下裁之。

王建一看，心裡更是惱火不已。他怒氣勃勃地問唐道襲：「王宗佶還在要求當大司馬，你看如何？」

唐道襲長期被王宗佶鄙視，對王宗佶更是恨之入骨，只因王宗佶貴為王建的頭號養子，功勞巨大，權力也巨大，所以就一直隱忍著，不管王宗佶如何對他不敬，他總是點頭哈腰，對王宗佶畢恭畢敬，好像王宗佶對他的種種鄙視是一種賞賜。他長期在王建的身邊，王建的心理活動，他掌握得比誰都清楚。這時他看到王建徵求他的意見，他心裡就笑了。

唐道襲雖然是舞蹈演員出身，但心思還是很老辣的。他並沒有直白地說，王宗佶這是狼子野、是在奪權，而是說：「王宗佶是大功臣，素來威望卓著，深得人心，完全可以大用，建議陛下任命他為大司馬。」

王建一聽，那根神經馬上激靈起來，王宗佶這樣的人能繼續讓他坐大嗎？王建這麼一想，覺得自己都有點危險起來了。但他當時沒有說什麼。而唐道襲看到王建已經心事重重的模樣，知道自己成功了。

王宗佶當然不知道，王建這個養父對他已經動了殺機。

某天他又過來面見王建，繼續向王建強烈請求讓他當大司馬。

王建大怒起來，我都幾次三番不同意了，你還不識趣，你這是為了搶權鍥而不捨，看來你還真是個野心家，便對著王宗佶教訓了一頓。

如果王宗佶此時扒下謝罪，也許後果還沒有這麼嚴重，偏生這人心裡的不滿已經裝得太多，再加上野心作怪，被王建教訓時，仍然「辭色悖慢」。最後王建拍案而起，指著王宗佶大罵起來，之後，臉上殺氣遍布，大手一揮，喝令武士出來，當場把王宗佶「撲殺」。然後賜死王宗佶的同黨鄭騫。

王宗佶很倒楣，那個大唐最後的皇帝李柷同樣倒楣。他被封降為濟陰王之後，朱全忠對他仍然不放心，派人帶了一杯毒酒來到曹州，強迫他喝了下去。

3. 徐溫暗渡陳倉，張顥中計背鍋

在蜀地發生這些事時，楊渥也還在跟高季昌唱反調。

楊渥前一段被高季昌擊敗，兩路兵馬都被消滅，他當然不肯罷休，又派部隊去進攻石首，但被朱全忠的襄州兵擊敗。楊渥又改變進攻方向，派李厚帶水軍直赴荊南。

高季昌帶兵迎敵，在馬頭與李厚接戰，消滅了這支來犯之敵。

楊渥不斷地跟外部勢力對打，不斷地失敗。他心下很惱火，但又沒有辦法。

當楊渥還在那裡面對荊南一帶咬牙切齒時，徐溫他們對他的忍耐程度也到頭了。

楊行密晚年時，徐溫和張顥都力挺楊渥，使得楊渥順利成為楊行密的接班人。

哪知，楊渥當了老大之後，花花公子的秉性仍然堅定不移，除了好事不做之後，什麼荒唐的事能放開手腳進行到底。

徐溫和張顥終於看他不順眼。雙方的裂縫馬上就出現。

楊渥雖然看這兩個傢伙不順眼，但他對這倆卻沒有什麼辦法。而兩人則不聲不響，暗中尋找機會、積蓄力量，隨時準備對楊渥發動政變。

目前雖然是楊渥繼續當老大，似乎說一不二。但他經過多次外戰的失敗，死忠心腹不是被人家打死在戰場上，就是被徐溫和張顥以各種罪名除掉。

楊渥本來是想透過打幾場外戰來樹起自己的威望，以便打壓一下那兩個老一輩革命家。哪知，卻接連打敗仗，不但把自己的威望越打越下跌，而那兩陰險的傢伙，更是乘著這個機會，不斷地剪他的裙邊，讓他在勢力裡越來越孤單。他看到兩人越來越專權，心下更是不憤。

徐溫和張顥兩人對他更是密切關注，看到他的臉上時刻都布滿著仇恨的神色，心下更是不安起來。他們雖然看楊渥不順眼，也知道這人沒有什麼能力，但他到底是老大，是勢力內說一不二的人物。如果哪天的仇恨突然爆炸起來，突然對他們下手，還真會死在他的手上。

兩人這麼一想之後，馬上在一起碰頭，一致認為，必須在他的爆炸之前，把他打倒。

兩人說做就做。

時間就定在西元 908 年的五月初八。

兩人在做出這個決定之後，徐溫還是留了一手的。此時，兩人的職務分別的左右牙指揮使。徐溫雖然對楊渥十分憤怒，時刻想把這個荒唐的主公做掉，但又不想承擔弒主之名。於是就說：「這個行動非同小可，是只許成功不許失敗。為了保證成功，必須統一號令。」

張顥一聽，覺得很對，便點點頭。

徐溫說：「就由右牙兵行事吧。」

張顥一聽，原來老徐溫想獨吞大功，當場表示反對。

徐溫一看，老張果然頭腦簡單，便笑了笑，說：「既然如此，就單獨由左牙兵吧。」

張顥這才鬆了一口氣，把紀祥召來，吩咐他馬上行動。

紀祥帶著一群手持雪亮大刀的武士，直接開進楊渥的寢宮。

楊渥雖然對徐溫和張顥恨之入骨，雖然看到這兩個人對他已經產生嚴重的威脅，但沒有想到他們真的會對他展開行動，而且展開得這麼快。

當時，他正準備起床，聽到沉重的腳步聲由遠及近，還不知道是怎麼回事，心裡大罵，誰這麼大膽？不知老子還在睡大覺，居然跑得這麼大聲。看來這幫奴才不好好收拾一下，他們真不知好歹。

他還沒有穿好衣服，紀祥等人已經破踢門而入，齊刷刷地站在他那張寬大的床前。

楊渥睜大眼睛，盯著他們，喝道：「你們想做什麼？」

紀祥沉聲說：「奉命殺你！」

楊渥還問：「誰的命令？」

紀祥仍然冷靜地說：「張指揮使！」

楊渥說：「果然是他們兩個。如果你們果能反正，站在人民的一邊，去殺徐溫和張顥，我就提拔你們為刺史。」

那幾個跟紀祥過來的人一聽，便都心動了起來，這樣就能當上刺史，真是太值得了。他們都望著紀祥，誰都可以從他們的眼裡看出那一句話：老大，我們就反正了吧。

紀祥大怒。他是張顥的死忠心腹，立場十分堅定，否則張顥能把這個任務交給他嗎？他知道再囉嗦下去，就會立刻生變，便大喝一聲，一刀猛劈過去。

楊渥看到場面的氣氛已經有所緩和，正想繼續利誘下去，哪想到紀祥這一刀來得這麼快，哪能閃避？他當場中刀倒地。

紀祥看到楊渥還在血泊裡喘著氣，便又用繩子往他脖子一套，將其勒死。

楊渥這時才二十三歲。

4. 楊氏政變

紀祥辦完這些事後，回去向張顥覆命。

張顥和徐溫接到這個消息後，心頭大大地鬆了一口氣。

兩人本來事先已經達成一個共識，殺死楊渥之後，就瓜分楊氏的地皮，然後歸順朱全忠。可是兩人開完碰頭會回去後，徐溫在夜裡夢見白龍繞柱。第二天他入宮時，正好看到楊渥的弟弟楊隆演穿著白衣倚殿柱而立，不由大吃一驚，夜裡的夢是不是應在這小子身上？這人跟當時所有的人一樣，是絕對的唯心主義者，這麼一想之後，立刻就刪除了瓜分楊氏地皮的念頭，決定讓楊隆演繼位。

徐溫的心思要比張顥複雜多了，他有了自己的決斷之後，並沒有這個想法告訴張顥，而是偷偷告訴了嚴可求。

嚴可求曾經是楊行密最忠實的部下，一向對楊家忠心耿耿。當年他雖然力挺楊渥為主，但對楊渥的做法也不以為然，也知道張顥和徐溫除掉楊渥已經不可逆，聽聞徐溫的話後，覺得也很對。

張顥並不知道徐溫暗中搞了這一手，仍然按他原來和徐溫設計的指令碼繼續進行。

他立刻召集各級將官都節度使來，說要開個會。

當大家進入會議現場時，都很驚恐地發現，夾道和庭中堂上都各擺著利刃。然後又傳來一個命令：諸將的衛兵全部撤離現場。

大家一看，都臉色刷白地猜到今天發生了大事。但到底是什麼大事，誰都猜不出。因為這段時間以來，除了楊渥在外線打了幾場敗仗之外，內部似乎還沒有出現什麼你死我活的爭鬥啊。雖然大家都知道，徐溫、張顥跟是有些矛盾，可是近期這些矛盾並沒有加深啊，怎麼就會突然發生了大事？看看這個現場氛圍，也知道是最高層發生了大事，不知是楊渥殺了那兩條好漢，還是那兩條好漢搞定了楊渥。當然，不管哪方取得勝利，他們今天都得表示堅決擁護。

當衛兵們都撤除現場之後，大家看到張顥和徐溫大步來到現場。所有的人都知道，楊渥完蛋了。

張顥冷著臉宣布了楊渥已經完蛋的重大消息。不過說是暴病身亡的。

當然，大家都知道，楊渥的死絕對跟病沒有關係，而是這兩個掌權者把他做掉的。

全場都默不作聲。

張顥接著說：「嗣王已薨，諸位說說，軍府誰當主之？」

沒有人回答。

張顥接連問了三遍，仍然沒有人回答。所有的人都知道，他們說誰都沒有用，張顥和徐溫早就定好了人選。

張顥看到大家都在那裡緊閉鳥嘴，不由大怒起來。

他正想發作，嚴可求來到他的身邊，對他耳語：「節度使府很大，四方邊境的事也很多，這是非要老大主持不可的。但是現在就想坐上這個位子，恐怕有些為時過早。」

張顥一聽，說：「此話怎講？」

嚴可求說：「現在劉威、李遇、李簡這些人，都是先王時代的大人物，資格跟先王不相上下。如果老大今天自立，他們能甘當你的屬下、服從你的指揮嗎？不如先立幼主，諸將誰敢不服？」

張顥一聽，在那裡默然良久。

嚴可求也不再跟張顥囉嗦了，躲到一邊，找來一張紙，然後在紙上寫了幾行字，放到袖子裡。嚴可求出來後，就召乎大家前往節度使的住宅去。大家問去做什麼？

他說：「祝賀。」

這有什麼好祝賀的？但大家都知道，嚴可求雖然職務不高，但他向來在核心圈裡行走，而且辦來向來細密，聽他說是去祝賀，自然有他的道理，反正跟他是錯不了的。

大家一路默然地來到節度使住宅。走在最前面的嚴可求跪在地上，然後取出那張紙，高聲讀了起來。

大家一聽，原來是太夫人——也就是楊行密的未亡人——的教書。內容大至為：先王經歷萬般艱難，這才打下今天的基業。今天嗣王不幸早逝，楊隆演按照次序應當嗣位繼立，諸將不要辜負楊氏，好好輔佐他。

文字雖然不多，但頗合當時的道統，大家聽在耳裡，都覺得正義凜然。

張顥在那裡「氣色比沮」——他原來以為，殺了楊渥之後，只要徐溫不爭，他就可以順利奪取節度使之位，結果卻弄成為個樣子。他又不敢強行奪取，只得一臉寒霜地順著嚴可求給出的臺階往下走，苦著那張臉宣布遵照太夫人的旨意，擁立楊隆演為淮南留後、東面諸道行營都統。張顥做夢也沒有想到，會是這個局面。他更是做夢也沒有想到，造成這個局面是因為徐溫的一個夢。

一切塵埃落定之後，副都統朱瑾來到嚴可求的住處，對嚴可求說：「我十六、七歲就扛著兵器，橫戈躍馬，衝鋒陷陣，跟人家對砍，從來沒有懼怕過。今天面對張顥，竟然汗流遍身。老兄居然當著大夥之面，猛烈批評他，而且批評得旁若無人。我這才知道，我平時喊打喊殺，只不過是匹夫之勇而已，比老兄差太遠了。」他太佩服嚴可求了，從此之後，對嚴可求「以兄事之」。

張顥雖然被徐溫暗中做了手腳，未能如願當上節度使，但他仍然是淮南的實際掌權人。

張顥這時最忌憚的並不是嚴可求在逼迫他時所說的劉威那些人，而跟他搞政變的好搭檔徐溫。他知道徐溫的能力，目前雖然排名在他之後，但也管了近一半的牙兵，實力雄厚，而且也是個野心家。要想獨攬大權，就必須把徐溫排擠出權力中心。

幾天之後，徐溫就接到一張委任狀，即被任命為浙西觀察使，出鎮潤州。

徐溫雖然腦子很靈光，但這時居然沒有看出張顥的居心。

他拿了委任狀，就準備出發。

嚴可求對他說：「老大捨牙兵而出外藩，只怕後果難料啊。」

徐溫說：「有什麼後果？」

嚴可求說：「就怕老大出鎮之後，張顥就會以弒主之罪套到你的頭上。你想想這個後果嚴不嚴重？」

徐溫一聽，像被火點著一樣跳了起來，說：「然則奈何？」

嚴可求說：「張顥這個人剛愎自用，又腦子糊塗，不明事理。如果老大願聽從我的話，我可以為老大圖之。」

徐溫抹著額上沁出的汗珠，當然點頭應允。

嚴可求應該老早就關注著淮南高層這些人的動態了，那些猛人的心理活動，他都掌握得十分到位。他知道另一個強者李承嗣也跟張顥水火不容。

當時，李承嗣也是權力圈子裡的核心人物，經常參與重大問題的討論，也是個重量級大人物。嚴可求認為必須把他也拉進圈子。

嚴可求直接去找李承嗣，對李承嗣說：「張顥絕對不是一個好鳥。他才剛剛拿權，就變得十分凶惡，要排除異己，想獨攬大權。他現在將徐溫調到外地，明眼人都可以看得出他的用心。而且他絕對不會僅此就罷手的，接下來恐怕就要對老大不利了。」

李承嗣一聽，馬上就深以為是。

嚴可求就成功地把李承嗣拉進了他們的圈子。

他又去找張顥，對張顥說：「老大把徐溫調到外地，大家都認為老大這是在先奪其兵權然後殺之。大家都說，老大這樣做，實在是太可怕了。」

張顥一聽，就有點不好意思起來，說：「這是他要求去的，非出自我本意啊。現在都已經下發文件了，怎麼辦？」

嚴可求說：「如果真要制止，那是很容易的。」

第二天，嚴可求邀請張顥和李承嗣一起，來到徐溫家。

大家坐定之後，嚴可求瞪著眼睛，用很嚴厲的口氣批評徐溫：「古人對一飯之恩，尚且不忘，何況老大是楊氏的宿將，怎麼能忘掉楊氏之恩？現在幼嗣初立，淮南處於多事之秋，老大居然為了自己的安適到外地去，這樣對得起先王嗎？」

徐溫急忙起身謝罪，說：「如果諸位寬容，能原諒我。我哪敢自專。」

徐溫終於不用到潤州任職了。

經歷了這些事，張顥再蠢也知道，嚴可求已經成了徐溫的死黨。他知道嚴可求不但智商高、而且敢作敢為，到處上竄下跳，專做於他不利之事。還留下這樣的人，終究是心腹之患。可是又抓不到嚴可求的什麼把柄能將他一把搞定。張顥越想越是惱火，最後抓狂起來，就決定拿出黑社會那一套，派個滿臉橫肉的殺手半夜去殺嚴可求。

刺客領了任務之後，拿著大刀，就翻牆而入，進入嚴可求的家，然後拔出大刀，準備砍嚴可求。

如果是別人，現在肯定癱軟在地，大小便失禁，然後在臭氣熏天中面無人色地等死。

嚴可求卻沒有嚇癱，而是很冷靜地對滿臉橫肉的刺客說：「你可以暫緩砍下嗎？」

刺客居然就沒有砍下，沉聲問：「你還有什麼話？」

嚴可求說：「我今天注定會死在你的刀下。我死前有個請求，就是讓我寫給我的主公一封永別的信。」

這個刺客一想，我本來跟他無冤無仇，只是為了賺點錢來殺他，何必做得太絕，那你就寫吧。

嚴可求鋪開紙，在上面一字一句地寫著。

這個刺客也是讀過書的刺客。

他提著大刀站在嚴可求的身邊，嘴裡跟著一字一句地唸著嚴可求的文字。他唸著唸著，突然之間，發現嚴可求的文字言辭意旨忠誠雄壯，正能量十足，心裡不禁大受感染，提刀的手軟了下來，對嚴可求說：「先生年高德重，我不忍心殺害。」於是，就搶劫了嚴家的財物，拿去覆命，說：「沒有抓到嚴可求。」

張顥就有點氣急敗壞了，怒火沖天地說：「我想到的是嚴可求的首級，這些財物對我來說，有個屁用。我現在一點不缺錢。」

事情到了這個時候，徐溫派和張顥的矛盾就已經處於不可調和的你死我活的程度了。

徐溫跟嚴可求每天都聚在一起，密謀搞定張顥。

嚴可求說：「要除掉張顥，光我們幾個，是不夠的。還必須靠鍾泰章。」

鍾泰間當時任左監保全將軍，跟徐溫的關係很好。

徐溫派自己的心腹翟虔前去找鍾泰章，把徐溫的計畫直接告訴了他，並請鍾泰章去執行做掉張顥的任務。

鍾泰章早就對張顥不爽了，聽了翟虔的話，很乾脆地拍著胸口，說保證完成任務。

他馬上挑選了三十名壯士，宰牛殺羊，刺血立誓。

徐溫辦事向來謹慎，他還怕鍾泰章立場不堅定，臨事動搖，那就萬事皆休了。

徐溫在最後時刻還派人去試探一下鍾泰章。

那個人在半夜裡找到鍾泰章，對鍾泰章說：「徐老大現在有顧慮。」

「什麼顧慮？」

那人說：「徐老大考慮到他上有老母，害怕萬一不成功，就對不起老母親，所以他的意思是不如暫且中止，等到有萬全之機再說。」

鍾章泰厲聲道：「話已經說出口，還可以收回嗎？」

徐溫這才放下心來。

第二天，鍾泰章率人直入左右牙指揮使廳。張顥正在那裡上班，看到鍾泰章大步進來，根本不知道鍾泰章會來殺他，就在那裡繼續處理事務。鍾泰章來到張顥的面前，什麼話也不說，直接揮起大刀。但見寒光一閃，張顥的腦袋就重重地落在地面上。鍾泰章帶去的其他人也都揮刀衝上，把辦公廳裡張顥的親隨全部砍死。

徐溫早有準備。在鍾泰章成做掉張顥之後，立刻派兵把毫無準備的紀祥等人全部砍死，然後把弒殺楊渥的罪名都套到張顥的頭上，然後把整個過程向楊渥的母親史氏報告。

史氏還能說什麼？她這些天來一直膽顫心驚地生活著，聽了徐溫的報告後，就在那裡放聲大哭：「我兒子年紀還幼小，居然就慘遭如此禍亂。我已經沒有別的要求了。如果能保護我們全家回到合肥，我們楊氏世世代代都會感激你的大恩大德。」

徐溫說：「張顥殺主叛逆，不能不殺，夫人不會出什麼事！」

徐溫接著宣布「窮治弒主逆黨」，由於當初去殺楊渥時，都是張顥手下的士兵，很多人都以為徐溫根本不知道張顥的密謀。現在又看到徐溫窮治逆黨，就更加堅定地認為，徐溫絕對沒有參與過弒楊渥的行動。

張顥一死，徐溫就被任命為左右牙都指揮使，成為淮南集團的實權人物，嚴可求則被任為揚州司馬。

從這個事件當中，我們完全可以知道，徐溫決斷果敢，辦事周全，極富心計，無論從哪方面看，都很有謀士的潛質，其實這人也是個大老粗，並不知書，平時生活也是極為簡單節儉，處理文件時，就叫祕書讀給他聽，然後他再做出處理意見，而且提出的處理意見皆有情理。

此前，張顥當權，不但刑罰酷濫，而且還縱兵剽奪市裡，影響極壞。徐溫對嚴可求說：「現在大事已定，我們就應該力行善政，讓人家能夠脫衣安寢。」

於是，兩人制定法律，禁止強暴，提出各種政策大綱，使得軍民相安。

徐溫沒有像張顥那麼專權。他把軍隊的事務交給嚴可求，把財貨賦稅的事務交給駱知祥處理。這兩個人都很稱職，當時淮南人稱他們為「嚴駱」。

在除掉張顥的事變中，鍾泰章的功勞無疑是最大的。可是成功之後，徐溫給他的獎賞卻沒有多少。鍾泰章心裡意見很大，但從來沒有說出口。直到後來他因為喝醉了酒，跟眾將爭論時，他這才說到這個事。

有人報告徐溫，說鍾泰章心裡滿滿的都是怨恨，請盡快把他處理。

徐溫說：「這是我錯了。」於是，就提拔鍾泰章為滁州刺史。

5. 血戰蘇常

在楊渥當老大時，淮南幾乎天天跟馬殷和朱全忠打仗。現在淮南局勢一穩定，最先覺得難受的並不是馬殷，而是錢鏐勢力。

錢鏐深知，他所處的吳越地帶，已經沒有多少發展空間了，如果淮南再強大起來，肯定會向他這邊壓下來，到時他真的難以抵擋。所以，他必須先發制人。可是以他現有的力量，即使先發制人也未必能制住敵人。

於是，他派王景仁（即王茂章）拿著他的表到大梁，向朱全忠面陳攻取淮南之策。

徐溫聽說錢鏐派人去大梁，就知道這傢伙是要聯合朱全忠夾擊淮南了，心頭大怒，立刻派步軍都指揮使周本和南面紡軍命名呂師造帶兵去攻打吳越的地盤。

周本是周瑜的後代，但到他這一代已經沒落得差不多了。這個周瑜的後代，從小就孤苦貧寒，但勇力過人，據說有一天，他跟很多人在田裡工作時，突然有一隻老虎猛衝下來，準備吃人。別人都嚇得到處飛奔。要知道，人再怎麼狂奔，也是跑不過老虎的。周本大喝一聲，迎著老虎跑了上去。人虎惡鬥的結果，是周本徒手格殺了這隻猛虎。周本打虎之後，名聲很快就傳於四方。

當唐末天下大亂時，周本也意識到自己出人頭地的機會到了。他沒有繼續當農民，而是投到池州刺史趙鍠帳下。他開始時，也只是普通一兵，但有著徒手格殺猛虎的手段，在軍營裡混，很快就勇冠全軍。

周本很勇猛，但趙鍠卻很無用，手下又沒有名將，只是死守著宣州，沒有什麼作為。他以為他不去惹事，人家就放過他。可是在這個亂得一團麻的世界裡，人家最喜歡欺負的就是老實人。楊行密看到趙鍠是個軟柿子，馬上就帶兵前來攻打 —— 生怕晚了，其他勢力會過來搶走。雙方在曷山大戰。趙鍠大敗，只得退回宣州。

楊行密進兵宣州。

趙鍠最後棄城而逃，但沒有逃得掉，被楊行密「追殺之」。

楊行密進入宣州。

於是，打虎英雄周本也成了俘虜。

楊行密早就聽說周本之名。他得知周本成為俘虜後，立刻下令把周本帶來，親自為周本鬆了綁，然後任命周本為牙將。周本在趙鍠手下混了多日，連個基層軍官都沒有當上，現在一被俘虜就被提拔成牙將。他對楊行密大是感激。

之後，周本就成為楊行密的猛將，隨楊行密到處打仗。每次上戰場，周本都衝在前面，先登奪陣，多得首功。很多次，他都打得傷口遍體，弄得「身無完膚」。戰鬥結束後，他回到自己的營中，就自燒烙鐵，燙治創口。而且，他都是一邊燙著烙鐵，一邊談笑自若，面無懼色。很多人看到這個場面，都把頭轉向別處，不敢看他的這些動作。但對他都是嘆服不已。

楊行密就任淮南節度使之後，周本也被提拔為淮南馬步軍都指揮使，成為淮南的高級將領。

此後，周本就成專門應對錢鏐的淮南大將，曾跟錢鏐手下頭號猛人顧全武數番大戰，打得十分精采。

這時，徐溫要攻打錢鏐，自然又得派周本出馬。

周本領命之後，就跟呂師造率軍包圍蘇州。

兩人抵達蘇州城下之後，就立即展開進攻，但蘇州守軍極是頑強。周本用盡各種攻城手段，都沒有取得成效。

錢鏐則派張仁保前去攻打常州的東州，並很快就打了下來，淮南兵死傷一萬多人。

本來，徐溫是想先發制人，打吳越一個措手不及，哪知周本還在蘇州城外拚命，東州這邊就已經被人家「拔之」，而且損失慘重。他馬上派池州團練使陳璋為水陸行營都詔討使，帶柴再用等人去救東州。

張仁保取得了一場大勝，很是得意，看到陳璋和柴再用前來，覺得這兩個傢伙也沒有什麼了不起。便帶兵迎戰，結果應了「驕兵必敗」這四個字。雙方在魚蕩交戰，打得異常激烈。在激戰中，柴再用的船壞了，靠著長矛浮托，才得以渡過去，衝擊對方的陣地，其他的士兵也奮勇緊隨，把張仁保打得大敗，奪回了東州。

柴再用這一戰，差點葬身魚腹，他的家人一想都覺得後怕，認為肯定是佛祖救了他一命，便施飯給一千名僧人。

柴再用看到家人準備好一千份飯後，立刻拿出來犒勞部下的士兵，說：「是士兵們把我渡上岸的，那些僧人出過什麼力？」

6. 爭奪蘇州

朱全忠看到錢鏐和淮南已經開打。他當然支持錢鏐。於是，他派寇彥卿為東南面行營都指揮使，率兵去向淮南進攻。

只是現在朱全忠真的拿不出多少兵力了。他此刻還得防備李存勗，又還在跟李茂茂貞開戰，簡直是四面為敵，手裡還能動用的部隊真不多了。因此，寇彥卿只帶兩千人馬去襲擊霍丘。淮南主力部隊還沒有出現，當地的土豪朱景出兵抵抗，就把寇彥卿擊敗了。

寇彥卿打了一個敗仗，哪敢回師？因為朱全忠的法令十分嚴苛。朱全忠當年還是藩鎮時，就制定了十分嚴酷的刑法：將校有戰死的，其部下的士兵全部斬首，稱為「跋隊斬」。於是，士兵損失主將的，大多都逃跑不敢回來。朱全忠一看，你們以為逃跑了就逃得過老子的懲罰，他又下令，在所有軍士的面部都刺上字來記錄軍號，然後嚴守關口津渡，一旦抓到逃兵，立刻被譴送回部隊，然後都被處死。至於對於打敗仗的將領，同樣是革掉官職。

寇彥卿又去攻打廬州和壽州，結果皆不勝。

後來，淮南方面又派滁州刺史史儼出來迎敵。寇彥卿此前連業餘隊都打不過，看到人家的正規軍出來了，知道再接觸下去，那是必死無疑。只得帶著部隊退回去。

徐溫看到朱全忠也出兵了，知道他跟朱全忠的死結無論如何也解不開了。於是，就派萬全感帶著楊隆演的信間道前去河東和鳳翔，向他們報告楊隆演已經嗣位，其實就是表示以後會跟他們一起，共同對付朱全忠。

當然，徐溫認為，目前最大的威脅仍然是錢鏐集團。金陵對於他們來說，策略地位仍然是最重要的。於是，他以淮南行軍副使兼領升州刺史，留駐文陵，任命養子徐知誥為升州防遏兼樓船副使，前往升州。

蘇州前線仍然打得如火如荼。

周本帶著的淮南部隊，仍然猛攻蘇州。這一次，他們又搞了個攻城器械，用木架支撐、覆罩牛皮、形狀如洞的洞屋攻城 —— 士兵都躲在洞屋裡，以洞屋作屏障，靠近城頭。

負責城頭指揮的孫琰就下令在竹竿頂端安置滑輪，垂長索投錐把洞屋戳穿。於是，攻城的淮南軍隊便都暴露出來，便於城上的人射擊了。

周本看到洞屋被破了，就下令用石砲猛砸。

孫琰下令張網來攔，結果石砲都砸在網上。

周本終於覺得自己沒有辦法了。

錢鏐又派錢鏢和杜建徽帶兵前來救蘇州。

錢鏢是錢鏐的三弟，杜建徽也是錢鏐手下的猛將。

蘇州有水道通於城中，周本為防吳越兵利用這條水道往來，就在水中張網、並掛鈴於水中，連魚蝦通過都難知道。援軍本來就是想通過水道，進入城中。可是他們抵達指定地點後，很快就發現了淮南軍的這個防範工程，哪敢下水？

後來，司馬福透過觀察之後，潛入水中，故意用長竿觸網。淮南兵聽到鈴聲之後，就跑過來舉網。司馬福乘著大網舉起的時候，帶著部隊順利通過。他們在水中一直待了三天，這才得以進入城中。

城中的人知道援軍已經到，更是士氣大振。他們按照司馬福帶來的暗號跟城外的援軍聯繫，號令之聲遙相呼應。淮南軍一看，都覺得真是神祕莫測。

淮南軍被蘇州內外的呼應搞得一驚一咋，心神不寧，士氣自然也不斷地下跌。

吳越兵看到淮南兵已經有些疲勞了，就突然向淮南軍發起猛攻，來個內外夾擊，把淮兵打得大敗，生擒淮南大將何郎等三十多個，奪得戰艦二百艘。

周本也沒有辦法了，連夜逃跑。

吳越兵繼續追擊，在皇天蕩追上，又大打一場，把周本打得灰頭土臉。幸虧鍾泰章臨危不懼，帶兩百精兵殿後，在菰草中豎了很多旗幟。吳越的追兵不敢再前進。他們這才得以逃得性命。

7. 決戰江西

淮南勢力這時不光跟吳越扛上、打了一場很有規模的仗，吃了一個不大不小的虧。而這時另一個勢力又打上門來，讓徐溫很鬱悶。這個勢力就是危全諷勢力。

危全諷本來是江西南城東東鄉人，家道十分殷實，是當地有名的富紳。當時黃巢起事，江西各地都在響應。危全諷就跟他的弟弟危仔倡覺得這也是個機會。他們招募鄉勇，建立武裝。

不久，黃巢手下大將柳彥章從九江南下，進攻撫州。撫州刺史鍾傳抵擋不住。

危全諷跟他弟弟帶著他們的武裝力量，主動出擊，在牙潭與柳彥章戰鬥，居然取得了勝利，斬柳彥章的部將黃可思和李道謙。危全諷由此被授討捕將軍。

當時，黃天撼、朱從立也聚眾起兵，在南豐、黎川、崇仁、宜黃一帶活動，跟政府軍對抗。鍾傳命令危全諷去打他們。

危全諷剛剛大敗柳彥章，威名正盛，那幾個匪首，自忖打不過他，就都歸順了他。於是，危全諷的隊伍迅速壯大起來。危全諷在南城修築土城，

後來，鍾傳用暴力手段，趕走江西觀察使高茂卿，控制了洪州，被大唐朝廷任命為鎮南節度使。而危全諷則趁機占領了撫州，危仔昌占領了信州，然後分別就任為撫州刺史、信州刺史。兩人自然大喜，這個天下一亂，他們就成了刺史。哈哈，這個亂對於大多數百姓來說，是一場災難，但對危氏兄弟來說，是個大大的良機啊。

鍾傳看到危全諷居然就這樣搶了他的撫州，當然很怒，馬上帶兵包圍

了撫州。他還沒有下令攻城，撫州突然發生了一場無緣無故的火災，撫州城也被焚燒了。

危全諷萬萬沒有想到，居然會發生這樣的事。他眼看著全城人都無比驚慌，也不知道如何應對了。

鍾傳手下一看，哈哈，天是天助我也，強烈要求鍾傳乘此良機發動進攻。

哪知，鍾傳卻擺擺手說：「乘人之危，非仁也。」然後在那裡祈禱：「大火啊，都是危全諷的罪過，不要殃及百姓。」然後在那裡看著大火，直到熄滅。

危全諷聽說此之事之後，也大為感動 —— 其實是已經沒有力量對抗了 —— 就主動出來認罪，表示以後永遠聽從鍾老大的命令，而且還把自己的女兒嫁給鍾傳的兒子鍾匡時為妻。當然，危全諷也保住了他的撫州刺史之位。

危全諷到底是鄉紳出身，主政撫州之後，並沒有像其他人那樣，只知壓榨民脂民膏，而是發表了很多保境安民的政策。在外交方面，特別注重結交鍾傳，他把自己的女兒嫁給鍾傳之子鍾匡時為妻，還與吉州刺史彭玕、虔州刺史盧光稠都搞好關係。

所以，儘管當時天下大亂，到處是烽火連天，但撫州連續保持了二十多年的和平。

危全諷治撫州幾十年後，野心也跟著膨脹起來 —— 在這個亂世裡生存，最多的就是野心家。危全諷開始把目光投向周邊的勢力，看誰的力量弱一點。他看到朱全忠都稱帝了，他還只當個刺史，也太沒有格調了，於是就自稱鎮南節度使，然後派人聯合傳統友好單位袁州的彭彥章、吉州的彭玕以及他的弟弟危仔倡，組成一支比校上規模的聯軍 —— 號稱四十萬。然後他帶著這支大軍向洪州進軍。他進軍洪州也是有藉口的，因為這是原鎮南節度使鍾傳的地皮，現在他要奪回來。

鍾傳雖然搶占了洪州，他在進攻危全諷時，表現得好像也很仁義，年輕時也有過一段傳奇故事。據說他年少時，有一次喝得大醉時，膽子就壯大起來，帶著一把弓去射虎。途中果然就是碰上了老虎。他還來不及取箭，老虎就已經赴上來，兩隻前爪按住他的肩頭。他的酒終於醒了起來，急忙抱住老虎的腰，不管老虎有什麼動作，他只是死抱著虎腰不放。後來，別人趕到，這才把老虎殺掉。鍾傳後來每想到這件事，都還很後怕，經常對他的兒子們說：「士處世，尚智與謀，勿效吾暴虎也。」還畫了一張他與虎搏頭的作品給子孫們欣賞，說如果當時他抱不住老虎的腰，他就會成為老虎的美餐了；如果別人晚來一步，他同樣丟掉性命。真是千鈞一髮啊。

鍾傳雖然力能搏虎，但他主政洪州時，很是注重文教。當時由於天下大亂，科舉已經難以正常舉行，各州縣已經不鄉貢。但鍾傳還是經常舉薦人才，「行鄉飲酒禮」，吸引大量的讀書人到洪州來。即使很多孤寒之士，也拚著老命、衣衫襤褸地前現投奔鍾偉。有個叫劉望的詩人，曾為此寫了一首詩：

負笈蓬飛別楚丘，旌旄影裡謁文侯。

即隨社燕來朱戶，忽聽鳴蟬泣素秋。

歲月已嗟迷進取，煙霄只望怨依投。

那堪思切溪山路，家苦簞瓢淚欲流。

由於鍾傳的這些作為，以至晚唐詩人多出自或往來於江西。

但鍾傳更崇信佛教。據說他年輕時曾被令超禪師的照顧，為此他對佛教極為虔誠，成為洪州老大之後，就大力修建寺院。他每次行軍打仗，都先禱佛再行。但由於他因崇佛修寺院花費極大，而洪州的財力又十分有限，於是他就只好不斷地向老百姓加稅了。商人們不堪重負，紛紛離開洪州，使得洪州蕭條了下來。

他雖然經常教訓兒子們，行事要謹慎，不要魯莽。可是當他死後，兩個兒子就打了起來。

按他的安排，由他的長子鍾匡時接過他的權力，但另一個兒子鐘匡范卻不服，就投靠楊渥，請楊渥派兵進攻洪州。楊渥派秦裴攻破洪州，活捉鍾匡時。

當鍾傳掛掉，危全諷得知他的女婿任留後時，心裡很是高興。當然，他並不是為女婿高興的，而是為自己高興。他知道這個女婿的能力並不怎麼樣，他完全可以欺負一下，他說：「聽鍾郎為節度三年，我自取之。」呵呵，讓他暫時當三年的節度使，然後我就「取之」。

哪知，他還沒有下手，楊渥就先派人前來攻打洪州。鍾匡時被圍攻時，肯定盼望岳父大人前來拉一把。危全諷當然也想帶兵去救一救這個女婿，救下來後，順便占領洪州。可是他看到淮南兵勢大盛，自己帶這些部隊前去，也是送死而已。於是就按兵不動，想等到淮南主力撤走之後再說。

危全諷雖然對淮南的勢力很忌憚，但他更想奪取洪州。

淮南出現變故、楊渥被做掉之時，危全諷認為淮南高層大亂，權力正在重新洗牌，而且他們還在東面跟錢鏐勢力爭奪蘇州、哪有精力顧及洪州。真是個好機會。於是，他自稱鎮南節度使，就跟老朋友彭彥章、彭玕以及他的弟弟危仔昌，組成一支多勢力聯軍，號稱四十萬，一起去攻打洪州。

此時，淮南新亂，局面確實又未穩定，再加上蘇州之戰新敗，士氣確實很低，更要命的是，洪州的守軍只有一千人。面對如此形勢，全城馬上時入人心惶惶的狀態。

洪州節度使正是劉威。這人原來就是楊行密手下的老員工，不但勇猛，而且有智略。眼看敵人密密麻麻地前來攻城，他沒有像其他人那樣慌張——他要是再慌張，洪州就絕對沒有救了。他一面派人向徐溫告急，一面置酒高會，假裝鎮定。

危全諷雖然抓住了個大好機會，但這人的軍事才能太有限，臨陣的膽子並不大。他看到劉威的這個模樣，心裡又沒有底起來，帶著部隊來到牙潭駐紮下來，不再前進。要知道，他的勢力遠比淮南單薄，想拿下洪州，只能抓住淮南內亂之機、洪州兵少之際，突然發力，才有成功的可能。現在他抓到這個機會了，卻又被劉威糊弄不敢輕進，這是在明顯地浪費機會，完全可以說是犯了個大大的錯。

洪州被圍攻的消息傳到廣陵，徐溫也是吃驚不少。他知道，他必須火速派兵去救洪州，慢一步都不行。

可是由誰帶兵去救？

他問嚴可求。

嚴可求說：「周本。」

這時，周本剛剛從蘇州敗退回來，是敗軍之將。

很多人認為，敗軍之將，怎麼能過去？

但徐溫不理這些質疑，立刻任命周本為西南面行營招討應援使，帶七千兵馬去救高安。

周本自從蘇州之戰回來時，也覺得臉面無光，在家稱病不出。

嚴可求跑到周本的家，進入他的臥室，硬是把裝病的周本叫起來。

周本說：「蘇州之戰，之所以是這個結果，是因為主將的權力太輕了。現在一定要派我帶兵，請不要再設置一個副職給我了。」

嚴可求說：「好，就這麼定了。」

周本說：「這次雖然危全諷跟楚兵聯手，共同打洪州，其實楚兵並不真想參加，他們只是聲援的一下而已，根本不必理會。我只要擊敗危全諷，他們就會退回原地。」

周本帶著部隊向牙潭狂奔。

劉威聽說周本已經率兵前來，準備在他經過洪州時，大大地勞犒一下周本。

周本拒絕了劉威的美意。

周本手下的人說：「現在危全諷的兵勢極強，我們未可輕進，先觀察一下形勢，再擇機而動吧。」

周本說：「敵人之眾十倍於我，我軍聽到這個情況，一定會產生嚴重的畏敵心理，不如乘其銳而前進。」

這時，危全諷的部隊仍然在原地那裡駐紮。危全諷的部隊確實很多，他們臨溪紮營，連綿數十里，看上去很壯觀。

周本的部隊抵達之後，馬上隔溪列陣。

周本挑選了一些瘦弱的士兵，去向敵人挑戰試敵。

危全諷看到周本的部隊人數不多，而且士兵身體還很瘦弱，居然也敢來挑戰。他不敢攻城，但卻不怕眼前這幾千士兵。他下令部隊開過去，先把這支敵人的援兵往死裡打。

危全諷的部隊紛紛渡過溪水，向周本的部隊殺來。

周本要的就是這個效果。他看到危全諷的部隊渡到一半，馬上「縱兵擊之」，危全諷的部隊瞬間「大潰」。他們在溪水中爭相奔逃，造成大規模的踩踏事件，很多士兵都溺水而亡。

周本分兵截斷危全諷的退路，更是打得危全諷毫無還手之力。

危全諷也在戰鬥中被人家生擒過去。

周本全殲危全諷之後，揮軍猛進，攻打袁州。

袁州是彭彥章的地盤。這人是危全諷的盟友。他沒有想到危全諷帶那麼大的部隊，居然這樣的就被全殲了，因此並沒有一點準備。城防十分鬆懈。周本一輪進攻，就打進了城中。彭彥章都來不及逃跑，也成了周本的俘虜。

周本仍然沒有停留，繼續向吉州進攻。

此時，淮南的另一個大將陶雅也派他的兒子陶敬昭帶兵去襲擊饒州和信州。

信州刺史正是危全諷的弟弟危仔倡。

危全諷的軍事能力很低，危仔倡的能力更差。他看到敵人喊打喊殺地衝過來，馬上就舉手投降。

饒州刺史唐寶看到危氏兄弟都玩完了，也不敢接戰，來個棄城而逃。

淮南的另一個猛將米志誠看到周本他們在前線，大顯身手，節節勝利，也忍不住了，跟著呂師造出擊，在上高擊敗苑玫，也取得了一場勝利。

吉州刺史看到周邊的州都這樣了，如果自己再堅持，結果只會引來淮南諸將的群毆，於是也果棄城、帶著幾千人去投奔馬殷。

此戰之後，江西之地盡歸淮南。危全諷被押到廣陵之後，楊隆演念在危全諷曾對楊行密有恩，就把他釋放並供養他。危仔倡則又逃到錢鏐那裡，被任為淮南節度副使。

此戰對於淮南勢力而言，意義極其重大。

淮南此前在楊渥的折騰之下，跟馬殷勢力和朱全忠打來打去，基本都取得敗仗，最後內部還連續亂了兩場，還在蘇州吃了個大虧，形勢實在很不樂觀。經此一戰，盡得江西之地，使得淮南的版圖大了一圈，實力更加雄厚起來。

徐溫算是鬆了一口氣。當然，他知道，他這口氣只是暫時鬆一下而已。因為現在他的周邊，都是敵人。而且這些敵人都在近期跟他打過，只有福建一帶的王知審跟他還沒有什麼恩怨。徐溫認為，必須跟王知審搞好關係，讓淮南少了一個敵人。他就派張知遠為使者，去福建面見王知審，任務是跟福建勢力修好。

徐溫的打算沒有錯，但錯就錯在挑選的使者錯了。

張知遠有個特點就是驕橫傲慢，到了福建之後，仍然保持著這個人見人恨的態度，一點不把王審知放在眼裡。王審知一看，你敢在我面前耍大牌？他盛怒之下，把張知遠一刀砍了，然後向朱全忠上書，表示永遠擁護大梁中央，跟淮南楊家徹底劃分界限。

徐溫得知之後，只能在那裡鬱悶不已。用人不對，真的誤大事啊。

第四章
猜忌亂國，忠將反投；良策定局，晉軍轉勝

1. 西北動亂

在淮南勢力到處打仗的時候，西北這邊也沒有閒著。

這時為朱全忠守衛西北部的還是劉知俊。

劉知俊雖然在此前很好戰，但這時他面對的不僅僅是河東兵，還有鳳翔的李茂貞以及蜀地的王建。這幾個人都在旗幟鮮明地反對朱全忠篡唐。

王建稱帝之後，覺得如果不去打一下朱全忠，自己的形象就難以高大威猛，就跟李茂貞和好，再派人會同李茂貞進攻雍州。雙方共出兵力五萬。河東頭號大臣張承業也帶兵過來響應他們。

朱全忠命劉知俊為西路行營都招討使，全面負責指揮部隊抗擊三方聯軍。

雖然是三方聯軍，其實這三方向來就沒有過像樣的聯合作戰經歷，現在勉強聯合成軍，並沒有真的擰成一股繩。這樣的聯合，跟烏合之眾沒有多大差別。

劉知俊根本不把他們放在眼裡，與王重師一起，果斷出兵迎敵，在長安西跟李茂貞部隊相遇，一場大打，就把鳳翔兵打得退兵回去。劉知俊和王重師乘勝追擊，在幕俗又把李茂貞大破一場，斬首數以千計，李茂貞僅

以身免。

蜀兵看到李茂貞都敗得不成樣子了，他們遠道而來，後勤保障很困難，部隊這些天行軍都已經睏了，哪還能獨立作戰？於是，便宣布打道回府。李茂貞眼看蜀兵退去，也只能在心裡罵髒話。王建這傢伙真陰損啊，騙我出兵，自己的部隊只是出來行軍一趟，什麼損失都沒有。

張承業看到其他兩路友軍，一路被打得灰頭土臉，一路還沒有抵達前線就宣布撤軍，便也抓緊時間退了回來。

河東高層看到朱全忠連退三方部隊，心裡也是大不服氣，便又決定出兵打朱全忠。

西元 908 年八月，河東的周德成和李嗣昭帶著三萬部隊出陰地關，去攻打晉州，要好好地教訓一下朱全忠。

朱全忠接到消息後，也知道河東這次真的要搞大了，他必須高度重視。於是他決定親自率兵去救晉州。

八月初九，朱全忠從大梁出發，十七日到達陝州。

這一次，河東方面確實是想搞得很大，他們不但自己出動大軍，而且還派人去鳳翔，約李茂貞一起出兵。李茂貞便派他的延州節度使胡敬璋去攻打上平關，但被劉知俊擊破。

周德威看到朱全忠親率大軍而來，也不敢再打下去了，退保隰州。

朱全忠在那裡駐紮了一個多月，這才宣布退回大梁。

回到大梁之後，朱全忠又搞了個大動作：宣布遷都到洛陽，任命朱友文為東都留守。

直到這時，大梁朝廷的國庫才有些積蓄，朱全忠這才開始向百官發放全額薪資 —— 生在亂世，即使是當官的，要養家餬口，也是很困難。

胡敬璋還在跟劉知俊對壘著，可是沒有幾天，胡敬璋就自己掛掉。李繼徽就分派自己的部將劉萬子去代守延州。

李繼徽對劉萬子很放心，但劉萬子卻沒有那麼純粹。這人生性殘暴，很不得眾心，而且他很看不好李茂貞勢力，一直在有背叛李茂貞然後歸順朱全忠的圖謀。

這人性情急躁，辦事不牢，他的這些想法很快就被李繼徽知曉。

李繼徽當然很是吃驚，更不能讓他得逞，急派人去找延州牙將李延實，暗令李延實「圖之」。

李延實本來對胡萬子就很不爽，這時奉命搞定劉萬子，那是更中下懷。他得到密令之後，就磨刀霍霍，死死地盯著胡萬子，只要有機會，就來個快刀斬亂麻。

機會很就有。

劉萬子為胡敬璋舉行葬禮，防備就那麼嚴格了。

李延實就趁著這個機會，突然發難，把還在那裡號召大家化悲痛為力量的劉萬子殺掉。

李延實殺了劉萬子，馬上就宣布自己現在是延州老大。

延州馬軍指揮使高萬興看到延州都成這個樣子了，便跟他的弟弟高萬金一起，帶著手下幾千人投降了劉知俊。

朱全忠向來對李茂貞就很惱火，也向來看不起李茂貞，這時看到他居然配合河東兵出來跟他叫板，就更憤怒了，便又來到河中，下令調發步騎兵會同高萬興的部隊一起，去攻打丹州和延州 —— 李茂貞你不是想跟朕較量嗎？現在朕滿足你。

丹州刺史看到朱全忠大舉而來，馬上就懼怕起來，還沒有看到大梁軍的旗幟就先舉手投降了。

劉知俊看到朱全忠出兵，膽子就更大了，於當年（西元 909 年）四月，也進兵延州。

李延實才剛剛奪得刺史大印，拿在手上還沒有捂熱，激動之情還沒有完全平靜，敵人就打上來了。他沒有辦法，只得收住心情，帶兵守城。

劉知俊一點不把李延實放在眼裡，他還分兵給劉儒去圍攻坊州。他自己帶著部隊猛打延州。

延州果然不那麼堅固。

李延實守了幾天，看到自己越來越難了，知道再打下去也是敗仗，於是也宣布投降。

朱全忠的大軍還沒有正式開打，鳳翔方面就連失兩城。李茂貞手下的保大節度使李彥博和坊州刺史李彥昱都嚇得膽裂，雙雙棄城，逃奔鳳翔。

坊州都將嚴弘倚看到幾個頂頭上司都成了逃兵，自己為什麼還去拚命，也舉城投降。

朱全忠大喜，馬上任命高萬興為保塞節度使，任命牛存節為保大節度使。

作為本次戰鬥的總指揮劉知俊更是被封為大彭郡王，加授檢校太尉、兼侍中。

朱全忠心頭十分高興，覺得完全可以繼續擴大戰果，就下令劉知俊再接再厲，去把邠州也拿下來，進一步壓縮李茂貞的生存空間。

劉知俊認為，現在攻打邠州困難太大，再加上部隊的軍糧還沒有得到補充，還是先不打。

朱全忠就生氣起來，下召把劉知俊叫回去。當然，朱全忠叫召回劉知俊，並不是僅僅因為此事才生氣的。朱全忠最真實的心理活動，是因為此次劉知俊的功勞巨大，聲望突然飆升，使得他的疑心也就飆升了起來，覺得還讓劉知俊在關中那裡掌握著一支強悍的軍隊，是有點不妙的——朱全忠本人就是靠軍隊起家，最後推翻大唐王朝的。當他的這根神經一被觸動，他就坐不住了。

朱全忠不光要召回劉知俊，連王重師也要換調。

王重師也是朱全忠手下少有的猛將之一。他是穎川人，長得魁梧高大，勇力過人，而且「沉穩大度、臨事有權變，劍槊之妙，冠絕於一時」。他本來是在許昌那裡當個小兵。後來，吃人魔王秦宗權攻打許昌，他逃脫出來，投奔朱全忠。

朱全忠第一次看到他時，就驚異於他的相貌，覺得這人真是戰場好手，必須大大重用，就把他分配到拔山都軍中。從此，王重師就在朱全忠的軍中，為朱全忠賣命。這人打仗確實厲害，每次上戰場，都表現得很醒目。

不久，朱全忠又讓他統帥左右長劍軍，隨朱全忠攻打上蔡，立了大功。之後，朱全中在跟朱瑾和朱瑄兄弟的反覆對抗中，王重師也是不斷立功，被提拔為指揮使，之後被授檢校右僕射，成為朱全忠勢力的高級將領。王重師在這一時期，主要轉戰於齊、魯之間，大小百餘仗，聲威大震，被授檢校司空，任穎州刺史。

朱全忠攻打濮州時，下令部隊全力衝擊，在城牆上衝出一個缺口。可是濮州守軍的動作也很快，立刻在缺口處堆滿了大量易燃物品，然後放火焚燒，把缺口處燒得煙火連天，誰也無法經過。朱全忠只急得在那裡跳腳，但毫無辦法。

當時，王重師正病臥於軍中，知道這一情形之後，立刻虎目圓睜，一躍而起，命令手下全部取來軍中的氈子，投入水中浸溼，扔到火堆上，然後他大聲呼喝，帶領一批突擊隊，持短刀從缺口突入敵城。其他各部看到，都緊隨其後，一舉拿下濮州城。

一戰下來，王重師身被九創，血流遍體，全為刀劍長槊所傷。大家把他揹回軍營時，他已經奄奄一息。

朱全忠跑過去看望，看到他這個樣子，臉上全是擔心之色，說：「得濮壘，而失重師，奈何。」

朱全忠叫軍醫無論如何都要想辦法治好王重師的傷。後來，軍醫說是用了大量奇藥，整整忙了一個多月，王重師這才又活了過來。

朱全忠又提拔他為盧平軍留後，加封檢校司徒。之後，他又轉戰幽、滄、定各州，每戰仍然衝在第一線，因此深得軍心，常打勝仗，成為朱全忠勢力的柱石之一，終於被委任為雍州節度使，駐守長安，面對鳳翔和河東兩大勢力。

這人雖然在戰場上猛打猛衝、拚死向前，但當上雍州節度使之後，「治戎恤民、頗有惠威」。這本來是一件好事。現在朱全忠搞到現在，手下能打惡仗的人有幾個，但善於治民的人卻不多。可是朱全忠卻不這樣想。他看到王重師的戰功越來越巨大、威望越來越高，那根神經便又跳動起來，覺得不能再讓王重師繼續這樣下去了。

王重師長期鎮守關中。大家知道，關中自中唐以來，就一直遭受戰亂之苦，百業凋零，早就破敗不堪。王重師又比較親民，手裡也就沒有多少物資，因此常常拖欠對朝廷的貢奉。朱全忠就更加起疑了。

朱全忠一旦起疑，就絕對不會留下後患。他馬上把王重師召回朝廷，然後任命劉捍為佑國留後，接替王重師。

劉捍也是猛將一員，膽略極佳，多次獨立深入險境，完成別人難以完成的任務，深受朱全忠的信任。

劉悍來到長安，跟王重師進行權力交接時，覺得王重師對他一點不尊重，心裡就惱火起來，派人向朱全忠打王重師的小報告，說王重師暗中與邠州、岐州有往來。

朱全忠本來對王重師就已經疑心重重，得到劉捍的報告後，更是在心裡確定王重師已經有其他想法了。他馬上下令貶王重師為溪州刺史，接著第二個命令又下達：賜王重師自盡，且夷其族。

當王重師接到這個賜死制書時，只能在心裡長長地哀嘆了。他為朱全忠拚死拚活、多次死去活來，至今仍然忠心耿耿，結果換來的就是這一紙賜死的制書。人主之無情，何至於斯？他想不通，就連很多這樣的人主也想不通。

王重師倒了大楣，另一個強者也倒楣。

2. 劉氏內鬥終局

這個人就是劉守文。

劉守文這段時間一直在跟他的弟弟較量。他只要一有時間，就發兵去進攻幽州。劉守光只得向河東求救。河東也派五千部隊前往相助，終於把劉守文打敗。

劉守文雖然曾投靠過朱全忠，但朱全忠並沒有派兵幫過他，仍然是他一個人在跟有河東軍當外援的劉守光互撕。

劉守文終於意識到自己真的做不掉對方了，必須找到一個強而有力的外援。朱全忠顯然是靠不住的，於是他就把目光投向了契丹。

劉守文對契丹和吐谷渾還是很了解的，這兩個部族最突出的特點就是愛財。他拿出大量的金錢，送給契丹和吐谷渾，請他們出兵，跟他會合，共擊劉守光。

契丹和吐谷渾看在錢的分上，都爽快地答應了他的要求。

於是，四萬部隊很快樂就合在一起，屯駐薊州，向劉守光叫板。

劉守光一看，你以為你聯合幾個蠻夷就可以打倒我？便帶著部隊出來逆戰。

雙方在雞蘇大戰，結果劉守光被打得大敗。

如果按此情形下去，劉守文絕對可以把這個弟弟的勢力徹底消滅掉。可這人這時突然腦子大面積進水起來，騎著馬獨立陣前，哭著對手下說：「勿殺吾弟。」估計他也只是想表演一下，晒晒自己的仁義，讓自己多拿點政治分。

哪知，劉守光手下大將元行欽一看，這不是大大的機會嗎？在劉守文還在那裡淚水橫流地婆婆媽媽時，他突然縱馬急馳而出，衝向劉守文。

劉守文猝不及防之下，哪能閃避？竟被對方直接從馬上生擒而去。

劉守文的手下還不及弄清是怎麼回事，人家已經夾著他們的主公，絕塵而去。這個情節轉換得實在是太快了。劉守文沒有一點心理準備，手下一干人更沒有心理準備。他們看到主公被人家夾帶而去，精神迅速崩潰。接下來就是四散而逃。

劉守光也是萬萬想不到，會出現這樣的情況。他都做了全盤皆輸的心理準備啊。他抓住了劉守文之後，就把這個哥哥囚於別室，然後四周用叢棘堵塞，揮兵進攻滄州。

劉守光以為，劉守文已經被他抓住，滄州群龍無首，只要他衝到城外，就可以一腳踢開城門，然後宣布占領滄州。可是滄州節度使判官呂兗和孫鶴卻在緊急關頭，擁立劉守文的兒子劉延祚為老大，乘城拒守，硬是把劉守光擋在城外。

劉守光看到這個姪子還在死守，他並沒有撤走，而是繼續圍攻。他不相信滄州還能守得多久——劉延祚可以堅持很久，但城中的百姓能堅持嗎？劉守文這些年天天打仗，滄州還有多少物資儲備？

劉守光雖然不仁不義，連老爸也關了起來，但這時他很有危機感，他怕他在圍攻滄州時，河東和大梁向他突然發難起來，他也就只有死路一條了。於是，他也玩了個手法，派出兩撥使者，一撥到大梁，向朱全忠告捷，說：「等滄州之事平定，我一定會陛下掃平并州之賊。」一撥則去見李存勗，說等我取得最後勝利了，一定跟大王去消滅偽梁。玩的是兩面派的手法。

劉守光用這個兩面派的手法穩住梁、晉之後，就全力攻打滄州。

可是他圍攻了很久，仍然沒有拿下滄州。後來，他把劉守文押到城下，展覽給城裡的人看，你們的老大已經被我抓到了，你們還不快快投降。

可是城裡的人根本不理，繼續忙著各種備戰。

城中的糧食很快就吃光了。很多老百姓開始把泥膠吞進肚子，士兵們則開始吃人，驢馬沒有草吃，就互咬鬃尾。

滄州的實際主政者是呂兗。這人的意志跟張巡有得一比。當後勤負責人向他報告全軍已經沒飯吃了，怎麼辦？他果斷地下令，成立個新單位。

大家一聽，都沒有飯吃了，還要增設機構？

呂兗說：「增設這個機構，就是為了大家有肉吃。」

大家就更搞不懂了，增設機構就有肉吃？那還用什麼養豬場？看來老呂也是餓得腦子凌亂了。

呂兗沒有腦子凌亂，他咬著牙說：「這個機構叫宰殺務。」

大家聽到這個殺氣騰騰的單位名稱，看來還真的有肉吃。

呂兗接著紅著那雙眼睛，沉聲說：「這個單位的工作就是，把城中那些已經喪失戰鬥能力的瘦弱男人以及所有女人都集中起來，讓他們充當軍糧。我們不就有肉吃了嗎？」

所有的人都不寒而慄。但他們又有什麼辦法？

當然，能吃的人很快也就沒有了。

滄州守軍終於支持不住。

西元910年正月，堅持抵抗了一百多天的滄州宣布失守。劉延祚出降。

此前，劉守光就向朱全忠請求讓他的兒子劉繼威當義昌第一把手。按照規矩，他攻占滄州之後，就讓劉繼威進入滄州安民告示。可是劉繼威還很年幼，因此他只得派張萬進和周知裕進入滄州，主持滄州的全面工作，他自己則帶著劉延祚回幽州。

滄州頑強抵抗到現在，是呂兗和孫鶴在全力以赴，尤其是呂兗，不惜殺人來充當軍糧，也要抵抗到最後一刻，這讓劉守光很是憤怒。他一氣之下，殺滅呂兗全族，但還是把孫鶴釋放了。

在執行族滅呂兗時，呂兗還有個小兒子呂琦，才十五歲。當執行人員來到呂家時，呂家的門客趙玉指著呂琦對執行人員說：「這是我弟弟，請你們不要亂殺。」

那幾個執行人員真的信了趙玉的話，沒有把呂琦殺掉。趙玉把呂琦帶了出來，快步逃出去。當時，呂琦的腳痛，不能行走。趙玉就背起他，向城外逃奔，然後隱名埋姓，在路上討飯充飢，這才得以免死。呂琦逃出生天後，努力學習，漸漸地又有了名聲。而且很快傳到李存勗的耳裡，李存勗就任他為代州判官。

劉守光消滅了他哥哥的勢力，北方那幾個州又統一到他的版圖裡。他上表朱全忠，請求朱全忠讓他的父親致仕。他雖然已經把老爸關起來了，但他老爸仍然是名義上的幽州老大，必須由朝廷下文讓老爸退休，他才名正言順地當上幽州第一把手。朱全忠當然沒有話說，下詔以劉仁恭為太師、致仕。

劉守光可以不要老爸的命，但他絕對放不過他的哥哥劉守文。他把老爸徹底變成退休老人之後，就派個殺手過去，不聲不響地做掉了劉守文。然後他反咬一口，把害死劉守文的黑鍋都推到去害劉守文的那幾個凶手上，把他們也斬了。

劉家父子兄弟的拚鬥史到此宣布終結。

3. 長安鏖戰與潼關失守

朱全忠做掉了王重師，自己大大地鬆了一口氣。

但劉知俊卻倒吸了一口冷氣。這些年來，他和王重師在關中，配合得很好，使得朱全忠根本不用花心思去顧及西邊的事。王重師是一介武夫，打仗用命，治民有方，忠心耿耿，結果還是被朱全忠做掉——而且僅憑劉捍的一個小報告，就痛下殺手，不留一點情面。劉知俊深知，這不是王重師犯了什麼大錯，而是朱全忠對王重師的猜忌心理已經到了爆炸的地步，是非要除掉王重師不可的地步。比起王重師來，劉知俊的功勞更大，人望更高。朱全忠能放得過他嗎？

在王重師這個血的教訓面前，劉知俊是越想越瑟瑟發抖，恐懼的情緒全天侯都堵塞在心口。

劉知俊還在那裡恐懼，朱全忠又向他發來一個通知，說他準備討伐河東，要求劉知俊入朝，要任命劉知俊為東西面行營都統，而且還特地強調，說劉知俊有收復丹州和延州之功，朱全忠要當面重賞。

劉知俊拿著這個文件，在那裡苦著臉，不知道去還是不去。

劉知俊還有個弟弟叫劉知浣，目前任右保勝指揮使，天天跟著朱全忠。他暗中派人去告訴劉知俊：「入必死！」叫劉知俊千萬不要回來。然後又親自去找朱全忠，說為了讓哥哥及時入朝，請陛下派他帶著劉家幾個兄弟和姪子去迎接劉知俊。

朱全忠這時頭腦也有些發暈，居然同意了劉知浣的請求。

西元 909 年六月，劉知俊在全家人都來到他住處後，就向朱全忠上書，拒絕朱全忠的徵召，說他現在為「軍民所留」，不能回去。當然他也知道，朱全忠接到他的奏章之後，肯定會大發雷霆之怒，然後就會調大軍前來討伐。他知道以他有的力量，是無法對抗朱全忠的。於是，乾脆來個一不做二不休，宣布叛梁入岐 —— 即歸順李茂貞。不願隨他背叛的，他全部抓起來，然後械送於岐。

事情到了這一步，劉知俊就不再客氣了。他派兵襲擊華州。華州刺史蔡敬思哪料到頂頭上司劉知俊居然會是投降派？一點準備沒有，看到劉知俊的部隊殺來，只得棄城跑路。

劉知俊立刻派兵守住潼關，然後派人拿著重金進入長安，全部收買劉捍手下的將領。這些將領原來都是王重師的手下，跟劉知俊也很熟悉，他們看到王重師立了這麼多大功，結果就這樣被朱全忠害死，心裡早不憤了。同時，他們也恨劉捍，就是這個傢伙打了他們老長官的報告，才讓他們的老長官冤死。現在他們看到劉知俊送來鉅額現金，叫他們跟他投奔李茂貞，便都爽快地答應了。他們收了劉知俊的現金之後，便按劉知俊的指示辦事 —— 把劉捍抓了起來。

劉捍更沒有想到，這些平時看起來對他唯唯諾諾的手下，突然之間對他翻臉。當他來到辦公廳準備上班時，一群將領大步衝了上來。他還不明所以，喝道你們上來做什麼？

那些人並不理會他的話，仍然大步上前。

劉捍多次孤身去完成任務，膽量極佳，看到這些人居然不理會他的話，便又大聲喝罵他們。

但完全無效。那些人直接上來，把他圍住，將他抓了起來。

劉捍大罵：「你們發瘋了？你們要做什麼？」

那些人完全不管，把他按倒之後，便用一根粗繩把他牢牢捆住。

劉捍被綁得緊緊的，身體無法動彈，但他還是大叫：「你們要做什麼？」

有人冷冷道地：「到了現在，你還不知道我們要做什麼？那我就告訴你吧，我們隨劉知俊大人棄暗投明，從此為鳳翔效勞了。我們是奉劉都統之命，對你採取斷然措施的。哼，你害了我們的王將軍，我們當然不會放過你。」

劉捍這才知道，亂害人也是有報應的。

劉知俊派人把劉捍送到鳳翔。

李茂貞將劉捍斬首。

劉知俊取了長安之後，便派人去請李茂貞出兵助他擴大戰果，還遣使到河東，請李存勗出兵攻打晉州，他對李存勗說：「不過旬日，可取兩京，復唐社稷。」

朱全忠得知劉知俊背叛之後，自然目瞪口呆。但他仍然想挽回局面，派近臣拿著親筆信去找劉知俊，轉告他的話：「朕向來待你不薄啊，為什麼做出這樣的事來？」

劉知俊說：「王重師未曾有負於陛下，卻遭族滅！我不會忘記你的恩德，只是懼怕重複王重師的命運而已。」

朱全忠又派人去答覆：「劉捍說王重師陰結邠、岐，我輕信了他。現在我一直都在後悔。劉捍就是萬死不足抵罪。」

劉知俊一聽，你騙鬼去吧。不再回覆朱全忠。

朱全忠知道再怎麼囉嗦都沒有用了，便下詔削劉知俊的所有官爵，然後派楊師厚和劉鄩帶兵去攻打劉知俊。朱全忠也知道劉知俊是個狠人，必須全力以赴，因此在楊師厚出兵之後，他也從洛陽出發，親自去督戰。

劉知俊的軍事能力，在當時絕對少有敵手。如果光從他的角度出發，在朱全忠嚴重猜忌之下，跳槽離開朱全忠是唯一的保命之舉。可是他投奔的對象卻投奔錯了。他居然選擇了李茂貞。李茂貞各種能力都很平庸，再加上上了年紀，此前愛折騰的性格都已經磨掉了，現在只是憑著老本在那裡生活著，生活得毫無生機 —— 無論你從哪個角度看過去，只能看得出他的暮氣沉沉。投奔這種毫無進取的老大，結果也沒有多好。

如果是別人，得到劉知俊的投奔後，肯定會迅速派兵出來接應，即使不打出潼關向朱全忠全面叫板，也要鞏固關中的地盤，把劉知俊投降的成果固定下來。可是李茂貞只在那裡慢吞吞地應對，只有劉知俊自己一個人在那裡忙碌著。

劉鄩是討伐軍的先逢。他來到潼關東時，有了一個意外收穫，就是碰到劉知俊在路上埋伏偵察的三十個士兵。他馬上讓這些偵察兵為嚮導，帶領他們前進。

本來劉知俊派他的弟弟劉知浣到潼關那裡把守。劉知浣在糊弄朱全忠時很有辦法，可是在這個關鍵時刻卻出了狀況。他帶著部隊，居然迷了路，亂轉了幾天，這才來到潼關下。

劉知浣才剛剛進入潼關，還沒有做出什麼部署，劉鄩在那些偵察兵的帶領下，也來到了潼關前。

劉鄩派那三十個偵察兵前去叫門。

守門員不知道偵察們已經被俘，就放他們進來。

偵察兵們進關之後，就打開城門，放劉鄩他們進來。

劉知浣這才知道大事壞了。他這時剛剛進關，什麼情況都還沒有清楚，哪能指揮部隊去戰鬥？只得喘著粗氣逃出去，但仍然被劉鄩抓獲。

潼關一失，劉知俊就無險可守了。

在劉鄩拿下潼關時，朱全忠也來到了陝州。

朱全忠又派劉知俊的姪子劉嗣業帶著他的詔書前去面見劉知俊，勸他回頭是岸。

劉知俊看到潼關已失，自己手裡並沒有多少部隊，而李茂貞和李存勗又沒有派部隊前來接應，如果真的打起來，真打不過朱全忠。

劉知俊的思想又動搖了起來。

思想動搖的劉知俊又想帶著幾個輕騎前往朱全忠的行在謝罪。

劉知俊的弟弟劉知偃又阻止了他，你想想，王重師什麼都沒有做，還在前線為他打拚，他就把王重師族滅了。現在你都宣布起兵了，還把劉捍都搞死了，朱全忠能原諒你嗎？他要是有這個肚量，他還叫朱全忠嗎？一定前去，必死無疑。

劉知俊知道老弟說得沒有錯，就沒有出去。

這時，楊師厚的大軍也抵達了華州。

華州守將聶賞一槍未放，就開門把楊師厚迎接進來。

劉知俊自從潼關失守，就在那裡張皇失措，腦子都塞得滿滿的，沒有想出應對的辦法來。他看到華州又丟了，便大牙一咬，帶著全族人丁，連夜投奔鳳翔。

楊師厚順利來到長安城外。

本來，鳳翔的部隊已經占據了長安，如果好好把守，大梁兵也難以有什麼作為。朱全忠雖然咬牙切齒，誓言滅掉劉知俊，但他現在也是四面有敵，絕對不敢在長安城外逗留很久 —— 那樣一來，李存勗肯定會乘虛而入，他就大大的不妙了。

可是長安守將也跟李茂貞一樣，粗枝大葉，毫無警惕性。

楊師厚來到之後，迅速找到一個破綻，率奇兵沿南山急趨直下，突然從西門入城。

長安守軍還不知道是怎麼回事，楊師厚就拿下了長安。

劉知俊之亂就這樣結束。朱全忠任命劉鄩為代理佑國留後。劉知俊事件，讓朱全忠嚇了一大跳。你想想，如果劉知俊籌劃得當，跟李存勗聯手，有備而發，一齊向朱全忠叫板，朱全忠此刻就難以招架了。可是劉知俊只是個戰場猛將，臨大事就沒有了計較，讓朱全忠輕鬆地把他趕了出去，花的成本很低。同時也說明了這些強者的團隊中，基本都是平庸之輩，沒有誰有扭轉乾坤的能力。

劉知俊到了鳳翔之後，很得李茂貞的禮遇，讓他擔任中書令。鳳翔集團沒有多少地盤，實在無法劃出一個地域，讓劉知俊去當個藩鎮的強者。於是，戰場猛人劉知俊就只能在鳳翔那裡領著全國最高的薪資、享受著最高待遇而已，跟一個土財主沒有什麼兩樣。

4. 晉州血戰

朱全忠雖然被劉知俊噁心一下，但地盤並沒有丟掉多少。

朱全忠雖然對劉知俊很氣憤，但他並沒有再派兵去攻打鳳翔。他仍然把河東當成最大威脅。他對潞州一直耿耿於懷，覺得不把潞州拿到手，他就睡不好覺。

此時，正好劉守光打敗打劉守文，正向他靠攏，他覺得完全可以把劉守光拉進自己的交友圈，讓他對河東勢力有所牽制，於是就任命劉守光為燕王。

在朱全忠正咬牙面對潞州地圖時，李存勗卻先派兵去攻打了晉州一把。這一次，河東兵雖然沒有對晉州造成很大的困難，但卻對周邊的堯祠搶掠了一把，滿載而歸，讓朱全忠更是暴跳如雷。

朱全忠剛剛暴跳如雷，又一個讓他跳腳的事發生。

當初朱全忠計劃攻打潞州，想任命楊師厚為總指揮，就把楊師厚調了回來。他召回楊師厚之後，就調兗海留後王班為山南留後，接替鎮守襄州。

王班到任之後，楊師厚對王班說：「牙兵王求等人都是性格凶悍之輩，你要小心防備啊。」

王班當著楊師厚的面點點頭，但並不把楊師厚的話當一回事 —— 我身邊的衛士個個肌肉發達，眼睛雪亮，機警異常，還怕那幾個鬼鬼祟祟的牙兵。

後來，他看到那幾個牙兵時，更是覺得這幾個傢伙沒有什麼可怕。看來楊老大有點小題大作了，老子就是拿他們開刷幾下，他們都不敢怎麼樣。於是，他有一時間就當眾侮辱那幾個傢伙一下，看看他們能怎麼樣。對這樣的屬下，你不發威，他們就不怕你。

後來，他覺得侮辱這幾個也夠了，還讓他們在自己面前晃來晃去，實在太礙眼了，就把他們流放到西部邊境去戍守，讓他們永遠從他的視野裡消失。

王求他們這些天來，反覆被王班侮辱，心裡已經氣爆了，現在又被他無端流放去當戍卒，都是怒火沖天。幾個人在一起咬牙切齒地商量了一陣，覺得不把王班搞定，他們就永沒有出頭之日。幾個人說做就做，當晚就宣布作亂，衝進王班的住處，把王班砍掉。

王求殺了王班之後，並不敢當第一把手，而是推都指揮使劉玘為留後。

劉玘當然不敢拒絕，他假裝聽從王求的安排。第二天，他就跟指揮使王延順逃到洛陽，向朱全忠報告了這個事。

王求他們看到劉玘逃路了，絲毫不以為意，你以為你不當留後，我們就找不到人當留後了？你想讓人家當死刑犯有點難而已，當留後還愁找不到人？他們又推平淮指揮使李洪為留後。他們當然知道，搞出這樣的大動靜來，即使有了留後，朱全忠也不會放過他們。於是，他們宣布脫離朱全忠的領導，轉而依附王建。過了不久，房州刺史楊虔也宣布脫梁入蜀。

朱全忠更是氣得胸口要發生爆炸事件，他很想派兵去把這些噁心的傢伙一一抓來，然後排頭砍去。可是他還沒有做出什麼激烈的反應，那個龍體就先欠安起來。

朱全忠懷著極度鬱悶的心情靜養了幾個月，這才稍稍有點起色，恢復臨朝聽政。

李茂貞和李存勗看到朱全忠進入鬱悶時間，便又相約著出來打擊他一把。

先是李茂貞把這件事提出來，他說他想派劉知俊去攻打靈州和夏州，請李存勗也派兵攻打晉州和絳州。

李存勗答應了李茂貞的提議。李茂貞還沒有動手，李存勗就已經派周德威等人出兵陰地關，直接攻打晉州。

晉州刺史邊繼威帶著部隊全力以赴，固守城頭。

河東兵正面攻不下，就挖地穿道地，使得城牆塌陷，造成了一個二十多步的缺口。

城中的守軍都衝到缺口處，拚死擋住衝過來的敵人。他們一邊殺敵，一邊搬磚堵塞城牆，只一個晚上又把城牆修好。

朱全忠得知後，當然也緊張起來，急令楊師厚帶兵火速去救晉州。

周德威看到楊師厚前來，便派騎兵扼守蒙坑之險，以阻擊楊師厚。

楊師厚毫無心理障礙，帶著大軍直接硬撞，把周德威的部隊一舉擊潰，進抵晉州。

周德威也不敢再打下去了，帶著部隊撤回去。

5. 劉知俊突襲，大梁退兵

河東這次出擊大梁，雙方打了一場，起因是李茂貞邀約李存勗一起打朱全忠的。可是直到周德威都打不勝不得不逃回去了，李茂貞那邊還沒有動手。

直到晉州之戰結束了，李茂貞才派劉知俊去攻打靈州。李茂貞也知道劉知俊是個人才，必須給他個藩鎮去獨當一面。於是，就想派劉知俊去進攻靈州，等拿下靈州之後，再讓劉知俊當靈州第一把，並且把靈州作為放牧戰馬的地方。

劉知俊帶部隊很快就來到靈州。

大梁朔方節度使韓遜急向朱全忠告急。

朱全忠命康懷貞和寇彥博帶兵進攻邠、寧，以救靈州。康懷貞此前在潞州那裡打得很狼狽，但這次他面對李茂貞的部隊，卻很威猛，所向皆捷，連克寧州和衍州，然後進拔慶州南城，逼得刺史李彥廣投降。其游擊部隊甚至衝到涇州境內。

劉知俊一看，知道鳳翔的部隊大多都是豬隊友，沒有哪個人能幫他頂住康懷貞的進攻。他要是還在靈州那裡攻堅，不用多久就被人家前後夾擊，死得路都不見。於是，也只得下令解靈州之圍而去。

朱全忠一直都密切關注著戰局，得知劉知俊引兵而回之後，便急召康懷貞火速撤軍，盡量不要與劉知俊的部隊接觸。李茂貞的其他部隊可以任意調戲，但劉知俊帶的兵還是很有戰鬥力的。

朱全忠怕康懷貞他們出現意外，還特別派一支部隊到三原青谷，接應康懷貞。

康懷貞來到三水時，仍然碰上了劉知俊。

劉知俊派部隊占據險要之處後，對康懷貞進行攔擊。

康懷貞心下大驚。他深知劉知俊非易與之輩，只得硬著頭皮下令奮力衝擊，能衝出多少人算多少人了 —— 完全是絕望的做法。

正在這時，只見一個人揮舞著雙槍奮勇衝在最前頭。

很多人大呼，王彥章。

王彥章是鄆州人，也是平民的兒子，祖上從來沒有闊過。他年輕時就加入朱全忠的部隊。這人天生神力，槍法無人能比。他對自己的武力指數是很自信的。跟他一起報名參軍的共有一百多人。王彥章就要求自己當隊長，大家都不同意，說，都是新兵，你憑什麼當我們的隊長？

王彥章沒有跟他們爭論，只是跑到負責徵兵的主將那裡，說：「我的武力指數絕對比我的同夥們高很多倍。所以請求當他們的隊長，以後帶領他們殺敵立功。他們硬是不同意。如果不讓他們開開眼界，他們還是不服氣的。本來我可以立刻向他們表演一下上陣殺敵的本事，但現在沒有兩軍對壘的現場，我就只能展示一下腳上功夫。」

主將說：「你如何展示腳上功夫？」

王彥章說：「我可以光著腳在蒺藜地上來來回回走三五趟。」

大家一聽，都笑了了起來，你走啊，你走啊。哈哈，只怕你才踩上一腳，就得緊急送醫了。

王彥章沒有再說什麼，只要求主將把現場布置好，然後光著那雙大腳走了上去，而且真的來來回回走了幾趟。大家一看，這才目瞪口呆，這人沒有練成金剛不壞之軀，但練成了金剛不壞之腳。

王彥章最後站在尖利的蒺藜上，大聲對同夥們說：「如果哪位兄弟以為，站在這裡很舒服，也可以上來站一站啊。」

大家都閉了大嘴。

朱全忠聽說之後，也驚為天人，對他大加重用，一路都很用心提拔他，於去年任命他為左龍驤軍使，也隨康懷貞西征。

當康懷貞等人臉色刷白時，王彥章舞動雙槍，直衝劉知俊軍。但見他一人雙槍，單騎衝入敵陣，一番狂舞，敵人就紛紛辟易，無人敢擋。康懷貞急忙揮兵急進，隨著王彥章衝出的那條血路，這才得以通過。當時，大梁兵已經很亂了，康懷貞和副將李德遇、許從實、王審權也是各自為戰，分道突出之後，都沒有遇上朱全忠派出的接應部隊。他們到達昇平時，又進入劉知俊設下的埋伏，被打得落荒而逃。康懷貞拚命衝殺，結果僅以身免；李德遇等人也是全軍覆沒。

李茂貞得報，大喜過望，這人長期在鳳翔經營，也經常跟人家發生戰爭，可是大多數都取得敗仗，已經很多年沒有收到捷報了，這時看到劉知俊取得如此重大的勝利，他不大喜過望才怪。李茂貞終於難得地提起精神，任命劉知俊為彰義節度使，鎮守涇州。

6. 襄州誅亂，王求伏誅

康懷貞剛遭大敗，灰頭土臉而回，魏博的羅紹威也有點不妙了。

羅紹威絕對是朱全忠的死忠心腹，他現任天雄節度使，在境內高度自治，但對朱全忠忠心耿耿，朱全忠對他也是放心，視他為北部屏障。羅紹威當了多年的屏障之後，突然患上了風痺症。他覺得自己這病看來是好不了了，便上書給朱全忠：「魏州原來是大鎮，士兵大多都是外來的，極為強悍，難以管制。希望得到有大功的重臣前來鎮守。請讓我辭官歸家靜養。」

朱全忠對很多人都高度懷疑，但對羅紹威卻極度放心，看到羅紹威的奏章後，眼眶都有些溼潤起來，在那裡撫案動容，然後任命蜀紹威的兒子羅周翰為天雄節度副使，暫時主持軍府事務，然後對羅紹威的使者說：「回去告訴你的老大，朕讓他努力加餐，好好把身體恢復起來。如果出現什麼不測，當使他的子子孫孫世代永居高位。現在派羅周翰去典領軍府事務，就是為了讓他放心休息，好好恢復。」

雖然朱全忠很真誠地盼望羅紹威恢復起來，但幾個月後，羅紹威的病卻越來越重，最後宣布掛掉。朱全忠還真沒有食言，任命羅周翰為天雄留後，算是接過了羅紹威的班。

當然，在這個時期，朱全忠除了鬱悶的事接二連三之外，還是有一些收穫的。

這個收穫就是陳暉終於殺掉了王求那小子。在王求叛梁歸蜀之後，朱全忠就命令陳暉去把襄州奪回來。

陳暉到襄州之後，李洪就率兵出來迎戰，結果被打得大敗，王求也被打死在戰場上。

陳暉包圍了襄州，然後「拔其城」，將叛兵全部斬首，同時也抓到了李洪和楊虔首要分子，全部「斬之」。

朱全忠稱帝到現在，已經有四年，不但他勢力外的那些集團不服他——即使尊他為老大，也只是名義上歸附一下而已，就是他直接治下的很多地方，都還很亂。

比如為他掌荊南的高季昌，現在就基本不理他的命令。

這時荊南周邊的形勢比較複雜，西部與蜀相連，南部是馬殷的楚勢力，東部又是淮南勢力，完全可以說是四戰之地。王建集團和淮南集團跟朱全忠是死對頭，但馬殷集團卻立場不堅定，有時又奉朱全忠為老大，有時又聯合其他勢力跟高季昌唱反調，這讓高季昌很鬱悶。

當時，朱全忠的大部分精力都投入北方，主要針對的是河東勢力和鳳翔的李茂貞，對荊南這邊就很少顧及，這讓高季昌的自主權越來越大。他此時就把荊南當成自己的根據地來經營，招攬了一批人才。他對馬殷很是不爽。馬殷這時又站到了朱全忠的立場，宣布當朱全忠的部下，定期派人到洛陽朝見並進貢。可是高季昌卻派兵進駐漢口，堵住馬殷的朝貢之路。

馬殷就生氣起來，如果我去做別的事，你前來騷擾，我也沒有辦法，可我是去向老朱進貢的，你居然也前來攔截，這是連老朱的面子都不看了。這不是製造理由讓我猛揍一頓是什麼？於是，派許德勳帶兵向高季昌發動進攻，堅決掃清向朝廷進貢之路。

高季昌也怕了起來，急忙派人去向馬殷請和。

馬殷哈哈大笑，想跟我玩真的，你還是嫩了點。馬殷乘著高季昌軟下來時，派呂師周帶兵大舉嶺南，跟清海節度使劉隱大戰十餘場，連戰連勝，陸續奪取昭、賀、梧、蒙、龔、富六州。

除了這六州，馬殷還得到了一個意外的收穫。

當時，嶺南還有兩股勢力，一股是寧遠節度使龐巨昭，一個高州防禦使高昌魯。這兩個傢伙都是大唐的命官。當年黃巢進入嶺南時，龐巨昭正任容管觀察使，劉昌魯為高州刺史，兩人帥當地的民間武裝據險以拒黃巢。黃巢居然不敢入其境。

大唐朝廷為了嘉獎他們的功績，特意在容州設置了寧遠軍，任命龐巨昭為節度使，任命劉昌魯為高州防禦使。

黃巢北上之後，兩人以為他們可以當一個時期的太平官了。

但當時嶺南又冒出一個強者。

7. 劉崇龜斷奇案

這個強者就是劉隱。

劉隱祖藉是河南上蔡，他的爺爺劉安仁是一個商人。劉安仁到處做生意，後來他在福建發展，並舉家都遷到閩中。最後他又來到南海經商。劉隱的父親叫劉謙。劉謙不願再繼承老爸的商鋪，天天跑生意，而是想在官場上混個出身。這人很有才識，參加了政府軍的一次剿匪活動，立了功勞，被授州牙將，成了一名威風凜凜的軍官。

劉謙剛剛當官不久，黃巢就打到了嶺南。嶺南也亂得不可開交。劉謙這時堅定自己的立場，堅決跟黃巢的部隊硬碰硬到底，又立了很多功勞。於是，他又被提拔為封州刺史、賀江鎮遏使，經略梧、桂以西的地方。

劉謙是商人的兒子，深知在商場打拚，靠的是現金流，而在亂世中打拚，靠的是實力。當時，天下大亂，大唐朝廷連自己都不顧不上，各地軍政長官，基本都是靠自己盤剝百姓生存的。手下的兵力，也是靠自己徵召、然後自給自足。而且誰的兵多，誰就是老大。而朝廷能給你的，就是那個已經十分空虛的職務和爵位了。劉謙到任之後，立刻展開招兵買馬工作。不到一年時間，他手下就有了一萬多人馬，艦船一百多艘，聲望也立刻上漲起來。

唐乾寧元年（西元 894 年），劉謙逝世，他的長子劉隱正在賀江居喪。

當地的士民看到劉謙死了，就想乘亂奪權。哪知，劉隱並不是吃素長大的，他隨老爸征戰多年，深知世間的種種險惡，對老爸死後會發生的各種可能都作了預估，保持著極高的警惕。當這些人發動叛亂時，他迅速採取措施，在一夜之間就把叛亂人員全部誅殺。

劉隱在這個事件中，表現得殺伐果斷，深得清海軍節度使劉崇龜的讚賞。

劉崇龜雖然不是什麼勇猛的人物，但是個很有成就的書畫家。他長期居住嶺南，所以畫的荔枝圖名噪一時，在當時就已經一紙難求。他書寫的唐昭覺寺碑，更是深受當時大家的推崇，被准為「川西第一叢林」。

劉崇龜書法了，畫畫好，還善於斷案。

劉崇龜剛到南海任職，就碰到了一個案子。當時，有一個富豪之子，長得很帥，而且皮膚白皙，看上去氣質很高貴，與一般的商人形象大不相同。有一次，他船停在江邊。岸上有一座屋子，屋子裡住著一個女子。這個美女有二十來歲，長得很美麗，而且還很妖豔，對男人很有吸引力。更要命的是，這個美女性格十分開放，在男人面前，從不躲避。那位帥哥看到她的第一眼時，就驚為天人，目光就再也不願意離開她那姣好的臉面了。美女看到帥哥，一雙妙目也跟著傳情達意。於是，四目相交，眉來眼去，雙雙都覺得難解難分。帥哥最後動情地對美女說：「傍晚我到妳家去。」

美女毫無違和之感，含笑著點頭答應。

兩人這麼一個來回，就算是人約黃昏後，現在就只等「月上柳梢頭」了。

美女為了讓帥哥輕鬆進門，到了傍晚，並不掩門，然後春心蕩漾地在屋子裡，坐等帥哥赴約，然後就可以郎情妾意，無比甜蜜了。

哪知帥哥還沒有到來，先有個小偷來到屋子前。這個小偷看到屋門還開著，今天撞了什麼狗屎運，這家居然不關門，這麼方便作案的事不做，我還算是個合格的小偷嗎？

小偷竄進屋子裡，先是賊眉鼠眼地張望一番，發現有一間屋子沒有點燈。他按照職業習慣，就竄進去，準備翻箱倒櫃。哪知，這個屋子正是那個美女的住房。

美女正在這個黑屋裡手託香腮，在黑暗中含情脈脈地等著帥哥的到來，腦子裡已經胡思亂想得意亂情迷。帥哥啊，約得好好的，怎麼晚點了？這次一定罰你做一千次伏地挺身。

她正在意亂情迷的時候，突然看到一條黑影竄進屋子。她的第一反應就是：帥哥來了。激情澎湃之下，她什麼也不顧了，帶著一腔翻江倒海的激情，向黑影猛撲過去。

在她的想像中，帥哥會緊緊地抱住她，然後用顫抖的聲調說著誰都聽不明白的話。而她則會在帥哥熱烈的懷抱裡花枝亂顫，她的嘴唇會輕輕地咬著帥哥某個部位，使得帥哥有點痛又有點甜……

她哪知道，進屋來的不是帥哥，而是一個職業小偷。

小偷看到有人向人撲來，大吃一驚，原來是中了人家的圈套。這人居然還帶著一把殺豬刀。他看到有人撲來時，什麼也不想，直接就揮起刀……

滿懷激情的美女倒在血泊之中，香消玉殞……

小偷看到自己從盜竊犯變成了殺人犯，也趕緊離開現場。

帥哥隨後也懷著激動的心情來到現場。他一腳跨進門時，就踩在血水上，腳底一滑，立刻摔倒在地，心裡肯定暗罵，美女居然這麼考驗我。馬上從哪裡跌倒就在那裡爬出來。他的手一觸及地面，就摸到地面的東西，黏黏糊糊的，不像是水啊。他深深地吸了一口氣，瞬間就血腥味撲鼻。他嚇了一大跳，又向前一摸，就摸到了一個人體，已經全部僵硬。帥哥嚇得魂魄都不附體了 —— 本來是要來風流的，哪想到卻來到了命案現場 —— 急忙爬了起來，跑出屋外，跳上自己的小船，逃離這個是非之地。

帥哥這時滿滿的都是恐懼感，他用力搖船，搖了整整一夜，到天亮時，已經駛出一百多里。

美女家裡的人發現美女無緣無故被殺害了，自然向官府報案。

辦案官員接案後，便前來調查，認真向江邊的人問話。有人說，夜裡好像有一條船從這裡出發，然後往那邊開去。

辦案人員根據這個線索，馬上找到了帥哥，將他抓起來，然後關在牢房裡，每天對他嚴刑敲打。帥哥把實情一遍又一遍地向辦案人員陳述，就是不承認自己殺了人。

後來，美女的家人把撿到的那把刀交給了官府。

劉崇龜一看，原來是一把殺豬刀。看來跟職業屠戶有關。

他盯著那把殺豬刀，想了好久，終於想到了一個辦法，下令：某日召開盛大宴會，全境屠夫，都集中到廣場上，為政府宰殺肥豬。

屠夫們都來齊之後，劉崇龜又說：「今天已經晚了，來不及殺豬了。明天再來吧。不過，你們都可以把刀都留在此處。」於是，屠夫們都空手回去。

劉崇龜待屠戶們都離開之後，就用那把殺豬刀換下其中一把刀。

第二天早晨，劉崇龜叫屠戶們都到衙門去取回各自的刀。

大家很快就認領了自己的刀，只有一個屠夫留在最後，不肯拿刀。

劉崇龜對他說：「你為什麼不把刀拿走，還想在這裡上班？告訴你，這裡沒有殺豬職位。」

那個屠戶說：「我找不到我的刀了。」

劉崇龜說：「這不是還有一把嗎？不是你的是誰的？」

答：「這不是我的刀。」

那是誰的？難道是我的刀？

答：是城西張屠戶的。

劉崇龜問明了張屠戶的詳細地址，馬上派人前去抓捕。

結果辦案人員赴了個空——殺人凶手早就逃得不知去向。

大家望著劉崇龜，怎麼辦？

劉崇龜當然有辦法。

他下令從牢裡提出一個死刑犯，宣布他就是那個去赴約的帥哥，然後在傍晚時押赴刑場，執行死刑。

凶手的家屬看到「殺人犯」已經被執行死刑，馬上就通知正在外逃躲避的凶手，你可以回家了。哈哈，都說劉崇龜聰明，還不是被我們糊弄了？

過了兩天，凶手就大搖大擺地出現在民眾面前，好像什麼事都沒有發生過一樣。

當他回到家裡時，早已對他家進行全天候監控的辦案人員，立刻就出現在他面前。他這才知道，不是他成功糊弄了劉崇龜，而是劉崇龜成功地糊弄了他。

根本不用各種酷刑，他就全部供認不諱了，最後當然被判了死刑。

至於那個差點成冤案主角的帥哥，因為夜入民宅，也應該被警告一次，於是就以通姦罪論處——其實是通姦未遂——在他那個白嫩的屁股打了幾十板子就釋放了。

劉崇龜還很清正廉潔，發現劉隱是人才之後，就覺得不能浪費掉，於是就召劉隱為補右都押牙兼賀水鎮使，還上表請朝廷委任劉隱接過他老爸劉謙的班，擔任封州刺史。

可以說，劉崇龜是劉隱的貴人。

劉隱這個貴人把他提拔之後，沒有幾天去世了。

大唐朝廷派李知柔來到廣州，任清海節度使。

李知柔才來到湖南，廣州的牙將盧琚和譚弘玘就宣布起事，堅決拒絕李知柔進入廣州。

李知柔只是孤身一人前來赴任，手下沒有幾個兵，哪敢進入廣東境內？

當時，譚弘玘固守端州。這裡跟劉隱的轄區接壤。譚弘玘雖然敢堅拒李知柔入境，但他知道劉隱是個強者，因此一直傾力交結劉隱，還主動提出，把自己的女兒嫁給劉隱為妻。

他很看好劉隱，可劉隱不但一點不看好他，還把他當成朝廷反賊來對待。劉隱的政治敏銳度要比譚弘玘強了無數倍。他知道，他要是倒向譚弘玘，最多就得到譚弘玘的一個女兒，結果還成了朝廷的反派。他倒向朝廷，他就會獲得巨大的政治資源，如果搞定譚弘玘，說不定譚弘玘的地盤都要歸他。這個商人的後代，在心裡撥了一通算盤之後，決定從譚弘玘身上撈到更多的政治資本。

劉隱假裝愉快地答應了這門婚事，然後做好一切準備，再以娶親為由，把士兵和武器埋藏在船上，在夜裡進入端州。

譚弘玘當然沒有想到這個準乘龍快婿會有這些動作。他還在呼呼大睡，以便有足夠的精力來接待劉隱。哈哈，天一亮，劉隱過來接親，以後就是自己的女婿了。然後劉隱的地盤就成了自己的地盤。

譚弘玘想得很美，睡得也很美。

劉隱帶著士兵們衝進了譚弘玘的臥室，把還在做美夢的譚弘玘砍死。

劉隱殺了譚弘玘，並沒有收手，帶著兵馬連夜奔襲廣州。

盧琚只是防備李知柔，對劉隱並沒有防備——他得知譚弘玘準備把女兒嫁給劉隱，正等著人家的請帖，好好喝一場喜酒呢，哪想到劉隱已經把譚弘玘砍掉了，正向廣州殺來。

於是，盧琚也在一片驚愕之中成了劉隱的刀下之鬼。

劉隱殺了這兩個傢伙之後，就帶著軍容整齊的儀仗隊去迎接李知柔進入廣州，主持節度使事務。

李知柔被盧琚和譚弘玘嚇阻在半路，退也不是、進更不敢，十分尷尬，他自己既沒有智計去平亂，更沒有力量去把那兩個傢伙硬打下去，現在劉隱成功地把那兩人搞定，讓他能讓當節度使，他當然很感激劉隱。於是，他宣布到任之後，做的第一件事就是上表請朝廷任命劉隱為行軍司馬。

劉隱靠那兩個傢伙起事，一下就被破格提拔了幾個級別，成為清海軍最有權勢的人。

不久，李知柔被調回去，由徐彥若繼任清海節度使。徐彥若對劉隱更加倚重，才到任就上表朝廷，任命劉隱為清海節度副使，並把軍政之事都交給劉隱處理，徐大節度使就當了個空領袖導，每天吃吃喝喝，什麼事都不做。

這時侯天下已經大亂，嶺南也跟著亂。

這一次作亂的是韶關刺史曾兗搞出來的。

曾兗跟廣州城裡的王瓌取得聯繫，準備來個裡應外合，打下廣州城。

當曾兗的部隊抵達廣州城外時，劉隱領兵出戰。

那兩個傢伙還沒有來得及裡應外合，就被劉隱徹底擊敗，逃得遠遠的。

韶州守將劉潼看到老大出去打了敗仗之後，覺得自己爆發的機會來了，就乘虛占據了湞陽縣和浛縣，想在那裡做個小型號的割據軍閥。

劉隱當然不能容忍劉潼在清海境內搞獨立王國，馬上帶兵過去圍剿劉潼。

劉潼出來迎戰，不過一回合，就被劉隱打死在戰場上。

清海境內又恢復了平靜。

不久，徐彥若得了重病。他準備去逝時，上表極力舉薦劉隱為清海留後。

劉隱就成了清海第一把手，名正言順地躋身藩鎮權貴行列。

8. 盧光稠揭竿虔州，自立為刺史

劉隱在嶺南的聲望無人可比。但嶺南以北還有一個勢力 —— 虔州刺史盧光稠，對清海的地盤也盯得嘴角流水。

按照傳統說法，盧光稠這個刺史也是來路不正的。這人是虔州人，據說他的祖先就是東漢末處大儒盧植的後代，當然這個祖上的闊對他而言，除了傳說之外，已經沒有什麼作用了。他出生後只是虔州縣裡的一個小老百姓。他更沒有繼承老祖宗的留下的傳統去苦讀，而是丟下書本練武。這人腦子好用，騎射技術很出色，常用籐條、利器與堅甲來訓練自己。他的長相同樣看不出盧植的影子，反而更像燕人張翼德：身長八尺五寸、虎背熊腰，臂力過人，相貌威嚴，聲如洪鐘 —— 這種人最宜於開群眾大會，即使停電，也能讓全廣場的群眾能聽到他的重要演說。

他長大後，黃巢他們就起來起事，把神州大地攪得一片混亂。

盧光稠的表兄譚全播認為，盧表弟那樣的身體條件很適合於在亂世中得到發揮。

於是，譚全播過來找盧光稠，說表弟啊，你看到那麼多人都起來到處殺殺了，你這麼肌肉發達，還在老家傻傻地種田種地，實在是太對不起這個大亂的時代、辜負了這身發達的肌肉了。

盧光稠說：「你是想拉隊伍？」

譚全播說：「對頭。現在天下洶洶，有能力的人都紛紛起來，爭奪富貴，我們為什麼就這麼甘願平庸、死守這幾塊死地皮，最後窮困到老死的那一天。」

盧光稠長得像張飛，性格也像張飛一樣豪爽，聽了表兄的話，立刻表示就這麼做。

兩人立刻集結了一支隊伍——那時到處是亂世難民，做別的事業很困難，但拉隊伍的事是最容易的——黃巢把部隊打完，轉眼就又能集結一支龐大的隊伍，到處衝殺。因為在拉隊伍的過程中，基本都是譚全播在奔走，所以大家都擁戴譚全播為老大。

但譚全播拒絕了。他對大家說：「諸君徒為賊乎？而欲成功乎？若欲成功，當得良帥，盧公堂堂，真君等主也。」

大家都搖搖頭，當年桃園結義，也是劉備當老大，張飛只能打先鋒啊。頭腦好的人才能當老大，不是長得凶神惡煞的人就可以當老大的。長得凶神惡煞的人只能當門神。

譚全播大怒，刷地拔出長劍，砍斷身邊的一根木頭，大聲說：「不從令者如此木。」大家都怕了起來，不敢再說什麼。於是，盧光稠就順利地當了上了老大，譚全播當總參謀長，雄糾糾氣氣昂昂地舉起了自己的大旗，宣布用他們的青春熱血為大亂時代添磚加瓦。

西元 901 年正月，他們占領了已經很空虛的虔州，周光稠也不向誰請示，就宣布他現在的職務是虔州刺史。

周光稠和譚全播看到黃巢能從南打到北，誰都擋不住，看來這個天下只要你敢打，就完全可以打出一片屬於自己的天地來。如果你只求自保，死守那一點根據地，力量就永遠不能發展壯大起來，最後也會被人家一把打倒在地永世不得翻身。

他們決定向外擴展自己的勢力。

周光稠雖然長得跟張飛沒有多大的差別，但他並不是蠻幹人士，做事還是肯花點腦子的。他知道北方強者太多，以他現有的實力，如果向北發展，最後只能是被人家發展掉。

其實，當時嶺南也不平靜。

王潮背叛孫儒，正率部南下，想在嶺南立住腳跟，也前來搶地盤。

譚全播一看，你一支流浪部隊也敢來打我們的秋風？我們這些地頭蛇不是白活了？於是，他率兵去抵抗王潮的進攻，搶占了韶州。然後又派盧光稠的弟弟盧光睦去攻打潮州。

盧光睦打了幾場勝利，覺得潮州也沒有什麼了不起，便鼓起那張臉，下令全力以赴。

譚全播認為事情不那麼簡單，請盧光睦謹慎再謹慎，不要恃勇輕進。

盧光睦不聽，對潮州這樣的兵，老子就是恃勇輕進 —— 不恃勇輕進，難道要恃勇輕退？

譚全播一看，以這樣的心態去打仗，必敗無疑。你可以恃勇輕進，但我不能跟你一起去失敗。

譚全播就帶著自己的部隊，在盧光潮的歸路上埋伏。

盧光睦對著潮州火力全開，結果被人家打得大敗。

大敗的盧光睦只得帶著部隊往後逃跑。

潮州的部隊乘勝追擊，務必把這個狂妄的傢伙全部殲來。

結果，他們還沒有全殲盧光睦，卻先衝進了譚全播的埋伏圈，被譚全播一番好打，大敗虧輸。潮州這才知道，中了對方的圈套，隊伍全部潰散。

譚全播縱兵追擊，一直追進了潮州城，拿下了潮州。

潮州可是劉隱的地盤。

劉隱看到盧光稠的手居然也伸向了他的口袋，當然大怒。他迅速出兵，跟盧光睦對打了一場。結果是盧光睦大敗。

劉隱看到盧光睦的戰鬥力並不強，一不做二不休，何不趁此機會，直取盧光稠的老巢，一次性解決問題。於是，集結了幾萬部隊，大喊大叫著殺向虔州。

盧光稠吃過劉隱的虧，看到劉隱大軍殺來，那張張飛臉瞬間變白，怕得瑟瑟發抖。

譚全播卻說：「不用這麼怕。我看劉隱也沒有什麼了不起。」

譚全播挑選了一萬多精兵，埋伏在山谷中，然後派出老弱，假裝在城南與劉隱決戰。

劉隱大概也很輕視對方，渾然不把敵人放在眼裡。

劉隱的弟弟劉龑認為，虔州有援兵，進攻需謹慎，如果憑一時之勇，後果會嚴重的。

劉隱不聽，我們遠道而來，正宜速戰速決。揮兵大進。

這時是西元 902 年的夏天，時值雨季，江水暴漲，劉隱的糧草送不上來。劉隱更急於決戰。結果被譚全播引進了埋伏圈，被得打眼冒金星，最後劉隱隻身逃回廣州。他這才知道，有時輕敵冒進，真的會失敗。

盧光稠雖然取得了一場大勝，但他的勢力本來就不地大物博，更不人口眾多，打了幾場仗，一下就變得十分虛弱，時刻怕人家打過來，他就沒有辦法應對了。正好這時，朱全忠成為大唐頭號權臣。盧光稠眼珠一轉，立刻派人跑到大梁，向朱全忠表示：願通道路、輸貢賦，永遠臣屬朱老大。

朱全忠自然同意，在虔州設百勝軍，授盧光稠為防禦使兼五嶺開通使，轄虔、韶二州及吉州。

盧光稠在勢窮的時候，抱住了朱全忠的大腿，終於安全了。順便交待一下盧光稠的結局。

幾年之後，盧光稠就患上了重病。他也知道自己這次病的真不輕。他能做到今天，全靠譚全播，因此他決定把位子轉讓給譚全播。但譚全播堅決不接受 —— 他要是接受，老早就在舉事之初當老大了。

盧光稠死後，他的兒子盧延昌回來奔喪，譚全播又宣布擁立盧延昌為老大。

9. 劉隱重金買節鉞，封王納土事朱梁

盧光稠不敢再南侵，劉隱也安全了。

當時，劉隱也只是清海留後，清海節度使的位子還空著。於是，大唐朝廷任命兵部尚書崔遠前來當節度使。

崔遠到江陵時，就聽說嶺南很亂，現在劉隱已經全部控制了清海。劉隱能讓他安然接去當那個節度使嗎？如果硬去，只怕就會有去無回。

崔遠就不敢再前進一步了。

正好朝廷又把崔遠召去。

劉隱知道後，認為如果不盡快把節度使搞到手，還會生出很多麻煩來。他也知道，現在朝廷裡的事都朱全忠說了算。於是，他派人拿著大量的錢去送給朱全忠。

朱全忠笑咪咪地收了現金，然後就把那張清海節度使的委任狀授予劉隱，由他總領嶺南地區的軍政要務。

朱全忠稱帝後，劉隱也是在第一時間表示擁戴。

朱全忠自然重重地回報劉隱：加劉隱為檢校太尉，兼任侍中，並封爵大彭郡王。

這時，劉隱北面的勢力除了盧光稠之外，還有馬殷。

盧光稠已經宣布永遠當朱全忠的部下，馬殷也宣布永遠高舉大梁的偉大旗幟，算起來都是一家人了 —— 雖然都高度自治，但畢竟都歸附大梁，再不怎麼著，也不會你打我我打你吧。

劉隱覺得可以鬆一口氣、搞好內政工作了。

哪知，混亂年代，強者是不按常理出牌的 —— 如果都按常理出牌，這個社會還會亂嗎？

馬殷無法往北發展，就只好往南進攻，很快就拿下了那六個州 —— 這六個州，算起來也是劉隱的地皮。只是這六個州，離廣州有點遠，路途不很順暢，劉隱無力顧及。

劉隱西邊還有兩個勢力都還沒有擺平。一個就是龐巨昭，另一個就是劉昌魯。

劉隱當上嶺南第一把手後，就要求兩人當他的二層機構，但兩人不同意。

劉隱只得決定訴諸武力。

就在馬殷拿下六州的當年，劉隱派他的弟弟劉龑進攻高州，結果被高昌魯「大破之」。

劉隱再攻容州，同樣「不克」。

劉昌魯雖然拚力頂住了劉隱的兩場硬攻，便他知道他的力量差得太遠了，最後終非劉隱之敵，他左思右想，決定投靠馬殷算了。他寫信給馬殷，表達了他歸順大楚的良好願望。

馬殷接到求降信後，自然大喜過望，立刻派姚彥章帶兵去接應劉昌魯。

姚彥章來到容州時，龐巨昭手下的部下仔莫彥昭看到湖南的部隊經過長途行軍，已經很累了，絕對是個收拾他們的絕好機場，就對龐巨昭說：「老大，湖南兵遠來，都已經累得邁不開腿了，是搞一票的大好機會。我們可以先撤出儲備，然後棄城而去，到山裡暫時隱蔽。他們來到之後，肯定會進城。他們進城之後，肯定放心睡大覺。我們再全力襲擊，根本不花會力氣就可以全殲他們。」

龐巨昭說：「馬殷的事業正如日中天，現在襲擊他們，雖然可以消滅他們。可是以後怎麼辦？馬殷要是報復起來，我們根本擋不住。不如好好招待他們，跟他們搞好關係。」

莫彥昭卻不同意，老大要是太怕，那就交給我去辦。出事由我全盤負責。

龐巨昭大怒，馬殷要是打過來，你能負起得這個責任嗎？他怕這個莫彥昭還會亂來，當場就把老莫砍死，然後舉州向歸順馬殷。

如此一來，馬殷的國土面積一下就遼闊了起來。他占了這麼多地方，心裡已經十分滿足，便把野心按了下來，在境內休養生息，讓湖南一帶的老百姓歲月靜好一下。

10. 夏州亂起，高宗益弒主即誅

當然，高季昌的這些做法，朱全忠根本不理，他實在沒有精力管這麼多。

可是夏州又出了亂子。

搞出亂子的是夏州都指揮使高宗益。

高宗益在當時並不算什麼人物，根本上不得歷史的檯面，但他看到人家都在生事，覺得不生點事來，真是冤枉活在這個時代。就突然臉面一端，把他的頂頭上司夏州節度使李彝昌殺掉。這人殺完了李彝昌之後，便不知道下一步該怎麼走了。夏州那些將領看到高宗益居然搞出這一票大案來，把他們的首領都殺了，便都高喊著為首領報仇提刀殺過來。高宗益連躲閃的機會都沒有，就被一陣亂刀砍死。

那些人把高宗益殺掉之後，就推李彝昌的堂叔李仁福為老大。李仁福把這事的前因後果都向朱全忠的進行了報告。朱全忠雖然心裡很有氣，但也沒有辦法，畢竟高宗益已經死了，他連出氣的人都找不到了，便下詔任李仁福為定難節度使。

夏州跟鳳翔和河東勢力相鄰，現在出了這個狀況，李茂貞覺得也是個可乘之機，於是就跟李繼徽和劉知俊商量，決定派遣使者去河東，請李存勗跟他們一起合兵去攻打李仁福。

李存勗當然答應，派周德威帶兵去跟他們合作。

這次雙方動作都很快，一拍即合之後，迅速集結了五萬兵力，在很短的時間就包圍了夏州。

李仁福才剛剛接到節度使大印，那張軍府辦公騎還沒有坐暖，人家就殺到城下，只得收住心神，帶著大家抵抗，然後派人去向朱全忠告急。

朱全忠也怕夏州有失，西部就會震盪。這些年來，對他最具威脅的河東勢力，基本都在保持低調，沒有做出什麼有聲響的事來。這絕對不是什麼好事。他想，李存勗這個年輕人，能這麼不聲不響，肯定是在憋大招，說不定哪天就會突然一躍而起，打向洛陽，那還真的有點可怕。現在他看到李茂貞和李存勗又聯兵攻打夏州，而定難的王鎔目前立場又靠不住。現在王鎔的轄區包括鎮州和定難兩州。這人在晚唐時，大多數時候都緊跟李克用，後來被朱全忠狠狠地收拾了一把，這才把立場轉到朱全忠這邊來。前些日子，王鎔的老母親病逝，朱全忠派使者前去弔唁。當時，鄰近各道的代表都在館舍裡住著。朱全忠的使者就在飯店裡看到了李存勗的使者。他回到洛陽後，就把這個情況向朱全忠進行了報告，說：「王鎔暗中與河東有往來。鎮、定勢力強大，只怕以後難以控制。」

朱全忠當時聽了，覺得很對。這時夏州有事，他必須認真對待，以防李存勗和王鎔突然放出大招。他令張全義為西京留守，又命李思安為東北面行營都指揮使，帶一萬人屯河陽，以策應西京。然後他自己從洛陽出發。三天後，他來到陝州。

朱全忠到達陝州後，任命楊師厚為西路行營招討使，會同康懷貞率兵三萬在三原駐紮。

這時，朱全忠最擔心的是李存勗的軍隊從澤州進逼懷州。幾天之後，探馬來報，李存勗的主力現在綏州和銀州的沙漠那裡。

朱全忠狠狠地鬆了一口氣，說：「無足慮也。」

他馬上命令李遇、劉綰率兵直赴銀州和夏州，準備攔截河東兵的歸路。

朱全忠這一招確實老辣，李存勗一下就感受到了巨大的壓力，馬上就下令部隊先撤走。李茂貞看到河東兵都跑了，哪敢直接面對大梁的幾路大軍，也一溜煙而去。

朱全忠心裡還有氣，覺得也該給這兩個傢伙一點顏色看看，他下令楊師厚和李思安屯兵澤州，如果有機可乘，就攻打上黨。

11. 柏鄉大敗，李存勗以弱勝強

朱全忠雖然一招就退兩路來犯之敵，解了夏州之圍，但他對王鎔卻仍然沒有辦法。王鎔本來跟河東的關係就十分親密，之後為他所逼這才當他的跟班，現在王鎔又跟李存勗有來有往，這是很危險的。朱全忠本來疑心就很重，現在又得到使者的報告，對王鎔就更放心不下了。朱全忠回到洛陽後，一直想辦法，如何處理這個事。

他很想趁著羅紹威的逝世時，對調一下鎮、定兩處節度使，也就是把王鎔調去接替羅紹威 —— 如此一來，王鎔改到新的轄區，自然無法做出什麼事來。

朱全忠心裡正醞釀這個做法時，劉守光又突然出兵淶水 —— 誰都以看得出，劉守光這個動作明顯是想在定州撈一把。

朱全忠立刻以此為藉口，派杜廷隱、丁延徽監督魏博兵三千人分別駐紮深州、冀州，對外高調宣稱，怕燕兵南寇，這才派這些部隊駐紮在此，幫助趙王守土。

當時，深州的守將是石公立。石公立看到魏博的部隊抵達後，就向王鎔報告，建議不要讓魏博兵入城。

王鎔在趙地為王多年，但政治能力並不強悍，向來靠搖擺來生存。他接到石公立的請示後，自然知道朱全忠的意圖，但他還是不敢開罪朱全忠，急令石公立開門，讓魏博兵進城，而且還命令石公立移到城外，以避開魏博兵。

石公立出城後，回頭指著城門，流淚說：「朱全忠篡唐自立，連三歲的小孩都知道他是什麼人。可是主公還仗著聯姻跟他通好，以長者的心期待他。把他當成好人。什麼是開門揖盜？這就是啊。只怕不用多久，這城的人都會成為他的俘虜。」

朱全忠境內也有很多不同政見的人。這些人看他不順眼之後，自然都逃到其他勢力那裡，當逃亡人士。有的人也逃到王鎔那裡，對王鎔說：「羅紹威死後，朱全忠徹底控制了魏博。現在他就想以魏博的力量來搞定趙地。」

王鎔一聽，那張臉面又是一呆，覺得問題已經十分嚴重了。立刻遣使到洛陽，對朱全忠說：「燕兵已還，與定州講和如故。深、冀民見魏博兵，奔走驚駭，乞召兵還。」

你想想，朱全忠能聽他的話嗎？朱全忠派了個使者前去，用好言好語安慰他。魏博兵也是大梁子弟兵啊，老百姓怎麼會驚駭奔走呢？等過一段時間，習慣了就好。你們安心工作吧，不要把問題想得太複雜了。

王鎔還有什麼辦法？只能眼睜睜地坐在那裡，靜觀其變了。

不久，杜廷隱果然關閉城門，把王鎔的戍卒全部殺掉，然後登城部署城防。

王鎔看到朱全忠果然撕破了臉，只得下令石公立攻城，但哪能打得下？

王鎔這才急了，趕緊派人向李存勗和劉守光求援。

不光王鎔滿臉焦急，就是他的叔叔義武節度使王處直也急了。王處直看到朱全忠的這些行為，知道朱全忠打王鎔之後，就會拿他開刀，因此也在同一時間派使者來到晉陽。

王鎔是請求李存勗馬上派兵去救深州，王處直則提出倡議：共推李存勗為盟主，然後大家聯合起來，群毆朱全忠，把這個毒瘤徹底剷除。

李存勗並沒有馬上答應兩人，而是召開了個會議，問大家的意見。

大家都認為：王鎔久事朱全忠，每年都輸送大量的財物給朱全忠，還結為兒女親家。這樣的交情，比兄弟還要親密啊。所以，我們認為，王鎔的所謂求救，一定是假的，是想讓我們上當的。我們還是先觀察一陣子再說。

李存勗說：「我看王鎔也是在擇其利而為之罷了。王鎔在唐代時，尚且反覆無常，有時對唐稱臣，有時又叛變大唐。現在他怎麼肯死心塌地地當朱全忠的臣子呢？至於兒女親家，那就更不用說了。朱全忠的女兒能比得過當年壽安公主嗎？現在他想保命都還來不及，哪還顧得上這樁婚姻？我們如果懷疑他而不去救他，正好落入朱賊的奸計當中。必須急速發兵前往。晉趙合力，破趙必矣。」

李存勗力排眾議，下令發兵救趙。

當然，領兵的又是周德威。

周德威帶著部隊很快就出陘井，駐紮在趙州。

王鎔的另一個使者來到幽州時，劉守光正在打獵。

孫鶴接待了使者之後，覺得茲事體大，便急馳到獵場，找到劉守光，說：「趙人前來乞求援兵。這可是上天送給老大之功業啊。」

劉守光一聽，沒有這麼誇張吧？他轉頭對孫鶴說：「此話怎講？」

孫鶴說：「我近來最感到憂慮的就是王鎔和朱全忠的關係太牢固了。朱全忠的主要精力仍然是北方，他是必欲吞併河朔而後快。現在他們自己為敵，老大如果利用這個機會，與王鎔聯手，共同擊敗朱全忠，那麼鎮州定州都會斂衽而朝燕了。如果老大不出師，那麼河東就會搶先行動了。」

劉守光說：「王鎔就是個反覆無恥的小人，多次負約，背信棄義。現在讓他跟朱全忠大打出手，我正好坐收漁翁之利。救他作甚。」

王鎔這時已經十分焦急，不斷地向劉守光派出使者，這撥使者剛走，下一撥使者又到。可是劉守光就是不發兵。這人囚禁老爸起來，十分果斷，很下得了手，可是腦子裡沒有一點策略思維，在大好機會面前，卻為些須恩怨耿耿於懷，硬是把利於大發展的良機白白地浪費掉。

王鎔和王處直既然跟朱全忠成為死敵，當然就不再奉大梁正朔了。兩地宣布全部恢復大唐年號，以武順軍為成德軍。

朱全忠看到李存勗又派兵出來救趙，便又大牙一咬，派王仁景等率兵去迎敵。

西元 910 年十二月，王景仁渡過黃河，會同天雄留後羅周翰的部隊，共計四萬餘人，在邢州洺州駐紮。

王鎔看到大梁來得迅速，心下大急，不斷地派人到晉陽，催促李存勗，請抓緊時間派大軍來啊，要是來得晚了，什麼都完了。

李存勗看到王鎔的形勢真的不樂觀了，就命李存審留守晉陽，他親自帶兵從贊皇東下救趙。

此時，王處直也派五千兵過來，隨李存勗一起進軍。

十二月二十五日，李存勗來到趙州，與周德威會合，當天還抓獲了前來打割草打柴的大梁兵兩百人。

李存勗親自審問這些俘虜：「你們從洛陽出發時，你們的皇帝有什麼號令？」

答：「我們的皇帝陛下告誡諸將：王鎔反覆無常，終究要成為我們的大患。現在我把精兵都交給你們，請你們盡全力攻打，即使鎮州的城是鐵鑄的，你們也要把它攻打下來。」

李存勗哈哈一笑，老朱的決心真大。他把這隊俘虜都送給王鎔，以示自己對王鎔的堅決支持。

第二天，李存勗下令繼續前進。

他們抵達行至距柏鄉三十里時，李存勗命令周德威等人以胡騎副近梁營，向他們挑戰。

梁兵卻沒有人出來應戰。

李存勗大軍繼續前進，直壓到距柏鄉五里處，在野河北紮下大營，然後又叫胡騎逼近梁營，讓這些胡騎一邊用胡語叫罵，還一邊向梁兵營中射箭。

大梁大將韓勍終於忍無可忍，大叫：「你們忍得住你們就忍吧，老子要殺出去了。」他帶著三萬人衝出來，分三路去追擊挑戰的胡騎。梁兵們的裝束都極為華麗，身上的鐵甲頭盔全披掛著十分鮮明的絲織品，還雕刻著金銀花紋，看上去真是光彩奪目。

河東兵們一看，不由氣為之奪，個個面面相覷，這麼軍容整齊，看來戰鬥力真的破表，難怪我們老打不過他們。

周德威對李存璋說：「梁兵志不在戰，這才故意拿兵器和軍裝來顯示兵威而已。不狠狠地挫其銳氣，我軍就難以振作起來。」

他說過之後，就到軍中巡視，對大家說：「你們別被他們的服裝糊弄了。這些人其實都是汴州城裡的天武軍，他們此前的職業都是屠夫、酒徒、傭工、商販之類罷了。這些人很有錢，捨得買好服裝。他們雖然衣甲鮮明，但戰鬥基本為零，就是十個人都打不過你們一個。你們一定要記住，這些人個個有錢，只要你們擒住一個人，就可以發大財了。這樣大大的發財機會，不可失啊。」

大家一聽，原來可以發大財啊，個個都振奮起來。

周德威當然也不是僅僅糊弄士兵們去跟人家對砍，他自己也帶著一千多精銳騎兵，向梁兵衝擊，而且他衝在最前頭，左右馳突，反覆出入敵群，殺得征袍盡染，俘虜了一百多人。當然，由於梁兵很多，他此戰也不是想一舉擊潰敵人，而是只想挫掉敵人的銳氣、提振己方士氣而已。他衝殺一陣之後，便且戰且卻，直到野河邊上為止。而梁兵也撤退回去了。

周德威經過這次衝殺，知道梁兵很多，也很強，難以一戰而勝，便對李存勗說：「賊勢甚盛，我們急切之間，將難以有所作為，宜先按兵不動，等待他們的士氣衰退再說。」

李存勗說：「我們孤軍遠來，救人之急，鎮軍更是從來沒有協調配合過，簡直就是烏合之眾，正利於速戰速決。現在你卻要按兵不動，持重求穩，我有點不理解。」

周德威說：「鎮州和定州之兵的特長是守城，在城外野戰是他們的短板。我軍所仗恃的是騎兵，在平原曠野作戰最為有利，只要一開打，就可以縱馬奔馳衝擊，給敵人以巨大的殺傷。現在迫近敵人大營前，戰馬無法得到施展。而且雙方力量的對比，又是敵眾我寡，我方實在難以持久。如果敵人知道我軍的虛實，我們就很危險了。」

李存勗一聽，心裡就有點不高興。他這次力主出來救援王鎔。是因為他深知，如果藉此機會，把王鎔的地盤劃到自己的勢力範圍，就等於又向朱全忠的大梁逼近了一大截，對大梁造成無比巨大的壓力。如果他不救，王鎔就徹底為朱全忠吃掉，朱全忠就反過來向他進行壓迫了。現在河東的地皮並不遼闊，如果再被朱全忠一壓，他們的生存空間就更為逼仄了，以後如何發展？

李存勗氣呼呼地退回帳中，諸將一看，都不敢說什麼。

周德威一看，更急了起來，跑過去見張承業，說：「大王突然取得了一場勝利，就輕敵起來，想追求速戰。現在離敵人近在咫尺，兩軍只有一水之隔。如果敵人造橋過河來壓向我們，我軍馬上就會被消滅。不如先撤到高邑，誘敵離營，然後跟他們玩游擊戰 —— 他們出擊，我們就退回去；

他們撤退，我們就出擊。然後以輕騎去抄掠他們的糧餉，不出一個月，就完全可以把他們打敗。」

張承業覺得很有道理，但進去掀帳拍著李存勗說：「現在是大王安然大睡的時候嗎？周德威久經沙場，最是知兵，他的話怎麼能夠忽視呢？」

李存勗突然站起來，說：「我正在考慮他的建議。」

梁兵雖然還在閉壘不出，但還是有些梁兵逃了出來，向李存勗投降。

李存勗問他們：現在你們的老大都在做什麼？

答：王景仁正在集結部眾，大力製造浮橋。

李存勗對周德威說：「果如公言。」

當天，李存勗就下令拔營，退保高邑。

王景仁仍然駐紮在柏鄉，但是柏鄉從來沒有保存草料，梁兵就只得到處割草供給自己。河東兵就以游擊兵不斷地抄掠他們。梁兵不出，周德威就派胡騎環繞梁營飛奔，並用箭往營裡射擊，還放開音量高聲大罵他們。梁兵雖然被調戲到這個地步，人人都心裡有氣，但怕河東兵有埋伏，也不敢出營跟他們對打。由於不能出營來收割草料，梁兵就只好鍘碎屋茅坐席來養馬匹。於是，每天都有很多馬死去。

王景仁毫無辦法。

周德威與史建瑭、李嗣源帶三千精騎逼近梁兵營門大力辱罵。

王景仁和韓勍都大怒起來，率領部隊出來跟周德威他們拚命。

周德威一看，哈哈，連這點辱罵都忍不住，還過來跟老子對打？他看到王景仁出戰之後，便按計畫，帶著部隊且戰且退，一直退到高邑南邊。

河東大將李存璋已經帶著部隊在這裡列陣以待。

梁兵確實很多，衝殺出來，密密麻麻，東西綿延數里。他們都爭相向前搶奪橋梁。

鎮州和定州的步兵則奮力抵禦他們的進攻，不一會就覺得力不能支了。

李存勗也有點緊張起來，對李建及說：「如果敵人過橋，我們對他們就毫無辦法了。」

李建及聞言，便挑選兩百肌肉發達的壯士，手執長槍，大聲呼喝上前，個個拚死到底，硬生生地把梁兵逼退。

李存勗登上高丘，對整個形勢進行一番觀察，說：「梁兵爭進而囂，我兵整而靜，我必勝。」

雙方這一打，都已經全力以赴，一直打到午時，吐血拚了整整兩個時辰，仍然沒有分出勝負。

李存勗對周德威說：「現在兩軍都已經打得不可開交，勢難分開。我們的興亡，在此一舉。我必須先衝上去，你隨後緊跟而上。」

周德威急忙拉住李存勗的馬繩，說：「我看梁兵之勢，雖然來得凶猛，但我們只能以逸待勞，跟他繼續耗下去，不可用蠻力跟他對抗。梁兵已經離開營地三十多里，即使帶著乾糧，也沒有空閒時間吃。日落之後，他們就會又飢又渴，還要跟我們苦戰，肯定會累得全身癱軟，不得不退卻。到時，我再用精騎追擊他們，一定會大獲全勝。現在不可跟他們硬拚。」

李存勗這才沒有下令全力進攻。

梁兵主要由魏州、滑州、宋州、汴州四個州的部隊組成。當時他們的形勢是：魏滑之兵在東邊，宋汴之兵在西邊。

到了太陽落山的時候，梁兵沒有東西可吃，士兵們果然都沒有了鬥志。

而河東兵卻靠近自己的大營，後勤部隊能把食物送到前線，讓他們輪流著填飽肚子。

王景仁一看，就意識到這仗已經不能再繼續打下去了，便帶著部隊慢慢往後撤。

一切都如周德威所料。

周德威等的就是這一刻。他大叫：「梁兵逃跑了。」

河東兵一聽，都大噪爭進。

跟所有的戰場退卻一樣，一旦啟動，馬上就會亂套。

本來，魏、滑兵先退，宋、汴兵還在奮鬥著。

李嗣源此時負責西邊的戰鬥，他看到西邊的宋、汴兵還很頑強，就大叫：「你們東邊的人都已經逃跑了，你們還在這裡打有什麼意思？」

梁兵本來鬥志就已經有些拉垮了，也看到西邊陣地上的旗幟不斷後撤，聽到這樣的呼喊，立刻軍心大亂，紛紛爭搶後撤，陣地瞬間大潰。

李存璋一看，馬上引兵猛擊，他一邊砍殺、一邊大呼：「大家聽著，梁人也是我們的人，父兄子弟運送軍糧的，都不能殺。」

很多梁兵一聽，都脫下軍裝、扔掉兵器，舉手投降。陣地上喧譁之聲驚天動地。

趙兵對梁兵屠殺深州同袍十分仇恨，這時也顧不上搶奪財物了，只是揮舞著兵器，追殺梁兵。

結果，在一面倒的屠殺中，大梁最精銳的龍驤、神捷精兵也被消滅乾淨。從野河到柏鄉，全是梁兵的屍體。

主將王景仁、韓勍、李思安等人也逃得十分狼狽，到安全地帶時，身邊也只狼狽地跟著幾十騎而已。

河東兵繼續追擊，半夜殺到柏鄉。但梁兵已經全部撤走。梁兵潰退時，個個都是保命要緊，哪還顧得上其他的，因此丟下的物資、器械，不可勝計。

這一戰，河東兵斬首二萬多，李嗣源部更殺到邢州，河朔大震。

保義節度使王檀宣布全城戒嚴，然後才開城納敗卒，發放資糧給逃奔過來的敗兵，再遣歸本道。

李存勗收兵之後，屯駐趙州。

王仁景大軍全面潰敗，守在深州的杜廷隱也著急了。這人打仗的能力不怎麼樣，但卻心狠手毒。他聽說前線已經全部完蛋了，料到自己也守不住深州和冀州，立刻下令，驅二州丁壯為奴婢，其他老弱則一個不留地「坑之」，然後再揚長而去。杜廷隱離開之後，兩座城裡，除了斷垣殘壁之外，幾乎沒有一個好房子、沒有幾個活物了。

朱全忠聞報之後，真想哭起來。但現在他也來不及哭了。他必須穩住局面。他急調楊師厚為北面都招討使，帶兵在河陽駐紮，收集從柏鄉逃回來的散兵。

十多天，他就收集到了萬多逃兵。

李存勗取得這次大勝之後，當然不想收手。他又派周德威、史建瑭帶三千騎直赴澶州和魏州，派張承業和李存璋帶步兵去攻打邢州，然後自領大軍繼之。

李存勗雖然在戰場上沒有他老爸那勇猛，但他玩政治比他李克用拿手多了，他一面進軍，一面還展開政治宣傳活動，移檄河北州縣，羅列朱全忠的 N 宗罪，號召大家都起來反抗朱全忠的暴政。

朱全忠這時已經有點焦頭爛額了，急忙調徐仁溥帶五千人從西山，連夜進入邢州，助王檀守城，然後宣布免去王景仁的所有職務。

河野之戰，到此告一段落。

本次大戰，是當時實力最雄厚的兩個勢力的硬對硬的撞擊。由朱全忠率先挑起——當然，他開始時，也只是想拿王鎔開刀，意圖把王鎔的勢力徹底劃歸大梁。他居然沒有想到，李存勗會主動加入。他派出王景仁時，心裡充滿自信 —— 就王鎔那個水準，哪夠得著王景仁大腳一踩？更要命的是，這人向來殘暴，手下的杜廷隱之類，也把他這一手學到家，進入深州之後，就以野蠻手段強奪城池，無緣無故殘殺還是友軍的趙卒，引起趙地民眾的無比憤慨。

反觀李存勗方面，雖然兵力不足，但他用人絕對正確。尤其是在關鍵時刻，他聽從張承業的話，採納了周德威的建議，創造機會、利用機會，以寡敵眾、以弱對強，最終取得了大勝。

這場大戰，是朱全忠勢力從強到弱的轉捩點。這個苦果，是朱全忠自己種下的，也由他來消化。

第五章
驚魂未定，朱梁強弩之末；兵臨幽州，周德威立功

1. 澶州棄守，張可臻被誅

李存勗繼續推進，攻打魏州，但沒有攻下來。

魏州已經成為前線，朱全忠不能讓魏州再丟掉了。此時，天雄節度使是羅周翰，剛剛接替他老爸羅紹威當老大，沒有多少經驗。再加上朱全忠還很顧忌羅紹威的那些手下，便以羅周翰年少為由，再派李振為天雄節度副使，到魏州去輔佐羅周翰——其實是去當實質掌權人。朱全忠怕出意外，還特意派杜廷隱帶一千人去當李振的保衛。

李振帶著這一千人從楊劉渡過黃河，再從偏僻的小道，在夜間進入魏州，幫助羅周翰守城。

李存勗大勝一場之後，聲名大震，大梁的將士對他都產生了的畏懼心理。

他來到黎陽觀看黃河。

正好一萬多梁兵將要渡過黃河。他們聽說李存勗來了，便都嚇得丟下船隻，逃得路都不見。

就在這個時候，朱全忠內部還出了個亂子。

朱全忠前一段時間，把蔡州刺史張慎思召回洛陽，但很久沒有任命接替的人。蔡州右廂指揮使劉行琮看到張慎思離任之後，就天然地認為，這

個空缺肯定會由他來填補了。哪知他左等右等，就是等不到朱全忠的任命書。

劉行琮就不耐煩起來，你不任命，那老子就自己來了。他對自己的手下宣布，我們現在也可以搶劫蔡州一次了。搶完了，我們就跳槽到淮南去。

大家都很高興，現在最能讓大家開心的就是去搶劫，他們揮舞著兵器，到處打砸搶。被搶的民眾都是手無寸鐵，面對他們的暴行，除了痛哭之外，沒有別的辦法。搶劫既來錢得快，還很安全。

劉行琮的暴行，雖然得到廣大手下的擁護，但卻讓王存儼很不爽。王存儼不爽之後，就突然向正搶得亡乎所以的劉行琮發難，直接把王行琮殺掉，遏制了那些士兵，宣布自領州事。然後上報朱全忠，說是老百姓要求他當刺史。民意如此，他也沒有辦法。

當時留守洛陽的是朱友文。

朱友文接到王存儼的報告後，立刻大怒，你居然敢糊弄我。他也不再上報，馬上就下令發兵進討。看看民意如何。

朱友文的辦事效率很高，在接報當天就發兵。

部隊很快就抵達了鄢陵。

朱全忠知道後，說：「王存儼現在正處極度的恐懼當中，如果派兵前去，他馬上就會逃到其他勢力了。」他派使者飛奔前去，把朱友文召回來，然後授王存儼權知蔡州事。朱全忠在處理這事時，還是很冷靜的。現在他正在跟李存勗對陣，而且大落下風，內部稍有點風吹草動，都會醞成大的禍患。現在是穩定壓倒一切，多一事不如少一事。

在朱全忠穩住蔡州時，周德威的部隊繼續挺進。他從臨清出來，攻打貝州，連拔夏津、主唐；再攻博州，又拔東武、朝城。接著向澶州進軍。

澶州刺史張可臻看到周德威來勢很猛，覺得自己還守在此地，就是等死。於是就棄城而逃。

張可臻以為他逃得快，就可以保住性命了。

他確實是躲過了周德威的大刀，但卻射不過朱全忠的屠刀。

朱全忠這段時間來以，鬱悶事排著隊進入他的內心世界，讓他已經十分抓狂了，現在看到張可臻居然採取不抵抗政策，不放一槍，就棄城而逃，他不大怒他還叫朱晃嗎？他抓住張可臻，大手一揮，「斬之」。

2. 晉軍北還，幽州劉守光擾局未果

周德威並不因為朱全忠對張可臻「斬之」就停止了進攻。他繼續揮師挺進，攻打黎陽，奪取臨河、淇門，進逼到衛州，然後縱兵搶掠新鄉、共城。

朱全忠也急了起來。他來不及調動別的將領了，只得親自帶著部隊到白馬，準備攔住河東來犯之敵。

那個玩兩面派的劉守光這時也有了空閒。這人的水準和人品都很差。他自從徹底消滅自己哥哥的勢力、占領滄州之後，腦子就開始發燒起來，覺得自己能扭敗為勝，一定是得天之助。有老天爺相助，還怕什麼？哈哈，完全可以花天酒地、縱情歡樂了，做什麼事都不用顧忌，完全可以任性了。劉守光除了縱情淫樂之後，還喜歡折磨人。誰犯了罪被他處罰，他都放進鐵籠裡，然後用火烤。他還製作了一種鐵刷子，專門用來刷人臉，看看是你的臉皮厚，還是他的鐵刷厲害。

當然，他在玩樂的時候，也還記得他現在是幽州老大，還必須跟別人爭搶利益。他一邊玩樂還一邊關注梁晉兩大勢力的對抗 —— 他原來就說

過，他趁雙方爭打個你死我活之後，就前來當漁翁，撈取一把利益。

他聽說大梁兵在柏鄉大敗，便派人對王鎔和王處直說：「聽說你們兩家跟晉王聯手，已經打敗了不可一世的梁軍，準備舉兵南下。現在我也有三萬精銳騎兵，想親自帶過去，充當諸位的先遣部隊，為大家打頭陣。不過呢，如果四鎮合作，就必須有個盟主。我如果參與進來，不知道你們如何安排我？」

王鎔一看，差點罵出來了，你這個大流氓，搞定老爸又搞定老哥，現在還想來當四鎮盟主？你再怎麼荒唐也不能荒唐到這個地步啊。但王鎔也是個膽小鬼，又怕劉守光流氓習氣一發作，就會派兵大打進來，自己還真不是對手。他就只好把問題交給李存勗。

李存勗一聽，不由哈哈大笑：「當王鎔告急時，劉守光不能出一兵一卒，只想在那裡坐山觀虎鬥。現在看到我們要成功了，便跳了起來，準備用武力來離間我們跟王鎔的關係。他以為他這麼做很聰明，其實是蠢得不能再蠢了。玩個離間計，都玩得這麼膚淺。」

諸將說：「大王，雲州和代州與燕的邊境連在一起。如果他們真的要發兵侵擾，就會動搖我們的人心。現在我們千里出征，急切之間，還真沒有辦法去救急。這確實是心腹大患。不如先攻取劉守光，把這個流氓徹底消滅，以後就可以無憂向南用兵了。」

李存勗大聲說：「好。就這麼辦。」

正好楊師厚從磁州和相州引兵前來救邢州和魏州。

李存勗不想再跟在梁主力比拚了，下令撤兵回去。

楊師厚就一路追擊，到漳水才回來，邢州之圍也宣布解除。李師厚就駐紮在魏州。

朱全忠也鬆了一口氣，他雖然很恨劉守光，但這時他真想寫一封感情豐富的感謝信給劉守光。多謝你這個大流氓啊。這個社會上，有時還真必須有些敢亂來的大流氓啊。

李存勗準備離開的時候，王鎔跑到趙州晉見晉王，然後大犒河東將士。王鎔這時跟朱全忠徹底決裂了。為了表示他跟李存勗跟得死心塌地、跟得永不回頭，就派他的養子王德明帶領三十七都的部隊追隨李存勗，從此，晉王指向哪你們就打向那裡。

李存勗離開趙州，回晉陽而去，只留下周德威率三千人鎮守趙州。

與此同時，嶺南霸主清海節度使劉隱又病亡，他的弟弟劉巖接替他的位子。

3. 劉守光受冊自矜，拒尚父而僭號稱帝

在李存勗回到晉陽時，劉守光並不知道李存勗回晉陽是為了對付他。

王鎔看到劉守光想當四鎮老大，就覺得劉守光的野心真是太大了。其實，劉守光真正的野心更大。因為他覺得自己已經得到老天爺之助——這個世界上能得老天爺相助的都是誰？告訴你是皇帝啊。

他心裡這麼推理之後，覺得自己只有當上皇帝，才對得起老天爺，才不辜負老天的無私幫助。

他做了一套大唐皇帝制服，時不時穿在身上，然後對手下部下說：「現在天下大亂，各路英雄都在打拚。我兵強馬壯，地勢險要，完全可以蔑視群雄，自立為皇帝。你們覺得如何？」

別人一看，你這個流氓，如果也稱帝，估計活不過一集。但誰敢說什麼？

只有孫鶴忍不住，說：「現在的局勢是，我們內部還沒有完全穩定，

亂子的苗頭到處顯現，大家都還覺得十分困苦。更要命的是，李存勗集團一直盯著我們的西部，契丹的阿保機又窺伺著我們的北部。這兩個集團的力量，都十分強悍。如果老大匆忙稱帝，實在是沒有多少好處。不如從現在開始，重尊人才，愛恤百姓，訓練軍隊，累積各種物資，然後施行德政，根本不用征討，四方自然服從。」

劉守光一聽，全是迂腐透頂的陳詞爛調，這話可以寫在紙上，萬萬不能這樣做。哪個開國皇帝不是打出來的？他聽完之後，臉上都是怒氣。

劉守光當然不會聽孫鶴的陳辭爛調 —— 他要是能聽這樣的話，他還去搶他老爸的美女嗎？他還為了一個美女把老爸當敵人來打嗎？

劉守光開始運作他的皇帝夢，他派人到鎮、定兩州，做王鎔和王處直的說服，要求他們尊奉他為「尚父」。

二王一聽，更是氣爆了，認誰為尚父也不能認一個大流氓為尚父啊，這比認賊作更下賤。

當然兩人氣爆之後，並沒有出兵去打劉守光 —— 目前他們心裡只有氣，手中卻沒有多少兵力。

王鎔又按老辦法，向李存勗報告了這事。

李存勗聞聽，也是大怒 —— 他不大怒，就沒有理由去打劉守光了。

李存勗大怒之後，就說，一定要打倒這個野心家。

大家都說：「劉守光實在是狂妄自，又罪大惡極，罪當族滅。但滅他也要講點策略。」

什麼策略？

「先假裝推尊他為尚父，讓他的野心更加膨脹，這樣才惡貫滿盈，想不被滅亡都難。」

李存勗一聽，哈哈，這就是想讓他滅亡、必先讓他瘋狂。

於是，在李存勗的策劃下，由李存勗、王鎔、王處直、李嗣昭、周德威、宋瑤六鎮節度使共同奉冊推尊劉守光為尚書令、尚父。王鎔他們當然沒有話說。現在他終於知道，為了利益，不但可以認賊作父，也可以認流氓作父。在利益面前，這個父字也是狗屎一坨。

劉守光一看，哈哈，原來我只想當四鎮老大，現在還成了六鎮老大，真是六六大順啊。

劉守光天真地認為，這六鎮都畏懼他，這才認他為尚父，心裡就更加自信滿滿，這個天下老子真的第一了。比朱全忠牛多了 —— 李存勗他們死都不認朱全忠，天天跟朱全忠打得死去活來，就是不認他。老子只派出幾個使者，把意思說了一次，六鎮強者立刻就對老子心服口服，爭先恐後地前來擁戴老子，認老子作父。

劉守光興奮過後，突然又想到，自己一直都擁戴朱全忠，現在朱全忠仍然是他承認的皇帝。當了這個尚父，還得從朱全忠那裡討點級別，於是又上表給朱全忠：「李存勗那幾個傢伙硬推舉我為尚父。但我最知道，我向來深受皇恩，哪能受他們的蠱惑。所以，我已經堅定立場，沒有接受他們的推舉。我認真地思考了一下，覺得只有如此才能報答陛下對我的厚恩。即陛下馬上任命我為河北都統。那麼并州、鎮州很快就會被我平定了。」

朱全忠一看，就知道這傢伙不但膚淺，而且愚蠢至極，便任命劉守光為河北道採訪使，派王瞳和史彥群前去冊封他，看他接下來能搞出什麼鬼來 —— 反正這幾個職務也是虛的，給或不給都是一樣。

劉守光一看，朱全忠又懼怕他了。哈哈，老子真是不出世的天之驕子啊，才三言兩語，先是糊弄了以李存勗為首的六鎮，現在又糊弄了膽大妄為的朱全忠。天下強者都自動服了我。老爸啊，你看看，如果現在還是你當這個幽州老大，能幹出這樣的事業來嗎？我打倒你真是打倒得太正確了。早知如此，前幾年就該把你打倒了。

劉守光哈哈大笑之後，覺得既當尚父、又當採訪使，在接受冊命時，必須把儀式搞得熱烈又隆重，他馬上吩咐手下人，趕快搞出接受個尚父、採訪使冊命的儀式來。

他手下那幾個部下也沒有經歷這些事。他們就找到大唐朝廷冊封太尉的那一套禮儀來，呈給劉守光。

劉守光把這個儀式認真地看了一遍，問：「為什麼沒有南郊祭天和改元這兩個流程？」

答：「老大啊，尚父雖然很高貴，可是再高貴也是人臣啊。人臣是不能祭天、改元的。」

劉守光當場就大怒起來，狠狠地把那個方案丟到地板上，大聲咆哮：「老子轄地兩千里，帶甲三十萬，就是作河北天子，誰又敢對我怎麼樣？罷了，這個狗屎尚父，一點不值得老子去當。」他對那幾個人大聲說：「老子直接做皇帝算了。你們馬上制定皇帝登基的禮儀。

他突然又想到，此前居然還傻傻地去求朱全忠冊封他為採訪使。現在那幾個前來冊封他的人就在幽州。他一氣之下，把王瞳和史彥群都抓起來，套上鐐銬，投入獄中。但不久，又把他們釋放了。

4. 朱全忠中虛驚北巡

在劉守光咆哮著要皇帝時，王鎔和李存勗則忙著鞏固他們的關係。

因為楊師厚的部隊又奉命移駐邢州，使得王鎔非常害怕。王鎔害怕之後，只得又向李存勗訴苦。他親自去面見李存勗，把他的恐懼報告了李存勗。

李存勗還是很厚道的。他認為王鎔雖然一直很狼狽，處事一點不大氣，但他到底曾是李克用的朋友，因此把王鎔當長輩看，侍奉王鎔很是恭敬。他聽了王鎔的訴苦後，說：「朱全忠已經罪大惡極，必將為天所誅。楊師厚的能耐再大，也救不了他。如果楊師厚真的對你發難，我一定親自帶兵去打敗他。王叔叔不必為此事擔心。」

王鎔也大是感動，捧卮敬酒，為李存勗祝壽，稱李存勗為四十六舅。

當時，王鎔的小兒子王韶誨也在現場。李存勗就撕斷衣衿與王鎔結盟，然後把女兒嫁給王昭誨。兩人的關係瞬間就親如一家。

這對於朱全忠而言，絕對是致命的。本來，王鎔是他的跟班，一直充當他的一面屏障。可是他硬沒有處理這些歸附勢力的政治智慧，疑心來疑心去，而又沒有一舉拿下人家的實力，結果就把王鎔和王處直推到死對頭那邊去了，本來是想損人利己一下，最後卻是損不了人，反而害了自己。

不過，朱全忠似乎還沒有意識到問題的嚴重性。

這段時期以來，他的身體一直出現狀況。這個夏天，他覺得宮中太熱，就跑到張宗奭的家裡避暑。當然，如果只是避暑，也沒有什麼。可是朱全忠的人品也很差，他在張宗奭家裡一面避暑，一面就把張家的所有女性都當成他的後宮。他在那裡避暑，張家的女性一個都避不了他。在他避暑期間，他把張家所有的婦女，不管美醜，不分年齡，都姦淫了一遍。

張宗奭的兒子張繼祚怒火沖天，拿起刀來想把朱全忠砍成一萬段。

但張宗奭卻很怕，制止了兒子的行動，說：「我們家以前在河陽時，被李罕之圍困，靠吃木屑度日，已經危在旦夕，全賴這個傢伙出手相救，這才有了今日。此恩不可忘記啊。算了吧。」

張繼祚這才不情願地放下那把雪亮大刀。

三天之後，朱全忠離開了這個避暑之地。

張宗奭父子很鬱悶，朱全忠也並不輕鬆。

他雖然在張宗奭的家裡把夜生活搞得生龍活虎，簡直是夜夜不歇，好像不知疲倦，其實現在他的龍體已經很差。他才回到宮殿不久，就發病起來，而且幾月個都處於病態之中。

直到當年的九月（即西元 911 年），他的身體才稍有起色，可以正常上班了。

這時，大梁境內的軍民，心情似乎都已經處於高度緊張狀態，對河東兵都提心吊膽，不時有河東兵入寇的傳聞 —— 甚至邊將也是一日數驚，草木皆兵，派人急奔向來朱全忠報告：晉趙聯軍又來了。

朱全忠接報後，又一咬牙，宣布親自帶兵去「拒之」。

九月二十日，朱全忠從洛陽出發，二十四日到達衛州。他氣喘吁吁地來到衛州時，正是午飯時間。他正在吃飯，突然有人急跑而來，說晉軍已經出井陘。

朱全忠馬上丟掉飯碗，下令全力向北赴邢州，而且要日夜兼程地急行軍。

日夜兼程兩天後，朱全忠到達相州，派人再打探，晉軍根本沒有動靜。他這才鬆了一口氣，下令停止前進。

這時擔任相州刺史的正是李思安。

李思安根本沒有料到朱全忠居然會相信這些沒有根據的傳言而急行軍來到相州，沒有一點準備。急切之間，自然招待不周，讓朱全忠很惱火。

朱全忠真的有點氣急敗壞了，跑這麼老遠來，不但打不著敵人，還被李思安怠慢，敵人欺負朕，你李思安也欺負朕。誰欺負朕，朕就報復誰。現在暫時還不能打河東兵，就先報復一下李思安吧。下令削奪李思安的官職。從朱全忠的這個事上看，可知他現在的心情以及心智都是十分糟糕的。

朱全忠在相州停留了幾天，十月初四又出發。

次日到達洹水。

當天夜裡，邊吏又派人報告，河東兵南下。

朱全忠也不再考核，連夜下令全軍出發。

初六，朱全忠到達魏縣。

大軍才剛到指定地點，還沒有安營紮寨，有人大叫：「沙陀兵來了。」

士兵們都大懼起來，不少人丟下兵器逃得無影無蹤。

朱全忠大怒，要求各級軍官對逃跑的士兵嚴加懲罰，但仍然是無法禁止。

過了不久，邊吏再派人報告，敵人並沒有出現。

軍營這才稍安下來。

接著貝州又報：晉兵寇東武，但已經離去了。

朱全忠心下大急。朱全忠絕對不是一個有大格局的老大。夾寨和柏鄉這兩場大敗，對他造成了巨大的心理陰影。這兩場大戰，每一次，他的力量都占優，是完全可以毫無顧忌地暴打對手到跪地求饒的地步的。可到頭來卻是他的部隊慘遭大敗，損失巨大。他一直想不通，也一直想著把這個臉面掙回來，所以只要身體允許，他都想舉全力北巡邊界，找到敵人大打一場，洗雪這兩次奇恥大辱。可是他狂奔了這麼多天，除了得到假情報之外，沒有碰到一個敵人，這讓他十分惱怒，心情更是狂躁不已。朱全忠本來就極為殘暴，這時心情一進入狂躁的境界，就不斷地怒火萬丈，看誰不順眼就殺誰 —— 即使是功臣老將，只要稍有小過，他就一刀砍過去。大家對他就更加恐懼了。

朱全忠在北邊亂逛一陣，發了大量的脾氣，結果，連個敵人的影子都沒有看到。他也知道，他這些天來，得到的都是真正的假情報。

朱全忠這才帶兵南還。

5. 劉守光殺諫稱帝，自立大燕

就在朱全忠像一個無頭蒼蠅在北部邊界亂轉的時候，劉守光也沒有閒著。

當然，朱全忠忙於找敵人打仗、挽回面子，劉守光卻忙於稱帝。

直到這時，劉守光手下的很多人都還認為他真的不可稱帝。

劉守光大怒，連朱全忠和李存勗都沒有反對我稱帝，你們居然反對，可見最可怕的不是外部勢力，而是內部的人，不狠狠地恐嚇一下這些人，老子就真的不能安寧下來，他下令在大廳裡擺了一大堆刀斧之類的凶器，對大家喝道：「敢諫者斬！」

大家都知道，劉守光說別的話，也許只是胡說一通，但殺起人來是一點不含糊的，是絕對說到做的，於是大家都閉嘴。

只有孫鶴不怕死。

他對劉守光說：「滄州被攻破時，我就應該死了。承蒙大王保全我的性命，這才讓我活到現在。今天我不敢貪生怕死而忘記大王的恩情。我必須把我的心裡話說出來。我的心裡話就是，皇帝是不可以做的。」

劉守光本來把孫鶴當人才，在攻破滄州時，一改往日的脾氣，硬是讓他活了下來，還讓他當了自己最重要的謀士。可是這個謀士不但不幫他謀劃當皇帝，反而成了他稱帝最強硬的阻力，他不暴跳如雷他還是劉守光嗎？

劉守光勃然在怒，叫來幾個軍士，這傢伙的嘴巴太臭了，用下水道的淤泥給老子塞進去，然後再用刀對著孫鶴一寸一寸地剁斬 —— 謂之「寸斬」。

大家看到孫鶴的悲慘下場，更是沒有誰再敢出聲了。

劉守光終於順利統一了大家的思想，於西元 911 年八月十三日，宣布登基，成為大燕皇帝。至此，神州大地出現了兩個皇帝，一個是朱全忠，還有一個就是劉守光。劉守光深信自己得到老天的無私幫助，所以他的年號為應天。

劉守光雖然很狂妄，但他也知道自己手下除了一群資深流氓外，真沒有幾個人才。於是，他任命那個朱全忠派來的使者王瞳為左相 —— 也就是大燕國的首席大臣，人才缺乏到這個地步，居然也稱帝。

劉守光神氣地稱帝之後，當世的強者們對他這個皇帝都是嗤之以鼻，就像看丐幫幫主就位一樣。

阿保機尤其不把他放在眼裡，就在劉守光舉行大典的那一刻，派兵攻打平州，而且還攻克了下來，把全燕國的人民都嚇得慌亂起來。

李存勗聽說劉守光稱帝後，大笑：「等他占卜在位年數的時候，我已經取而代之了。」他的原話是：俟彼卜年，吾當問其鼎矣。

張承業說：「現在我們要做的是，繼續培養他的驕傲情緒。」

李存勗就派太原少尹李承勳出使幽州。

李承勳到了幽州、跟幽州方面的人對接後，仍然像往時那樣，行的是相鄰藩鎮交往的禮儀。

幽州負責接待的官員說：「我們的老大已經稱帝，你應當稱臣在朝廷上覲見。」

李承勳說：「我這個少尹的職務是大唐王朝授予的。至於你們的大王，可自統屬他境內的群眾，怎麼能統屬別國的使者呢？」

劉守光大怒，把李承勳關了幾天，再放出來，說：「現在你向我稱臣了嗎？」

李承勳說：「如果大王能讓我們的晉王稱臣，那我就稱臣。不然，有死而已。」

劉守光當然不能殺李承勳，只能拿這個使者沒有辦法。

劉守光靠恐嚇手下員工來統一思想，他也知道自己這樣做，底氣明顯不足，必須搞點軍功來為這個皇帝的光榮稱號加持。

打誰？

劉守光知道，當然不能打李存勗，更不能打阿保機，同樣不能拿朱全忠開刀。

只有王處直的力量比較弱，拿他來開刀，即使不大獲全勝，也不會遭到大敗。於是，他召集諸將，商量攻打易州和定的方案。

可是攻打易定的議題才放出來，幽州參軍馮道就認為，不可出戰。

劉守光大怒，當了皇帝就應該開疆拓土，就應該四處找人打，老子才說去打仗，你就說不可。也不讓馮道出來說明理由，直接叫軍士過來，把馮道拉過去，先關幾天再說。

馮道是個大名士，但為人很好。大家看到他被關進監獄，居然透過各種手段把他又救了出來。

馮道知道，劉守光既然生了他的氣，終究不會放過他。他出來之後，二話不說，連夜逃到晉陽。

張承業把馮道推薦給李存勗，被任命為掌書記。劉守光手下本來就是人才大大的稀缺，現在又把馮道逼到敵人的陣營裡。

6. 兄弟反目成仇，功臣轉投敵營

在劉守光醞釀去打王處直的時候，李存勗也決定對他動手了。

西元 912 年正月，周德威率兵東出飛狐，與王鎔勢力的王德明、程巖在易水會合。

正月初七，三鎮聯兵向劉守光的祁溝關進攻，一戰便攻克祁水關。

初九，聯軍包圍涿州。

涿州的守將是劉知溫。

本來劉守光還有個弟弟叫劉守奇。因為不滿劉守光的所作所為，老早就逃到晉陽投靠了李存勗。這次，他也隨軍出來進攻幽州。

劉守奇當然認識劉知溫。他看到劉知溫帶著部隊堅守城池，就派自己的門客劉去非到城下向劉知溫喊話：「河東劉郎來為他的父親討伐亂臣賊子，跟你有什麼關係呢？你為什麼要固守得這麼堅決？」

劉守奇還在那裡脫帽向劉知溫行禮。

劉知溫也在城上向劉守奇叩拜。這個動作一完成，劉知溫就宣布投降了。

劉守奇憑著幾句話，就拿下了涿州，讓周德威這個戰場老將覺得臉上掛不住。這人在戰場上很有遠見，料敵無不中，但心胸有點不寬闊，看到劉守奇了功，馬上就眼紅起來，就搞了劉守奇的一堆黑歷史，報到李存勗那裡。

由於劉守奇身分很特別，李存勗接到周德威的這堆資料後，也不得不小心應對，把劉守奇召回來。

劉守奇立刻感到不妙，就跟劉去非以及趙鳳幾人，脫離了李存勗集團，跑到洛陽來，歸順了朱全忠。

7. 戰未起先潰，帝未立先

周德威占領了涿州之後，繼續前進，直抵幽州城下。

劉守光沒有料到河東兵來得這麼迅速，也忘記了先前吹出去的大話了。他自知難敵周德威的部隊，急忙派人去向朱全忠求救。

朱全忠撤兵回來後，身體又發病起來。當劉守光的使者來到洛陽，他的身體才剛剛恢復，但臉上還都是濃濃的病態。朱全忠聽了使者的話後，也不管劉守光的稱帝，其實是對他大大的的僭越。當然，他也把劉守光的稱帝當成兒戲，何況現在河東兵主動去打幽州，也是他跟劉守光聯手夾擊李存勗的好機會。他很希望能透過這一戰，掙回前幾場大敗的面子。

他把諸將召來，對他們說：「朕準備親自去攻打鎮州和定州，以救劉守光。」

沒有誰提出異議 —— 誰都不敢提出異議。

於是，朱全忠又從洛陽出發。此時，朱全忠的神經已經高度緊繃，極易發怒，而且一發怒就殺人。大家對他的誅戮無常恐懼至極，都找藉口不想跟他出征 —— 跟這種老大去打仗，被他殺死的機率比在戰場上犧牲的機率還要大得多。

朱全忠本來就已經很敏感了，看到大家都在怕跟他出戰，心下就更加惱火了。

朱全忠到白馬時，下令賞賜隨從官員酒食，可是多數人員都沒有到。他派騎兵去催促未到現場的人快快來吃飯。大家只得提心吊膽而來 —— 吃個飯，簡直跟去赴死差不多。

後來，左散騎常侍孫騭、右諫議大夫張衍、兵部郎中張俊來得最落後。

朱全忠大手一揮，一群兵丁開過來，把這三人通通殺掉。其中這個張衍正是張宗奭的姪子。

朱全忠繼續前行，來到武陟。懷遠刺史段明遠深刻汲取了李思安的教訓，提供給朱全忠的飲食好得太多。

朱全忠對段明遠大大讚賞。他讚賞段明遠之後，又想到去年李思安招待不周的事來，便又下令貶李思安為柳州司戶。他對大家說，你們看看段明遠如此忠誠勤勉，可見李思安是何等的狂悖怠慢。李思安實在是罪不容誅。

於是，又將李思安長流到崖州，然後賜死。

李思安是朱全忠手下的猛將之一，長期為朱全叫賣命，雖然智商有時出現短缺現象，但也是朱全忠手下最能打的將領之一。多次為朱全忠獨當一面。他打了很多勝仗，也打了很多敗仗，結果他沒有戰死戰場上，卻因為招待朱全忠不周而被朱全忠恨之入骨，最後被賜死。

朱全忠來到魏州，立刻部署戰鬥。他下令楊師厚、李周彝包圍棗，賀德倫、袁象先圍攻蓨條縣。

朱全忠本人也向前線急馳。

西元 912 年三月，他來到下博南。

王鎔手下大將符習正帶著幾百騎兵前來巡邏，突然發現前頭有人馬，並不知道是朱全忠到了，還逼近過去看過究竟。

朱全忠手下的人這時都無心戰鬥，心頭更是高度警覺，看到有騎兵前來，也不認清數一數，到底敵人有多少人，只是大喊大叫：「晉兵大至矣！」

朱全忠雖然一直求得與晉兵大戰一場，可是這時聽到「晉兵大至」這四個字，也慌了起來，二話不說，丟掉剛剛紮下的帳幕，帶頭逃跑，一直逃到棗強，與楊師厚會合。他見到了楊師厚，這才覺得已經安全了。

棗強城不著名也不大，但很堅固。王鎔部在這裡部署了幾千守兵。楊師厚指揮大軍，猛攻猛打，居然數日不下。由於進攻太過猛烈，城牆多次毀壞，但守兵們又多次修復。梁兵的損失也數以萬計。

畢竟是小城，人口不多，物資也缺乏，連續大戰幾天之後，城裡的守軍突然發現，箭啊、石塊啊等等用來砸向敵人的東西已經沒有了。

大家一看，我們都變成赤手空拳了，不如投降。

真沒有辦法了。那我們就商量一下如何投降。

這時有一個小卒大聲說：「梁兵自從柏鄉之敗以來，就視我們鎮州人為死敵。如果現在舉手向他們投降，跟空身投虎穴狼窩沒有什麼兩樣。還不如跟他們拚到最後，打得一個算一個。」他說過之後，讓兄弟們用繩子把他吊出城去，然後跑到梁軍大營裡那裡投降——當然是假投降。

李周彝聽到有人出來投降，當然很想知道城裡的情況，他馬上叫人把這個投降派帶到他的帳前，要好好詢問一番。

李周彝問：「現在城中的守備如何了？」

答：「至少還能堅持半個月。」

李周彝這些天來，一直在前線指揮，對方雖然人數不多，但卻表現得十分英勇，硬是頂住了他們的多番進攻，使得城牆下都堆滿了大梁士兵的屍體。李周彝對城裡守軍的戰鬥力確實刮目相看。他聽說城中還能這樣打半個月，不由倒抽了一口氣。

那個降卒說：「將軍，我既然已經從城裡逃出來歸降大梁了，就應該為大梁立功。這樣吧，請給我一把劍，然後跟部隊去攻城，我保證第一個登上城頭，砍下城將的腦袋。」

李周彝一看，這小子是在吹大牛。老子攻城攻了這麼多天，都沒有哪個士兵衝上城頭，他憑什麼就可以登上城頭？他只給這個士兵一根扁擔，讓他當挑夫，隨軍隊行動。

這個降卒本來是想混過來，見到某個長官，然後哄騙到一把凶器，當場把長官殺了。他確實靠近了李周彝這樣的大官，而李周彝對他的話也有幾分相信。可是在最後一刻，李周彝沒有給他長劍，而只是給他一根扁擔。降卒這才知道，有時候自己的想法太過簡單了。但扁擔也是可以當凶器的。他的眼裡突然凶光暴閃，輪起扁擔，就向李周彝橫打過去，猛擊李周彝的腦袋。李周彝被打得倒在地上。李周彝的左右急忙來救他。降卒才沒有繼續輪扁擔下去，要了李周彝的性命。這人顯然臨事還是有些慌亂，不能一扁擔將李周彝致命。

朱全忠聽說自己堂堂一等一大將，居然被對方小卒打了一扁擔，實在是把臉面丟到下水道了，心裡更是大怒，叫楊師厚更加大力度攻城，連這座小城都攻不下，還打什麼天下？

幾天之後，楊師厚終於攻進了城中。

朱全忠帶著沖天怒火下令，凡城中之人，不管老少，通通殺絕。

大刀揮舞之下，「流血盈城」。

朱全忠從洛陽出發、率兵渡河時，曾經神氣地宣稱，這次出動五十萬大軍，把大戰氣氛渲染得很到位。

河東的晉忻刺史李存審正在守趙州，他聽說朱全忠出動了五十萬大軍，自己才這點兵力，如何抵擋得住？

他手下的裨將趙行實比他更害怕，建議還是先到土門躲一躲。

李存審沒有同意。

當賀德倫攻打蓨脩縣時，李存審對史建瑭和李嗣肱說：「我們的大王正把全部精力投入幽州，已經不能再抽調兵力到這裡來了。這邊的戰事，將完全靠我們這幾個人了。現在蓨脩縣危急，我們哪能坐視不管？如果梁兵攻下蓨脩縣，就一定會西向侵犯深州和冀州，危害就更大了。當然，我們現在的力量太過單薄，無法跟他們硬拚。但我們可以發揮聰明才智，用奇計破敵。」

他帶著部隊去把守住下博橋，然後分派史建瑭、李嗣肱分道去活捉梁兵。

史建瑭把他的部隊分為五隊，每隊一百人，他自己帶一隊深入敵占區，其他四分別前往衡水、信都、南宮、阜城，與李嗣肱的部隊一起，到處活動，只要看到出來打草的梁軍，就衝上去抓捕。他們一共抓到了幾百人之後，第二天都帶到下博橋會合。然後他們把這些梁兵大多都殺掉，留下的那幾個人也都砍了手臂再放走，對他們說：「你們回去，告訴你們的老大，晉王的大軍已經抵達。」

這時蓚蓨縣仍然沒有被攻下。朱全忠便帶著楊師厚的五萬大軍前來助戰，準備與賀德倫一起攻城。

他們來到縣城西邊，還沒有紮下營寨，史建瑭和李嗣肱各率三百騎兵，穿著梁兵的軍裝、舉著梁後的旗幟，混在梁兵出來打柴割草的隊伍裡，跟他們一起行走。到太陽落山的時候，他們混進了賀德倫的營門，殺死守門的士兵，然後到處亂喊亂叫、左右奔馳，到處放箭。

天黑之後，他們還各自割取了一些梁兵的左耳，帶著俘虜離去，弄得營中的梁兵都驚駭不已。賀德倫他們看到營中紛亂，沒有一個人知道，到底是發生了什麼，好像是傳說中的夜驚，可是夜驚都是發生在半夜啊，而且是全營一起爆鍋的。河東兵在梁兵們的驚愕中，揚長而去。

也是這個時候，那些被砍斷手臂的士兵也回來了，他們向朱全忠報告：「晉軍大至矣！」

朱全忠對這幾個字已經全部喪失了免疫功能。上次聽到這幾個字時，就在第一時間棄營而逃，現在聽到這幾個字，比之前更加「大駭」，下令放火燒營夜遁。

朱全忠都凌亂成這個樣子了，其他人就更加倉皇失措、跟著感覺亂跑了。在這個恐怖的夜裡，朱全忠他們懷著萬分恐懼的心情，到處摸黑亂跑，居然迷失了方向，曲折行走了一百五十里。

第三天黎明時分，他們才趕到冀州。

一行人都累得差不多半死了，他們看看四周，沒有晉兵追來。

正要鬆一口氣，突然喊聲又起。

他們抬眼望時，原來是一群農人舉著農具向他們打來。農人們根本不知道，前面這夥人就是大梁皇帝朱全忠。他們看到這支隊伍，跑得氣喘吁吁，狼狽不堪，怎麼看都像是一支剛被人家圍剿而逃出來的土匪，所以都把農具當成兵器，衝出來追打。

梁兵更是跑得上氣不接下氣，丟棄的軍資器械，不可勝計。

朱全忠他們一路狂逃，終於來到了安全地帶。他派偵察兵再回過去偵察一下，看看晉兵到底來了多少，來到哪裡了。

不一會，偵察們回報告，晉兵並未大至。我們碰到的只是他們的遊騎而已。

朱全忠一聽，不由張大了那張嘴巴。他帶的可是號稱五十萬的大軍啊，結果被幾個遊騎嚇到這個地步。他突然覺得好張臉已經燒得通紅了。這個向來反覆無常，從來沒有羞恥感的大梁皇帝，這時心裡突然塞滿了羞慚和憤恨。

朱三啊，朱三，怎麼變得這麼脆弱了？

朱全忠這麼一羞愧，心情更是超級鬱悶。近段以來，他的龍體基本都處於帶病狀態，現在心頭充滿了難以言說的鬱悶，病情一下就加重了起來。而且重得連轎子都不能乘坐了。於是，他就只好在貝州那裡留住。

十幾天後，各路軍隊才陸續到來。

當然也有個好消息。

這個好消息是劉守光的兒子劉繼威搞出來的。

劉繼威這時任義昌節度使，正青春年少。他的性格全面繼承了劉守光的基因，荒淫暴虐得肆無忌憚。他看到都指揮使張萬家的婦女的顏值都很高，便昂然來到張萬家，毫無顧忌地淫亂一通。

張萬一看，你還當我是個人吧？你可以不當我是個人，我還必須把自己當人啊。他一怒之下，舉起大刀，衝進去，把劉繼威砍死。

天亮的時候，他請大將周知裕過來，把自己殺死劉繼威的告訴了周知裕。

周知裕對劉家也已經厭倦了，聽了張萬的敘說，一點不反對。

於是，張萬就自稱留後，讓周知裕為左都押牙。

張萬當了這個留後，也怕劉守光過來問罪。他也向劉守光學習，分別派出兩撥使者，一撥去找朱全忠，表示歸順；一撥則去向李存勗請降。

李存勗就叫還在前線的周德威安撫他。

張萬覺得自己腳踏兩隻船，背靠了兩棵大樹，安全保障已經做到極致。可是周知裕卻很害怕。瞅了個機會，逃了出來，投奔朱全忠——與其在張萬手下當員工，真不如到大梁來當大臣。

朱全忠接到張萬的降表，又看到周知裕前來投奔，頓時覺得真的有點雙喜臨門了。如果是此前，這類消息對於朱全忠而言，根本不算什麼消息。可是現在對他來說，真是太珍貴了。他為了表彰周知裕，特意設置了歸化軍，讓周知裕為指揮使，規定：凡河朔來的軍士都歸他指揮。然後他又委任張萬為義昌留後。接著改義昌為順化軍，任命張萬為節度使。

8. 王牌出戰即被擒，劉守光再陷窘境

朱全忠靠劉繼威亂來，有了一個意外收穫，心裡得到稍許安慰。

那邊周德威還繼續攻城。

這時，周德威正集結部眾攻打瓦關橋。

瓦關橋的守將李嚴也不願為劉守光這樣的人賣命了，周德威的部隊才衝上來，他就在關上高舉雙手，別打了，我們投降還不行嗎？

李嚴雖然是幽州人，長期在劉氏父子手下混，但這人有個愛好，就是一有時間就讀書，涉獵甚廣。李存勗對其名聲早有耳聞，聽說他投降了，就請他當自己兒子李繼岌的師傅。

哪知，李嚴不看好劉守光，也不看好李存勗，聽到李存勗的要求後，居然一口回絕，我是敗軍之將，哪能當王子的師傅，請晉王另請高明吧。

李存勗萬萬沒有想到，他居然會碰到這樣的釘子，饒是他向來很寬大，這時也忍不住大發脾氣，咆哮著，要將不知好歹的李嚴斬首。

孟知祥光著腳跑進來，勸李存勗說：「現在強敵還沒有消滅，大王難道就應該以一時之憤就屠殺義士嗎？」

李存勗一聽，真不能憑著情緒就行事的，宣布赦免了李嚴之罪。

周德威雖然看不起劉守光，但他知道幽州目前兵力雄厚，城防很堅固，就派人去報告李存勗說，目前幽州前線兵力太少，不足以攻城。

李存勗馬上派李存審帶吐谷渾、契丹騎兵前去助戰。

此時，李嗣源已經攻克瀛州。

劉守光在幽州城裡當縮頭烏龜了這麼久，覺得也該出來大打一場了，否則這個皇帝真當得窩囊。他這時手下也有個猛將叫單廷。他派單廷帶著一萬精兵出戰，在龍頭岡正好與周德威相遇。

單廷大喜，叫道：「今天一定要活捉周德威。」

兩軍交戰之後，單廷那雙眼睛只盯著周德威，他發現周德威在陣指揮著，便挺槍單騎衝殺過去，還真的衝到了周德威的身邊，一槍向周德威猛刺過去，堪堪戳到周德威的背部。周德威久經沙場，極是冷靜，硬是在千鈞一髮之際側身躲過致命一槍，然後奮力揮杖反擊。

單廷本來以為自己這一槍已萬無一失，哪知還是被周德威躲過，更讓他始料所不及的是，周德威居然還在這一剎那揮杖反擊，而且力度極大、準頭也精，一杖就把單廷擊落下馬，被邊上的晉軍生擒過去。

單廷被人家生擒過去，幽州的部隊沒有了帶頭大哥，立刻就潰散下來。周德威揮兵大殺，一口氣斬殺三千級。

單廷是幽州最勇猛的大將，他一出戰就成了人家的俘虜。幽州城裡的將士知道後，無不氣為之奪 —— 單廷那樣麼勇猛，都這樣了，他們還能有什麼作為？

劉守光看到自己的王牌一打出去，就立刻完蛋，也不敢再出城硬拚，只是帶著部隊死守城頭，聽天由命。

周德威雖然威猛，但幽州城裡人口數量多，物資又豐富，短期內也不能打進去。

只有繼續僵持！

9. 王建大舉征伐鳳翔

在李存勗與朱全忠以及劉守光打得很亂的時候，王建跟李茂貞也發生了衝突。

王建跟李茂貞剛起家時，關係就不怎麼和諧，後來為了對付朱全忠，不得不聯手過，但這樣的聯手基本就是形象工程，並沒有形成真的合力，稍遇挫折，立刻就一鬨而散，各顧各的，因此朱全忠向來不把他們的聯合當一回事。他們也知道這樣的聯合，是絲毫不牢固的。因此，他們在內心裡都提防著對方。

當年兩人為了加強雙邊關係，曾經搞過一次聯姻，即王建把他的女兒嫁給李茂貞的姪子、即秦州節度使李繼崇。這個女兒嫁到李家之後，覺得李繼崇的所作所為不堪入目，就叫陪嫁來的宦官宋光嗣帶著她的一封信回去，交給老爸。信上說李繼崇驕矜嗜酒，完全就是個酒鬼，我怎麼能跟這樣的酒鬼度過一生？這跟守活寡有什麼區別？與其在這裡守活寡，不如回成都守活寡。

王建也很心疼自己的女兒，就召女兒回去。

王建在女兒回到成都之後，就順著女兒的意願，讓她留在成都。

李茂貞得知後，大怒。你把事情做絕，老子也不稀罕你。宣布與王建絕交。友誼的小船翻說翻就翻。

絕交之後，兩家立刻就成了敵對國家。成了敵對國家，邊境就必須部署重兵。

當然，現在李茂貞的敵對勢力還有朱全忠的大梁，但他並不怕朱全忠過來打他 —— 因為朱全忠對付李存勗和王鎔、王處直勢力，已經疲於應付了，哪會抽出力量找他的麻煩。倒是王建目前在蜀中，沒有什麼事幹，哪天會突然打上門來。基於這樣的策略思考，李茂貞就把自己的主力部隊都部署到與蜀地相接的邊界上。

王建看到李茂貞把部隊都調到這邊來，當然就不高興了。

他對大家說：「李茂貞這廝為朱溫所困，我經常去救濟他。現在他解困出來，就做出這些忘恩負義之舉，把槍口調過來對準我們。哪位幫我去教訓他一下？」

王宗侃表示他願意去打李茂貞。

西元911年三月，王建任命王宗侃為北路行營都統，準備率兵討伐鳳翔。

司天少監趙溫認為不可，說：「李茂貞並沒有出兵犯邊，我們討伐他也沒有足夠的理由。何況，諸將一旦出征，就必須深入敵境，到時運糧的道路既艱險又遙遠，只怕無益於國家。」

王建不理，派王宗祐、王宗賀、唐道襲為三招討使，率十二萬部隊討伐鳳翔。

三月初八，王宗侃他們從成都出發。這次是王建宣布獨以來，出動軍隊數量最多的一次，一路旌旗招展，連綿數百里。

此時，李茂貞好像還不知道王建已經派大軍前來打他了，他乘著朱全忠跟李存勗他們打得難分難解時，派溫韜帶兵去打長安。但溫韜才到長安境內，就被康懷貞擊敗。

李茂貞打不下長安，只得又收兵回來。他聽說王建已經出兵，浩浩蕩蕩殺向鳳翔，哪能示弱。王建啊，好像只有你會侵略我，我就不會侵略你了？他馬上派兵過去，猛攻興元。但卻被唐道襲打退。

李茂貞知道這次王建真的要玩大的了，他也必須把王牌打出來。

李茂貞現在的王牌就是劉知俊。他派劉知俊和李繼崇為帶兵大將，去跟蜀兵對壘。

四月二十四日，雙方在青泥嶺相遇。雙方都不打話，一碰面就直奔主題，大打出手。結果，蜀兵大敗，馬步使王宗浩雖然從戰場上脫身出來，狂奔興州，結果卻落水而死。唐道襲則逃到興元。當時，蜀步軍指揮使王宗絽帶著他的部隊在西縣，王宗侃和王宗賀收集了一些散兵，然後退保西縣。

劉知俊帶著部隊追擊過來，包圍了西縣。

蜀兵被大破一場，各路部隊都成了驚弓之鳥，他們都認為，以目前的形勢，實在難以跟鳳翔兵對抗，紛紛建議放棄興元。

唐道襲卻堅決反對，說：「無興元則無安遠。如此一來，利州都會被敵人拿下。我必須死守興元。」這人原來就是一個舞蹈家、王建的弄臣，但現在卻表現得十分果敢。

蜀兵雖然大敗一場，但王建並沒有慌亂，他又派王宗鐬為應援招討使、王宗播為四招討馬步都指揮使，帶兵去救安遠軍。他們來到興元後，與唐道襲一起夾擊鳳翔兵，將之擊破。第二天，雙方在於梟口又大打一場，蜀兵再取得勝利，而且將鳳翔的成州刺史李彥琛打死在戰場上。

王建對這次戰鬥也極為重視，他親自來到利州督戰。

王建那幫養子看到老大親自來到前線，更是奮勇作戰。

王宗祐跟鳳翔的李彥太大戰，又取得了一場完勝，除了陣斬李彥太之外，還大殺鳳翔兵三千級。另一支蜀兵在彭君集的帶領下，更是打進鳳翔的境內，連破兩寨，俘斬兩千級。

當然，目前王宗侃他們還在死守西縣，被劉知俊猛打，已經越來越吃力了。王宗侃派他的副將林思諤從中巴穿過小路來到泥溪向王建告急。

王建馬上命令王宗弼率兵到安遠前線。

王宗弼很快來到斜谷，與劉知俊交戰。

鳳翔兵打到現在，都已經很疲勞了，又沒有後繼部隊，而蜀軍援兵大集，鬥志昂揚，殺聲震天，把劉知俊部殺得抱頭而竄。

王宗弼乘勝猛進，在金牛再次大敗鳳翔兵，連撥十六寨，俘斬六千餘級，生擒其大將郭存 —— 可說是勢如破竹了。而鳳翔軍則完全是兵敗如山。

王宗祐和王宗播也殺了出來，在黃牛種全殲鳳翔蘇厚部。

王建也從利州來到興元。

此時，蜀軍的各路援兵都已經彙集，守在城中的安遠軍看到城外援軍的旗幟雲集，知道強援已至，便也鼓譟殺出，與援軍夾擊鳳翔兵，把劉知俊再次擊敗，一口氣撥二十一寨，斬其將李廷志。

劉知俊知道自己此時就是有天大的本事，也無能為力了，便宣布撤軍回去。

哪知，唐道襲非常缺德，他早料知劉知俊會撤退回去，便算準了劉知俊的撤兵路線，然後在斜谷那裡設下伏兵，又把劉知俊狠狠地痛擊一把。

王建看到各路部隊都取得了勝利，達到了教訓李茂貞的目的，便返回成都。

李茂貞萬萬沒有想到自己的部隊會敗得這麼難看，不是說劉知俊很能打嗎，怎麼現在就打了這樣的大敗仗？以前為朱溫打我時，打得如有神助，打得我睜不開眼，怎麼到了鳳翔，程度這麼差？

李茂貞身邊的工作人員石簡顒看到老大的臉色無比難看，知道收拾劉知俊的機會到了，便對李茂貞說了劉知俊一大堆壞話。一個外來人士，哪能全心全意為老大服務？把軍事指揮交給這樣的人，實在是很危險啊。

李茂貞覺得很有道理，下令奪掉劉知俊的兵權。

劉知俊就這樣在鳳翔城裡，過著無權無勢的鬱悶生活。

後來，李繼崇來到鳳翔，對李茂貞說：「劉知俊是壯士，也很能打仗。他在窮困時前來歸順我們，大王不應該聽信幾句讒言就罷免了他。」

李茂貞一聽，覺得也有道理。興元之敗，也不能全怪劉知俊。劉知俊當時手下兵力並不多，而且鳳翔諸將又多是無能之輩，就靠他一人獨撐局面，還能活著回來，已經算是幸運了。現在鳳翔已經沒有幾個能上戰場的將軍了，說不定以後還用得著劉知俊。於是，就把石簡顒斬首，用以安撫劉知俊。

李繼崇就把劉知俊叫到秦州居住。

10. 淮南內鬨風雲起

王建和李茂貞大打一場，淮南那邊也不平靜。

當然，淮南的不平靜還是跟西部不一樣的。這幾個勢力是跟外敵打得不亦樂乎，而淮南卻是內部出了問題。

搞出這個內部問題的就是劉威和李遇等人。劉威以及陶雅、李遇、李簡等人，都是楊行密創業時期就投身淮南事業的老一輩革命家，立下的功勞，無人可比。可是現在淮南說了算的卻是徐溫。他們心裡實在是嚥不下這口氣。

尤其是李遇，心頭堵的塊壘最大最堅硬，經常對人家說：「徐溫是到底是什麼人？我到現在還沒有見過他一面。他居然就成為執政大臣了？」

有一次，徐玠出使吳越（即錢鏐勢力），路過宣州。徐玠在出發時，徐溫還布置了一個任務給他，就是在宣州見到李遇時，勸他一定要到廣陵去見新的老大。

李遇說：「一定會去的。」

如果事情到此為止，也就沒有什麼了。

哪知，徐玠也是個多嘴人士，看到李遇爽快地答應了，便又說：「如果老大不這樣，人家就會說老大有反心。」

李遇一聽，就立刻就大怒起來，把著徐玠大喝：「你說我造反？請問殺侍中（指楊渥）的人難道不是謀反嗎？」

這話當然很快就傳到徐溫的耳朵裡，徐溫當然也大怒起來。

徐溫一怒火起來，就決定還以顏色，他任命王檀為宣州制置使，然後歷數李遇不入朝之罪，再派柴再用帶升、潤、池、歙幾個大州之兵送王檀到宣州，而且還委任他的那個養子徐知誥為副使。

李遇當然不從服。

那就只有打。打了一個多月，也沒有分出勝負。

徐溫沒有想到李遇的防守能力這麼強。看來得想其他辦法了。

當時，李遇的小兒子剛剛擔任淮南牙將。於是徐溫把李遇的這個小兒子抓了起來，然後押到宣州城下。

這個小兒子在城下放聲大哭，哀求活命。

這個小兒子還真是李遇的軟肋。他看到小兒子哭昏在那裡，心都軟完了，眼睛一閉，搖搖頭，不忍心再打下去了。李遇被軟肋搞得頭腦已經凌亂，鬥志全部歸零。他垂著腦袋出城投降。他以為他宣布投降，就可以救他的小兒子了。是的，如果是以常人的思維，這是有可能的。但這是一群野心家的博弈，向來不按常理出牌。

徐溫對李遇等人已經惱火至極，一直都在擔心他們的反對，只是沒有機會清除他們而已，現在有這樣的機會，他能放過嗎？

李遇出城投降之後，徐溫的處理命令就到了，只有兩個字：族滅！

包括李遇小兒子在內的李家人，不管男女老少，通通押赴刑場。

徐溫這一刀斬下，淮南的將領瞬間膽寒，對徐溫充滿了畏懼的情緒，不敢再違抗他的命令了。

徐溫拿下宣州之後，就任命徐知誥為遷州刺史。

徐知誥自從當了徐溫的養子後，表現得十分優秀，事奉徐溫極為謹慎恭敬，工作起來，任勞任怨，不知疲倦，常常通宵不解帶，徐溫對他極是放心，也特別喜愛。徐溫經常對他的那幫親生兒子說：「汝輩事我能如知誥乎？」

當時是戰亂年代，所以各州縣的長官大多都是肌肉發達的武夫，對上戰場很感興趣，很少把心思花在民生事務上。徐知誥在升州當第一把手時，一改當時的舊規，只選用廉潔奉公的官吏，修明政教，招延四方士大夫，而且還用自己的錢發放補貼給這些人，直到家財散盡，也毫不心疼。當時，有一個前洪州進士宋齊丘，是當時江西的大名士。他的父親叫宋誠，曾任過鎮南軍節度副使，也算是高官了。可是宋誠的壽命太短，才當上副使一段時間就掛掉了，根本沒有為家裡累積多少財產。於是，宋齊丘馬上就進入家道中落的境地。最後，他不得不去投靠鍾傳。這人雖然家道已經中落，但他仍然勤學好問。他大概也看得出，這個亂象，已經比戰國時代還要亂，因此他在博覽群書的同時，精研縱橫家學說。一般捨得把精力投入縱橫家學說的人，心裡都裝著很遠大的理想。後來，他說他在一個夢裡，夢到自己乘龍上天。為此，他認為自己日後必定能夠發達。他也跟很多縱橫家一樣，對自己的能力，極度自負 —— 如果自己都不自信了，還有膽去說服人家嗎？

宋齊丘還沒有出手，去找到一個認可他的老大，鍾傳就先掛掉了。鍾傳死後，兩個兒子爭鬥，結果鍾傳經營的地盤就被淮南搶占了。

淮南強奪洪州之後，就把大批洪州軍民都遷到廣陵。宋齊丘也被迫東遷。

東遷的縱橫大家宋齊丘更是窮困得一文不名，最後破落到寄居在一個妓女魏氏的家中，靠一個妓女賣笑讓他繼續生存。

當然，立志成為當代縱橫家代表的宋齊丘並沒有消沉墮落下去，他一邊吃著妓女的軟飯，一邊睜著那雙眼睛，尋找機會。

正好淮南騎將姚克瞻有個雅好，就是喜歡跟名士結交。

宋齊丘知道後，立刻前去投奔姚克瞻。

宋齊丘出生於唐末，當時詩歌仍然被人們超級喜愛，哪個讀書人都會寫幾首詩。很多有志之士，想混個出身，求別人引薦或者錄用時，都會先送上一首詩，要麼把對方的馬屁拍得舒舒服服、飄飄欲仙，忘記自己姓甚名誰；要麼就來一首言志詩，把自己狠狠地誇一誇，引起對方的重視。這類詩有個專用名詞：干謁詩。我們的大詩人李白，寫的最多的詩就是干謁詩，占了他詩歌總量的一大半。

宋齊丘是縱橫家，縱橫家是不靠拍馬屁的，而是靠吹自己的本事上位的。因此他給姚克瞻的干謁詩，全是吹自己的本事，說自己雖然學武不成、攻文失志，這些年來，白白費了很多光陰，但也學了很多本領，胸中有萬仞青山，完全可以壓低氣宇；頭上有一輪紅日，可以燒盡風雲。現在天下大亂，皇綱廢絕，四海淵黑、中原血紅。而我則有飛蒼走黃之辯、神出鬼沒之機，只要給我有發揮的機會，就完全可以蕩平天下，廓靖四海……

一翻宏論下來，連篇累牘，氣勢磅礡。

他滿以為姚克瞻讀過之後，一定會血脈賁張、熱血沸騰，然後跑到這個妓女家來恭恭敬敬地把他請過去，再聽他當面滔滔不絕。

哪知，現在雖然比戰國時期還亂，但人心已經不是戰國時的人心了。

戰國時代，縱橫家們可以展現自己的個性，可以狂傲得沒有底線，但現在誰還敢狂傲，誰就會被大家看不順眼。李白夠狂夠傲了吧，可是他干謁韓荊州的時候，〈與韓荊州書〉還不是寫得畢恭畢敬，把韓荊州的馬屁拍得很到位——生不用封萬戶侯，但願一識韓荊州。宋齊丘是什麼人？論寫詩，比李白差的有幾條銀河系，論名氣，連李白的屁都比不上，居然敢說這樣的大話？姚克瞻一看到這篇文，就大為光火，表示堅決不跟這個狂妄得沒有底線的人見面。跟你見面了，人家還以為老子都沒有底線了。

宋齊丘知道後，這才知道自己的思維真的跟時代思維脫節了。

他知道，要是錯過老姚，還真會錯過一輩子。現在可不是戰國時期

了 —— 戰國時期，到處是機會，現在都是武夫當老大，只顧打砸搶，有理想有抱負的老大並沒有多少。好容易有一個喜歡名士的姚克瞻，無論如何都要緊抓不放。於是他又趕忙寫了第二封信，把自己的處境說得很不堪 —— 其實就是賣慘，其中有這樣的句子：有生不如無生，為人不若為鬼……，其為誠懇萬端，只這飢寒兩字。

姚克瞻看到這樣的句子，就覺得宋齊丘真的有點可憐起來，終於跟他見了面。

宋齊丘就成了姚克瞻的門客。

姚克瞻跟宋齊丘混得熟了之後，覺得這人還真有點本事，雖然沒有像他吹牛的那樣，但對局勢的看法還真有獨到之處。

姚克瞻就把他推薦給徐知誥，宋齊丘又成為徐知誥的門客。

有一次，他陪徐知誥遊玩，現場創作了一首詩，這首詩就是〈陪遊鳳凰臺獻詩〉。如果你一看這詩的題目，一定以為又是拍徐知誥的馬屁的。其實，這仍然是他的言志詩，不信請看最後幾句：

我欲烹長鯨，四海為鼎鑊。

我欲取大鵬，天地為矰繳。

安得生羽翰，雄飛上寥廓。

這些話完全可以劃為大言系列，但徐知誥卻很欣賞，當場豎起拇指稱宋齊丘為奇才。宋齊丘的待遇也被提升了幾個等級，被待以國士之禮。

不久，徐知誥任命宋齊丘為軍府推官，與判官王令謀、參軍王翃一起成為徐知誥的謀主，共同為徐知誥出謀劃策。徐知誥在這期間，還有幾個親信，如牙吏馬仁裕、周宗等人。

不知不覺之間，徐知誥就組成了自己個人事業的班底。

第六章
骨肉相殘，朱氏王朝漸崩；亂臣終殞，幽州夢碎

1. 朱全忠之死

朱全忠這次出征，狼狽不堪，讓他很鬱悶，更讓他鬱悶的是，他的身體越來越差了。

西元912年四月，朱友文來到魏州，請還在那裡養病的朱全忠加東都。

朱全忠也知道，長期逗留魏州，也不是好事。於是就強撐病體起駕回宮。

走了兩天，他才來到黎陽。到了黎陽之後，病情又重了起來。他只得又在黎陽住下。

停留了幾天之後，他才喘得一口氣，繼續前行，五天後到滑州。

如此一路停停歇歇，好多天才回到洛陽。

回到洛陽、住進金碧輝煌的宮殿後，朱全忠的病情並沒有好轉過來。

到了閏五月，他的病情更加惡化。

閏五月十五日，朱全忠覺得這病情真的很難控制得住了，他對身邊的工作人員說：「我經營天下三十年，不意太原餘孽更熾如此！吾觀其志不小，天復奪我年，我死，諸兒非彼敵也，吾無葬地矣！」他說過之後，突

然哽咽不止，最後竟至休克，好久才復甦過來。

朱全忠到了這個時候，才深刻地意識到，自己跟李克用打了大半輩子，兩人爭鬥得你死我活，誰都無法消滅誰，好像是打了個平手。可是李克用卻生了個好兒子，找到了一個可以繼承他事業的合格的接班人，而他雖然生了很多兒子，也有很多養子，但沒有一個算是成材的——至少沒有誰比得過李存勗。以前，他的長子朱友裕確實很有能力，曾經獨當一面，威風凜凜，打了很多惡仗和硬仗，取得了不俗的成就。這些成就，卻讓朱全忠猜忌起來，差點當場殺死了這個兒子。雖然有張夫人出面相救，但父子倆的裂痕已經無法抹平，最後導致朱友裕鬱悶而死。

朱友裕死後，朱全忠才發現，自己剩下的這些兒子，沒有一個比得上朱友裕。他這才深深地後悔起來。他雖然天天盯著這些兒子，想從中挑選一個當太子，可是他看來看去，就是沒有一個合格人選。這也導致了他到現在都沒有指定合法接班人——儘管他此前龍體已經多次不豫，但他仍然下不了決心，再看看他這時的那幾句慨嘆，就知道他對兒子們是多麼的失望。

朱友裕死後，朱全忠除了有親生兒子之外，還有一幫假子。其中次假子朱友文最得他喜歡。

朱友文字來姓康名勤。後來，被朱全忠收為養子。朱全忠以及當時很多強者的養子，基本都是彪悍的武夫，個個五大三粗，掄起大刀上前線，砍人是一把好手，這才引起那些強者的關注，最後收為養子——其實就是當保鏢養，給個養子的名分，好讓他們去賣命。朱友文卻長得「美風姿」，看上去帥氣可愛，而且他還好學，口才極佳，詩歌寫得極好。

朱全忠對他特別放心，也特別器重。朱全忠任四鎮節度使時，就任用朱友文為度支鹽鐵制置使——這是個很要害的部門，整個集團的財政都由這個部門提供。

當時，朱全忠正到處用兵，支出極大，但朱友文還是用盡辦法，滿足軍隊的需求，使得朱全忠從來沒有後顧之憂。

朱全忠出征時，每次都讓朱友文出任東都留守，主持朝廷全面工作。朱全忠的次子叫朱友珪，他的母親出身比較低——亳州營妓，一般是不好晒出來給人家看的；還有一個兒子朱友貞，現任東都馬步都指揮使。

大家知道，朱全忠雖然很流氓很無賴，但他有一個很優秀的夫人張氏。張氏為人嚴肅端正，而且聰明多智，朱全忠對他向來十分敬畏，凡是她反對的，朱全忠從不敢堅持，她認為對的，朱全忠從不敢反對。當她還活著時，朱全忠在生活方面，都十分嚴肅，沒有搞出什麼緋聞來。張氏死後，朱全忠這才把生活作風徹底開放，縱情聲色。而且縱到完全沒有底線的地步，不但公然跑到張宗奭的家裡，寵幸完所有的女性，而且連他兒媳都不放過。他常派兒子們外出完成各種任務。這些兒子出去之後，他就第一時間把這些兒媳都召入宮中，然後「亂之」。

朱友文的夫人最為漂亮，朱全忠對其最為寵愛。朱全忠看到朱友文人又能幹，這個漂亮的夫人又漂亮，就多次想把大位傳給朱友文。大家都看出這個苗頭來。當然，作為親生兒子的朱友珪也看出這個苗頭。朱友珪的心裡就特別憤憤不平，這是我們朱家的，你一個外來人員，怎麼可以有這個特權？你們這些職業假子，就是一群保鏢啊。有一次，朱友珪犯了個差錯，朱全忠大怒起來，你小子都這麼大了，好的不學，怎麼專做這些丟臉的事？一點沒有皇子的樣子。他一氣之下，抓起鞭子狠狠地打了朱友珪一頓。朱友珪就有點害怕起來，怕朱全忠哪天突然情緒發作，會把他做掉——以前哥哥那麼優秀，老爸都還狠狠地處理。但當朱全忠還很健康時，基本都帶著部隊出征，朱友珪一點不敢動彈，只在那裡偷偷回顧著哥哥的悲慘人生。

這時，朱全忠的病已經很嚴重了。朱全忠也覺得自己這個波瀾壯闊的人生已經到了不妙的關頭，便叫王氏——也就是朱友文的夫人到大梁去召朱友文前來洛陽，準備跟朱友文訣別，並且託付後事。

當朱全忠做這個交待時，朱友珪的夫人張氏也在旁邊。張氏馬上就告訴朱友珪：「皇上已經把傳國之寶交給王氏帶往東都，看來我們的死期就近在眼前了。」兩人當場就哭了起來。

朱友珪的左右倒很冷靜，對放聲悲哭的朱友珪說：「事到如今，哭是不能解決問題的。」

「如何才能解決問題？」

「常言說，事急計生。現在到了最關鍵的時刻，要想保命，殿下唯有自救。」

「如何自救？」

「馬上行動，否則就永遠錯過時機。我只能說到這裡了。」

朱友珪再怎麼蠢，也知道這人的意思了，就是乘這個機會，悍然舉事，採取斷然措施。

朱全忠並不知道平時在自己面前瑟瑟發抖的這個兒子，心裡已經有了其他想法。

六月初一，朱全忠命敬翔將朱友珪調任萊州刺史，而且叫他立即赴任。朱全忠大概是擔心朱友珪會妨礙朱友文，只要把他調出首都，就一了百了。朱全忠的命令已經發出，但還沒有頒行敕書——也就是沒有對外宣布而已。

朱全忠即位後，有個慣例，凡被貶官者，大多都會被追命賜死。

朱友珪得知朱全忠的這個命令後，心裡就更加害怕了。

朱友珪知道，朱全忠是決意不會把大位傳給他了，只要他離開首都，接下來的命運會比他哥哥更悲慘。

朱友珪決定鋌而走險。

要起事，必須有武裝力量。

六月初二，朱友珪經過一番化妝，潛入左龍虎軍，找到左龍虎統軍韓勍。

朱友珪為什麼去找韓勍？因為韓勍現在也怕朱全忠處罰。

韓勍很早就在朱全忠手下混了，如果僅論資格，他在大梁諸臣中的排名會很靠前的。可是這人打仗真的很不行。當年他跟成汭合作，去救杜洪。結果成汭敗亡。韓勍立刻覺得大事不妙，第一時間就拔腿就跑逃得路都不見。朱全忠對打敗仗的將領，向來不寬恕，基本都要處理一通。但那一次，韓勍並沒有受到很重的處罰。

韓勍主要是怕朱全忠會清算柏鄉之敗。雖然這次大敗，王景仁是主帥，但他是副手啊，也必須負連帶責任的。他也知道，近來朱全忠喜怒無常，經常動不動就殺人，而且他殺起人來，是真的不管你的地位有多高、功勞有多大，只是憑著當時的情緒。所以，一年來，韓勍都在膽顫心驚地生活著，常常不知今夕是何夕。

朱友珪對韓勍的心理活動掌握得很到位，所以就在第一時間來找韓勍。

韓勍本來是沒有什麼膽量的，這時看到朱友珪來找他，那個膽子瞬間就茁壯成長起來。在他的思想裡，按照傳統的習慣，以後這個天下就是朱友珪的天下。跟朱友珪站在同一立場，是不會有錯的。同時，他也怕朱全忠會幹掉他，現在聽說朱全忠的生命已經進入倒數計時，更是老眼昏花，殺伐無常。在這樣的關鍵時刻，他們這些老臣宿將往往成為朱全忠最想殺的對象。既然有朱友珪當帶頭大哥，那就搞吧，還猶豫做什麼。

兩人那個角落裡謀劃一陣之後，立刻做出方案：由韓勍帶五百牙兵，隨著朱友珪混雜在控鶴軍中，進入皇宮。控鶴軍即皇帝的護衛部隊（最初由武則天組建）混入宮中，先埋伏在禁中，到了夜間，就砍斷門閂，衝進朱全忠的寢室。

宮裡那些侍候朱全忠的人突然看到這麼多武裝人員舉著大刀殺過來，都嚇得四處逃散，丟下朱全忠一個人躺在病榻上。

朱友珪帶著這些武裝人員，直接殺進了朱全忠的臥室。

朱全忠正躺在床上，看到這個情況，也知道出現了變故，掙扎著坐起來，驚問：「反者為誰？」

朱友珪冷冷地回答：「非他人也。」這人的回答還真有藝術，既含蓄又不含蓄。

朱全忠咂了一下嘴，咂出一點苦苦的味道來。他在黑暗中看向朱友珪他的兒子，無力地說：「我本來就懷疑你這個賊子。只恨沒有早日把你做掉。你如此叛逆，天地還能容你嗎？」這人也是過來人，知道事已如此，他再怎麼叫喊都已經無法扭轉局面了。他衝殺大半生，殺起人，如砍草芥，心狠手毒之事，做得罄竹難書，做得令人髮指、唯獨他不髮指，可是現在朱友珪對著他大逆不道時，他居然大罵朱友珪逆，詛咒朱友珪會被天地誅之。

朱友珪當然不會被他的詛咒嚇倒 —— 天地容不容，至少也還以觀後效，如果今天老子不辦你，老子馬上就被你誅了。

朱友珪大叫一聲：「老賊萬段。」任何人聽到朱友珪這四個字時，都能感受到朱友珪對老爸的仇恨完全可以用得上這四個字：不共戴天。

別人還不敢衝上前去，但朱友珪的馬伕馮廷諤卻揮刀而上，猛戳朱全忠。馮廷諤這一刀確實是用盡全力，刀尖從朱全忠的後背穿出。

朱全忠本來就已經氣息奄奄，不殺他都堅持不了多長時間了。哪禁得這貫通身體的一刀？

朱全忠最後連慘叫聲都發得那麼無力，就倒在那張病塌上。

不過朱全忠最後之死，還有一個版本，過程是這樣的：當馮廷諤揮刀而上時，朱全忠還能跳下床來，躲避馮廷諤的砍殺。馮廷諤並不放過他，挺刀追殺。朱全忠繞著大柱子。馮廷諤連砍出幾刀，都砍在大柱子上。最後，朱全忠力乏，倒在龍榻上。馮廷諤這才一刀將朱全忠的龍體洞穿，結果他的性命。

當然不管怎麼樣，朱全忠終於死了，而且是死在他親生的兒子手上。

朱全忠當皇帝並不久，但他在歷史上比絕大多數皇帝都還著名。後來人們對他的評價，也大多是負面的。王夫之的評價比較有代表性：曹操師之以殺孔融、奪漢室；朱溫師之以殲清流、移唐祚；流波曼衍，小人以之亂國是而禍延宗社……朱溫起於群盜，凶狡如蛇虺，無尺寸之功於唐，而奪其三百年磐石之社稷。

近代人白壽的評價也極為尖銳：朱溫的濫殺是歷史上罕見的。朱溫的荒淫，行同禽獸，即使在封建帝王中也罕有其匹。

王夫之把朱全忠比為曹操。

無獨有偶，後來偉人也有這樣的一句話：朱溫處四戰之地，與曹操略同，而狡猾過之。

即使是《劍橋中國史》的作者，對朱全忠的評價也是如此：他的成功在相當程度上是由於善於作戰和有決心，他也以此訓練和造就了他的強而有力的軍隊。但也應該提到，他的成功還大大地歸因於他的殘酷無情和詭計多端，而這一點甚至在那個野蠻的時代也是數一不二的。

評價得最溫和的應該是呂思勉先生：梁太祖的私德，是有些缺點的，所以從前的史家，對他的批評，多不大好。然而私德只是私德，社會的情形複雜了，論人的標準，自亦隨之而複雜，政治和道德、倫理，豈能併為一談？就篡弒，也是歷代英雄的公罪，豈能偏責一人？老實說：當大局阽危之際，只要能保護國家、抗禦外族、拯救人民的，就是有功的政治家。當一個政治家要盡他為國為民的責任，而前代的皇室成為其障礙物時，豈能守小信而忘大義？在唐、五代之際，梁太祖確是能定亂和恤民的，而歷來論者，多視為罪大惡極，甚有反偏袒後唐的，那就未免不知民族的大義了。惜乎天不假年，梁太祖篡位後僅六年而遇弒。末帝定亂自立，柔懦無能，而李克用死後，其子存勖襲位，頗有英銳之氣。

2. 朱友珪奪權

朱全忠死後，朱友珪用一張毀壞的氈子把朱全忠的屍體包裹起來，然後就地挖了一坑，把朱全忠埋在這個坑裡。

朱友珪坑了老爸之後，就向以前那些搞政變的人學習，先來個祕不發喪，然後派供奉官丁昭急馳東都，以朱全忠的名義命令朱友貞殺掉朱友文。

朱友珪不光要殺朱友文，還要把弒父的黑鍋套到朱友文的頭上。

朱友珪派人去賜死朱友文的同時，還以朱全忠的名義釋出了一道詔書：「博王友文謀逆，遣兵突入殿中，賴郢王友珪忠孝，將兵誅之，保全朕躬。然疾因震驚，彌致危殆，宜令友珪權主軍國之務。」把黑鍋甩給朱友文的同時，還順便讓他主持軍國之務——也就是代理皇帝的職務。

韓勍在這次行動中，出了大力。韓勍雖然在戰場上表現很差，但在玩這個事時，他還是很有腦子的。他知道，朱友珪一直被朱全忠壓著，此前跟群臣沒有多少交集，大家基本也不怎麼看好他。朱友珪要想順利即位，掌握這個權力，還是必須得到群臣的擁護。

韓勍就叫朱友珪從府庫裡取出大量的錢財，發放給各軍及百官，讓大家都真真切切地感受一下朱友珪帶給他們的好處。

朱友珪確定朱友文死後，這才為朱全忠發喪，然後宣布先帝的遺詔。當然這個遺詔絕對是假冒偽劣產品 —— 朱全忠最後的話，就是詛咒朱友珪的那幾句，朱友珪當然不會釋出出來。

這個遺詔的重點，就是讓朱友珪繼位為帝。

因為這個變故來得太突然，鬧得中外人情洶洶，各種小道消息到處亂傳。動亂分子往往就在這個時候起事。

這次起事的是許州馬步都指揮使張厚。張厚也不是突然動手的，是有預謀有計畫的，而且這個預謀還被很多許州的軍士們知曉。這些軍士們不斷地向匡國節度使韓建報告，請韓建加強戒備、小心提防。

韓建本來是個很平庸的傢伙，在這個亂世中，基本都是靠別人吃飯的，當年雖然玩了一把劫持大唐皇帝的戲法，但被人家一嚇，就立刻癱軟，最後投入朱全忠的帳下，基本是吃吃喝喝過日子，沒有什麼作為。他聽了這些人的報告後，根本不理睬，你們不要大驚小怪，天塌不下來的。

韓建說過天不塌下來沒有幾天，張厚就發動了事變，帶著士兵衝進韓建的辦公室，一刀把他砍了。

消息傳到朱友珪那裡。朱友珪雖然又驚又怒，但他目前還沒有穩住局面，就來個多一事不如少一事，不但不追究張厚的罪行，反而任命張厚為陳州刺史，弄得張厚哈哈大笑，在這奇葩的時代混，真是敢拚才會贏，敢殺老大才能得到提拔。

當然，如果只張厚一個人玩這個手法，也沒有什麼，關鍵是另外一個敏感地帶也出現了狀況。這個地方就是天雄軍。這個地方跟李存勗的地盤接壤，還跟王鎔地盤也接壤，又跟幽州也相連，國際環境比較複雜，每每這邊出事，都讓朱全忠費盡洪荒之力，才勉強擺平。朱全忠最後幾年，幾乎都把精力放在這一帶。即使是他已經身患重病，仍然抱著重病之軀，帶兵巡遊這一帶的邊境。朱全忠病情的加重，跟他勞心勞力地經營這一帶是有很大關係的。

本來，按照常規，主管這一帶的節度使應該由一個能力強悍的猛人擔任才對。可是現在的節度使卻是年紀輕輕的羅周翰。羅周翰能擔任這個節度使，並不是他有什麼特殊的才能，而是因為他是羅紹威的兒子。朱全忠也曾動要換羅周翰的心思，但他的這個心思並不是建立在保障魏博的思考上，而是想調換一下兩個藩鎮的強者，以便使得兩個強者離開根據地，便於他控制而已。當時，他是想讓羅周翰與王鎔對調，結果帶反了王鎔，把局面搞得大壞，使得大梁事業急轉直下，向谷底滑下。在這個思想的指導下，他即使對調成功，對大梁的局面影響也不會產生很大的意義。因為王鎔也不是什麼大才，羅周翰更是年少不更事。而王鎔的趙地也跟李存勗連接在一起。如果李存勗向趙地發動軍事行動，羅周翰能應對得了嗎？

由此可見，朱全忠很有小聰明，但卻嚴重缺乏策略思想，結果鬧騰了大半輩子，事業也就只能搞得半生半熟。

朱全忠當年也曾派李振去輔佐過羅周翰，但不久又把李振調了回來。

羅周翰只得又在那裡獨立自主。但他實在沒有能力獨立自主，於是軍府大事都由牙內都指揮使潘晏拍板決定。因為羅周翰沒有什麼複雜的想法，因此不管潘晏怎麼專權，兩人都沒有發什麼不愉快的事情。

朱全忠為了保證魏博的絕對安全，還把大梁最能打的猛人楊師厚部署在魏州。

這時楊師厚任北面都招討使、宣義節度使。他進駐入魏州後，覺得這裡真不錯，心裡就產生了想法，想把魏州變成自己的地盤，只是畏懼朱全忠，這才讓這個想法繼續成為想法，而沒有付諸行動。

當得知朱全忠已經駕崩而去時，楊師厚的膽子馬上就放大起來。

楊師厚知道羅周翰什麼都不知道，只要把潘晏搞定，就什麼都搞定了。潘晏雖然可以全盤控制羅周翰，但在楊師厚這樣的老手面前，就嫩得多了。

楊師厚宣布到銅臺驛裡住宿。因為楊師厚現在是北面都招討使，級別比羅周翰還要高。於是，作為天雄軍主持大局的潘晏自然要到銅臺驛謁見楊師厚。

楊師厚看到他很傻很天真地來了，就冷冷一笑，然後一揮手，幾個武士過來，把潘晏按倒在地。潘晏萬萬想不到，自己從來沒有做過什麼得罪楊師厚的事，楊大帥為什麼要這樣對待自己？他正要大聲問楊大帥，你為什麼要這樣啊。我犯什麼罪？他居然不知道，在這個時代，並不是一定要犯罪才被殺的。

楊師厚根本沒有給他說話的時間。

武士們在按倒潘晏之後，就一刀砍下。潘晏到死不明白他是怎麼死的。

楊師厚殺了潘晏之後，引兵入牙城，然後到節度使辦公廳一坐，宣布從現在開始，天雄軍的事由他說了算。然後向朱友珪報告，說我現在只想當天雄軍節度使，不想當宣義節度使了。

朱友珪接到這個報告後，呆了半晌。他看看韓勍。韓勍也在那裡發呆。楊師厚是現在大梁諸將中最有實力，也最能打的強者。他們拿他一點辦法都沒有。於是，只得下了一道制書，任楊師厚為天雄節度使，任羅周翰為宣義節度使。然後順便提拔韓勍為匡國節度使，讓朱友貞為開封府尹、東都留守，取代朱友文。

朱友珪雖然把老爸殺了，又把朱友文殺了，當上了大梁的皇帝。但這人人品有點欠缺，聲望又提不上來，能力又不怎麼樣，得位又很可疑，因此他雖然對大臣諸將都多加恩賞，想以此來收買他們，可是這些人仍然很不服，一談到他時，眼裡都是憤怒。

就連朱全忠的另一個養子朱友謙也很不服。

當告哀使來到河中時，朱友謙就哭著說：「先帝一世英雄，最後居然遭受此害。他幾十年開創的基業，恐怕也要完蛋了。我濫充藩鎮，卻無能為力，深感恥辱。」

朱友珪對朱友謙也很提防。他先加朱友謙為侍中、中書令，然後再發了一道詔書給朱友謙，為自己辯解一通，之後召朱友謙回朝。

朱友謙對朱友珪就更加提防了，他接到徵他回朝的命令時，就對使者說：「先帝駕崩之後，所立者為誰？現在先帝去世不辦喪事。我將到洛陽去向他問罪，還要他徵召做什麼？」

朱友珪大怒，看來不來點強硬手段是不行的。他馬上派韓勍為西面行營招討使，督諸軍去討伐朱友謙。

朱友謙雖然說要去洛陽向朱友珪問罪，但他手裡也沒有多少實力，看到韓勍的大軍開來，自知難以對抗。他大牙一咬，是你們先不仁，也別怪我不義了。他緊急派人前往晉陽，向李存勗表示，他已經跟朱友珪決裂，現在他決定以河中最附於晉陽，請大王派兵前來救援。

朱友珪看到朱友謙果然反叛了，心裡哈哈大笑，你不反叛，我還得找理由去打死你呢。現在你主動反叛，那就別怪我了。他任康懷貞為河中招討使，讓韓勍作為康懷貞的副手，一起去打朱友謙。

朱友珪自起事以來，除了對幾個兄弟大加提防之外，還對此前老爸的舊臣也很不放心。他現在最不放心的就是敬翔。敬翔是朱全忠的首席大臣，一直為朱全忠處理朝廷的日常工作，能讓朱全忠放心地出去打仗。朱友珪做出弒父之舉後，最怕朱全忠的這些老臣不服他，尤其是怕敬翔不服。所以，他現在最想解決的事就是把敬翔從崇政院趕出來——也就是把他從權力中心趕走。但因為敬翔這些年來，勤勤懇懇，為大梁鞠躬盡瘁，從來沒有出過差錯，深得人望。如果一上來就突然拿下，就會大失人望。朱友珪雖然別的能力不足，自己的人品也很低劣，但他當了皇帝之後，還是知道人氣的重要性——如果大家都對你失望了，這個皇位基本就做到頭了。可是敬翔又不得不除掉。於是，他就玩了個明升暗降的把戲，以敬翔為中書侍郎、同平章事，然後任命李振到崇政院主持工作。

敬翔是什麼人？他的頭腦要是那麼簡單，他還能在朱全忠這個全身都是多疑細胞的老大手下活到這個時候、而且信任死的那一天嗎？

敬翔知道朱友珪對自己已經十分忌憚了，如果還那麼老老實實、認認真真地上班辦事，朱友珪就會把他的腦袋砍下來。因此，他在接到這個詔書之後，做的第一件事就是聲稱自己身體有病，無法上班處理各種事務了。

此時，康懷貞帶著部隊已經到達河中城西，向朱友謙發動了猛烈的進攻。

李存勗接到朱友謙的告急書之後，也知道事情緊迫，沒有再開大會徵求諸將的意見了，直接派李存審、李嗣肱、李嗣恩率五萬兵馬出來救河中。李存勗現在雖然在幽州用兵，但比起幽州來，河中就更重要了。李存勗的性格雖然跟李克用不一樣，但兩人的終極目標高度一致的：即打倒朱氏的大梁集團，在中原建立一個沙陀王朝。相比於這個宏偉的大目標來，消滅劉守光的事，簡直就是小菜一碟了。

朱友謙看到康懷貞攻勢越來越猛，就不斷地向晉陽告急。

最後，李存勗也坐不住了，決定親自出馬。

3. 李存勗破康懷貞

西元 912 年十月，李存勗的大軍從澤潞向西出發，在解縣遇上康懷貞的部隊。雙方見面，就直接開戰。這一戰，打得十分激烈。李嗣恩表現得最為突出。李嗣恩本來是吐谷渾人，才十五歲時，就精於騎射，被李克用發現，就收他為養子。李存勗知道，此戰必須勝利。只要打敗康懷貞，則河中地區將為他所有。他一旦拿下河中，則朱氏集團就無力顧及關中。更要命的是，他完全可以直接壓迫河南 —— 也就是說，只要再進一大步，他的力量就可以對洛陽造成 C 字包圍。所以，河東軍人人力戰。李嗣恩衝得最猛，他一邊衝鋒一邊射擊，簡直是百發百中，只要他的弓弦一響就有敵人應聲倒下。他也全神貫注投入戰鬥，嘴巴被人家的鐵槊打中，滿口血肉糊糊，他竟全然不顧，繼續戰鬥如故，好像那張嘴是人家的嘴一樣，跟他全然沒有關係。結果，康懷貞大敗，不得不後撤。李存勗追擊到白徑嶺，這才收兵回營，大梁兵也全部撤下，退保陝州。

朱友謙來到猗氏去拜謝晉王，隨他而去的只有十幾個人，而且都沒有帶兵器。他見到李存勗時，就認李存勗為舅。

當天晚上，李存勗設宴款待朱友謙。整整一個晚上，都是歌舞笙簫，朱友謙醉得不省人事。李存勗留他在自己的帳中睡覺。

朱友謙睡得十分安穩，一夜鼾聲自如。

第二天，李存勗繼續擺酒大吃大喝。他當然很高興，他老爸當年時刻都想把河中拿下，但就是打不下。現在朱家兄弟一你死我活，他就輕鬆地得到這塊地皮。他控制了河中，就相當於大刀壓迫到大梁的頸脖邊上了。

朱友珪的麻煩還繼續。

這個麻煩來自於楊師厚。

羅周翰當天雄節度使時，大家覺得這個地區也沒有多少特別，羅周翰也做不出什麼吸引世人眼球的事來。但魏博地區一到楊師厚的手中就大大的不一樣了。

楊師厚拿到的不僅僅是魏博這塊地皮，更拿到了魏博地區的部隊，他又身兼都招討使，是大梁軍方一哥，就連宿衛勁兵都在他的指揮棒下，諸鎮兵馬都能夠隨意調撥，成為大梁最有實力的強者。你想想，那麼多人都看不好朱友珪，他能看重這個花花公子嗎？所以，不管遇到什麼事，他都直接拍板做出決定，完全當朱友珪不存在。

朱友珪這時那根神經正處於高度敏感階段，對每個大臣都疑心重重，看到楊師厚如此這般，當然很是擔憂，可他又沒有辦法，只得硬著頭皮下個詔書，把楊師厚召回首都，當然還找了個理由：有北邊軍機，欲與卿面議。

連朱友珪都在懷疑，楊師厚肯定會把這個詔書當狗屁，然後巋然不動，你能奈我何。

哪知，楊師厚卻沒有這樣，他接到詔書之後，什麼話也不說，直接回覆，即刻回洛陽。

他的那些心腹一看，老大怎麼突然變得這樣天真起來，急忙對他說：「老大，去不得。如果一定去，只有四個字：往必不測。」

楊師厚哈哈大笑：「我對這小子十分了解。我就是前去，他也不敢拿我怎麼樣。」

他立刻集結了一萬多精銳部隊，渡過黃河，直奔洛陽。

朱友珪知道後，嚇了一大跳，早知這個馬蜂窩是捅不得的，硬是手賤去捅了，怎麼辦啊。

朱友珪到現在都沒有哪個謀士為他出主意。他起事時的謀主是韓勍。

韓勍本來就是個職業軍人，對於玩權謀之術，基本就是門外漢，根本不能幫他拿出一個可行性很強的主意來。

朱友珪沒有辦法。他硬著頭皮下詔書給楊師厚把他召來，現在又硬著頭皮等著楊師厚的到來。

楊師厚帶著部隊抵達洛陽城外，就把軍隊留在城門外，自己帶著十幾個隨從入城，跟朱友珪見面。

朱友珪看到楊師厚沒有帶著部隊一路衝進城來，這才放下那顆一直堵塞在舌頭根部的心，滿心歡喜地跟楊師厚見了面。

朱友珪這才知道，軍方一哥可不像敬翔那樣的人好對付。他真的不敢再動楊師厚的心思了。於是，在跟楊師厚見面時，都是輕聲細語，說的全是好話，盡力討楊師厚的歡心，然後還「賜與鉅萬」。他看到楊師厚已經很滿足了，這才滿臉堆笑地讓楊師厚回去，朝廷雖然需要楊大帥，但魏博那邊更需要。

楊師厚嘴角掛著誰都可見的微笑，出城之後，大手一揮，部隊隨他威風凜凜而去。朱友珪看到楊師厚的部隊已經從自己的視野裡消失，額頭的汗珠這才滾滾而落。

李存勗乘著大梁出現狀況，拿下了河中。

那邊王鎔也覺得機不可失，便也派他的養子王德明出擊，想從大梁這裡撈一把。

他的想法沒有錯——這確實是欺負大梁的一個最佳時機。只是他選擇攻擊的地點錯了。

王德明選擇武城當著進攻對象。他居然沒有想到，這可是魏博的轄區，屬於楊師厚的勢力範圍。

楊師厚看到王德明雄糾糾而來，心裡冷冷一笑，帶著部隊來到唐店，不聲不響地設了個埋伏圈。

王德明洗劫了武城一番之後，又向臨清而來，去攻打宗城，仍然不費什麼力氣，就打下了宗城。

王德明哈哈大笑，這一路打來真爽啊。他在王鎔手下多年，從來沒有取得過這麼爽的勝利，覺得這次真是賺翻了，必須抓住這個有利的時機，繼續賺下去。他繼續大步前進，終於大步進入了楊師厚的埋伏圈。

楊師厚冷著臉，下令出擊。

王德明這才知道，還是著了道 —— 難怪打得這麼順利，原來是人家故意讓他勝利的，是為了把他引入這個埋伏圈的。

可是到了現在才明白這些，已經來不及了。

楊師厚揮兵大砍大殺，把王德明打得大敗，斬首五千餘級。王德明狼狽逃回，向王鎔詳細彙報了整個過程。

4. 荊南獨立，大梁再失一環

楊師厚用武力向朱友珪示了一下威，把朱友珪嚇得服服貼貼，但他並沒有做出更大的動作。他嚇朱友珪，只不過是想保住自己的權勢而已。

另一個強者高季昌就不一樣了。

高季昌仍然當荊南的老大。由於荊南處於大梁西南的尖角，遠離洛陽，再加上朱全忠那雙眼睛都死盯著河東方向，對於荊南就不怎麼用心了。高季昌這些年來，基本是都是在高度自治。高季昌高度自治時間一長，便覺得不滿足，覺得還是單幹舒服。

他這個想法一產生，就不斷派兵去截留南方各道運送到洛陽的進貢物資。還以防備為由，向朱全忠上奏，請允許他修築江陵外城。朱全忠當然准奏。於是，高季昌就修築了江陵外城，並將之擴大。

當高季昌得知朱全忠已經駕崩、晉兵侵占河時，覺得自己的機會也來了。他突然整軍而出，高調宣稱要去伐晉。但後來大家發現他居然是去攻打襄州。

襄州目前還是大梁神聖不可侵犯的領土啊，屬於山南節度使孔勍的勢力範圍。

大家看到這個情況，馬上就知道高季昌的動機了：口頭宣稱去收復河中，其實是想對襄州來個攻其不備。

幸虧孔勍對他十分警覺：你處於版圖西南最尖角，離河中地區那是山高水遠，哪能帶兵去打李存勗？而且近來他觀察到高季昌的所作所為，向來沒有什麼大公無私的思想，現在又怎麼會做出這種毫不利己、專門利國的行為來？事出反常必有妖。所以，孔勍對他早就有防備。

高季昌沒有想到老孔對他已有戒備，看到孔勍帶兵衝出城來，個個生龍活虎，士氣十分高漲，這才知道，出其不意的是自己啊。結果被對大打一頓，宣布敗退回來。但從此之後，高季昌就不再鳥大梁朝廷了。高季昌從此又成為一個單一的勢力。

而大梁又弱了一圈。

朱友珪根本管不了荊南。

5. 朱友貞登基，大梁走向衰頹

朱友珪自從起事以來，忙著處理很多事，已經累得要命，好容易擺平幾個強者。他覺得該鬆一口氣了。

這人是花花公子，奪取權力主要是為了保命，然後就是為了享受。現在他看到自己殺完老爸，又殺掉了朱友文、逼走朱友謙、拉攏好了楊師厚，內部問題終於解決了，完全可以放開心情享受一番了 —— 否則天天緊繃著這個心情，當這個皇帝還有個屁意思。於是，他又把自己的生活往荒淫的方向大步推進。

大家本來就不怎麼看好他，都在內心希望他當了皇帝之後，能有所覺悟起來，從此做個正經的皇帝，帶領大家繼續把大梁事業進行到底。哪知，他仍然是這個樣子。很多土匪改行業當警察之後，都還能痛改前非，把業務做得比一般警察都還好。朱友珪連這些土匪都不如，跟他繼續耗，還有什麼前途？

朱友珪精於荒淫玩樂，又缺乏領導藝術，唯一收買大臣們的手段，就是不斷地發錢，但大家拿錢之後，仍然對他負評。

最後，跟他關係最好的兄弟、曾經配合他把朱友文做掉的朱友貞也看他不爽了。然後朱全忠的女婿駙馬都尉趙巖對朱友珪也憤憤不平起來。另外，左龍虎統軍、侍衛親軍都指揮使袁象先，也對他咬牙切齒。

朱友貞跟趙巖認為，必須把這個傢伙除掉。

趙巖乘著到大梁出差時，就去跟朱友貞見面。

兩人這次見面聊的話題就是要搞定朱友珪。

趙巖咬著牙說：「此事成敗之關鍵在於楊令公一人。只要得他一句話，去曉諭禁軍，就什麼事都好辦了。」

朱友貞就派他的心腹馬慎交到魏州，做楊師厚的說服：「大帥啊，朱友珪弒父篡位，人神皆憤。目前百姓對他都已經非常憤怒，大家的希望都已經寄託在朱友貞身上。如果大帥能夠來個順天應人，絕對能建立不世之功。」

馬慎交說完這些話後，又代表朱友貞作出承諾，事成之日，賞賜楊師厚犒勞將士的錢五十萬緡。

楊師厚沒有當場答應 —— 畢竟這是件大事，弄好了是不世之功，弄不好直接族滅。

楊師厚召集他的心腹商討，他說：「當初朱友珪弒逆，我手握重兵，是進行的重臣，卻不能立即討伐。現在君臣名分已定，又無故改變主意，再去打他。這樣做，行得通嗎？」

有人說：「朱友珪弒君父，就是個大逆不道的奸賊；奸賊永遠是奸賊。現在均王發兵復仇，完全是正義之舉，是奉義討賊，還有什麼君臣的名分呢？他們一旦打敗逆賊，大帥將何以自處？」

楊師厚一聽，說：「我幾乎誤了大事。」

楊師厚便派王舜賢到洛陽，與袁象先取得聯繫。一番密謀之後，再派招討馬步都虞候朱漢賓帶部隊屯駐滑州，以為外應。而趙巖也返回洛陽，與袁象先共同謀劃。

當時，洛陽還有一支力量左龍襄軍的士兵。他們也很恨朱友珪。

在朱友貞剛剛起事時，左龍襄軍有三千人駐守懷州。他們看到朝廷都亂了，也不願繼續在那裡駐守了，就自行逃離懷州，向東逃跑。這些人逃跑的時候，除了帶兵器之外，沒有帶別的物資，一路靠搶掠來維持生活。朱友珪派霍彥威和杜晏球帶兵去鎮壓他們。霍彥威很快就把他們消滅，將他們的帶頭大哥劉重遇斬首。

朱權珪一看，那些兄弟反他，現在這些龍驤兵也反他，心裡很是氣憤。他可以拿楊師厚沒有辦法，但他對這些普通一兵還是可以下狠手的。他下令搜捕亂兵餘黨，堅決肅清亂兵流毒。只要抓到一個餘黨，立刻「族之」。而且一年來，都在緊抓不懈，搞得龍驤軍又怕又恨。

當時，龍驤軍還有一部分駐守在大梁。

大梁正是朱友貞的地盤。朱友貞對龍驤軍的動態知道得比誰都清楚。他決定把這支力量也拉進來。

正好朱友珪覺得洛陽守備不足，準備把這些龍驤軍調回洛陽。

朱友貞馬上派人到龍襄軍營裡，對他們說：「根據可靠消息，天子對懷州事件一直很憤怒，正在進一步追查，準備把你們全部坑殺。」

龍驤軍的將士一聽，都驚懼起來，不知如何是好。他們個個都知道，朱友珪這一年來，都在追查懷州事件，已經有很多人被族滅了，所以，他們對朱友貞製造的這個謠言都深信不疑，都認為如果遵命前往洛陽，絕對是去送死。他們一點不願去送死。

朱友貞就把這個情況向朱友珪報告，說龍驤軍目前情緒不穩定，不肯前去洛陽。

到了這個時候，龍驤軍的那些將校也覺得，如果就在這裡繼續膽顫心驚著，結果會無比悲催。他們沒有辦法，就去找朱友貞，向朱友貞跪拜，請朱友貞指點一條生路。

朱友貞一看，完全按自己設計的指令碼進行，他對這些將校說：「先帝帶著你們征戰三十多年，共同打下大梁的江山。現在先帝都還被人家殺死，你們還能逃到哪裡呢？我真不知道哪裡還有你們的生路。」

他說著，拿出朱全忠的畫像，然後淚水也湧了出來，說：「現在你們唯一能自救的辦法就是殺到洛陽去，不但能報仇雪恨，還可以轉禍為福。」

大家一聽，都歡呼萬歲，請朱友貞發給他們兵器，他們要殺到洛陽去，報仇雪恨、轉禍為福。

朱友貞馬上就把武器都分發給他們。

龍驤軍們還在半路，洛陽城裡的袁象先就已經發動了。

西元 913 年二月十七日，經過一番謀劃，袁象先帶著幾千禁兵，突然殺進宮中。

朱友珪也是做過這樣的事，聽到宮中亂聲大起，立刻知道自己也被政變了。朱友珪搞到現在，雖然以皇帝的名義釋出了很多詔書，但他到現在還真沒有具體掌握過哪支武裝力量。所以，當他看到宮中出現變故時，最先想到的不是集結部眾去力挽狂瀾，而是要奪路而逃。

他帶著他的老婆張氏以及馮廷諤逃到北垣牆樓下，準備翻牆而逃。

但他到了牆腳之後，發覺到宮裡宮外，都被人家控制了，他即使能夠翻牆過去，最後仍然逃不脫人家的追殺。

朱友珪冷靜了下來 —— 反正今天是死定了，與其再拚命翻牆過去，再被人家抓到砍死，不如在這裡自行了斷 —— 免得受辱。他向馮廷諤釋出了他此生最後的一道命令：先殺張氏，然後砍死他。

朱友珪當皇帝到現在，沒有找到一個忠於他的大臣。馮廷諤這個馬伕是他唯一的忠臣。

馮廷諤對他的命令，向來都是不打折扣地服從。

馮廷諤聽到朱友珪的命令之後，馬上揮刀，先砍了張氏，然後再一刀了結朱友珪，最後再一刀砍斷自己的頸脖。馮廷諤只是個馬伕，在歷史上一點不著名，但就是這個馬伕，斬殺了兩個皇帝。這樣的成績，放眼歷史，還有哪個做到？

此時，洛陽城已經大亂，城裡十多萬部隊都衝了出來，全都湧上街市，大肆搶掠。文武百官也都到處逃散。當時亂到什麼地步？連中書侍郎、同平章事的杜曉這樣的頂級高官，都被亂軍所殺。首席大臣李振也受了傷。

整個亂子，從早上開始，直到傍晚才停了下來。

袁象先和趙巖看到朱友珪已經死了，就帶著專國寶璽前往洛陽，迎接朱友貞。

朱友貞卻不想去洛陽，他對大家說：「大梁是國家創立基業之地，我們又何必去洛陽。」

朱友貞就在大梁宣布即皇帝位，廢朱友珪為庶民，恢復朱友文的官爵 —— 而當初就是他奉命來殺掉朱友文的，這就是權力場上的詭異之處。

朱友貞即位後，對楊師厚果然額外尊重，加楊師厚兼中書令，封鄴王，賜詔不稱名，事無大小，一定要先徵求楊師厚的意見後才施行。

朱友貞還派人去見朱友謙，告訴朱友謙，他已經斬殺朱友珪了，請朱友謙回歸大梁吧，你畢竟是朱全忠的養子。朱友謙還真的又回歸了大梁。

大梁經過這兩次大亂，國勢幾乎滑落到最底部了。

6. 徐溫安內攘外，淮南穩權震南疆

大梁這邊亂，南方那幾個勢力也亂。

尤其是淮南勢力，雖然徐溫透過殺掉李遇，把自己的聲望大大地提升之後，好像諸將對他都不敢再指指點點了，但徐溫仍然覺得心神不寧。他這個心神不寧的根源就在劉威那裡。

當年楊行密準備死的時候，周隱曾經請楊行密召請劉威回來，當個託孤大臣。由此可見劉威在淮南諸將中的地位和聲望。劉威因此被軍府裡的人忌恨。他們紛紛到徐溫面前，說如果劉威不除，就會變成另一個李遇。而且劉威的聲望比李遇更高一等，要擺平起來，更加困難。請老大趁他沒有起事之時，先下手為強。

徐溫覺得有道理，準備下令討伐劉威。

劉威聽說徐溫準備派部隊前來討伐他，心裡也很著急，跟他的門客黃訥商量應對的辦法。

黃訥對劉威說：「老大並沒有做過什麼造反的動作，更沒有什麼造反的把柄拿在他們手裡。現在你是受到嚴重的誹謗而已。如果你輕舟進入廣陵，跟徐溫說清楚，就什麼事都沒有了。」

劉威細細一想，覺得很有道理，便按黃訥的建議去做。

另一個淮南領袖陶雅聽說李遇被族滅，也感到很害怕，正不知如何是好。他也正在觀望當中，看到劉威主動去廣陵，便也跟著一起去。

徐溫看到兩人都自覺前來解釋了，心下大喜，在面對兩人時，「待之甚恭」，而且恭到「如侍武忠王之禮」——像對待楊行密一樣對待他們。雙方都給對方足夠的面子。

當然，如果僅僅這樣行禮如儀，還是不夠的，還要加官晉爵——這才是看得見的實惠。

劉威和陶雅看到徐溫在他們的面前，如此放下姿態，對徐溫也都心悅誠服。這兩個要角心悅誠服了，其他人當然也跟著心悅誠服，徐溫的聲望又加高了一層。

徐溫可以說是費了極大心思，終於把這些首領勉強擺平。他擺平這些首領後，也開始尋求領土擴張。他派陳璋去襲擊馬殷的岳州。

岳州刺史范玫敵不過人家，被敵人打進城來，自己也成了俘虜。

馬殷當然不甘願被打，調水軍都指揮使楊定真帶兵去反攻。

陳璋在俘虜范玫之後，轉著那雙眼睛一看，荊南的高季昌已經脫離了大梁，目前自成一派。哈哈，荊南就那麼貓屎大的一塊地皮，沒有幾個常住人口，你也敢單幹？如果你還投靠大梁，我還真不敢惹你。於是，又調轉槍口去找荊南。

高季昌派倪可福去應敵。

徐溫也沒有料到陳璋居然搞出這個自選動作來。他知道馬殷已經出兵，陳璋哪能以一敵二？急忙派劉信帶著江、撫、袁、吉、信五州兵屯吉州，聲援陳璋，以備陳璋有什麼狀況時，隨即出兵相救。

陳璋猛攻荊南，沒有一點進展，聽說馬殷地部隊已經到來，只得宣布撤退。這時，荊南與楚兵已經結成聯盟，在荊江口會合，準備攔擊陳璋。

陳璋見勢不妙，並沒有慌張，更沒有丟掉軍隊自己找一條小路逃跑，而是把兩百艘船並列連接成一列，在夜間稍稍過江而去。

直到他們已經穿過兩鎮的防線，兩鎮才發覺陳璋已經突圍而去，急忙衝出去追趕，但哪追得上？

7. 幽州終章

也是在這個時候，北方晉燕之戰，也有了新進展。

西元 913 年正月，經過長時間的戰鬥，周德威終於攻克順州。

周德威接著又拿下安遠軍，逼得劉守光的薊州守將成行言投降。

二月，李存暉猛攻劉守光的檀州。檀州刺史陳確抵擋不住，開城投降。

晉軍的另一個大將劉光浚又打下古北口，劉守光的居庸關守將胡令圭看到自己的兵力不多，又無援軍，根本守不住居庸關。他又不敢向劉守光訴苦求援——現在劉守光自己都還想叫人家來支援他啊，更不敢棄關跑回幽州——那是直接去送死而已。於是，他就只好帶著居庸關投降了河東勢力。

幽州的版圖越來越縮水，劉守光這時也急了起來。他現在不光被周德威步步緊逼，還受到契丹的壓迫。

他派元行欽帶著七千騎兵，到山北去牧馬，主要任務目標是招募山北的軍隊去應對契丹。然後又命令高行珪為武州刺史，作為外援。

在節節敗退、領土不斷地被占領的情況下，劉守光的這個部署跟沒有部署一個樣。

李嗣源得知劉守光的這個部署之後，馬上分兵巡行山後八軍，把劉守部署在山後的部隊全部清除。

李嗣源接著進攻武州。高行珪不敢接戰，獻城投降。劉守光得知後，除了跳腳之外，真沒有別的辦法 —— 本來想倚靠高行業他的外援，現在外援比他還先完蛋。

元行欽聽說高行珪出降，心下大怒，罵高行真是太沒有骨氣了，人家還沒有進攻，你就不戰而降。他大怒之下，帶兵前來攻打高行珪。

高行派他的弟弟高行珪去向李嗣源告急。

李嗣源一看，元行欽啊，你居然自動跑過來找打，那是求之不得啊。他馬上帶著部隊前去救高行珪。

元行欽看到李嗣源大軍前來，也不敢接戰，解圍而去。

李嗣源哪能輕易讓他跑掉。

李嗣源下令追擊，一直追到廣邊軍。元行欽眼看真的跑不掉了，只得集結部眾與李嗣源戰鬥。雙方連續打了八戰，最後元行欽累得抬不起手，只得放下武器，當了降將。

李嗣源看到元行欽武力指數很高，又十分勇敢，就收他為養子。

李嗣源收了元行欽之後，又進攻儒州，也是順利「拔之」，然後任命高行珪為代州刺史。

高行珪的弟弟高行周從此就留在李嗣源的身邊，跟李嗣源的另一個養子李從珂一起，成為李嗣源衛兵的隊長，跟在李嗣源左右。

李從柯本來姓王，自幼喪父，家境十分貧寒，很小的時候，只跟母親魏氏相依為命。唐乾寧二年（西元 895 年），李嗣源率軍攻取平山，搶掠到魏氏母子。李嗣源發現魏氏很有姿色，便納其為妾。當時，魏氏的這個兒子已經十歲。李嗣源也順便收之為養子，取名李從柯。

李從柯長大後，居然身長七尺有餘，性格端莊穩重，輕易不說話，而且相貌雄偉，勇猛剛毅，深受李嗣源的喜愛。李從柯成年之後，就隨李嗣源到處征戰，表現得十分搶眼，連李存勗也對他也很滿意，常常當著眾人面前表揚他。

周德威對戰功是很珍惜的，他看到那幾路部隊都大有收穫，哪甘心落後。

他是這次對幽州軍事行事的總指揮，帶的是主力部隊，他必須打出比別人更大的戰果來。

三月中旬，周德威揮軍大進，直抵幽州南門。

劉守光這時更是焦頭爛額，他每天接得最多的就是各地的敗報，今天這個關失守了，明天又是那個大將投降了，連他最信任的也最勇猛的元行欽都降敵並隨敵人前來攻打他了。這個自以為老天爺在特別眷顧他的流氓，這時大概也覺得老天爺不可靠了。他咬牙切齒地望著幽州的天空，如果他是個讀書人，這時肯定會脫口而出陳子昂的〈登幽州臺歌〉來，然後就在那裡仰望蒼天，念天地之悠悠獨愴然而涕下。

當然，現在劉守光還不能只望著天空，他還站在城頭，望著城外的晉軍，心頭塞滿了絕望。

絕望了的劉守光這時把自己的底線也拉到了最低，只要讓這條狗命繼續活下去，別的都沒有什麼要求了。他知道，只有不再抵抗，他才有活命的可能。其他的都是絕路。

他不再調兵守城了，而是派人到周德威的大營那裡，送給周德威一封信。這封信是乞降書。請周德威看在老天爺的面上，放過他一馬。這個曾經狂妄無比的流氓，這時的言辭無比低調，字裡行間，都是卑微至極的語調，而且還飽含著無比的悲哀。

周德威讀著這封信，覺得如果狗會寫信，都寫不出這樣卑微的詞句來。如果人真的有前生，劉守光的前世一定是最等而下之的賤狗。

周德威冷冷一笑，說：「大燕皇帝還沒有南郊祭天啊，怎麼能如此放下身段、屈居人下呢？如此自我矮化，算什麼男子漢？回去稟報敬愛的大燕皇帝陛下，我受天命討伐有罪者，就是要打倒禍國殃民的流氓。別的都不在我的考慮範圍內。」

劉守光聽到之後，就更害怕了。真是迷信害死人啊。當然，還有野心也害死人，亂來也害死人。他突然之間，覺得這個天下害死人的東西真多，而他幾乎每樣害死人的東西都遇到了。

劉守光大懼之後，拍著腦袋再想，還是沒有想出保命之法。他只得又派人去向周德威哀求。

這一次，周德威沒有直接拒絕，而是把這事向李存勗作了報告，請李存勗拍板。

在李存勗答覆之前，劉光浚那一路還繼續進攻。他又拿下了劉守光的平州，活捉平州刺史張在吉。再攻營州。營州刺史楊靖投降。

李存勗接到周德威的報告後，也沒有直接答覆，而是派張承業到幽州，跟周德威商討。

劉守光聽說張承業來了，便又派人去求見張承業，請張公公接受他的投降。

張承業認為，劉守光最大的特點就是沒有一點信用，這樣的人是不值得相信的。我們繼續打。

各路晉軍繼續猛攻。

六月二十四日，李信攻打莫州，又擒其守將畢元福。李信繼續挺進，再克瀛州。

劉守光看到自己求降求得都比狗都還沒有尊嚴了，對方還是不鬆口，知道投降之路已經被對方堵死了。

只有繼續拚命。

他堅持死守到了九月，終於咬著牙，決定對晉軍來一次反擊。

劉守光下定決心之後，在夜裡出擊，準備奪回順州。

他帶著五千兵馬出城，準備進入檀州。

周德威哪能讓他得逞？親自從涿州引兵出來，對劉守光進行攔截，把劉守光狠狠地打擊了一頓。

劉守光拚死衝殺，這才突出包圍，又回到幽州。當他回到幽州時，屁股後面只跟著一百多人了。

幽州將士看到劉守光敗來敗去，前途如何可想而知了，便紛紛逃出城外，向晉軍投降。

到了這時，原來盧龍地區的轄區，基本都被劃入了李存勗的版圖。劉守光目前僅剩幽州一城在枯守著。

劉守光萬般無奈，只得又把最後的希望投向契丹，請契丹兄弟派兵過來拉他一把。

契丹同樣認為，劉守光太沒有信用，不值得出兵相救。劉守光這才知道，有時做人沒有底線，反覆無常，任意亂來，到頭會有全世界最大的苦果讓你獨吞。

劉守光只得又厚著臉皮向李存勗乞降。

劉守光多次投降，但河東高層都因為他的信用度為零，認為他是詐降，所以都不允許。劉守光沒有辦法，只得親自登上城頭，把音量放到最大，向周德威喊話：「等晉王來到，我就打開城門投降。」

周德威又派人向李存勗報告。

李存勗讓張承業擔任軍府留守，然後親自向幽州出發。

李存勗到幽州之後，單騎來到城下，對劉守光說：「朱溫篡逆，人神共憤。我本來想跟你合河朔五鎮之力，興復大唐。可是你卻私心作慘，不但沒有響應我的號召，反而向朱溫學習，妄自僭越。鎮州和定州本來對你都很恭敬，可是你卻狂傲自大，絲毫不把他們放在眼裡，最後還出兵欺負他們。這才有了今日之事。大丈夫行事，就要斬釘截鐵。現在你想怎麼樣？」

劉守光一聽，看來不用死了，便然城頭上帶著哭腔說：「我現在是俎上魚肉，怎麼分割，就看大王了。」

李存勗聽到這樣的話，心就有點軟了下來，當場就跟劉守光折箭為誓，說：「只要你出城相見，我保證你沒有別的事情。」

劉守光獲得了保命的機會。

很多人都以為，劉守光會無限珍惜這個來之不易的機會，馬上跑出來，打開城門，面縛於李存勗面前。

然而，他還是對李存勗說：「請再過幾天，容我做一些準備工作。」

大家一想，就知道這人反覆無常的傳統習慣又發作了。

劉守光手下沒有什麼人才，但卻有一個他最信任的嬖臣李小喜。

李小喜除了提供肉體上的歡樂給他之外，還幫助劉守光去做很多壞事。這傢伙做壞事時，頭腦很靈光，壞點子很多，劉守光很信任他，對他向來言計聽從，很多重大決策，劉守光都聽他的。投降晉軍絕對是重大決策。所以，劉守光還是要徵求一下李小喜的高見。

劉守光對李小喜說：「準備投降吧。」

李小喜說：「為什麼要投降？堅決不能投降。」

為什麼不能投降，李小喜沒有說，劉守光也沒有問。但他卻聽從了李小喜的話，決定不投降——既然李小喜說不投降，那就不投降吧。

李小喜叫劉守光不投降之後，自己回到家裡做了準備，當天晚上他自己偷偷摸摸溜出城，向李存勗辦了投降手續。

劉守光居然不知情。到了晚上，他派人去叫李小喜過來陪夜，哪知，找遍全城，都找不到他親愛的李小喜。這傢伙又跑哪裡去了？

李小喜投降之後，就對李存勗說：「現在城中已經沒有什麼力量了，只要放手進攻，完全可以一鼓而下。」

劉守光當夜做夢都沒有想到，在他苦苦去找李小喜的時候，李小喜已經在城外，向李存勗出賣他，把他當投名狀以邀功。這可是他最親愛的人啊。

次日，全面掌握了城中情況的晉軍從四面攻城。

果然像李小喜說的那樣，幽州城一鼓而下。

晉軍衝入城中，抓到了被軟禁的劉仁恭，而劉守光居然還能帶著他妻子逃了出去。

劉守光逃出之後，舉目四望，真不知往哪裡投奔了。

在絕望之際，他得到一個消息，他那個早就跟他絕交的弟弟劉守奇正在滄州。

原來，幾個月前，已經成為大梁最有權勢的楊師厚，在鞏固自己的權力之後，便和劉守奇帶著汴、滑、徐、兗、魏、博、邢、洺之兵十萬，大步進入王鎔的境內，放開手腳，大掠一番。楊師厚從柏鄉出擊，攻進土門，直逼趙州。劉守奇則從貝州挺進冀州。他們對王鎔都很仇恨，進入趙境之後，就放開手腳，又燒又搶又殺。

當年四月十一日，楊師厚從九門退到下博，劉守奇也帶著部隊前來跟楊師厚會合，然後合力攻打下博，一戰就攻取了城池。當時，李存審和史建瑭鎮守趙州，看到大梁兵力雄厚，而他們手裡沒有多少兵力，根本不夠人家打。他們急忙向周德威告急。

周德威當時雖然還在重點打擊劉守光，但也不能不顧李存審，便派李紹衡和王德明帶兵過去，跟李存審他們共同抵抗楊師厚。

楊師厚並不戀戰。他和劉守奇從弓高渡過御河，向東出發，直取滄州。

滄州守將張萬進看到大梁兵太多，哪敢抗拒？請求投降。

於是，楊師厚上表調張萬進去鎮守青州，任命劉守奇為順化節度使，鎮守滄州。

8. 幽州夢碎

劉守光此前仗著手中的力量，把老爸和兄弟逼得無路可走，最後劉守奇不得不逃到晉陽，這才能活了下來。那時，劉守光最恨的就是自己的兄弟。可是到這個時候，他又想到了自己的兄弟。他決定前去投奔劉守奇。

當時，正值冬天，天氣奇冷無比。劉守光狼狽逃出來之後，一路狂奔，步行過河，腳被凍得都腫了起來，更讓他抓狂的是，居然還迷了路。他狂跑了很多天，才來到燕樂縣境內。他怕被人家抓到，只敢晚上趕路，白天都縮著身體躲在山谷中。他已經幾天沒有什麼填進肚子裡了。他摸著空空如也的腹部，覺得實在是撐不住了，老天爺啊，你怎麼把我逼到這個地步。我是奪過老爸的美女，也把老爸當成敵人關起來過，也殺過自己哥哥，還殺了很多無辜之人，可我沒有做過什麼對不起老天爺之事啊。我也計劃到南郊祭天，只是李存勗他們把城池包圍了，沒有讓我的計畫成為現實。這也不能怪我啊，要怪也只能去怪李存勗那廝。

他罵過老天爺，雖然洩了一點憤，但對肚子毫無幫助。

最後，他讓他的老婆祝氏到附近的那個老農家討點飯來吃 —— 即使是豬一樣的食物，你也要討過來啊。

他覺得他已經把生活放低到豬的標準了，那家老農應該可以滿足他。

祝氏來到了那個老農的家裡，展開了平生第一次行乞行為。

祝氏雖然餓了幾天，但畢竟是劉守光的老婆 —— 劉守光是著名的好色人士，老婆當然是很有姿色的，雖然已經餓得兩眼昏花、跑得灰頭土臉，但氣質還在，讓人看到，就知道丐幫絕對沒有這樣的絕代佳人，肯定是從大富大貴人家跑出來的。

這個老農叫張師造，突然看到這麼一顏值爆表的美女到自己的家裡來討飯，忍不住就多問幾句。

祝氏顏值很高，智商很低，被老農幾個問話，就把最不該說的話都說了出來。

張師造看上去很純樸，其實內心還是很複雜的。他聽了祝氏的話之後，立刻意識到，天上真的掉了一塊大大的餡餅，正好砸在他的頭上。他要發財了。

他從祝氏的嘴裡，很快就知道了這個美女就是劉守光的老婆。而劉守光是現在通緝要犯的頭號人物。當然，最要命的是，他還知道了劉守光的藏身之處。

於是，他帶人過去，把劉守光和他的三個兒子都抓了起來。

劉守光這時已餓得無法動彈，被幾個農民抬著出來，連個反抗表情都無法做出，只能在心裡無數遍地罵老婆，把事情成這個樣子。有這樣的老婆，真是合該倒楣。難怪那麼多人都去當和尚，不願要老婆。要是這次能脫險，老子也出家當和尚算了。以後堅決不跟女人生活在一起。他卻沒有想想，今天這個局面，完全是他一手造成的。

張師造等人當然不會照顧劉守光的想法。他們抬著這位河東軍府的頭號通緝要犯，向幽州過去。

西元 913 年正月初六，他們終於來到了幽州。

當時，李存勗正在舉行宴會，有人報告，劉守光被抓獲了。

李存勗吩咐把劉守光帶進來。

當已經餓得全身軟綿綿的劉守光被帶到李存勗的面前時，他對這裡的一切都很還很熟悉 —— 此前，他也經常這裡大擺酒席，跟李小喜等人共歡樂，每次場面都很喜慶，每次場面都由他任性。現在這個場面也喜慶，但他宴會上的這些人，他一個都不認識。是真的物是人非啊。

李存勗很是幽默，對他說：「主人何避客之深邪！」你這個主人，為什麼躲避客人這麼遠呢？把熱情好客的傳統都丟掉了。

劉守光更是無話可說。

李存勗吩咐把劉守光和他的父親劉仁恭一起，安置在客舍裡，並賜給他們衣食用具，別讓他們直接餓死。

之後，李存勗又命掌書記王緘起草了一個海報（即露布），向天下人告示，幽州已經平定，禍國殃民的劉氏父子已經就擒，幽州人民從此可以安居樂業了。王緘按露布的舊例，便真的寫在布匹上，派人拉著在路上走。

李存勗終於從幽州出發。他對劉守光父子極為憤怒。他這些天來都想不通，劉守光都窮困到那個地步了，也曾經反覆哀求准降，而他也同意了，最後劉守光居然又搞了一個反覆。這樣的腦子，居然也來到這個世界上混，居然也混到這個分上。李存勗下令，把劉氏父子都戴上鐐銬，行走在露布之下。

當然，最恨劉守光的並不是李存勗，而是他的父母親。

他們一路走著，劉仁恭和劉守光的父母一路都向劉守光的臉吐口水，還罵他：「逆賊，破我家至此！」

劉守光只是低著頭，什麼話也不敢說。

當他們路過趙地時，王鎔謁見李存勗，並大擺酒宴，款待晉王。

席間，王鎔說：「我有個請求。」

李存勗說：「說吧。」

王鎔說：「我真想見一見劉氏父子。」

李存勗命人把劉仁恭和劉守光帶進來，並讓他們坐下，一起吃喝。

這對父子雖然一路受辱，臉面已經丟到垃圾桶裡了，但當他們坐到這個高階的宴席上時，又恢復了原來的秉性，吃吃喝喝，臉色如常，誰也無法從他們的臉上看到一絲一毫的慚愧。

李存勗回到晉陽，就用白絹綁著劉氏父子，高奏凱歌進入晉城。

然後將這對奇葩父子獻於太廟。劉守光是李存勗消滅的第一個藩鎮權貴，使得河東地皮大大地增加了一塊，意義確實重大。所以，李存勗決定親臨刑場監斬劉守光。

劉守光對很多事都想不通，但到了這個時候，他終於想通了一件事。

他大聲對李存勗說：「我現在死而無恨，但我要告訴大王一件事。」

什麼事？

劉守光說：「那天，我本來是想投降的，是李小喜要我不投降。」

李存勗馬上把李小喜召來。

李小喜到現場之後，立刻瞪起憤怒的眼睛，指著劉守光大罵：「你這個禽獸不如的傢伙，好像什麼壞事都是我教的。那麼請問你一下，奪你父親美女的事是我要你做的嗎？囚禁你父親也是我教的？殺害逼迫你兄弟，難道也是我教的？」

劉守光被這個此前曾無比寵愛的愛將罵得頭也抬不起。

李小喜對劉守光義正詞嚴地痛斥一番，自己都覺得十分暢快淋漓。然後偷眼去看李存勗的表情。在他的預計裡，李存勗這時肯定臉含微笑，對他點頭嘉許，然後他又可以飛黃騰達了。哈哈，這輩子遇上劉守光，實在是太幸運了。在劉守光得勢時，自己費盡力去迎合劉守光，把助紂為虐之事做到極致。劉守光失敗時，他又透過坑害劉守光一把，獲得李存勗的獎賞。現在再把劉守光痛斥一把，李存勗對他會更加讚賞。李存勗對他一讚賞，他又可以成為人上人了。他覺得自己這次對劉守光最後一次的廢物再利用，實以是妙不可言。除了他之外，這個星球真沒有誰做到了。

哪知，當他的目光接觸到李存勗的表情時，他瞬間就臉如死灰。

李存勗在那裡大怒起來。他雖然不屑於劉守光的所為，但作為一個統治者，他更恨李小喜這種對老長官無禮的小人。

李存勗在李小喜說完之後，就下令先把這個無禮的傢伙拉下去斬立決。

李小喜這才知道自己這一番痛斥，最後把自己的性命送掉了。他對劉守光的心理活動，掌握得很到位，但他對一個精於傳統御人術的人是永遠研究不透的。

劉守光看到李小喜被斬首，又有了求生的欲望，對李存勗說：「大王，我善於騎射，完全可以上戰場，把自己的力量貢獻給大王的事業。大王為什麼不留下我繼續為大王效力？」

他說完這幾句話時，李存勗還沒有說什麼，他那兩個老婆就先開口了：「我尊敬的皇帝陛下。事已至此，活著又有什麼好處？」她們伸出頸脖，強烈要求先行受死，懶得多看劉守光一眼了。

劉守光這時再也顧不上什麼，在那裡號泣哀求不已，直到大刀砍下的時候，他仍然哀號不絕。

當然，李存勗也不會放過劉仁恭。他把劉仁恭押到代州，刺取了劉仁恭的心血祭祀李克用，然後才把劉仁恭斬殺。

劉仁恭被處決的時候，比他的兒子堅強得多了。他肯定在心裡大罵他的這個兒子，把他打下的基業全面敗光。其實，他的人品和能力，並不比這個兒子強多少。如果他仍然在位，恐怕也是今天這個下場。

第七章
昏招釀禍，魏博倒戈；用兵失當，劉鄩連敗

1. 內外交困

朱全忠因為接班人問題，幾個兒子都舉著大刀朝自己的兄弟頭上砍去，把他的事業直接從巔峰推下谷底。其實，接班人問題，歷來是很多皇帝最頭痛的問題。

即使現在的王建，也在為這個事頭痛不已。

當然，王建沒有像朱全忠那樣，到死的那一天，都因為心情複雜，沒有定好接班人。王建老早就確定王元膺為太子。

王元膺本來是王建的次子，按那套立嫡立長的原則，他是沒有當太子的資格的。應該當太子的是他的哥哥王宗仁。王宗仁沒有被立為太子，是因為他是個殘疾人。王元膺本來叫王宗懿，在王建稱帝那年就毫無爭議地被確定為太子。後來，他覺得這個名字不好，就改名，先改為王元坦。後來，有人在什邡得到一枚銅牌，獻給王建。王建心頭大喜，以為這是大大的祥瑞，於是就又改王元坦的名字為王無膺。以示承接天命之意。由此可見，王建對這個兒子期望期是很大的。其他皇帝要是得麼什麼祥瑞，基本都劃到自己的名下，而他卻給了兒子。

王建對這個太子還是很用心培養，他特別延聘著名大儒杜光庭當王元

膺的師傅。可能很多人不知道杜光庭。但很多人一定知道那本叫《虬髯客傳》的傳奇小說。據說該書的作者就是杜光庭。

後來，王建又命太子管領六軍，再設置永和府，由王元膺精選朝中官員擔任屬官。

一切看起來，都在正常軌道上運行。如果不出什麼意外，似乎王建是可以把這個太子培養成一個又紅又專的前蜀接班人的。

可是，很多事情並不那麼簡單。

王建雖然用心培養這個接班人，可是這個接班人卻天生頑劣。這人長得很醜，史書對他相貌的描述是：喙齙齒，目視不正。翻譯起來就是：天生一張公豬嘴，牙齒外露，眼睛斜視。完全是個豬八戒的活化石，很適合跟孫悟空一起去西天取經。可是他卻比豬八戒聰明得多，為人機警靈敏，還能通曉詩書，更善於騎射。他騎射的技術好到什麼程度？史書的描述是：能射錢中孔，嘗自抱畫球擲馬上，馳而射之，無不中。是真的文武雙全。完全是一塊好料。可性情褊狹，還很急躁，多疑而殘忍。

王建也知道他的這些缺點，這才叫杜光庭當他的家庭老師。杜光庭不但儒學功底深厚，對道家的研究也很專業，學問純正，性情安詳，在當時很有人望。王建是想透過杜光庭來影響這個兒子，讓他的脾性有所改變。杜光庭還推薦許寂和徐簡夫兩人一起當太子的師傅。

王建對這三個家庭教師都很滿意。

可是王元膺卻很不喜歡他們。他每天只跟一幫樂工在一起玩耍，從來不理這三個家庭教師，放蕩得毫無節制，東宮的屬官更不敢對他說什麼。

王元膺不但不理幾個家庭教師，更看唐道襲不順眼。

他也知道唐道襲是老爸的近臣，但他還是毫無顧忌地恨唐道襲。

當唐道襲在興元參與擊敗劉知俊立了戰功回到成都時，王建很高興，讓唐道襲繼續當樞密使。

王元膺馬上就去找王建，把唐道襲的種種惡行數了一遍又一遍，說這樣的人哪能再掌管國家機要？請老爸收回成命。

王建一聽，當場就「不悅」。但還是改任唐道襲為太子太保。

按王元膺的性格，他恨起誰來，是絕對不輕易放過的。雖然他知道，他的老爸為了自己的歡樂，會力保這個唐道襲，但他仍然恨唐道襲。當然，唐道襲也恨他。只是以目前唐道襲的身分以及他的性格，他只能把這個仇恨深埋著，沒有暴露出一點一滴。他等的是機會。

西元 913 年七月。王建籌劃搞個七夕活動。

初六，王元膺召集諸王及文武大臣們在起設宴飲酒。這本來是一個十分歡樂的場面。可是，王元膺掃了一下現場，發現王宗翰、潘峭以及毛文錫還沒有到。

如果是別人，大不了就埋怨幾句，喝酒都還遲到，我們就不要等他們了，先努力把好菜吃光，讓他們遲到。

可王元膺不是別人，他覺得這幾個人分明是不把他放在眼裡的，請喝酒都還這樣，以後老子繼位了，他們不服從命令嗎？他勃然大怒起來，叫道：「集王（王宗翰）不來，一定是潘峭和毛文錫在搞鬼，要離間我們兄弟。」

王元膺也有兩個親信，一個叫徐瑤，一個叫常謙。

這兩個傢伙當然知道王元膺對唐道襲很憤怒。這時唐道襲也在宴會席上。那兩個傢伙就不斷地瞪著唐道襲。

唐道襲被兩個傢伙那憤怒的眼神瞪著，心頭也發毛起來，最後怕得站起身來，不敢繼續喝下去了。

王元膺更是十分惱火，三個人曠課，唐道襲又早退。他這個太子在這些人的眼裡，還算個屁。

第二天，王元膺就去向王建控告潘峭和毛文錫，說兩人離間他們兄弟，造成極其不良的社會影響。

王建一聽，居然敢離間幾個皇子。馬上也大怒起來。下令把潘峭和毛文錫貶官放逐，任命潘炕取代淵峭為內樞密使。

王元膺告完那兩人的狀後出來，唐道襲接著進去。

唐道襲昨天被那兩個傢伙公然瞪眼看，終於意識到王元膺有可能要向他最後攤牌了。如果他還這麼隱忍，就會被對方打死。於是，他決定反擊。

王建看到唐道襲進來後，就把王元膺狀告潘峭和毛文錫的事告訴了小唐。

唐道襲沒有再唯唯諾諾，把自己的看法沉在心底，而是直接說：「其實是太子正密謀作亂。他召集諸王、諸將，然後用禁兵把他們禁錮起來，以便舉事罷了。」

王建一聽，有點相信，又有點不相信。王元膺是他的兒子，也是他指定的接班人，人品雖然離上乘還差得很遠，每天都吃吃喝喝、玩玩耍耍，誰的教導都不理，結果杜光庭都寧願辭職去道士而不願當他的師傅了。但說他要謀反，可能就有點誇張了。但又想著，這個不成材的小子，性情最不穩定，是什麼事都可以做出來的。

王建這麼一懷疑，就取消了七夕活動，以便確保自身安全。

唐道襲一看，王建真的相信了他的話。他馬上請王建召屯營兵進宮宿衛，確保萬無一失。

王建居然也應允了。

這一番操作下來，成都城內外戒備森嚴，如臨大敵。

所有的人都覺得奇怪，既沒有外敵入侵，文武大臣也都安分守己，王建的身體也健康，權力還牢牢地掌握在手裡，昨天都還在忙碌而有序地籌辦著七夕活動，怎麼今天就突然宣布戒嚴了？

王元膺其實就是個玩家，都是憑情緒行事的。他恨唐道襲，也只是在王建面前告告狀，別的想法還真沒有。他對唐道襲也從來沒有防備過。當他看到唐道襲突然召來兵馬，宣布成都城內外戒嚴時，也嚇了一大跳。他想來想去，唐道襲的這個操作，完全是針對他的。

他當然不能坐而待斃。

於是，他也帶著著武士，以防不測。

當然，如果他只是帶著一批武裝人員當他的護衛員，保護他的安全，情節也不會過得那麼緊湊。他既然認為，唐道襲一夥是針對他的，他當然要狠狠地反擊。

王元膺做的第一步，就是先把潘峭和毛文錫抓捕起來，然後一頓猛揍，直到把兩人都打得奄奄一息，離死都沒有幾公分遠了才消停。這兩個哥們也是倒楣至極，居然因為有事不赴一場酒席，就被打得接近死亡的地步。

接著，王元膺又抓捕成都尹潘嶠，關在得賢門。

王元膺此次針對的就是唐道襲。事情都搞到這個地步了，他要是還放過唐道襲，他還是王元膺嗎？

他派徐瑤和常謙等幾個死黨，各率所部衝殺出來，高聲大叫：奉太子之命，去抓唐道襲。

唐道襲本來只是在王建那裡誣告一下王元膺造反，他並不相信王元膺真的要起兵，因此並沒有多少防備。哪知，王元膺雖然貪玩好耍，正經事沒有做過多少，可這時起事起來，居然也快刀斬亂麻，集結了一大批武裝向他的住處殺來。唐道襲為人工於心計，平時害起人來不動聲色，機會掌握得極為精準。他向來認為王元膺那個性格和智商，根本不足一提。可是這一次 —— 而且是最關鍵的一次，他走眼了。當他看到太子的部隊殺過來時，當然不願束手就擒，馬上集結自己的武裝前來拚殺。

雙方一陣混戰之後，唐道襲突然被一支來歷不明的箭射中，只得負傷而逃。

太子部隊哪能放過他？

他們追到城西，終於追到了精疲力竭的唐道襲，斬之。唐道襲集結起來的那些營兵，也被殺死一大半，弄得中外驚憂。

王建也想不到會出現這樣的事來，不由在那裡發呆了半晌，一時不知道如何是好。

潘炕對王建說：「陛下，這事其實並不複雜，就是太子跟唐道襲為爭權而鬧出來的。太子不會有什麼想法。陛下現在應該當面告諭諸王和文武大臣，前來安定局面。」

王建這才有點冷靜下來，派人召王宗侃、王宗賀、王宗魯等人，命令他們馬上帶兵去討伐發動叛亂的徐瑤和常謙等人。他當然只能說是徐瑤和常謙發動叛亂 —— 由這兩個笨蛋來當這次叛亂的責任人，而不是由王元膺來背這個鍋。

王宗侃他們帶著部隊來到西球場門，王宗黯則從大安門用攀梯登牆，進入宮內，與徐瑤和常謙帶領的武裝人員在會同殿進行搏鬥。

一翻激鬥的結果，徐瑤當場被打死，常謙見勢不妙，就帶著王元膺逃出。他們跳入龍躍池，藏在舟中。

王元膺到底是太子，生活優越習慣了。到第二天，他就受不了飢餓的折磨，自動從舟中出來，向舟人討口飯吃。龍池是皇家的池苑，在這裡來來往往的，都是皇家的服務生。王元膺是個玩家，曾多次來到這裡大玩大耍過。因此他一出面，人家就認出他就是現任太子王元膺。於是，便跑去報告了王建。

王建真的不想怪罪王元膺。他得知王元膺的消息後，馬上就派王宗翰代表他去慰問王元膺。

王宗翰來到龍躍池時，不知哪個頭腦發熱的士兵已經對王元膺手起刀落了。王宗翰只看到王元膺那具僵硬的屍體。

王建得知後，放聲大哭。他懷疑是王宗翰動手殺了王元膺。他的懷疑是有理由的，因為這個事變就是因為王宗翰不參加宴會引起的。

大家看到王建哭得真的悲痛，都怕他再悲痛下去，神志就會反常。他的神志一反常，事情就更加不可預測了。大家面面相覷，不知如何是好。

正在這時，張格拿著起草好的安民告示來向他稽核。張格把安民告示對著他一路讀下去，當他讀到「不行斧鉞之誅，將誤社稷之計」時，王建猛地抬起來，收住了眼淚，說：「朕何敢以私害公。」

然後下詔廢王元膺為庶人。

王宗翰再奏請把殺死太子的人斬首。

結果，王元膺十幾個左右親隨都成了殺太子的凶手被排頭砍去。其他被降職流放的人也有很多。

王建的放聲大哭，雖然說是為兒子的死，但我想他那些磅礡的老淚更是為唐道襲而奔流的。

他處理完王元膺那些左右之後，就贈唐道襲為太師，還給了個「忠壯」的諡號，然後讓潘峭官復原職。

王元膺一死，太子的位置就空缺了下來。潘炕認為，必須早日確立太子，否則夜長夢多，又會生出不少變故。於是，他就多次奏請王建指定繼承人。

王建在自己的幾個兒子中，選來選去，終於篩出兩人的大名單。一個是王宗輅，還有一個是王宗傑。王宗輅的優勢是，王建覺得他「類己」；王宗傑的優勢是「才敏」。

王建覺得這兩個兒子，都可以當接班人，一時之間，就難以取捨。

王建想從這兩人當中挑選一個，但他的寵妃徐賢妃卻另有想法。徐賢妃目前是王建最寵愛的美女。她也生有一個兒子叫王宗衍。只是王宗衍年紀最小，目前還未成年，按照那套立長立嫡的原則，無論如何都靠不上。但徐賢妃卻很想讓這個兒子當太子。她不但長得漂亮，讓王建對她恩寵不衰，而且也很有心計。如果是別的寵妃，想讓皇帝立自己的兒子為太子，就會天天在枕邊提出要求，皇帝丈夫不答應就不罷休。但徐賢妃卻沒有這樣做，她暗中找到飛龍使唐文扆。讓唐文扆去找張格，讓張格上表給王建，奏請立王宗衍。

張格是大唐宰相張濬的兒子，向來深受王建的信任。

張格接受這個任務後，便馬上起草了表章。張格知道，如果光靠他一人之力，分量是不夠的。他連夜拿著表彰去見王宗侃等人，糊弄他們說，他是接受密旨起草這個表章的。

那幾個人一聽，哪敢去求證？便都在表章上署上自己的名字。

於是，王宗衍就成了眾望所歸的候選人。

王建這次選拔太子很謹慎，除了自己考核之外，還請了幾個面相大師來為幾個兒子看相，看誰的面相最好。

那幾個大師都被張格他們收買了。因此，當他們為王建幾個兒子看相時，都對王宗衍伸出那根拇指，說鄭王之相最貴。

王建一看，既眾望所歸，又面相最貴，看來還真得立王宗衍了。但他還是很擔心地說：「王宗衍年紀太輕，堪當大任嗎？」

可是誰又敢說不堪大任？

王建就這樣把王宗衍立為太子。自古以來，不管哪個朝代，立太子絕對是一件重中之重的事。如果弄不好，就會斷送這個朝代。這樣的事，歷史多次出現，而且王建也親眼看到過唐朝的滅亡 。

潘炕雖然極力請求王建盡快冊立太子，但他絕對沒有想到，最後王建居然選中了這個小兒子。潘炕顯然是不看好王宗衍的。他由此也知道，曾經十分精明的王建，這個頭腦已經嚴重老化了。大蜀集團的巔峰已經過去，還在這裡混，真沒有意思了。於是，他聲稱有病在身，不能上班了，請求准許他退休，回家養老。

王建開始時，堅決不同意。但潘炕「涕泣固請」，王建這才勉強同意。但是每當碰到重大的國事，王建還是派人到潘府，向潘炕請教。

王建好不容易把太子事件搞清楚，還沒有鬆下一口，邊將又來報：南詔入侵黎州。

南詔在晚唐時，曾經十分活躍，有一段時間甚至染指交趾，後來被大唐幾個猛人幾頓很揍，打得落花流水，便又老實了下來。他們現在累積了點氣力，又看到大唐已經分裂成這麼多個不等份，王建這個全文盲統治著蜀地，那雙不識字的眼睛都盯著北方，先跟大梁唱反調，又跟李茂貞大打特打，南面的防範應該沒有什麼，於是就悍然舉兵進入黎州。

王建派王宗范、王宗播、王宗濤三人率兵出擊，在潘倉嶂與南詔國決戰。一番激戰下來。南詔兵這才知道，王建治下的蜀地並沒有他們想像中那以衰落，部隊的戰鬥還是十分強悍的。他們真的打不過。可是到這時才知道到打不過，還有什麼用？

結果，南詔兵的統帥趙嵯政被斬於陣前，其餘部隊都風緊扯呼，後撤回去。

蜀兵追擊，在山口城又把他們猛殺一遍。

蜀兵接著往南推進，連破南詔武侯嶺十三寨。

南詔兵看到自己再怎麼敗逃，蜀兵都如影隨形而至，殺得他們毫無招架之功，便又咬停住，在大渡河那裡跟蜀兵決戰。

蜀兵連勝多場，更是氣勢如虹。看到南詔正亂哄哄地擺開戰鬥隊形，哈哈，你們居然還想跟我們決戰？我們正求之不得呢。都喊殺連天地衝殺過去。

南詔兵雖然下決心反身一戰，但這些天來他們被追著打，稍一不小心又落花流水，早就被追打得草木皆兵，現在勉強擺出決戰的姿態，但心理陰影面積太大，鬥志沒有鼓起來，看到蜀兵瘋狂衝過來，又都嚇得面無人色，不管長官如何大喊大叫，精神就是提不起來。結果又被蜀兵一頓好砍，「斬俘數萬級」。南詔兵這才知道，在這樣的情況下，返身迎戰，就是送死。他們不想再送死了，就都轉身向後奔路狂逃。他們這才知道，這次返身迎戰時，居然犯了一個大大的錯 —— 在大渡河北岸列陣，現在要撤退，還得搶渡大渡河。當年韓信背水一戰，取得了大勝。可是南詔兵的老大不是韓信啊。背水是背水了，結果一戰卻大敗。背水一戰要是大敗，後果是很嚴重的。南詔兵爭著搶上大渡河的浮橋，結果由於人太多，浮橋突然斷絕，又有數萬人被淹死。

王宗范他們打出了自己的氣勢，正想製造浮橋，繼續追殺。

但王建緊急叫停了戰鬥，召他們回師北上。

因為他還在北方跟李茂貞打仗。他的一個養子興州刺史兼北路制置使王宗鐸正率部攻打李茂貞的階州和固鎮。李茂貞的部隊一如既往地拉胯，被蜀兵連破十一寨，損失了四千人。王宗儼看到王宗鐸打得很出彩，也跟著揮師北上，攻破長城關第四寨，斬首二千級。

李茂貞內部還出了個亂子，就是他手下的得力幹將李繼徽居然被自己的兒子李彥魯在食物上放了一包毒藥。李繼徽吃過之後，果然就死掉了。李彥魯毒死自己的老爹，就是覺得這個老爹當這個節度使太久了，他等得不耐煩了，一咬牙就向老爹下手，透過人為地縮短李繼徽的人壽命來實現自己的偉大的理想。李彥魯在李繼徽死後，就宣布自己當了靜難軍留後。

李彥魯殺了自己老爸、宣布自己當老大之後，覺得很爽。哪知，他才爽歪歪幾個月，李繼徽的另一個養子李保衡又突然舉起了大刀，殺掉了正爽歪歪的李彥魯，當了靜難軍的老大。李保衡做了這件事後，也怕李茂貞出兵打他，於是就拿著靜難的地皮投靠了大梁。大梁白白地得了一塊地皮，朱友貞當然很高興。他任命李保衡為感化節度使，以霍彥威為靜難節度使。

當然，王建也知道，南詔就是個麻煩製造者，還必須好好處理。

他在王宗鐸他們勝利歸來後，於西元 915 年正月初八，親自來到得賢門舉行了獻俘儀式，然後宣布大赦。本來，在晚唐時期，黎、雅等部落老大劉昌嗣、赦玄鑑、楊師泰等人都已經向大唐朝廷表示歸順過，被號稱「金保三王」，但這三人仍然暗中跟南詔往來，並且為南詔當嚮導。當時，蜀地州縣的長官，大多都是文人，雖然知道三人跟南詔勾結，但也不敢去追究。王建知道這個事後，意識到，如果不把三王搞定，蜀地永無寧日。於是，就把他們抓到成都斬首，而且還撕毀了金堡。從此之後，南詔不敢再犯蜀境。

2. 東南烽火

東南面也不平靜。

淮南行營招討使李濤突然手癢起來，率領部眾兩萬人出千秋嶺，突然攻擊錢鏐的衣錦軍。

錢鏐急派他的兒子錢傳瓘為北面應援都指揮使，去救衣錦軍。另外，他還特別安排錢傳璙為招討收復都指揮使，帶水軍去攻打淮南的東州，以分其兵勢。

千秋嶺的名字雖然很大氣，其實地形十分險狹，完全可以一夫當關萬夫莫開。

錢傳瓘到了之後，立刻下令部隊砍伐樹木堵住千秋嶺，以斷淮南軍的後路，然後突然出擊，把淮南軍打得大敗。李濤眼看抵擋不住，便要風緊扯呼。當他們亂哄哄地逃到千秋嶺時，這才發現，路都被人家堵塞了。最後，李濤也成了俘虜。

淮南的花虔又帶兵會同廣德鎮使渦信帶著部隊屯駐廣德，準備休整一段時間後，再攻打衣錦軍。

錢傳瓘哪能讓他們的想法得逞。淮南兵才剛剛駐下來，錢傳瓘的部隊已經喊殺連天衝了過來。花虔和渦信倉促應戰，打得毫無章法，結果不但廣德被被人家搶占，兩員主將也成為人家的俘虜。

淮南勢力被吳越連打了幾下，覺得有點痛起來，正想辦法去報復一下。哪知，馬殷看到他們在東邊與錢鏐開戰，便也過來找他們的麻煩。徐溫急調呂師造為水陸應援使去保衛鄂州。馬殷知道鄂州城堅，敵人的援軍又到，他不會撈到什麼便宜，便把部隊撤回。

錢鏐看到自己的兒子連勝了兩場，心裡很是爽快，便叫兒子們再接再厲，繼續往前攻打常州。

於是，錢鏐的三個兒子錢傳瓘、錢傳璙以及錢傳瑛同時出發，在潘封紮下營寨，做好進攻常州的準備。

徐溫在跟吳越的對抗中連輸兩場，心裡很不舒服 —— 他剛剛掌權，就在外戰中連敗，這個面子真的不知往哪裡放了。現在看到錢鏐的部隊又開過來，好像他很容易欺負一樣，心頭大怒，決定親自出馬，會一會錢鏐的三個兒子。

當時，淮南兵因為連輸過兩場，都輸得有些膽怯起來了。

徐溫一看，大家都這麼臉色蒼白地出來戰鬥，除了被敵人打死之外，沒有第二條路可走。我們是來打死敵人的，不是來被敵人打死的。他大聲地大家說：「不要怕兩浙的人。兩浙的人向來輕浮而且怯懦。只要我們提起精神，就完全可以打敗他們。」

然後帶著大家急行軍趕赴前線。

他們很快就到了無錫。

敵人就在前面不遠的地方。

黑雲都將陳祐對徐溫說：「敵人一定會以為我們遠道而來，都已經累得抬不起眼皮，而不敢跟他們決戰。我們完全可以利用他們的這個心理，乘其不備，狠狠地打他們。請允許我出擊。」

徐溫同意了陳祐的請求，派陳祐率其所部從另一條路繞到敵人的後方，自己則帶著大軍擋在敵人的前面。待陳祐到了指定地點時，徐溫一聲令下，淮南兵對吳越兵前後夾擊。

吳越兵沒有想到淮南兵居然來這一著，都亂了套，被徐溫打得大敗，損失了一大批士兵。

徐溫狠狠地教訓了一把錢鏐的三個兒子，出了心頭那口惡氣。哪知，一波未平一波又起。

徐溫一直提防劉威，結果劉威對他服服貼貼了，倒是劉威的兒子劉崇景宣布起來跟他作對。

劉崇景現任袁州刺史，他突然在毫無預兆的情況下，突然宣布脫吳歸楚。而且他事先跟馬殷取得了聯繫，在他宣布跳槽的時候，馬殷就在第一時間派許貞帶一萬多人前來接應他。

徐溫派柴再用和米志誠去打劉崇景。

柴再用在萬勝岡與劉崇景相遇，把劉崇景打得大敗。劉崇景和許貞看到柴再用太勇猛，自知再打下去，也是失敗。兩人放棄袁州，逃得路都不見。

與此同時，馬殷的另一個猛將許德勳帶水軍到楚吳邊境上巡羅。當天夜裡，狂風大作，許德勳手下的都指揮使王環一看，覺得這可是個大好機會，馬上乘著風起的時候，帶著部隊冒著大風來到黃州城下，然後用繩梯登城，城內沒有知道敵人已經上了城頭。

他們毫無阻力地直奔州署。

黃州刺史馬鄴還在夢中。楚兵衝進他的臥室，把他從被窩下提起來，他這才知道黃州已經失守了，失守得如此不知不覺。王環抓到馬鄴之後，縱兵在城中大掠一翻，這才引兵而回。

許德勳說：「大家要做好準備。鄂州的部隊一定會來攔截我們。」

王環說：「我軍進入黃州，鄂州的吳兵根本不知道。現在我們突然路過他們的州城，他們還怕我們去攻他們，哪敢出來攔截我們。」

於是，全軍一起，展旗鳴鼓而行，大搖大擺前進，鄂州的部隊果然只敢在城頭張望，不敢前來惹事。

3. 大梁內憂轉機

李存勗剛剛吃掉幽州，版圖立刻大增，軍隊氣勢也正處於上升階段。

李存勗永遠記得老爸臨死前的遺言，就是把朱氏的大梁王朝搞定。於是，他決定乘勝南下，再打大梁一把，或許能吃到一大塊肥肉。

對於李存勗而言，此時確實是打朱友貞的一個大好機會。朱友貞剛剛採取不正當手段把他的親哥做掉，奪得大位，目前正處於鞏固權力基礎階段，他手下的群臣都還沒有回過神來 —— 此時不打，更待何時？

西元 915 年七月，李存勗帶同王鎔以及周德威在趙州會師，然後南下進入邢州境內，上黨的李嗣昭也帶著昭義兵前來會合。

幾路大軍雲集趙州，足以看到李存勗南征決心之大，也可以看得出李存勗信心之大。

可是他只看到朱家父子兄弟在殘殺，權力基礎在動盪，但他忘記了，大梁的北面還有一個猛人 —— 楊師厚。朱家兄弟的權力基礎雖然動盪不安，但現在楊師厚的權力很牢固，他可以說是現在大梁實權掌控者。

他看到晉軍大舉而來，絲毫沒有懼色，立刻引兵去救邢州，很快就來到漳水之東駐紮下來，靜待敵人大軍的到來。

李存勗的大軍抵達張公橋時，楊師厚的裨將曹進金突然脫離大梁，投奔李存勗。

李存勗看到楊師厚的大軍已經抵達，他也知道這個楊大帥並非易與之輩，如果硬拚，勝負真未可知。李存勗性格向來持重，從不願打無勝算之仗。他在瞭望楊師厚大營一遍之後，便下令撤軍回去。

楊師厚看到晉軍已退，也下令諸營各自退回本鎮。

楊師厚憑自己一人之力，逼退了大舉而來的晉軍，為大梁渡過了一次重大的危機。可是他卻保不住自己的性命。

當然，他保不住自己的性命，並不是誰對他下黑手，而且是他熬不過自己的壽命，於西元 915 年三月宣布去世。楊師厚在朱全忠時代，非常老實，看上去一片忠誠，朱全忠指向哪裡，他就往那裡衝鋒，因成為朱全忠非常倚重的強者，經常獨當一面。在朱全忠晚年，劉知俊跳槽之後，他就成了朱全忠手下最能打的戰將。當朱全忠死了之後，他發現大梁勢力內部上下，已經沒有哪個傢伙的資格和能力可以跟自己平起平坐了，他完全可以用輕蔑的目光對這些人掃視來掃視去、而全然不用顧及這些人的感受了。他覺得自己完全可以當一個權臣了。於是，他內心世界也膨脹起來，矜功恃眾，擅奪財賦，挑選軍中的驍勇之士，設置了一支幾千人的私人武裝，號稱銀槍效節都。他給這些士兵的待遇十分優厚。大家一看，就知道楊大帥在恢復過去牙兵制度。

朱友貞不是糊塗蟲，當然知道楊大帥要當第一號寡頭了。

可是他又能對楊師厚怎麼樣？他可以經過短期密謀，就可以殺掉他那個不得人心的哥哥，但他敢對楊師厚密謀嗎？他唯一要做的，就是在楊師厚面前恭恭敬敬，不敢稍有辭色 —— 當然，內心世界是又忌又恨又無可奈何，更要命的是，還要仰仗這位大帥幫他保住北部邊境的安全。

當朱友貞聽說楊師厚與世長辭時，只高興得心花怒放，居然「私於宮中受賀」—— 可見對楊師厚的忌憚程度以及他對楊師厚之死的高興程度。

趙巖對朱友貞說：「魏博一帶為唐朝心腹之患，二百多年而不能清除，最大的原因就是魏博地廣兵強。即使在本朝，羅紹威和楊師厚占據了這個地方後，朝廷仍然不能制。現在楊大帥死了，陛下正好趁這個機會，對這個地方重新整頓一下。這就是所謂『彈疽不嚴，必將復聚』。誰敢保證將來的天雄節度使不像楊師厚呢？應當把魏博六州分為兩鎮，削弱其權勢。」

朱友貞覺得有理，不能再讓魏博這樣尾大不掉下去了。於是，任命賀德倫為天雄節度使，又在相州增設昭德軍，割出澶、衛二州屬相州，任命張筠為昭德節度使，然後又把魏博的將士、府庫財產分出一半給相州。

朱友貞也知道，魏博民風彪悍，自己這麼一刀切下去，很有可能引起當地官員和軍人的反感。於是，在兩人赴任時，他派劉鄩帶六萬部隊從白馬渡過黃河，高調宣稱是準備討伐鎮州和定州，其實明眼人都看得出，這是在威脅魏博那些不服從的人。

朱友貞覺得自己這個手段很高明，六萬部隊旗幟鮮明地擺在那裡，魏博人再怎麼不服，也不敢以雞蛋砸石頭。

4. 朱友貞自斷臂膀，李存勗趁勢吞州奪地

事實證明，朱友貞的想法太過簡單了。

魏博有個傳統，幾百年來軍人都是父子相承 —— 也就是成了軍人世家，族與族之間又都有婚姻關係，盤根錯節，都不願意分離。命令一下，大家都是一致抗議。賀德倫多次催促，各種威脅利誘手段，反覆用了好幾次，大家仍然不願服從。即使有些膽小的人答應離開了，但都哀嘆怨恨，甚至連營聚集在一起嚎啕大哭。

為了達到更有效地威嚇，劉鄩帶著部隊進駐南樂，他派猛將王彥章帶龍驤騎兵五百人進入魏州，然後就駐紮在金波亭。

他們以為，這樣一來，魏州的士兵們就會害怕，哭幾聲、發洩一下心頭的鬱悶之後就會妥協。哪知，他們哭著過之後就在一起商量，說：「朝廷那幫人忌恨我們的強悍，然後就打算將我們侵害，化整為零，以後好奴役我們。我們六州向來都是一個整體，士兵們從來沒有遠出過河門。一旦骨肉流離，我們就會生不如死。」

這話是很有殺傷力，大家聽了之後，立刻就覺得，如果按朝廷的安排，他們一旦被劃到相州，第二天就會被分割消滅。這是堅決不能答應的。他們這麼一想，當場就下了決心，晚上突然齊發聲喊，放火燒營，然後包圍金波亭。

王彥章看到外面大亂，也知道魏兵已經起事了。他衝上前一看，起事

部隊的人數太多了，而衝過來的士兵，都是兩眼通紅，人人拚命，如果對打起來，他這五百騎兵根本不夠塞這些發瘋亂兵的牙縫。

王彥章雖然勇猛絕倫，但也不敢跟他們死拚下去。他抓起鐵槍，跳上戰馬，拚死衝殺，最後衝到城邊，殺死守門士兵才得以逃出。如果稍晚一點，王彥章能不能脫身出來，還真不好說。

次日清晨，亂兵們殺入牙城，一陣大刀亂砍，把賀德倫的五百多名親兵全部殺死。這些亂兵，殺到賀德倫面前，沒有再猛砍下去了，只是把他抓了起來，然後關在牙城的城樓上。

當時亂兵已經很亂了。這些人一亂，做得最多的就是殺人放火搶財物。效節軍軍校張彥看不過眼，就帶自己的同夥，挺身而出，制止了大家的搶劫活動。

朱友貞一直關注著魏州方面的動靜。他很快就得知，魏州已經亂得不可收拾了。他這才知道，自己的這個大方針，不但沒有消除隱患，反而製造了這個巨大的衝突。

朱友貞這時也沒有辦法了。他深知魏博兵戰鬥力十分強悍 —— 如果不強悍，魏博老早就被河東吃掉了，朝廷也老早就把魏州化整為零了。他這才知道，以他老爸的狡詐和狠毒，都不敢動魏州的，是真的有原因。自己沒有想到這一層，拍著腦袋就把魏州一分為二，是在捅馬蜂窩啊。當然，如果是馬蜂窩還真好辦 —— 直接跑掉，先躲一躲，就會沒事。可是這事他能躲得過嗎？

朱友貞沒有別的辦法，只得又派扈異前往魏州，任務是曉諭亂兵們，請他們先把情緒穩定下來，然後答應讓張彥當刺史。

張彥提出要求：恢復相、澶、衛三州隸屬天雄的舊制。

扈異代表朝廷答應了張彥的要求 —— 也就是魏博亂兵們的要求。

如果事情到此，應該可以宣告結束了。

哪知，朱友貞派過去的這個扈異也是個蠢材。當然，如果他僅僅是個蠢材也就罷了，偏偏他也跟很多蠢材中的蠢材一樣，硬是認為自己很聰明，認為自己已經完全看透了張彥。

他回到大梁，立刻向對朱友貞說：「陛下，劉彥是個易與之輩，只要派劉鄩進軍，劉彥的首級就可以手到擒來，魏州之亂一舉平定。從此朝廷無憂。」

朱友貞一聽，原來就這麼簡單，幸虧派扈異過去，拿回一手資料，讓我知道最基本情況。於是，他又不答應張彥以及魏博士兵的要求。他就沒有想想，張彥要是真的那無能，他能制止亂兵們的亂來嗎？這些亂兵強悍得連天下第一高手王彥章都必須奪路而逃，不敢跟他們硬來。張彥沒有一點威望，他能喝止這些亂兵嗎？

朱友貞只聽扈異的話，腦子沒有拐點彎去考慮這些問題，立刻又信心滿滿地表揚了張彥一把，然後就沒有然後了。

當使者把朱友貞的表揚詔書送到張彥手中時，張彥看完之後，勃然大怒，直接把詔書撕得粉碎，丟在地下，用手指著大梁的方向破口大罵起來。罵完朝廷後，張彥對賀德倫說：「天子是個糊塗蟲，沒有腦子，只是聽憑別人牽著鼻子走，除了會把事情搞砸之外，不會做出什麼好事來。現在我們魏博的軍隊，兵強馬壯，為什麼一定要聽命於這種昏庸的老大？當然，我們現在還孤立無援，不能跟他們全面對抗。但我們可以跟河東勢力搞好關係。只要有河東當外援，就不怕朱友貞了。」他說過之後，就逼迫賀德倫寫信給李存勗，向大晉求援。

李存勗接到賀德倫的信後，興奮得跳了起來。魏博民風彪悍，部隊戰鬥力極強，李克用多次對魏博用兵，結果都宣布無效。想不到朱友貞居然玩了這麼一個大臭特臭的招數，硬生生地把魏博逼反，跳到自己這邊來，實在是大喜事一件啊。他馬上命令李存審從趙州進據臨清，策應魏博方面。

西元 915 年五月，李存審就來到了臨清。

當時，劉鄩的軍隊就駐紮在洹水。劉鄩也是當時的猛將之一，很有威望。

賀德倫也怕劉鄩突然攻打過來，他抵擋不住，便又派人去向李存勗告急，如果大王只派李存審在臨清聲援，只怕最後我們仍然堅持不住，魏博又會回到大梁的懷抱，到那時，大王就只有後悔了。機不可失啊。

李存勗也知道這個機會確實是天大的機會，而且真的會稍縱即逝。必須乘著劉鄩還沒有進攻，他的大軍就已經抵達魏州、接管魏博。劉鄩雖然離魏州很近，跨過一步，就可以直接猛攻城池，但由於朱友貞優柔寡斷，並沒有向劉鄩下達軍事行動的命令，所以劉鄩現在也只是在那裡張望著，等朝廷的命令。李存勗必須在很短的時間趕到魏州。

李存勗帶著大軍從黃澤嶺東下，來到臨清與李存審會合。

李存勗到了之後，仍然懷疑賀德倫玩詐降計，便在那裡按兵不動，且聽下回分解。

賀德倫派人前去勞軍，然後暗中對李存勗說：「除亂當除根。」

李存勗問：「此話怎講？」

「張彥這個人，凶殘狡詐，反覆無常，唯利是圖，留著絕對是大患。宜早圖之。」

李存勗本來對魏州的情況，就有所懷疑，聽了賀德倫的話後，就覺得事情真的有點複雜，因此並沒有當場表態。

李存勗雖然沒有當場表態，但他還是進屯永濟——離魏州更近一點，完全可以應急。

張彥看到李存勗還在猶豫，便挑選銀槍效節五百人，全副武裝，當他的護衛部隊，然後去見李存勗。

李存勗一看，這傢伙對自己都如此提防，看來賀德倫說的真沒有錯。他沒有跟張彥零距離接觸，而是登上驛站的城樓，對張彥喊話：「你脅迫主帥，殘害百姓，無惡不作。這幾天來，跑到我馬前訴冤的老百姓就有一百多批。我現在率大兵前來，只是為了安定百姓，並不是要貪圖別人的地盤。你雖然對我有功，但為了向魏州百姓謝罪，我不得不將你殺掉。」

張彥一聽，這才知道自己真的搞錯了。他以為他舉魏博之地投靠李存勗，他就可以成為魏博的節度使。他更以為，他帶了全副武裝的護衛部隊前來，他的生命就可以保住了。他卻徹底地忘記了，當魏博兵叛亂時，以王彥章之勇，尚且都抓緊時間落荒而逃，他這五百人在河東大軍面前，又能有什麼作為？他帶著五百騎兵過來，不但不能保住他的安全，反而引起了李存勗的極大反感，把他定性為一個既有野心、又反覆無常的軍閥——這樣的人，留著有什麼用？

於是，張彥就只有死了。

李存勗當場下令，把張彥斬首。張彥帶來的五百人，看到張彥腦袋落地，都嚇得瑟瑟發抖。

李存勗對他們說：「有罪的只有八個人。其他人都不追究。你們從今之後，都要好好地跟著我。」

大家一聽，都跪伏在地，向李存勗叩拜感謝，並高呼萬歲。

次日，李存勗沒有像往常那樣身穿重甲，而是身穿輕衣，十分從容地繼續前進。他命令張彥手下的那五百士兵都披甲執槍、全副武裝，站在他的兩側，把他們當成自己最貼身的保鏢。這些士兵看到李存勗如此信任他們，立刻對他心服口服。

劉鄩看到李存勗親帶大軍前來，知道己方的行動已經有點晚了，但他還是帶著一萬精兵，從洹水向魏縣出發。

李存勗叫李存審留守臨清，派史建瑭到魏縣與劉鄩對抗，然後他也親率大軍來到魏縣，在漳河紮營。劉鄩就在他大營的對面。

朱友貞聽說李存勗率大軍前來接應魏博，這才知道事情真的壞到不能再壞的地步了。他在那裡又悔又懼了大半天之後，突然又清醒過來，必須支援劉鄩啊。於是，他派牛存節帶兵到楊劉駐紮，聲援劉鄩。哪知，牛存節才剛到指定地點，就突然病死了。

朱友貞只得又叫王亶去填補牛存節的空缺。

賀德倫雖然是被張彥脅迫歸降李存勗，但到了這個時候，他也不能反悔了——畢竟，寫求降信給李存勗的是他，請李存勗殺掉張彥的也是他，況且與李存勗相比起來，朱友貞的能力差李存勗實太遠了，而且現在河東勢力大為提升。因此，賀德倫到現在就只有死心塌地地當李存勗的部下了。

六月初一，賀德倫帶著他的手下出來，去晉見李存勗，懇請李存勗入城慰勞軍民。

李存勗進城之後，賀德倫立刻出取節度使的大印和旌節交給李存勗。

李存勗一看，這人真的很真誠，魏博從此正式歸於我的名下了，如果是別的人，大機率會笑呵呵地接過大印。但李存勗還是很能講政治的。他知道，魏博兵這次叛梁歸晉，並不是他們特別擁護他的勢力，而是因為朱友貞要把魏博分解掉，破壞了魏博鐵板一塊的傳統，要削弱魏博的力量，他們這才憤發而起。如果他一來就接過賀德倫的大印，然後換上一個河東將領前來接管魏博，最後仍然是管不住的。所以，李存勗堅決地拒絕了賀德倫的大印，說：「我聽說汴梁的敵人前來侵逼天雄，這才率領大軍前來相救。又聽說城中的百姓遭到殘害，這才到城裡暫時安撫、慰問一下，並沒有別的意思。請你務必理解我的心思。不要再把大印交給我了。」

賀德倫很是感動，一再拜謝說：「現在敵人的大軍不斷地逼近，軍營中最近又發生了極大的變故，人心未安。我的親信都已經被張彥殺死，我在魏州毫無權力基礎，哪能統率大家？一旦發生什麼事情，只怕會辜負大王的期望。」

李存勗這才不情願地接受了賀德倫的大印 —— 當然這個不情願，誰都可以看得出他是裝出來的。政治家就是表演藝術家，誰最會裝誰就是最高明的政治家。

李存勗接收了大印之後，賀德倫率大家向他拜賀。

李存勗則任命賀德倫為大同節度使，而且立刻赴任。

賀德倫才到晉陽，主持晉陽全面工作的張承業就把他留了下來。

當賀德倫被張承業留住時，這才知道，他真的有點不妙了。李存勗比朱友貞狡猾得多了。李存勗自己在魏州那裡把好人表演給大家看，然後讓張承業在這裡當壞人。他知道，他不但不能去當大同節度使，只怕這條命也活不長了。在這個亂世混，稍一不慎，就會落入無底深淵，誰都救不了你。

當時，魏州城裡還有銀槍效節都。這支部隊是魏博的精兵，向來十分驕橫。

李存勗當然不能讓他們繼續驕橫下去了，他們要是再驕橫下去，以後也很難管好魏博地區。李存勗沒有多說什麼，只是扔下一句殺氣騰騰的話給大家：「自今有朋黨流言及暴掠百姓者，殺無赦！」然後任命李存進為天雄都巡按使。

李存進到任之後，嚴格執行李存勗制定的那一句法。凡是有傳播流言蜚語來動搖民眾及用武力強奪別人一分錢以上的人，李存進都毫不猶豫地抓起來砍頭裂屍示眾。

魏博那些強人看到李存進執法得如此堅決無情，哪敢再以身試法？本來亂哄哄的魏州城，立刻就安靜了下來，不再那麼吵吵嚷嚷、無法無天了。

李存勗知道，魏博幾百年來一直處高度自治狀態，現在雖然歸了河東的版圖，但這個地方的人囂張了幾百年，向來不服朝廷的管轄，大唐的亂象很多次都是從這裡發生的。現在魏博剛剛歸順於他，他還必須親自坐鎮一段時間。而且魏州還是河東與大梁對抗的前線。所以，他還必須多次出去征討。每次他出征時，都由判官司空全權處理軍府事宜。

司空很有才 —— 否則，李存勗是不會在這個關鍵時刻把最關鍵的地方由他來管理的。可是這人除了有才之外，還很驕橫，性格偏狹，仗著李存勗給他的權力，睚眥必報，而且還很貪婪，敢大量收受賄賂，生活極為眉侈，完全是一個有能力的大老虎的作派。

他有個姪子在河南，他就暗中派人去把這個姪子召來。

司空一點沒有想到，自己這麼驕橫，政敵必然很多 —— 在這個官場上混，即使不驕橫，都還有很多肉眼看不見的敵人，何況他還是一個熱衷於打擊報復別人的人？

當他只在那裡當個工作狂時，那些看他不順眼的人，都不敢對他怎麼樣。可是他們都在咬牙切齒地死盯著他，只要找到他的把柄，就立刻出手，把他踢翻在地。

都虞侯張裕就天天盯著司空的一舉一動。

當司空向河南派人的時候，張裕就在第一時間發現了司空的這個舉動。他不動聲色地把這個使者抓了起來，然後送給李存勗。

要知道河南是大梁的領土，你偷偷向河南派出使者，是什麼動機？

李存勗立刻把司空叫來，說：「我得到魏博，就把這裡的事務都交給你，這是對你何等的信任，可是你竟敢如此欺騙我。」李存勗心裡很生氣，但並沒有再發作。他說了這話之後，就很客氣地讓司空回家。

很多人看到李存勗客客氣氣地送走司空，都以為司空應該沒有什麼事了。司空也以為，最多就被趕出魏州，到另一個沒有什麼權力的職位上養老而已。以後爭取好好幹，不要有太多的私心了 —— 很多官員只有到這個時候，才會深刻地反省一下。

哪知，他還在那裡進行舉一反三地進行深刻地反省，一隊武士已經衝進家裡，不由分說，把他們家全族老少全部抓起來，然後押到軍門，來個滿門抄斬。

李存勗滅了司空一門之後，讓王正言接替了司空的職務。

張彥舉魏博歸降河東時，貝州刺史張源德並沒有順從。

張源德看到魏州已經換上了河東的旗幟，便積極做好準備，派出使者，北面聯合滄州和德州、南面跟劉鄩聯合，準備形成統一戰線，共同對抗李存勗。

張源德並沒有在那裡消極固守，而是不斷地派出部隊，截斷河東軍的糧道，讓河東諸將都很不爽，紛紛去找李存勗，說：「張源德實在是太可恨了，請先發一萬部隊去消滅他。然後順便打下滄州和景州。這兩個州一下，沿海一帶的州縣也都屬於我們了。」

李存勗搖搖頭說：「你們說得輕巧。貝州城堅兵多，豈能輕易攻取？德州隸屬滄州，而且沒有防備，如果能先奪取德州然後派兵防守，那麼滄州和貝州就不能往來。兩個州孤立之後，才可以拿得下。」

李存勗也知道這樣的機會並不多。他說過這話之後，立刻派五百騎兵，去襲擊德州。

五百騎兵真的不多，如果德州有備，這五百騎只能去送死。

但德州刺史並沒有什麼防備，他以為李存勗的部隊在魏州那裡，離德州還遠得很，完全可以高枕無憂地睡大覺。哪知，李存勗偏偏派部隊晝夜兼行、遠道而來，衝進了德州城。這個刺史無法集結部眾對抗，再加上不知道對方來了多少人，只得搶時間跑出去，最後翻越城牆跑路。

李存勗的部隊就這樣攻下了德州，任命馬通為德州刺史。

到了這時，朱友貞和他的部下們仍然沒有把精神提起來，做好防範。

李存勗看到大梁上下都還沒有緩過神來的樣子，便又趁機出去。

七月，李存勗再派部隊乘夜襲擊澶州，也輕鬆攻了下來。

澶州刺史正是天下第一猛將王彥章。此刻他並不在城裡，而是還在劉鄩的軍營裡。

李存勗的手下抓獲了王彥章的家人。

李存勗知道王彥章是個衝鋒陷陣的人才，便對王彥章的親屬特別優待，然後派人祕密去跟王彥章接觸，告訴他你的家人現在都在晉兵的掌握之中——當然，你大可以放心，晉王現在對他們十分優待。請王將軍跟我過去歸順晉王，保證將軍飛黃騰達。

王彥章並不為所動，待這個密使把威脅利誘的話說完，就拔出寶劍把他斬了。

李存勗一看，王彥章已經死心塌地當朱友貞的部下了，朱家王朝在他的心裡永遠占據第一位，其他的都在次要位置——哪怕是父母妻子。李存勗也沒有耐心了，下令把王彥章的家屬全部殺掉。然後任命李巖為澶州刺史。

這一次，朱友貞捅出這個漏洞，讓李存勗撿了個大大的便宜，連續拿下幾個大州，而且不費什麼力氣。更讓他笑得合不攏嘴的是，他都連續拿下了幾個大州，朱友貞那邊仍然沒有拿出什麼應對方案來，仍然在那裡張惶失錯。

李存勗當然不會消停。他在魏縣那裡，舉行了一次大規模的勞軍活動。他這時已經完全看不起大梁的軍隊了。當勞軍活動結束後，他豪氣大發，居然帶著一百多騎兵出營，去偵察劉鄩的軍營。

這人大概把劉鄩也當成那個德州刺史了。

但劉鄩還真不是那個德州刺史。

劉鄩得知有人前來偵察之後，立刻就進行部署。

正好天氣十分陰暗，最宜於搞隱蔽活動。

劉鄩就在河流拐彎處的叢林裡埋伏了五千多士兵。

當李存勗正近距離觀察劉鄩軍營動靜時，劉鄩的伏兵突然喊殺連天地從叢林裡衝殺出來，只片刻之間，就把李存勗和他那一百騎包圍起來。

李存勗這才知道自己真是大意了。他更知道，如果現在他稍有點露怯，他的性命立刻就會完蛋。他到底是沙陀人，到底是李克用的兒子，在情勢危急之中，猛地策馬躍起，大聲呼喝，帶著部下拚力而衝，手中的兵器上下翻飛，所向披靡，擋之者死。他的副將夏魯奇等人看到很少上戰場的晉王都如此奮勇、如此拚命了，哪敢落後？他和他的同袍們手持短兵器，與劉鄩的部隊拚命。雙方從午時一直打到申時，李存勗這才衝殺出重圍。這戰打得很驚險，也打得異常激烈，但李存勗手下只光榮犧牲了七個士兵。戰果最突出的是夏魯奇，一人殺掉一百多人，他自己也是遍身傷痕，敵人的血和自己的血布滿戰袍。直到李存審的部隊前來救援，他們才得以徹底擺脫劉鄩兵的追殺。

他們來到安全地帶後，李存勗回頭對士兵們說：「差點成為敵人的笑話了。」

士兵們說：「哈哈，足以讓敵人領教到大王的英武神威。」

這一戰，李存勗對夏魯奇的表現特別讚賞，就賜姓名為李紹奇。

5. 千里奔襲晉陽未成，臨清之機付諸流水

大梁兵此時，處於極度不利的形勢。李存勗用主力跟劉鄩對峙，然後派偏師到處襲擊，而且屢屢得手，連拿大梁幾個城池。而大梁中央到現在仍然束手無策。劉鄩知道再靠朝廷那幫人，自己就只能在這裡被動挨打了。所有的辦法只得靠他自己去想了。

劉鄩看到李存勗在這裡，能打的那將軍也都在這裡，幾乎所有能打的部隊也都集中在這裡。他突然頭腦中靈光一閃，他們的全部武裝力都集中在這裡了，晉陽必然空虛。

劉鄩這麼一想之後，馬上就暗中抽調兵力，從黃澤出發，向西而去。

晉兵看到劉鄩的大營都在緊閉著，幾天以來，都沒有人出來喊幾聲，弄得整個大營「寂無聲跡」，覺得很奇怪，便派人前去偵察。

偵察兵來到城外，手搭涼蓬向前看過去，只見營中沒有煙火，只是時不時看到旗幟順著城堞來回走動，就跑回去向李存勗報告了。

李存勗說：「我聽說劉鄩用兵，一步百計。看來其中必有詐，一定要小心為上。」派人繼續前去偵察。

這批人比上次那幾個偵察兵膽子要大一點，眼睛更亮一點，他們靠劉鄩的大營更近一點，終於看清楚，原來城中那些走來走去的旗幟，根本沒有人扛著。而都是把旗幟插在草人上，再把草人放在驢上而已。

這幾個偵察兵又想辦法抓到了城中的幾個老人，問他們劉鄩現在哪裡了？

「已經離開此地兩天了。」

李存勗一聽，立刻知道劉鄩要做什麼了。他大聲說：「劉鄩長於襲人，短於決戰。按他的行軍速度，目前最多也就是剛剛到走到山下，我們用騎兵去追他。」馬上派騎兵去追擊。

當時正好下大雨，而且已經連續下了十幾天。黃澤的道路更加艱險，很多地方爛泥足有一盡深，劉鄩的士兵們只能拉著藤葛等樹木向前推進，好多人都腹洩腳腫，十分之二三的士兵甚至死在這個行軍的路上。

最後，晉將李嗣恩還是搶先進入晉陽城。

晉陽城中的人，這才知道劉鄩的已經長途前來奔襲，急忙行動起來，加強戒備。

劉鄩好不容易走出那段沼澤爛路，來到樂平。可是乾糧又沒有多少了。這時，大家又聽說晉陽城的守軍已經有了防備 —— 如此一來，突襲的效果已經喪失，而身後又有晉兵大舉追來，大家的臉上都布滿了懼意，心裡都有了逃散的想法。

劉鄩對大家說：「現在我們離後方根據地已經有千里之遙，而且深入敵境，腹背皆有敵人，再加上山高谷深，如墜深井之中，下一步將怎麼辦呢？我認為，只有奮力死戰，或許才可以有一條活路。否則，我們就只有以死報君王和父老了。」

大家只得又收住情緒了，安靜了下來。

當時，不但李嗣恩進入晉陽，周德威聽說劉鄩奔襲晉陽，也帶著一千多騎兵從幽州出來，狂奔晉陽。

周德威來到土門時，劉鄩的部隊已經下山，從邢州陳宋口渡過漳水向東而去，駐紮在宗城。

劉鄩策劃的這次奔襲，由於距離太遠，時間又太緊，再加上是在雨季，行軍太慢，其意圖很快就被李存勗猜中，還沒有到達晉陽城下，就被敵人圍追堵截，敵人還沒有碰到，部隊的損耗就已經很大了。更要命的是，部隊的士氣已經嚴重下跌，根本不能戰鬥了。於是，他就只好撤軍，前後一番折騰，部隊就損失一大半了。

當時，晉軍也很缺乏糧食。劉鄩知道臨清那裡有晉軍的蓄積，便又心生一計，想搶占臨清，以斷晉軍的糧道，死死地卡住晉兵的脖子。

周德威是什麼人？他看到劉鄩軍的進軍路線，立刻知道劉鄩的意圖，心下也是大驚，急率部猛追。

他連著狂奔了兩天兩夜，這才趕到南宮。周德威這次帶來的部隊並不多，也不敢直接跟劉鄩死拚。周德威的腦子很好用，他派出騎兵，抓到了十多個劉鄩的哨兵，然後把他們的手腕都打斷再把他們放回去，讓他們告訴劉鄩：「周德威已經占據了臨清。」

劉鄩的部隊一聽，又都怕了起來。這次怎麼這麼倒楣啊，不管往哪裡打，人家總是先到一步。其實，周德威根本沒有進入臨清，臨清目前還是很空虛的。但周德威這麼玩了一把空城計，就把劉鄩和他的部隊嚇住了。

在劉鄩舉棋不定的時候，周德威抓緊時間拚命狂奔。第二天就衝到了劉鄩的軍營前，順便對還木然發呆的劉鄩進行了一場劫掠，然後快衝進了臨清。

劉鄩這才知道，自己上了周德威的當——如果他昨天果斷前進，就毫無阻力地進入臨清。現在他的部隊完全可以在臨清城裡大吃大喝，而周德威的部隊只能傻傻地城外。

劉鄩肯定又在那裡後悔，光聽幾個被人家打斷手腕的士兵的陳述，真的是誤事啊。為什麼就不再派偵察兵進臨清考核一下再說？在這樣複雜的情況下，腦子不會拐彎去思考，就只有後悔了。

劉鄩也不敢繼續在這裡發呆下去了。他帶著部隊向貝州靠攏。

李存勗得到了劉鄩的行蹤後，更是集結部隊追擊上來，很快就到了博州。

劉鄩現在最想的不是跟敵人發生戰鬥，而是如何脫身而去。

周德威對他的想法瞭如指掌，哪能輕易讓他溜掉？他看到劉鄩已經撤到堂邑，便帶著部隊前去攻打。但因為兵力有限，並沒有打敗劉鄩。

周德威本來就沒有打敗劉鄩的打算，他只是想把劉鄩拖住，為李存勗爭取時間而已。

劉鄩雖然很惱火，但也沒有辦法，只得且戰且退。

次日，劉鄩終於來到了莘縣。

劉鄩才到莘縣，還沒有安頓下來，晉軍就尾隨而至。

劉鄩一看，真的無法繼續跑了。他只得帶著部隊整治莘城，挖開壕溝，並築起了一條從莘縣到黃河的甬道，以便運送糧食。

劉鄩這些工程剛剛完工，李存勗的大軍就已經聲勢浩大而至，在莘縣西三十里紮下營寨。兩軍就這樣煙火相望。

李存勗追到這裡，當然並不是來跟劉鄩大眼瞪小眼的，而是前來消滅劉鄩的。

於是，雙方一見面之後，就大打出手，而且交戰次數極多 —— 一日數戰，打得不亦樂乎。

李存勗此前聽說李嗣源手下有個猛將叫行元欽，衝鋒陷陣的能力十分強悍，心裡就很喜歡，派人去跟李嗣源要過來。

李嗣源當然不願意，但又不能拒絕，只好忍痛割愛 —— 不得已獻之。

李存勗見到行元欽之後，立刻就任命行元欽為散員都部署，並且賜姓名李紹榮。

行元欽成為李紹榮之後，對李存勗大是感激。這一次，他也隨李存勗前來追擊劉鄩。每次戰鬥，他都衝在最前頭，多次深入敵陣，奮力砍殺。有一次，他面部中劍，但他仍然沒有撤出戰鬥。幸好高行周看到他臉上的血像瀑布一下刷刷往下流，衝上前去，才把他救下來。

李存勗看到高行周也這麼勇猛，便又想把高行周也調過來。但剛剛得了行元欽，現在又求高行周，實在是不便啟齒。可是他又實在想把高行周帶在身邊了。於是，他就玩了個手段，私下裡找到高行周，說你只要跟著我，馬上就會高官厚祿。

這個條件很誘人，一般人是經不住誘惑的。

高行周不是一般人。

他沒有接受李存勗的誘惑。

他對李存勗說：「代州培養的壯士，也是為了大王。我侍奉代州也就跟侍奉大王一樣。代州把我從死路上救了過來，我哪能辜負了代州的大恩？」

李存勗這才作罷。

在劉鄩焦頭爛額地跟李存勗大軍周旋得精疲力竭時，朱友貞終於醒了過來。他再怎麼無能也知道，如果光靠劉鄩一個人奮鬥，不用幾天，劉鄩就會死在戰場上。於是，他也派絳州刺史尹皓去攻打李存勗的隰州。他打了幾輪之後，發現隰州很堅固，便又去打慈州，同樣沒有打下。

朱友貞還派王檀和賀瑰去攻打澶州。這兩人合作，倒把澶州打下了，俘虜了澶州刺史李巖，並把李巖押解到薄霧。

朱友貞看到前線打了這麼多場仗，終於取得了一次勝利，心情也有點放鬆了下來，任命楊延直為澶州刺史。因為楊延直是楊師厚的舊將，有豐富的作戰經驗。朱友貞讓他當澶州刺史後，就帶一萬部隊前去幫助劉鄩，使得劉鄩覺得自己不是一個人在奮鬥。

劉鄩雖然已經被逼得要發瘋了，但他的部隊仍然是大梁最能打的部隊。李存勗把他壓在莘縣城裡，進退皆不能。

李存勗此時卻伸縮自如。

李存勗按照自己的策略意圖，準備拿下貝州。

他命令李存審帶五千兵進擊貝州。

鎮守貝州的張源德手裡只有三千。很多人永遠都知道，張源德此時以很單薄的兵力鎮守貝州，面對晉軍的攻擊，最有效的辦法，就是爭取城中軍民的全力支持，才有可能度守難關。可這人卻沒有這個覺悟，只要太陽一落山，他就帶著部隊去展開搶劫活動。

貝州人民苦不堪言，為什麼他們攤上這樣的刺史啊。當他們看到晉兵打過來時，立刻把大晉部隊當成大救星，紛紛跑過去，請李存審挖溝以阻止張源德的騷擾，讓他們過幾天不用膽顫心驚的日子。

李存審馬上發動貝州八縣的丁夫，扛著挖溝工具，前來挖戰壕，把貝州城包圍了起來。

張源德看到城面挖溝的勞動場面熱火朝天，這才知道自己這些天的行為，等於把群眾都推到自己的對立面去了。只要稍有點政治覺悟的人都會明白，把誰變成自己的對面立，也不能把群眾搞成自己的對立面啊。

再說說劉鄩，他被困在莘縣這個小城裡已經多日，這時糧食也差不多吃完了。

晉軍多次到他的營寨前挑戰，他都不出來應戰。

晉軍沒有事做，就更派兵去斷絕他的糧道。李存勗還派出一千多人，手持斧刀，猛砍劉鄩營寨的木柵。梁兵看到敵人在猛砍寨木，都怕人家殺進來，嚇得不知如何是好，一些人逃出寨外，還沒有跑幾步，就被晉兵捉拿過去了。

劉鄩在這裡已經急得想要哭起來，朱友貞則有點氣急敗壞了。

朱友貞看到劉鄩在這裡天天跟人家對峙，一點作為都沒有，白白費了很多軍糧，沒有收到一點效果，而且聽說士卒逃亡很多，再這樣下去，不用敵人進攻，最後部隊人數都會自動歸零，便派人去譴責劉鄩，要求他停止目前這個狀態，馬上出戰，把敵人打回老家去。

劉鄩上奏說：「我們本來準備直插晉陽，搗其腹心，然後還取鎮、定，以十天為期，清除河朔一帶的敵人。但天時不利，十多天陰雨連綿，軍糧又盡，戰士們又累又病，使得我們的計畫不得不泡湯。此後，我們又打算占據臨清斷絕他們的糧餉。可是我們還沒有展開行動，周德威卻突然來到，而且全是騎兵，馳突如神。我不得不退保莘縣，讓戰士們一邊休息一邊訓練，等休整好之後，再跟敵人決戰。現在晉兵極多，而且他們還精於騎射，如果真跟他們決戰，真的難以取勝。如果有隙可乘，我豈敢偷安養寇？」

朱友貞又派人去向他詢問決勝之策。

劉鄩很老實地回答：「臣今無策，唯願人給十斛糧，賊可破矣。」

朱友貞一聽，龍顏大怒，喝道：「將軍蓄米，欲破賊邪，欲療飢邪？」於是，派宦官前去督戰。

劉鄩想不到朱友貞居然來這一招，這是什麼招？這就是大梁多次搞敗自己的臭招。

劉鄩召集諸將，對大家說：「皇上深居宮中，不知軍旅，每天只跟幾個年輕人商討國家大事。他們根本不知道，作戰在於臨機應變，哪能預先估計？現在敵人還很強大，和他們對打，結果只有失敗。你們說說，該怎麼辦？」

劉鄩手下這些將領也都是四肢發達、頭腦簡單的粗人，他們這些天來，跟著劉鄩轉來轉去，被逼得到處抱頭鼠竄，不管去打哪裡，總是慢人家半拍，現在被人家壓在這裡，也是窩囊到了極點，現在聽說皇上要求決戰，便都亂哄哄地說：「不管勝負如何，都應該跟他們決一死戰了。這樣一直拖下去，也不是辦法啊。」

劉鄩看到這些將領，在戰場上摸爬滾打了很多年，身上的傷痕都一塊連著一塊了，頭腦還是這麼簡單，心裡很不高興，散會之後，對身邊的人說：「主暗臣諛，將驕兵惰，我真不知道要死在哪個地方了。」

但他仍然不想出戰。

有一天，他在軍營門口又召集大家來。他在每人面前放了一杯河水，讓他們喝掉。

大家一看，不叫我們去打仗，卻讓我們喝這個河水？河水這麼黃，喝下去會鬧肚子啊。便都望著他，然後猜他是什麼意思。

劉鄩看到這些人都沒有把誰喝掉，便對大家說：「一杯水都難以喝掉，滔滔不絕的河水難道能夠窮盡嗎？」

諸將一聽，臉都變白了。

劉鄩雖然搞了個行為藝術，把諸將的驕氣壓了下去，但朱友貞的命令他是必須執行的。他不可能把一杯黃澄澄的河水擺在朱友貞面前，讓他喝下去啊。

但他又真不能面對面對跟李存勗硬拚。他就只好又帶著一萬人出營，進逼鎮州和定州。

鎮州和定州的人突然看到劉鄩大軍進逼過來，都嚇得臉色發白。

李存審卻一點不怕。他聽說劉鄩的部隊終於出營了，便帶著兩千騎兵，突馳而來，對著劉鄩的部隊一陣橫擊，李建及又帶著一千多銀槍軍前來，對劉鄩進行夾擊。

雖然劉鄩部隊的人數比李存審他們多，但劉鄩沒有料到李存審他們來得這麼迅速，打得這麼狠，馬上亂了方寸，結果被打得大敗。

劉鄩只得帶著部隊奔還。

李存審他們當然不會放過這個機會，一路瘋狂追殺，一直殺到劉鄩的營門前，斬俘一千多人。

6. 朱友貞的帝位與崩局

劉鄩被逼出戰，結果大敗而回。

而逼劉劉鄩出戰的朱友貞，也連著碰上幾件倒楣的事。

這人年輕時就娶河陽節度使張歸霸之女為妃。他對這個美女還是很喜愛的，即位之後，就想立她為皇后。這個張美女還是很遵守禮制的。她說，還沒有郊祭，她不能當皇后。

可是過了一段時間，她就得病起來，而且當天就死掉了。這讓朱友貞很鬱悶。他只得給這個美女一個謚號，叫德妃。

接著又一件麻煩的事出現。

搞出這個麻煩的就是朱友敬。朱友敬是朱全忠的第八子，向來沒有什麼存在感，別人也不把他當一回事，他老爸更沒有把他當一回事過。但他卻很把自己當一回事。他把他當一回事，並不是他有什麼特別的才能，而是因為他在照鏡子時有個驚人的發現，就是他眼睛裡有兩個瞳子——這就是傳說的重瞳，據說舜就是重瞳，項羽也是重瞳。這是天子之相啊。

於是，朱友敬就天然地認為自己應該為天子。可是這個天子不是他想當就可以當的。他老爸臨死前，曾想把位子傳給朱友文，但最後朱友珪卻發動政變，先把老爸幹掉了，然後再把朱友文幹掉，接著朱友貞又一刀把朱友珪砍死。於是，皇位就被朱友貞搶到手。這兩個哥哥，都是搞政變才能當上皇帝的。所以，他朱友敬想當皇帝，也得走政變這條路子。

於是，他就在某個角落裡，暗中策劃，準備向他哥哥亮劍。

搞政變是需要有個機會的。

機會真是說有就有。

這個機會就是德妃的出葬。

時間是西元 915 年十月二十四日夜晚 —— 德妃的葬禮就是在第二天舉行。朱友敬就派幾個死黨偷偷地藏在宮中的寢殿裡。

朱友敬看到他的殺手順利地靠近了朱友貞，心裡大是高興，看來成功了。

朱友貞雖然別的不行，但這時第六感官卻十分敏感。他突然覺得有點不對勁，瞇著眼睛亂往某個地方一看，突然發現了那幾個暗藏的刺客。這幾個人怎麼躲在那裡角落，而且躲得賊眉鼠眼，更要命的是他一個都不認識。這人別的經驗很不豐富，但政變的經驗還是很豐富的 —— 他既參加過他哥哥除掉朱友文的政變，自己又親自搞了一次政變，那根神經比別人都敏感。他覺得不對勁之後，什麼也不想，連鞋也顧不得穿上，光著雙腳跑了出來，翻牆逃跑，迅速召來宿衛兵，派他們到寢殿裡搜索，只要抓到可疑之人，就馬上殺掉。

次日，他就抓到那個重瞳的兄弟朱友敬，「誅之」。朱友敬看到雪亮大刀往自己身上砍來時，這才知道，原來那些「重瞳」的傳說都是糊弄人的。誰信誰倒楣。

朱友貞粉碎了這次差點成功的政變後，對宗室人員就都猜忌起來。他現在只相信趙巖以及德妃的兄弟張漢鼎和張漢傑，以及他們的堂兄弟張漢倫、張漢融。他任命這幾個人擔任親近皇帝的官職，讓他們天天跟著他，參與討論朝廷軍國大事。他對別的人都產生了懷疑，每次出兵，一定派這幾個人去當監軍。

當然，如果這幾個傢伙年輕有為，人品又好，那也他的良輔。可這幾個人當中，沒有一個是有治國理政能力的，被皇帝當成親信之後，沒有對朱友貞提出過什麼好的建議，反而把仗依勢弄權、賣官鬻獄、離間舊將相的事搞得風風火火。

本來，敬翔和李振兩人是執政大臣。這兩個大梁老一輩革命家，在朱全忠時代，深得朱全忠的信任。朱全忠把朝廷工作都交給他們主持——事實已經證明，他們對朱家忠心耿耿，而且工作能力極強——能讓朱全忠滿意，工作能力是真的不一般。可是趙巖他們得勢之後，絲毫不把這兩人放在眼裡，朱友貞也把不他們的話當一回事。他們提出的方案，在朱友貞那裡，從來沒有被採納過。李振覺得還在這裡混下去，真沒有意思了。於是就稱病不上班，以躲避這夥人。

於是，本來就人才凋零的大梁朝廷，就只剩一夥沒有政治頭腦、只有仗勢甚的腐敗人士把持了。

7. 劉鄩困戰失策，劉巖怒斷大梁

前線的劉鄩還在努力。劉鄩打到現在，內為朱友貞所逼，外被李存勗的部隊壓迫。他本來是想先高掛免戰牌，拖到晉軍抗不住的時候再反擊——這也是他目前能想到的最好的辦法。因為河東已經將舉國之兵集中於此，士兵們可以拖下去，但糧草絕對不能拖下去。只要他死守不出戰，大家就在那裡比拚物資的消耗。只要朱友貞全面動員，全力保證他的物資的供應，他就能頂下去，頂到晉軍的糧草吃光的那一刻。到時，如果李存勗因為糧草缺乏而撤軍，那將是一個大大的機會。糧盡而退，如果約束不好，就會形成一次難以挽回的潰敗。

但是，朱友貞和趙巖那一夥，真的不能理解這樣的策略戰術。他們看到劉鄩在那裡什麼也不做，那是在向敵人示弱，甚至是在養敵自肥。他們很憤怒，逼迫劉鄩出戰。於是，劉鄩出戰了；於是，劉鄩大敗了。

大敗了的劉鄩，還是不能什麼都不做。你什麼都不做，就意味著怠工。

劉鄩不敢出戰，就只好又玩了個詭計 —— 詐降計。

劉鄩派幾個士兵去向晉軍投降。

李存勗還真的上當。

這幾個詐降的士兵的主要任務就是，取得李存勗的信任，然後想辦法毒死李存勗。

這幾個士兵前幾步做得很好，他們順利地辦理了投降手續，然後順利地取得了李存勗的信任。可是最後一步，卻沒有做好。當他們準備放毒時，被李存勗發現了。於是，他們就只好被斬首。

大梁朝廷的薄弱之相，已經讓人看得十分明顯了。

就連遠在嶺南的劉巖都深刻地感受到。劉巖和劉隱這些年來，一直堅定地掛著大梁的招牌，但現在劉巖認為，這塊招牌已經弱爆了，再怎麼掛也沒有意義了。

劉巖現在的職務是清海、建武節度使兼中書令。他以中書令的名義任命錢鏐為吳越國王。然後任命自己為南平五，並上表請求朱友貞封他為南越王並加都統。朱貞沒有答應。

劉巖就怒了起來，對他手下的部下說：「現在中原亂得像一鍋粥，到底誰是真命天子，大家都說不準了。我們為什麼一定要爬山涉水、萬水千山，去侍奉一個偽庭呢？」他宣布，從現在起，不再鳥朱家王朝了。

8. 劉鄩潰敗，梁晉決戰落幕

當然，還是有人看好朱友貞的。

這個人就是李彥韜。他是李茂貞的岐義勝節度使。他覺得李茂貞的勢力已江河日下，在這個舞臺上舞不了幾天的。

這些年來，李茂貞都在被王建勢力壓著打。

王建自從太子事件發生後，整個人的精神世界都變了，疑心越來越重。

西元 915 年十一月，王建的宮殿裡發生一場大火。王建到蜀地經營之後，就把很多寶物都儲藏在百尺樓裡，結果卻被這場大火全部燒成灰。當大火發生時，王宗侃首先發現，他就在第一時間帶著部隊跑過來，打算入宮救火。可是王建卻關起門來，不讓任何人進去 —— 他怕這些養子又會乘亂生事。這些人一生事，比這個大火後果嚴重得多了。大火只不過燒了那些寶物和建築物，這些人一生事，他的命就沒有了。

大火自由自在地燒了整整一夜，直到第二天早晨，還沒有完全熄滅。

王建這才出來跟群臣見面。王建下令有關部門把太廟神都召集起來，然後又叫他們去巡察都城。草草布置了這些任務之後，他又轉身回到宮中，繼續把宮門關起來。

王建雖然面對這些功臣養子時，覺得霧裡看花，越看越覺得看不明白，越不明白疑心就越加重。但他看李茂貞還是很明白的，知道完全可以欺負一下李茂貞。

也就是成都發生火災的幾天後，他命令王宗翰引兵出青泥嶺，去進攻固鎮。固鎮並不堅固。王宗翰一攻即克，然後繼續前進，在泥陽川與鳳翔的秦州守將郭安謙相遇。相遇之後，就是大戰。

王宗翰向來看不起鳳翔軍，一看到郭守謙，手一揮，縱兵而出。哪想到，這次郭守謙卻硬得很，王宗翰衝了幾次，都撞到了堅硬的牆壁，結果被郭守謙一頓反擊，居然敗了下來，退保鹿臺山。

王建大怒，老子剛剛被大火欺負了一次，本想從李茂貞那裡獲得一點心理安慰，哪知又被人家打回來。他可以在大火面前表現得很柔軟，但絕對不能在李茂貞前面軟弱。必須把李茂貞打幾一場。

王建又派王宗綰和王宗鐸出戰。

王宗綰帶著部隊出擊，在金沙谷跟秦州兵打了一場，取得了勝利，活捉鳳翔大將李彥巢，然後乘勝進軍秦州。

王宗鐸也攻克階州，逼迫階州刺史李彥安投降。

王宗綰再攻取成州，生擒其刺史李彥德。

蜀軍這一次，真的氣勢如虹，很快就打到了上梁枋。

鳳翔的秦州節度使李繼崇對形勢進行了一次全面的評估，覺得自己無論如何都不是蜀兵的對手。既然打不過，何必去打？就派他的兒子李彥秀拿著節度使的大印，來到蜀軍的大營前請降。

王宗絳率軍進入秦州。

於是，秦州就這樣劃入王建的版圖。

鳳翔的幅員就更加狹窄了。

李茂貞接到情況後，也只是在鳳翔那裡苦著臉。他的部隊戰鬥力到現在都沒有提升一點。他雖然有很多養子，可是他的這此養子都不成材，比王建那些養子差得太遠了。目前他手下最能打的仍然是劉知俊。前些時候他派劉知俊去打大梁的邠州，但打了半年沒有打下來。此時，劉知俊還在邠州前線，而他的家屬都在秦州。他聽說秦州已經降蜀，他的家屬都已經被遷到成都。他的心情馬上就複雜起來。他是外來人士，向來就得不到李茂貞百分之百的信任，當年李茂貞身邊一個工作人員進他幾句讒言，李茂貞就把他的兵權全部奪取。現在家屬被遷到成都，據說還很受優待，李茂貞得知後，還能對他客氣嗎？如果他還帶兵在前線，李茂貞對他的疑心就會更重。於是，他果斷撤兵回到鳳翔。他回到鳳翔之後，越想越怕，連夜帶著七十個親兵，斬關而出，投奔蜀軍。

王宗綰和王宗瑤繼續攻打鳳州，也是一鼓而下。他們這一次出兵，拿下了幾個大州，迫降了李茂貞的幾個大將，連劉知俊這樣的戰將都不得不前來歸順，可謂收穫極大。

李茂貞這時真的有點風雨飄搖了。

李茂貞的另一個死黨岐義節度使、同平章事李彥韜看到自己的老闆，已經再也無法硬起來了，再當他的死黨下去，就只有死了。於是，他也舉耀、鼎兩州向大梁投降。

朱友貞這些日子一直過著無比鬱悶的生活，突然收到李彥韜的降表，當然喜不自勝。想不到啊想不到，都破落到這個地步了，居然還有人主動歸順。他馬上下令，改耀州為崇州、改鼎州為裕州，改義勝軍為靜勝軍，恢復李彥韜原來的溫姓，賜名昭圖，所有職務都保留如故。

朱友貞粉碎弟弟的陰謀之後，又繼續逼迫劉鄩出戰。

劉鄩知道，繼續出戰只有繼續失敗。因此，他就咬緊牙關，閉門不出，不管朱友貞怎麼派人前來催促，他就是閉壁不出。

李存勗當然知道劉鄩的用意，他比誰都知道，如果老是這樣跟劉鄩對峙下去，最後吃虧的必然是他和他的部隊。

當然，現在主動權都牢牢地掌握在李存勗手中，如果他覺得不能繼續對峙下去，完全可以撤兵回去——反正已經取得多次勝利了，這樣撤兵回去，也同樣可高奏凱歌。但他不願這樣就撤走。好不容易把大梁最能打的將領逼在這裡，也把大梁的主力部隊死死地按倒在莘縣，哪能輕易放過？

李存勗沒有辦法，就想出了一個辦法，先是高調宣布自己到貝州勞軍，只留李存審在那裡跟劉鄩對峙。他到了貝州之後，又高調宣布回晉陽。

劉鄩雖然天天躲在軍營裡，誰都沒有看到他露面，但他一直在集中所有的精力關注著李存勗的動靜。

劉鄩得知李存勗要回晉陽的消息後，馬上就興奮起來，他馬向朱友貞請求去襲擊魏州。

朱友貞這些日子以來，唯一的工作就是逼迫劉鄩去戰鬥 —— 只要你去戰鬥，不管打哪個地方，他都同意。

朱友貞看到劉鄩的奏表後，馬上就回覆：「現在全國的命運都掌握在你的手上。社稷存亡，在此一舉。朕沒有別的話說，只希望你努力去戰鬥。」

朱友貞確實把這一戰當成是國運之戰。他又派楊延直引一萬部隊向魏州出發。

朱友貞對楊延直是很有信心的。因為楊延直長期在楊師厚手下混，應該有豐富的作戰經驗，所以他才派楊延直出戰。

哪知，楊延直雖然長期跟隨楊師厚，可他也一直在楊師厚的指揮下工作，向來是聽命令列事，自己很少拿主意，而且人又大意。他根本沒有想到，現在大梁已經被逼到了牆角，到處是危機四伏，劉鄩在莘縣那裡，被壓迫得氣不敢出。在這樣的情況，帶兵大將就必須時刻提高警惕。可是楊延直居然沒有一點警惕性。他半夜來到魏州城外後，就紮下營寨，自顧自地好好休息，準備休息好了就打仗。在他那個呆板的思維裡，好像魏州城裡的敵人是等他來打的。

魏州城的守將一直就怕梁兵來襲擊，時刻都保護最高級別的警惕。他們很快看到楊延直的部隊已經來到城南。

魏州守將立刻知道，這是襲擊他們的好機會。

於是，魏州兵連夜摸黑集結起來，挑選了五百個壯士，偷偷開門出來，對楊延直進行襲擊。

楊延真打死他都沒有想到，魏州兵居然會對他來個夜襲，措手不及之下，士兵們都被打得四處潰逃。

次日，也就是說楊延直的部隊潰逃之後，劉鄩才引大軍來到魏州。

劉鄩本來是想對魏州進行一次突襲，但楊延直這麼一搞之後，突襲的機會已經全部喪失。更要命的是，這一切都在李存勗的算計當中。李存勗一直盼望劉鄩能出營，現在劉鄩終於出營，李存勗高興得幾乎要跳起沙陀大舞來。

當劉鄩剛剛與楊延直會合時，還沒有邁開下一步，突然發現，李存審的部隊已經尾隨而至，李嗣源也率軍從城裡殺出。而更要命的是，李存勗的大軍也從貝州飛奔而來，與李嗣源同一時間出現在陣前，滿臉笑容地面對劉鄩。

劉鄩見到李存勗的那一刻，只驚得腦袋幾乎要爆炸，不由叫起來：「那不是晉王嗎？」

劉鄩立刻知道，自己上當了，整個大梁都上當了。

劉鄩哪敢應戰？他引兵稍退，準備尋個空隙逃回去。

李存勗能讓他逃嗎？李存勗好不容易創造了這個機會，哪能輕易讓他逃出去。他率著部隊步步緊逼。

劉鄩退到舊元城西面時，李存審的部隊又壓了上來，截住了劉鄩後退之路。

李存勗知道，圍殲大梁主力的時機到了。

於是，李存審在東南面擺開陣勢，李存勗則在西北面擺出方陣。

劉鄩已經無法再逃了，只得擺出圓陣對敵。這是個被逼得四面受敵的戰陣。

晉兵率先發動進攻。

劉鄩只得拚命抵抗。

劉鄩抵抗了很久，最終抵擋不住。

梁兵大敗 —— 沒有理由不大敗。

劉鄩率幾十騎兵殺出重圍，逃得性命。而大梁十多萬步兵被李存勗死死圍住，四面攻打。很多梁兵都爬到樹上，以致樹枝都被壓斷。

劉鄩逃出之後，梁軍的指揮系統已經當機，幾萬士兵各自逃跑。

晉軍則追著揮刀砍殺。

梁軍一直逃到黃河邊上。晉軍砍殺到黃河邊上。結果，十多萬梁兵全部被殺死或淹死。

劉鄩收集部分散兵從黎陽渡過黃河，退守滑州。

從魏州兵變引發的梁晉之戰，到此終於宣布結束 —— 當然是以梁兵全部被殲而結束的。

9. 晉陽危城夜驚魂

在劉鄩的部隊被全殲之後，大梁匡國節度使王檀向朱友貞提出了一個建議：發關西之後，襲擊晉陽。

朱友貞一看，這才記起，關西那邊還有兵馬啊。為什麼忘記了？他馬上答應了王檀的請求。

其實，當李存勗跟劉鄩對峙的這段時間裡，河東幾乎所有的部隊都集結在魏博一帶，晉陽已經十分空虛。當時劉鄩就已經看出晉陽的空虛，曾出奇兵去奔襲過晉陽，只因天公不作美，把他好好的妙計搞砸了，最後被逼得回守莘縣。如果朱友貞是一個有策略眼光的人，能通盤考慮整個形勢，老早就應該派關西兵直取晉陽了。如果前一段時間，關西兵去攻晉陽，李存勗必須疲於奔命，最後結果如何，誰都說不清楚。

王檀得令之後，馬上發河中、陝、同華諸鎮共三萬人，出陰地關，直奔晉陽城下，而且晝夜急攻。

晉陽城的守將們也跟朱友貞一樣，徹底忘記了關西還有一支部隊可以直擊晉陽。直到王檀的大軍突然出現，他們才如夢方醒。城中真沒有多少武裝力量。他們就只得把各部門的丁匠等人集結起來，外加到大街上，驅趕市民跑到城頭上戰鬥——不管你會不會提刀砍人，至少可以讓城頭多有幾個人頭，讓人覺得不那麼空虛。

王檀的部隊幾番猛攻，好幾次都衝上了城頭。

張承業已經嚇得不說不出話來。

在這個關鍵時刻，有一個人冒了出來。

這個人叫安金全。他前去面見張承業，對張承業說：「晉陽是晉王的根本之地，如果失守，就什麼都完了……」

張承業想哭著地看著他，洒家也沒有辦法啊。兵員都被晉王帶去打劉鄩了。現在晉陽只有非武裝人員了。你叫我怎麼守啊。

安金全說：「如果你信得過我，就請把庫房裡的兵器都交給我，我幫你去打仗。」

張承業看到安金全主動前來請戰，那真是求之不得，當場把兵器庫都交給他。你想怎麼打你就怎麼打吧，不要再向我請示了。

安金全帶著自己家族的幾百個子弟，全副武裝之後，在夜間出北門，在羊馬城內，突然向梁兵發動襲擊。

梁兵這些天來，都是按晉陽兵的頭在地上摩擦。他們都知道，晉陽城裡已經沒有多少兵力了，即使是城頭上的那些守城人，大多都沒有經過戰鬥訓練的 —— 因為他們看到，上面很多人連往城下扔石頭的姿勢都那麼業餘。他們都下定決心，天亮之後，對晉陽進行最後一戰，中午可以在晉陽城裡開飯了。他們現在即使做夢，也只會做著在晉陽城裡吃午飯的夢，絕對沒有誰夢到晉陽會派武裝人員前來他們的軍營。

當安金全的襲擊小隊殺進梁兵的軍營，梁兵開始還以為是幻覺，後來發現殺聲和慘叫聲是真實存在的，這才知道真的不妙了。大驚失色之下，都抱著腦袋到處逃跑。

如果王檀是個出色的將領，肯定會在這個時候加倍冷靜，知道晉陽城裡已經沒有多少兵力，現在出來劫營的，也不會有多少人，只要應對得當，仍然可以把安金全全部殺掉。如果安金全被全部消滅，則晉陽城裡的守軍就會膽寒，天亮之後，恐怕不用進攻，都可以拿下這城了。

可惜王檀沒有這個能力。他急切之間，只引兵退到安全地帶。

他一退到安全地帶，晉陽也就安全了。

此時，昭義節度使李嗣昭聽說王檀突襲晉陽，也急遣牙將石君立帶五百騎兵來救晉陽。

本來，以王檀之眾，這五百騎兵根本不算什麼。

可是王檀經過那場夜襲之後，全軍上下的心態已經發生了巨大的變化，個個都還心有餘悸。

曹穢說過，打仗靠的就是勇氣。

石君立接受任務後，早上從上黨出發，一路狂奔，傍晚就來到了晉陽。

可以說，他這五百騎跑了整整一個白天，這時已經很累了，如果王檀能鼓起勇氣，揮軍迎戰，完全可以秒殺這支五百人的疲憊之師。

可是，王檀只是部署部隊扼住汾河橋。

他只想把援軍擋住。

石君立一看，這麼多部隊擺在這裡，居然就玩了個消極防守。他帶著部隊，就衝過去，一下就把王檀的部隊衝擊得七零八落，然後直奔晉陽城下。

石君立衝到晉陽城下後，對著城頭大呼：「兄弟們，昭義的大軍已經抵達！」

張承業大喜，把石君立放進城中。

石君立對王檀已經很看衰了。

他稍事休息之後，又跟安金全商量，決定再對王檀來個夜襲。

夜裡，石君立和安金全帶著幾支夜襲隊，分別從諸門出去，去攻打王檀的軍營。

王檀確實是個不長記性的人。上次被安金全夜襲一次，被打得灰頭土臉，居然沒有汲取教訓。他更沒有記住，目前晉城裡並沒有幾個兵，雖然增加了石君立的幾百騎兵。但幾百騎兵的殺傷力並不強大啊 —— 即使被夜襲了，只要保持冷靜，仍然可以轉敗為勝。

然而王檀的腦子根本不夠用，當他再次被夜襲時，又跟上次一樣，被襲擊得手忙腳亂，毫無章法。結果全軍在這次夜襲事件中，直接損失百分之二三十，即使到了這時，王檀的部隊人數仍然多於晉陽部隊好幾倍。但他被兩場夜襲搞得心裡全是恐懼的情緒，覺得再打下去，他會在夜裡被晉陽兵全部打死。

於是，王檀稍稍把部隊撤走了。

晉陽城裡的張承業這才狠狠地鬆一口氣 —— 王檀啊，你要是再堅持進攻，我真的守不住了。

這次晉陽能免保住，全靠安金全這個退休老將在發揮餘熱。

當李存勗得知王檀奔襲晉陽，他也嚇得坐不住了。要是晉陽有失，他真的什麼都完了。

在很多人看來，當他得知晉陽保衛戰取得全面勝利之時，一定會大大表彰保衛晉陽的第一功臣安金全。哪知，李存勗有個很要命的性格，就是「矜功伐善」—— 也就是喜歡居功自誇，向來認為自己是當今天下第一軍事大家。一談到打仗，他都要親自部署，而且都能算無遺策。現在他覺得晉陽保衛戰的謀略不是由他親自部署的，他就很不以為然，對安金全居然也沒有什麼獎賞。李存勗的這個性格，也為他最後的結局埋下了伏筆。

安金全只能在那裡無話可說，原來帶著全族男丁去拚命，拚得死去活來、保住晉陽之後，只立了個烏功。

安金全覺得自己很倒楣，但最倒楣的還是賀德倫。

賀德倫投降之後，被委任為大同節度使，但他到晉陽之後，就被張承業留下來。當王檀突襲晉陽時，他手下很多士兵都跑去投奔王檀。張承業得知之後，怕賀德倫起事，就把他抓了起來，然後斬首。

第七章　昏招釀禍，魏博倒戈；用兵失當，劉鄩連敗

第八章
掃平群弟，阿保機稱帝；解幽之圍，李嗣源奮戰破契丹

1. 吾事去矣

朱友貞先是接到劉鄩全軍覆沒的消息，接著又接到王檀攻晉陽失敗的戰報，立刻放聲悲嘆：「吾事去矣！」

他沒有理由不「吾事去矣」。你想想，一個靠政變起家，手下沒有幾個人才，還沒有坐穩龍椅，就先把老爸留下的那些老臣舊勳全部擠出權力中心，自己身邊全是幾個只會貪而沒有別的能力的年輕小混混，他的事業會有起色嗎？更要命的是，他不知兵法，完全沒有一點策略眼光，偏偏天天去催促劉鄩出戰 —— 他以為只要劉鄩敢出戰，就可以把李存勗打退回去，他的地盤就平安無事了。即使劉鄩已經反覆指出，目前萬萬不可出戰，把理由也說得很充分了，但他仍然不理，仍然不斷派中使去催促劉鄩出戰。結果大梁的主力全部打完，弄了今天這個局面。

在朱友貞大嘆吾事去矣時，李存勗沒有停下來。

這人雖然比他的老爸講政治，也比他老爸讀書多，很多見解超過他的老爸，看起來也比他的老爸斯文，但他最喜歡的不是在宮殿那裡運籌，而是一有時間就帶著部隊上前線，而且親自衝殺在第一線，敢戰鬥、敢冒險，把自己智勇雙全的那一面表現得十分到位。

他打敗劉鄩之後，又大手一揮，率兵進攻衛州。

西元916年三月初八，在他大軍壓境之下，衛州刺史米昭抗不住壓力，向他舉手投降。

李存勗又向惠州出發。

惠州刺史靳紹看到李存勗大軍氣勢洶洶而來，哪敢出戰——劉鄩那麼猛，手握十萬大兵，最後都被李存勗打得落花流水，他這幾個兵能頂得住嗎？於是，在李存勗大軍到來之時，他就來個棄城而逃。他以為他棄了城，就能逃出生天。

哪知，李存勗還是派騎兵追殺上來，很快就把他「擒斬之」。

連取了幾個州，李存勗回到魏州，至此，黃河以北的地皮，基本都劃歸李存勗勢力。

朱友貞看到大片地皮被李存勗強奪過去，一點辦法都沒有。他只能在心裡怪劉鄩，怪劉鄩貽誤戰機，作戰不力，讓他喪師又失地。他幾次召劉鄩入朝。

在這樣的情況下，劉鄩敢入朝嗎？劉鄩此前就多次不聽從他的命令，但最後仍然被他所逼，然後就遭到大敗。而且這次大敗，使得大梁元氣大傷，力量已經無法跟河東相比。朱友貞肯定把一切責任都歸到他的頭上，他現在回去，就是送人頭。

朱友貞看到劉鄩堅決不回來，也沒有辦法，他也知道劉鄩在軍中很有威望，如果繼續逼迫，會適得其反。朱龍貞只得妥協，又下了個命令，任命劉鄩為宣度節度使，讓他率兵駐紮在黎陽。

劉鄩的這次大敗，造成的影響是不可估量的。整個河南地區的人們，都進入「大恐」狀態。接著，大家又知道，劉鄩已經多次拒絕朱友貞的召見，心情就更加浮動起來，特別是將士們，心思都在動搖。

如果朱友貞稍有點政治頭腦，在這個關鍵時刻，所做的就是想盡辦法，穩定軍心民心，其他的都是次要的。但他沒有做這些，而是派李霸率領他所部一千多人到劉楊駐紮。

朱友貞對劉鄩很不放心，但對李霸很放心。

哪知李霸對他卻一點不看好。李霸帶著部隊才抵達宋門駐紮了下來。當天晚上，李霸就宣布造大梁的反，帶著部隊從水門入城，大喊大叫著，到處放火剽掠。李霸縱兵搶掠了一番之後，突然記起，自己這次生事，是造反事業啊。造反就應該去打皇宮，而不是在大街上搶劫民間財物。李霸一下找到了明確的方向，就帶著部隊衝擊建門。

朱友貞大吃一驚，李霸怎麼也造反了？朕不是很信任他嗎？

他沒有辦法，只得抱著腦袋，登上建國門的城樓上抵抗。

朱友貞在還皇宮裡時，天天催劉鄩出戰，好像一出戰就可以把敵人打敗。現在輪到他親自指揮了，他立刻就覺得自己毫無辦法。仗原來這麼難打，雙方攻守根本不是你想像的那樣啊。

他抵抗了一陣。他很快就發現，如果就這麼打下去，李霸很快就會攻破建國門。

朱友貞都想哭了起來。

連朱友貞都知道，這個時候，哭也救不了他。

當時，李霸的士兵就扯來帳篷，然後澆上油，用長竿架起來，準備點燃後燒毀城樓。城樓都是木結構，真的要用火攻，朱友貞就是有天大的能耐，也會宣布完蛋。

形勢可以說是十分危急。

朱友貞睜著那雙眼睛，看著李霸士兵們的動作，就知道他們要用火攻了。他更是欲哭無淚，他恨自己為什麼就沒有辦法？老天爺，你救救我啊。

老天爺當然不會救他。

幸虧還有那個杜晏球。

杜晏球這時正帶著五百騎兵屯駐在廣場上。

他看到朱友貞已經完全絕望，再看看叛軍正在忙著做火攻的準備工作，他發現這些叛軍都不穿冑甲，不由心下一喜。他立刻帶著他的騎兵，向李霸的部隊衝過去，拚命搶攻。

李霸的部隊也只有一千多人，本來人數就不多，又在從事造反事業，心裡很虛，看到杜晏球的騎兵衝殺過來，那口氣就洩了下來，四處潰散而逃。

朱友貞看到杜晏球的騎兵在跟敵人硬碰硬，最後把叛軍擊敗，便在城樓上大叫：「你們不是朕的龍驤軍將士嗎？誰是叛軍的帶頭人？」

杜晏球說：「叛亂的只有李霸一都，其他子弟兵都沒有動。陛下只管率領控鶴禁軍守住宮城，等到天明，我一定能夠擊敗叛軍。」

這時李霸的叛軍已經潰不成軍，杜晏球帶著部隊一陣衝殺，就把他們全部剿滅，而且連他們的家屬也都全部誅滅。

杜晏球因此被提拔為單州刺史。

2. 兩個莊稼把式的短命造反

朱友貞被李霸搞得差點尿褲子在建國門城樓上，淮南勢力的老大楊隆演也被宿衛將馬謙和李球劫持了一把。

他們劫持楊隆演的原因是因為徐知訓。徐知訓是徐溫的長子。他仗著老爸是淮南的權臣，誰都不怕，誰都敢欺負，便連楊隆演都經常被他當眾責罵。徐知訓人品和能力都不行，但徐溫因為他是長子，仍然大力培養他。徐溫被任為管內水陸馬步諸軍都指揮使、兩浙都招討使、守侍中之後，去鎮守潤州，留下徐知訓在廣陵代他秉政。

徐知訓主持大局之後，性格仍然沒有改正過來。繼續以欺負他人為樂。馬謙和李球也被他多次侮辱。

兩人心下大憤，決定跟他一拚到底。他們沒有想到別的辦法去搞定徐知訓，就來個靠山吃山 —— 他們是宿衛將，天天跟隨老大，就把老大劫持起來，登上城樓，然後以楊隆演的名義，發兵討伐徐知訓。

徐知訓也是個花花公子，平時仗著老爸的權勢，誰都敢侮辱，可是當馬謙他們真的要跟跟他對打的時候，他那花花公子的原型就暴露起來了。他看到馬謙他們向他發兵時，立刻跳起來，面色慌張地看著四周。

嚴可求問他：「公子準備怎麼辦？」

他說：「逃跑啊。現在除了逃跑我還能怎麼辦。」

嚴可球一聽，差點罵出髒話來，老徐居然生出這麼個兒子。他大聲對徐知訓說：「軍城有變，你首先丟下眾將士、只顧自己逃跑，那大家又依靠誰呢？」

徐知訓這才坐了下來。

大家看到徐知訓終於沒有逃跑，但看到徐知訓那個樣子，好像也沒有什麼好辦法，便都在那裡疑懼不已。

最後大家發現，除了徐知訓之外，還有嚴可求。他們都知道嚴可求是徐溫的謀主，經歷過大風大浪，完全可以力挽狂瀾，徐知訓沒有辦法，他肯定有辦法。於是，都向他看過去。

他們以為，老嚴會馬上進行部署。

哪知，嚴可求把徐知訓穩住之後，便不再說什麼，他甚至根本忽略了大家的存在，打了一聲哈欠，然後進了房間，關起門來睡大覺。只一會，大家就聽到他的鼾聲響亮傳來。

大家看到嚴可求都這樣了，看來老嚴真的已經早有安排，情緒這才穩定下來。

馬謙他們絕對不是搞政變的料，他們劫持楊隆演發兵討伐徐知訓之後，只是在那裡吵吵嚷嚷、高呼口號，然後就陳兵於天興門外，沒有馬上做出實質性的動作。

大家知道，搞政變最講究的是突然性——也就是效率。而他們恰恰浪費了最可貴的時間。

他們還在那裡大喊口號時，朱瑾從潤州來到。他看到馬謙他們擺出的陣勢之後，就徹底放心了，他對大家說：「莊稼把式而已，簡直是業餘得不能再業餘了。根本不用怕他們。」

他說過之後，轉身向著馬謙他們大聲喊話。馬謙在起事之前，顯然沒有做過準備，更沒有對士兵們進行過動員。大家聽到朱瑾的喊話之後才知道，原來馬謙是在帶他們造反啊。造反是要被砍腦袋的。稍不小心就被人帶進溝裡，誤入岐途。他們當然不願造反，便都丟下兵器，逃得一乾二淨。

馬謙想不到只片刻之間，手下人全都跑光，現場就只剩下他和老搭檔李球了。

馬謙和李球這時也懵了，傻傻地站在那裡一動不動。結果，傻傻的馬謙和李球被人家抓住，然後「斬之」。

3. 晉鋒南指，梁士崩瓦解

李存勗知道，現在朱友貞的大梁事業已經進入谷底，必須乘著這個時候，繼續攻打——否則，等他們恢復過來，難度就大了。

李存勗說做就做，他稍事休整之後，於西元 916 年八月，又親自出征，帶兵去攻打邢州。

大梁的昭德節度使張筠看到李存勗大軍出動，雖然是面向邢州，但他內心仍然怕得要命，棄相州而逃。

連李存勗都沒有想到，他能如此輕鬆地拿到相州。

李存勗把相州恢復天雄軍，任命李嗣源為刺史。

李存勗仍然鎖定邢州。他派人去告訴鎮守邢州的保義節度使閻寶：晉王已經拿下了相州，馬上就來攻打邢州了。你看著辦吧。

李存勗還把降將張溫叫來，布置了個任務給他：率領援兵到邢州城下，向閻寶喊話，請閻寶認清形勢，投降晉王。

閻寶看到劉鄩敗了，其他人也敗了，相州投降了，目前也沒有哪路援軍前來跟他並肩作戰，他再怎麼狠也打不過李存勗，不如向張溫和張筠學習——現在這樣的榜樣也太多了。

李存勗就這樣又輕鬆地拿下了邢州。他任命李存審為安國節度使，鎮邢州。

在李存勗放開手腳對大梁用兵時，北方的契丹老大阿保機突然發現，李存勗的主力都壓向了大梁，北方已經十分空虛了，這可是個大好的機會啊。他馬上起兵三十萬——對外號稱百萬，進攻李存勗的蔚州。蔚州根本沒有招架之力。阿保機一輪搶攻，就把慰州攻下，還俘虜了節度使李嗣本。

阿保機奪得一州之後，就派使者去找大同防禦使李存璋，要求李存璋無償送給他大量財物。

李存璋大怒之下，把來使斬了。

阿保機一看，這個李存璋絲毫不把他放在眼裡，必須狠狠地教訓一頓。他馬上率軍去攻打雲州。李存璋率軍力戰，硬是把契丹大軍擋在城外。

李存勗得知阿保機南下之後，也不敢大意，急忙率軍北還，去救雲州。

阿保機也知道李存勗戰力十分強悍，不敢跟他對決，便引兵回去——反正他已經占了便宜。

李存勗雖然回去救雲州，但他絲毫沒有放鬆對大梁的進攻。

他是一面回師救雲州，一面派兵去攻打滄州。

鎮守滄州的順化節度使戴思遠也不敢跟晉兵對壘，棄城而去，直接逃到東都。滄州守將毛璋看到老大都逃了，他還抵抗也沒有意思了，便舉城投降。

李存勗便徙李存審為橫海節度使，鎮守滄州，再以李嗣源為安國節度使。

4. 貝州血降，聯軍北伐

此時，李存勗的主力部隊仍然在圍攻貝州。他們圍攻貝州都差不多一年來了，仍然沒有攻下來。

貝州的守將還是張源德。

張源德力拒晉這麼久，覺得真的很累了。這時他看到河北諸州，都已經被李存勗強占，知道大梁真的沒有多大希望了，信心就直接跌到地板，準備投降李存勗。

他把自己的想法跟大家公布了，問大家有什麼意見？

諸將都認為，我們打到彈盡糧絕才投降，恐怕仍然不能免一死。集體否決了張源德的提議。

大家看到張源德很不高興，知道他還想當投降派，於是，集體發怒起來，把張源德當場砍死，然後繼續固守。

他們固守了一段時間，一直守得糧食都沒有了，以至「啖人為糧」。他們也知道，無論如何也守不住了。他們就派人去跟敵人談判，說他們要投降了，請批准。

城外的晉兵答應了。但他們又說：「我們怕出去投降後，仍然會被你們殺害。請求你們批准我們穿著甲冑、帶著兵器出降，等到我們情緒安定之後，就把我們放了。」

晉人一聽，好啊，只要你們出來投降，什麼條件都不算條件。

於是，三千守兵出降。他們以為，他們這樣做就安全了。

可是當他們辦理完投降手續，脫下軍裝、放下武器變成手無寸鐵之後，晉兵突然從面湧起，將他們團團圍住，然後大刀高舉，把他們全部砍死。

李存勗任命為毛璋為貝州刺史。

隨著貝州的淪陷，黃河以北的地盤除了劉鄩死守的黎陽，都劃入了李存勗的版圖。

朱友貞接到貝州淪陷的報告後，又接到一個讓他想哭的消息：王檀又死了。

王檀並不是自然死亡的，也不是被李存勗殺死的。

王檀現任天平節度使，這人覺得那些強盜很有戰鬥力，平時不作戰時，去打砸搶效率特別高，所以就想辦法把很多強盜招募入伍。而且他對這些強盜超級喜愛，身邊的護衛人員都從這次強盜兵裡挑選。

他很喜歡這些強盜，可是這些強盜向來只講利益，不講政治，更不講道德，他們突然覺得王檀也不是什麼好老闆，便抽出刀來，把他殺掉。

強盜衛兵們殺死王檀之後，就很安靜地在那裡，好像什麼事都沒有發生似的。

王檀的副手天平節度副使裴彥得知後，立刻帶兵出來討伐，把那夥強盜全部殺死。

天平軍這才暫時安定下來。

天平安定了並不等於大梁也安定。

李存勗奪下河北諸州之後，立刻鞭指河南。他要乘著朱友貞喘不過氣來的時候，揮軍南下，一鼓拿下大梁的所有地盤。

李存勗突然記起，現在跟大梁為敵不光是他一家勢力啊。淮南勢力也長期跟朱氏王朝你死我活啊。朱全忠剛稱帝時，淮南勢力就曾多次派使者到晉陽，請求成立反梁聯盟，並強烈請求李克用當聯盟的帶頭大哥。現在何不利用淮南的力量，牽制朱友貞一把？這可是遠交近攻的好策略。

李存勗覺得自己此計甚妙之後，立刻派使者去廣陵，請他們一起打大梁。

大梁跟錢鏐一樣，是淮南的世仇。以前的楊行密恨不得踩死朱全忠，後來的淮南高層也是這個心理。只是他們反覆比劃了多次之後，發現他們的實力跟大梁根本不是一個量級的，因此就把這口氣強行嚥下，只是跟大梁的跟班錢鏐打來打去。這時，他們看到李存勗派人來跟他們聯合，向他們提出聯兵滅梁的建議，馬上就興奮了起來。

徐溫近來雖然跟錢鏐打、還跟馬殷唱反調，他還是擠出時間，拿出部分精力關注一下北面的局勢，他看到晉兵這兩年都在壓著大梁猛打，大梁在李存勗面前，除了失敗還是失敗。大梁被李存勗所滅的結果，完全可以看得出。此時跟李存勗共同伐梁，一來可以洩私憤，二來也可乘機搶占大梁的一些地皮，讓淮南的版圖更加大一點。於是，徐溫毫不猶豫地答應了李存勗的建議，整兵北上伐梁。

西元 916 年十一月，徐溫任命他的兒子徐知訓為淮北行營都招討使。

從這個任命完全可以看出徐溫的私心。他要藉此機會培養他的這個兒子，傾力打造淮南的徐家勢力，要讓徐家成為世襲的淮南權臣。只是不知道他想過沒有，他的這個兒子能成材嗎？在一個殺人如麻的亂世中，把一個殘暴無能的兒子培養為權臣的接班人，跟把他送進死路沒有差別。

徐溫肯定也知道他的兒子不成材，因此還配備了一個老將給他——朱瑾。朱瑾可是晚唐時期就十分活躍的強者，跟朱全忠是同時代的人，救過朱全忠，最後被朱全忠剿滅，對朱家懷著不共戴天之深仇大恨。徐溫讓他跟徐知訓率兵開赴宋州和亳州，配合晉軍南下。

他們渡過淮河之後，就將討伐朱氏的檄文釋出到各州縣，然後包圍了穎州。

遠在湖南的馬殷聽說李存勗已經平定了河北，又聯合淮南共擊大梁，也知道大梁已經到了日薄西山之時。馬殷雖然不斷地搶占土地，現在勢力也比較可觀，但這人也是個機會主義者，自己不敢稱帝，就到處找強枝去傍。當朱家強盛時，他們就依附朱家，現在看到李存勗已經獨霸一方，哪放過依附的機會？馬上就派人到晉陽，表示從此之後，楚地高舉大晉的偉大的旗幟，永遠當晉王的好學生。李存勗當然也遣使回報，大大表彰馬殷。

5. 遙輦九帳動搖時

在南方幾大勢力都極力投靠李存勗時，阿保機也有了新的動作。

阿保機這些年來，看著李存勗和朱友貞不斷地大戰，心裡很高興。你們不互撕得死去活來，我哪有機會統一北方各部，哪有機會消除內部的反對派？

耶律阿保機自從登上可汗之位後，就對三年一屆的可汗選舉制度極為反感，一心一意地要把這個制度丟進歷史的垃圾桶裡。但契丹的傳統勢力還是很強大的。當年他遠征回師之後，本來想挾大功宣布自己當永久可汗，哪知諸部老大硬是逼迫他放棄這個想法，好好地回到現實上來。他只得回到了那個現實，但他並不心甘情願。契丹能擴張到現在這個模樣，是靠他打下來的，憑什麼讓別人來取代他？他拚老命打下的江山，而別人就憑那幾張部落老大的選票就搶過去了？他不服，他絕對不服。他表示遵守契丹的老傳統，是萬分不情願的。他在內心世界裡，無時無刻不強化著自己那個威風凜凜的契丹皇帝夢。

耶律阿保機知道，他當皇帝最大的阻力來自於契丹內部。而契丹內部最大的反對勢力就是遙輦部。因為此前，契丹可汗基本由遙輦部的人壟斷，直到他當這個可汗之後，才終結了遙輦部的這個壟斷。遙輦部當然想把這個可汗奪回來。可是他們又沒有推出有能力的人選，透過戰功來跟耶律阿保機爭奪這個汗位，就只好把希望寄託於傳統的舉行制。他們不能像耶律阿保機那樣四處征戰，就天天在內部到處拉人入夥，加入自己的交友圈，等到選舉時，一舉擊敗耶律阿保機。

耶律阿保機是什麼人，一眼就看穿了他們這個很膚淺的心思。

耶律阿保機不動聲色地在契丹內部進行布局。其實他的做法也很簡單，就是滲沙子。只要有機會，就往遙輦部那裡安插自己部落的人。然後開動宣傳機器，到處宣揚自己的功德，塑造自己無限偉大的光輝形象，使他迅速成為契丹內部無人可比的天才領袖。當時，遙輦部落因為出現了九個可汗，因此被尊稱為遙輦九帳，相當於契丹的皇室。必須把這個招牌也弱化。於是，耶律阿保機把自己的迭刺部落稱為第十帳，使其地位與遙輦九帳相提並論。使得自己的合法性得到了加強。他任命他堂弟耶律迭里特為迭刺部落的夷離堇，設官統領部眾，培養自己的專屬勢力，擴大自己的基本盤。隨著迭剌部的不斷崛起，力量也不斷地增強，耶律阿保機又組建了自己的侍衛部隊 —— 腹心部。他原來就是靠侍衛軍起家的，深知掌握一支忠誠可信的侍衛部隊是十分重要的。這個耶律迭里特十分勇猛。據說有一次，耶律阿保機想吃鹿肉，問誰能馬上搞到新鮮的鹿肉？耶律迭里特馬上就站起來，我去去就來。

他說過之後立刻從內廄裡牽出一匹馬，向山林急馳。那裡生態很好，到處有鹿在飛奔。耶律迭里特發現了兩頭矯健的鹿在奔跑。他一邊縱馬急追一邊放箭射鹿。但聞弓弦響處，一頭鹿已經一頭栽倒在地。大家齊聲喝采。他再射一隻鹿時，坐下那匹馬突然跌倒在地，當場死去。大家的驚叫聲中，耶律迭里特已經一躍而起，手中的箭仍然射了出去，正中另一隻鹿。大家呆過幾秒之後，又是彩聲雷動。

耶律阿保機哈哈大笑，說：「我這個弟弟，真是萬人敵啊。」

據說這人還是契丹絕無僅有的神醫。不管患者有什麼病，只要站在他的面前，他睜著那張神醫的眼睛，稍加端詳，「若隔紗睹物、莫不悉見」——不管什麼病，他都能看得清清楚楚。

有一次，耶律阿保機的胸口發生劇烈的疼痛。他急召契丹神醫，快快來看一看，用什麼藥啊。

耶律迭里特看了一下，說：「膏肓有瘀血如彈丸，然藥不能及，必針而後癒。」然後就對耶律阿保機刺了幾針，耶律阿保機吐出瘀血，疼痛馬上就消失。

耶律阿保機對他很是喜歡，但知道這人的人品並不怎麼樣，只是多給他賞賜，並沒有給他更高的職務。

6. 阿保機稱帝前夜的最後阻力

當時，除了耶律曷魯之外，耶律阿保機還有表弟蕭敵魯、蕭阿古等人都是他最親信的死黨。這兩人都是武力指數極高的猛士，先後擔任他腹心部的老大，每天緊跟著他。後來他還提拔蕭敵魯為宰相。

耶律阿保機步步為營，不斷地把遙輦部落的地位打壓下來，把大量迭刺部的兄弟提拔到重要的職位。他以為，只要他的兄弟們都掌握關鍵部門之後，他的權力就可以鞏固了。

哪知，當他的這些布局都成功之後，跟他唱反調的並不是他時刻都防範的遙輦十帳。而是他的那些位高權重的兄弟們。

在這個時代混，想當皇帝的絕對不止一個人。

契丹內部想當皇帝的更不是耶律阿保機一個人。耶律阿保機這些年的所有布局，都是為自己稱帝作鋪陳。他緊緊抓住兵權，四處征戰，然後以強硬的手段，置聯盟傳統三年換屆一次的選汗制度於不顧，連續九年擔任可汗而不受代，堅定不移地向建國稱帝的目標前進。

在耶律阿保機阿保野心滿滿地準備宣布自己要當契丹的開國皇帝時，他的親弟弟先來造他的反。

耶律阿保機共有四個同母同父的弟弟：大弟耶律剌葛，二弟耶律迭剌，三弟耶律底石，四弟耶律安端。

在所有人類的慣性思維中，兄弟如手足，是最可以放心的。耶律阿保機在掌握執政大權之後，就大力重用這幾個弟弟。耶律阿保機也像以前鮮卑老大一樣，十分仰慕中原漢文化。他認為，只有吸收中原的這些文化，才能讓契丹更加先進強大起來，才能把契丹的選汗機制變革為中原皇帝的終身制、世襲制。於是，他在就任可汗之後，就設置了一個叫惕隱的機構，主要職能就是管理迭剌部貴族的政教，也就是相當於中原王朝的文官機構，負責協調貴族集團的內部事務，全力打造耶律阿保機的光輝形象，以便確保他們對耶律阿保機的忠誠。當時就有「惕隱治宗族，林牙修文告」的說法。可見這個機構對於耶律阿保機來說，是多麼多麼地重要。他任命他的大弟耶律剌葛為首任惕隱，地位僅次於耶律阿保機。其他幾個弟弟當然也都有權有勢。

耶律剌葛成了地位僅次於耶律阿保機的領袖後，仍然沒有滿足。

他也想當可汗。

耶律剌葛知道，現在哥哥的權威雖然無人可匹，但因為哥哥廢除傳統選汗制度的行為，還是深受契丹保守勢力的忌恨的，只要自己打出恢復傳統選汗制這張牌，大家仍然會支持他。

耶律剌葛這麼一評估，搞定哥哥的想法就更加堅定了。

耶律剌葛雖然知道，他的支持者會很多，但他也不敢公開透明地起事。他也只是跟他那幾個弟弟在一起商量。

耶律阿保機到這時對他的四個同母弟弟最為信任。他每次出征，都把這幾個弟弟留在後方，管他幫理後院。

耶律剌葛就找來自己三個弟弟以及耶律轄底、耶律迭里特以及那個老早就成為耶律阿保機反對派的耶律滑哥，一起商量向耶律阿保機發難，把鳥位奪過來，以後我們兄弟輪流當可汗。

幾個人一聽，都極度興奮起來，我們幹就是了。

這幾個傢伙不但勇猛，而且智商也很高，辦事細密，很快就做出了方案。

他們把行動的每個細節都進行了反覆推敲，認為真的是萬無一失。

其他幾個人都知道，這次行動關係到他們的身家性命，成功了固然飛

黃騰達 —— 可以輪流當可汗啊。失敗了，性命就完蛋。所以，每次祕密會議之後，大家都強調一定要做好保密工作。這個方案的重中之重，就是保密工作 —— 只要耶律阿保機不知情，他們就一舉成功。

然而，他們中年紀最小的耶律端安，參加會議之後，心情還保持著無比的激動，回到家裡，面對可愛的老婆，居然就說了出來。他天真地認為，說給老婆聽，應該沒有事吧？老婆哪能出賣自己？

當他這樣認為的時候，就沒有想過，他和耶律阿保機可是親兄弟啊。耶律阿保機對他也是極為信任，可是他這個兄弟現在都在向哥哥磨刀霍霍。可以說，在這個險惡的社會裡，真的誰都難以信任。你永遠猜不了第二個人內心的想法。

耶律端安的老婆叫黏睦姑。她聽了丈夫的話後，就覺得天要塌下來了。她覺得自己丈夫就這個模樣，能動得了無比英雄的耶律阿保機嗎？你這是要把全家的性命都要搭上啊。你不怕死，你可以去作死，但我不想死。於是，她向耶律阿保機告了密。

如果是別人告了這個密，耶律阿保機還真不敢相信，自己的弟弟居然要謀害他？而且是四個都團結起來，要把他幹掉，這是什麼世道啊。他費盡移山心力，防範遙輦十帳，現在遙輦十帳沒有動靜，自己的弟弟們都在磨刀霍霍，做好了把他一舉幹掉的可行性方案，就等他回去送死了。

耶律阿保機一旦有了防備，幾個弟弟方案再怎麼周密，再怎麼萬無一失，也是廢紙一張。

耶律阿保機輕鬆地粉碎了弟弟們的政變。他心裡肯定很憤怒，但他仍然念在兄弟的情分上，放過這幾個傢伙。他在宣布粉碎諸弟的陰謀後，就跟這幾個腦後有反骨的弟弟登到山頂，殺牲對天盟誓，然後赦免了他們。唯一被處理的就是陰謀的發起人耶律刺葛 —— 被貶為迭刺部的夷離堇，然後封告密有功的黏睦姑為晉國夫人。

可以說，耶律阿保機對他的弟弟真的是太寬大了。

耶律阿保機以為自己對他們已經很寬大了，他們就會感激他的不殺之恩，從此之後，老老實實當他的弟弟——當他的弟弟也是一件很幸福的事啊，這個天下，有多少人都恨不得成為他的弟弟呢。

可是他的弟弟們卻不這樣想。

他們對哥哥的寬大一點沒有感激。他們反而認為這是老天再給他們一個機會。

第二年（也就是西元 912 年），再次經過充分的準備工作，他們又向耶律阿保機發難了。

這年七月，耶律阿保機又帶兵出征討伐阻卜部。他還讓耶律剌葛領兵去攻打平州。大概他以為，他仍然讓這個大弟帶兵去打仗，讓這個大弟覺得自己還十分信任他，就會感激他。可是他沒有想到，一個心裡裝滿了野心的人，是不會感激任何人的。

耶律剌葛沒有想到自己這個無比英明的哥哥居然這麼對待自己，心裡哈哈大笑。他帶著部隊出發，於十月真的把平州一舉攻克。

耶律剌葛打下平州之後，突然帶著部隊截斷耶律阿保機的歸路，逼迫耶律阿保機舉行可汗改選大會。

耶律阿保機萬萬沒有想到，這個弟弟居然會來這一招——以前各部首領也曾逼他進行選舉過，被他成功地規避。現在耶律剌葛又來這一套。耶律阿保機現在手裡的部隊比耶律剌葛更多，他的軍事能力也比這個弟弟強了無數倍。但他不能硬拚。因為按傳統觀念而言，他的弟弟真的站在傳統道德的制高點上。如果開戰，他在政治上就會丟分，弄不好各部士兵都會被對方洗腦，然後離他而去。

耶律阿保機看了看對面的耶律剌葛一眼，便轉身而去，帶著部隊南下，然後集結起來，搞了個燔柴儀式——也就是祭天儀式，向全契丹人民宣布，經過諸部代表的投票，耶律阿保機再次當選契丹諸部可汗。

哈哈，你們不是說可汗是需要選舉嗎？現在我就是透過選舉起來的。

那幾個弟弟沒有想到，他們的哥哥還有這一手。當他們還在北邊那裡傻傻地等他回來舉行選舉時，他已經成功當選了。一招就堵塞了諸弟們的口實。

那幾個弟弟也無話可說了。便者派出使者，向他請罪。

耶律阿保機仍然沒有對這幾個弟弟怎麼樣，只是對他們進行一場訓話，要求他們對自己的行為，進行一次全面、深刻地反省，從此改邪歸正，重新做人。

可是沒有幾天，諸弟就發現，原來他的這個選舉是個假選舉，是專門用來糊弄他們的。哥哥啊，你也太流氓了。你既然流氓，我們也就不顧忌兄弟之情了。

幾個弟弟把哥哥定性為流氓之後，覺得採取陰謀詭計幹掉哥哥就更理直氣壯了。

同時他們又清楚地意識到，現在哥哥既然敢明目張膽地搞假選舉，再拿這個選舉來跟哥哥玩，只有屁用——傳統規矩對耶律阿保機已經完全沒有一點束縛作用了。如果還用這個傳統規矩，不但不能約束耶律阿保機，反而把他們束縛了。耶律阿保機能強硬到這個地步，最重要的底氣，就是因為他掌握了兵權。

只能跟他硬對硬。

他們經過密謀，決定以傳統規矩與武力相結合的辦法跟耶律阿保機攤牌。

當然，這幾個兄弟並不傻，他們比誰都知道，現在耶律阿保機掌握著全部的兵馬，而且他本人更是能征善戰，在北方大地上，幾乎是戰無不勝，從未遇到敵手 —— 便連南方的強者李克用對他都還忍讓三分。他們手裡這點武裝，去打打獵、剿剿匪，也許還可以，但要是跟耶律阿保機對壘，除了送死，還真找不到第二條路可走。因此，要用武力，也只能搞突然襲擊。

仍然是耶律刺葛當總策劃。

時間定在西元 913 年的三月。

他們汲取上次的教訓，先把一幫部下叫來，要求他們推選耶律刺葛為可汗唯一的候選人，再強迫耶律阿保機就範。

這話說來很輕巧，但強迫耶律阿保機就範是個大問題。如果耶律阿保機那麼容易就範，耶律阿保機早就不是現在的耶律阿保機了。這麼多年來，在契丹內部，除了耶律阿保機強迫別人就範之外，沒有誰能強迫他就範過 —— 即使他被迫妥協過，但每次妥協，都是以他的勝利而告終的，那些強迫他就範的人，基本都是贏了面子，而輸了裡子的。真正的贏家只有他一個。

他們經過密謀，最後又搞出一個方案，就是派出耶律迭刺和耶律安端去見耶律阿保機 —— 當然不是他們兩個人去見的，而是帶著一千多名騎兵過去見的。他們的意圖是乘著耶律阿保機不備之機，一把將他劫持過來。然後押他前來參加可汗的改選大會，順便把他選下去。一切就可以宣布完美結束。

耶律阿保機連續兩次被弟弟們設計，對這幾個弟弟已經懷著高度的警惕。當他看到這兩個弟弟帶著一千多騎兵前來求見時，就知道他們想做什麼了。你們想念哥哥，大可自己過來，為什麼要帶一千多騎兵前來？兄弟見面，還必需帶部隊防身？

耶律阿保機再也不跟這兩人玩什麼手腕了，在跟他們見面時，話都不說一聲，直接就將他們拿下，然後對他們大聲猛批：「你們身為我的親兄弟，深受我的重用，享盡榮華富貴。可硬是屢次三番地要謀害我。你們第一次搞陰謀，我放過你們。你們接著又搞陰謀，我仍然放過你們。可是你們從來不思悔過，還在處心積慮地謀害我。好像我不是你們的哥哥而是你們不共戴天的仇敵一樣，非要把我搞死而後快。天下有這樣的兄弟嗎？」

耶律阿保機把這兩個弟弟抓起來之後，收編了那一千騎兵。

耶律阿保機再也不客氣。既然你們都兵戎相見了，那就兵戎相見吧。

耶律阿保機帶著部隊去攻打耶律剌葛。

耶律剌葛看到陰謀失敗了，當然不會甘心就擒。他也派耶律寅底石帶一支部隊去攻打耶律阿保機的行宮。

耶律演底石的部隊抵達耶律阿保機的行宮時，沒有遇到什麼抵抗，他直接放火燒了耶律阿保機的輜重和廬帳，奪走了像片可汗權力的旗鼓和祖先的神帳。

當時，耶律阿保機已經率兵去攻打耶律剌葛，行宮那裡只剩下他的妻子述律平。

述律平絕對是個了不起的女性。她的小字「月理朵」，「平」是她的漢名。述律平的祖先並不是契丹人，而是源於回鶻。術律平的幾代祖先都在契丹部落混，都曾做到一定的級別。她的母親叫耶律撒葛只。是耶律勻德實的女兒，也就是耶律阿保機的姑姑。耶律葛只先嫁給拔里諧郎君，生了蕭敵魯、蕭室魯，又後嫁述律平的父親月碗。兩人生了五個子女。述律平是他們的長女。

按照傳統，述律部落和耶律部落是通婚的兩個部落 —— 也就是有著秦晉之好傳統的兩大勢力，彼此都在對方部落裡找配偶。在這樣的大環境下，十四歲的述律平就嫁給了二十歲的表哥耶律阿保機。

耶律阿保機成年後，做得最多的工作就是打仗。而述律平每次都隨他出征。這位美女真不是尋常的女性。她隨耶律阿保機征戰，並不僅僅當隨軍家屬，而是認真學習打仗的經驗，硬是把自己培養成一個「勇決多權變」的女軍事家，經常為耶律阿保機出謀劃策，成為耶律阿保機最重要的謀士。

她曾隨耶律阿保機遠征過大漠，攻打過党項。每次耶律阿保機衝上第一線時，都讓他留守大帳。有一次，黃頭、臭泊二室韋看到耶律阿保機率兵出發後，就斷定大帳已經沒有什麼兵力了，便當機立斷，乘虛襲擊耶律阿保機的大帳。

述律平看到室韋兵大至，毫無懼色，迅速集結大帳的留守部隊，做好準備。待室韋兵滾滾而來時，她縱兵奮擊。

室韋們沒有想到她會突然揮兵而出，不由大驚失色 —— 知道自己失算了。述律平當然不管他們心情，帶著部隊把驚得發傻的室韋兵打得大敗。此一戰，使得述律平名震諸夷。就連李存勗對她也佩服得很。李存勗當年為了穩住契丹，不惜放下身段，常以叔父事阿保機，而稱述律平為叔母。

當耶律演底石的部隊殺到行宮、縱兵大燒大掠時，他們完全沒有想到述律平的存在。

述律平看到這幾個叔叔在行宮裡大做一場得不亦樂乎，自己手裡乂沒有什麼兵力。但她還是沒有懼色，集結身邊的親兵衝出來，跟這幾個叔叔硬拚，直至援兵的到來，然後又向耶律演底石追擊。但也僅追回旗鼓。

當年四月，耶律阿保機率兵北上，追擊耶律剌葛。

耶律阿保機知道，如果他拚力追擊這個大弟，這個大弟只會繼續向北狂逃，逃得無窮無盡。這可划不來。

於是，他沒有狂追，而是放慢追擊的步伐，分別派人趕超了耶律剌葛，然後在前頭做好埋伏。一切部署停當，這才揮軍猛追。結果耶律被前後夾擊，一敗塗地。耶律阿保機又重奪回了神帳。

耶律阿保機大勝一場之後，諸將都十分踴躍，紛紛要求乘勝追擊，把耶律剌葛往死裡打。

但耶律阿保機卻下令，全軍停下，好好休息，不要老去想戰鬥的事。古人說，不會休息就不會打仗。

諸將都十分不解，都打這個分上了，突然就收手了？難道又要放過耶律剌葛？可要真的放過耶律剌葛，就該下令收兵回去才對啊。現在卻叫大家在這裡就地休息，到底是怎麼回事。

耶律阿保機笑著對大家說：「耶律剌葛的部下突然跟他往北狂奔。他們在茫茫大漠裡毫無目的地奔跑，就會思念家鄉，士氣很快就會低落。等他們士氣低落、無心作戰的時候，我們再去打他們。就會不戰而勝。這是以最低成本獲得最大利益啊。」

過一段時間，耶律阿保機率軍進擊，果然一戰就把耶律剌葛打敗，生擒了這個專門跟哥哥作對的弟弟。

耶律阿保機接著又派兵了其他幾個叛亂分子。但他仍然沒有殺這四個弟弟，只是把帶頭人耶律剌葛更名為「暴里」，然後對暴里和耶律迭剌打了一頓，就宣布釋放。至於另外兩個弟弟耶律寅底石和耶律端安，本來就性格懦弱、能力平庸，向來沒有什麼主見，完全是受耶律剌葛的蠱惑，這才誤入歧途。耶律阿保機沒有對他們作出任何處罰。從耶律阿保機處理這四個弟弟來看，他比中原王朝的那些皇帝要寬大得多了。如果這事發生在中原王朝，政變平定之後，皇帝絕對不會放過參與政變的任何人 —— 哪怕是親兄弟，甚至是父母，通通一刀砍過去。不信參看玄武門事變。

至此，契丹史上著名的諸弟之亂宣布平定。耶律阿保機徹底掃除了建國稱帝的一個巨大障礙。

當然，平定這次叛亂還是付出極重的代價：「孳畜道斃者十七八，物價十倍。」

耶律阿保機事後也曾長嘆：「民間原來有萬匹馬，現在百姓出門，都步行了。」

當然，這些代價都是由契丹老百姓付出的，耶律阿保機沒有什麼損失。

幾個弟弟被擺平了，耶律阿保機仍然不能高枕無憂。

契丹諸部對他的做法仍然極為反感，他們的力量仍然十分強大。

就在諸弟之亂剛剛平定的第二年（西元 915 年），契丹七部老大趁耶律阿保機出征歸來之時，他們突然集結起來，高喊恢復傳統制度的口號，在邊境上攔住得勝歸來的耶律阿保機，強奪了他的可汗權力。

耶律阿保機沒有想到他們會來這一招，可汗之位居然就被他們硬生生地奪去。他沒有辦法，只得乖乖地交出旗鼓，滿口答應退位，然後對他們說：「我還有個請求，請大家也要答應我。」

大家一聽，只要你答應退位，什麼話都好說啊，你就說說罷，我們都是講道理的人，只要你的請求合理，我們堅決同意。

耶律阿保機說：「我這些年征戰漢地，所以手下有很多漢人。我們契丹人可以在草原上游牧，過著休閒的馬背上的生活。但漢人對這樣的生活很不習慣。這樣吧，我把原來屬於我的牧場都讓給你們，你們就讓我去漢地築一座城，讓我手下的漢人在那裡定居，我也和他們一起住。」

諸部首領們一聽，哈哈，耶律阿保機今天受的打擊看來真的很沉重了，居然把他的牧場讓出來 —— 他的牧場可是整個草原最豐美的牧場啊。人一受打擊，腦袋就真的殘了。他們馬上愉快地答應了 —— 唯恐答應得晚了，耶律阿保機突然驚醒過來，那塊大牧場又要泡湯了。

耶律阿保機看著他們得意的神色，心裡冷笑不已。

耶律阿保機不動聲色，他選擇築城的地方就是在炭山東南。他修建的城池就叫漢城。

他挑選這個地方，是有他的道理的。因為這個地方有鹽池，盛產食鹽。契丹各部的食鹽都靠這個地方供應。這才是真的命脈。他掌握了這個地方，就完全可以卡住各部的命脈。

他利用鹽池，跟各部落進行交易，獲得巨大的利益，使得他的勢力又迅速地強大起來。

耶律阿保機在漢城站穩腳跟之後，就開始尋思著如何把汗位重新搶到手中。

述律平對他說：「這個容易。」

耶律阿保機說：「容易？這些天，我一直在想辦法，想到現在還沒有想好辦法。」

述律平說：「略施小計，就可以把他們全部搞定。」

耶律阿保機說：「說說你的小計。」

述律平說：「就做鹽文章。」

耶律阿保機一聽，立刻大叫：「果然好計謀。」

他馬上派人去對諸部老大說：「我們都是契丹兄弟，你們只知道吃我們的鹽，卻沒有一點感恩之心。你們吃了我這麼多年的鹽，從來沒有過來勞犒過漢城人民群眾。」

那幾個老大一聽，覺得很有道理。耶律阿保機雖然很可恨，但他到底還提供了食鹽給我們。如果得罪他，他不再供鹽，也是很不好受的。那就去勞犒他一下吧。就當作公款旅遊一次。

他們抬著禮物來到了漢城。

耶律阿保機看到他們果然浩浩蕩蕩而來，個個都興高彩烈。

耶律阿保機早就擺好了酒席。

那夥人看到耶律阿保機的宴席果然十分豐富，不由都流下了渾濁的口水，看來這傢伙選擇漢城，真是選對了。他在這裡又種田、又經營食鹽專賣，富得流油。我們則在草原上，逐水草而居，看起來很悠閒，其實是全靠天吃飯。天公作美了，草原的草茂盛了，大家的生活就輕鬆了。但每年的冬天，都在考驗著我們。哪比他在這裡，種糧得糧，還可以壟斷食鹽生意。我們在草原就很難辦到這麼豐盛的宴度、很難喝到這麼好的酒啊，今天必須狠狠地喝他一壺，不醉不罷休。

這夥人大吃大喝，都把自己喝得不省人事。

耶律阿保機哈哈大笑，眼神一丟，伏兵四起。

諸部老大都在大醉中死得不明不白。

耶律阿保機殺了七部首領，再用強力手段，征報七部，強迫諸部確認他至高無上的權力。於是，可汗之位又回到了他的手裡。

按照傳統慣例，西元 916 年又是可汗換屆選舉之年。

耶律阿保機這時已經剷除了所有的競爭對手，再怎麼選舉，整個契丹都不會再有誰敢挺身而出向他挑戰了。所以，這次選舉，只有他一個候選人。完全是個例行公事的選舉。耶律阿保機信心滿滿，認真地進行選舉的籌備工作，力爭把這次選舉開成一個團結的大會、勝利的大會、鼓舞人心的大會。

可是有一個人反對他這樣做。

7. 白鶴歸來，契丹稱帝

這個人就是韓延徽。

你一看就知道，韓延徽不是契丹人。他是幽州人，出身於官宦之家。他的父親叫韓夢殷，曾擔任過薊州、儒州、順州刺史。生長在這樣的家庭裡，他很小就接受到良好的教育，他還年少的時候，就表現出過人的才德。劉仁恭發現了他，就覺得他真的奇異不凡，徵召他為幽都府文學等職，後來又授幽州觀察度支使。

如果劉仁恭是個亂世英雄，能打出一片天地來，韓延徽的命運就會是另一個樣子。可是不久，劉仁恭就被他的兒子劉守光關了起來。

劉守光比他老爸更沒有能力，但他卻認為自己得天之助，到處找人PK，弄得幽州事業江河日下，很快就到了窮困的地步。

劉守光也有些怕了起來，他怕李克用打他，還怕朱全忠打他。然後他回過頭來，北部還有契丹勢力。四面全是敵人啊，這樣惡劣的環境，只怕老天都救不了他。劉守光就決定跟契丹搞好關係，如果有可能，就引為外援。

劉守光派出的使者正是韓延徽。

韓延徽是個讀書人，又是宦官子弟，自有一股傲氣，骨子裡就看契丹這些「夷人」不起，因此見到耶律阿保機時，就沒有下拜。

耶律阿保機心下大怒，你一個劉守光的部下有什麼了不起？劉守光和劉仁恭都被我打敗過。你看不起我們游牧民族吧？好啊，我就叫你去牧馬。

於是，就把韓延徽帶到北風那個吹的大草原上當牧馬人。

後來，述律平對耶律阿保機說：「延徽能守節不屈，此今之賢者，柰何辱以牧圉！宜禮而用之。」這個女性實在是很有眼光。這樣的話，就是很多中原謀士都說不出。

耶律阿保機向來聽從老婆的話，又把韓延徽叫回來，跟他舉行一次會談。兩下一聊，耶律阿保機只覺得這人真的太有才了，契丹可沒有這樣的人才，必須大大地重用。

耶律阿保機把韓延徽當成自己最重要的謀主，大事小事都先跟韓延徽商量之後才實施。

當時，契丹的首領們雖然個個都想搶當可汗，其實他們的權力結構都還很鬆散，根本沒有形成一個效的政府機構。於是，韓延徽就為耶律阿保機謀劃，幫助耶律阿保機建牙開府 —— 契丹部落這才算有了政府衙門。

接著韓延徽又幫助耶律阿保機修築城廓，設立市場里巷，用來安置歸順的漢人，讓他們每個人都有配偶、過上正常人的生活，然後教導他們開墾荒地。從此之後，契丹勢力範圍內的漢族人也能安居樂業，逃亡的人越來越少。韓延徽的這個政策，後來被稱為「胡漢分治」。

韓延徽雖然盡心盡力為耶律阿保機出謀劃策，但他到底記得自己是漢人，很是思念自己的故鄉，常常在某個時候獨坐風中，作詩以排遣思鄉之情。

後來，韓延徽實在無法忍離鄉之苦，就找了個機會逃奔晉陽。

李存勗知道他是個人才，得知他來到晉陽之後，立刻他把他召到自己的幕府。

如果沒出意外，韓延徽的命運就會與李存勗綁在一起了 —— 他也想就在李存勗的手下做完這一輩子，因為李存勗確實是個英雄，而且對他也是很尊重，值得他去努力工作。

可是王緘卻向他投來嫉妒的目光。王緘是李存勗的掌書記，絕對算是親信中的親信。

韓延徽是什麼人？他知道王緘在李存勗勢力中的分量。如果王緘害起他來，他就只有死路一條了。

韓延徽這才知道，中原這裡的政治環境比契丹那邊還要險惡得多。他每當想起王緘向他投來的目光，就不由得渾身顫抖。他決定馬上離開這個危險之地。

韓延徽向李存勗請假，說他想到幽州去看望他的母親。他已經很久沒有見到他親愛的母親了。

李存勗說：「呵呵，這是應該的。」

韓延徽從晉陽跑了出來，到了真定之後，就躲到老朋友王德明的家裡。

王德明看著驚魂少定的老朋友，問：「你下一步怎麼走？」

韓延徽說：「現在河北都已經是晉王的天下了。我肯定不能在河北混下去了。所以，我還是到契丹那裡混。」

王德明說：「你剛剛從契丹那裡逃出來，現在又回契丹。他們不把你打死才怪，哪還會收留你這個逃兵？」

韓延徽笑著說：「這個你就不知道了。契丹國主對我是非常的信任。他失去了我，就好比失去了左右手。等他見到我時，他會比任何人都高興。」

耶律阿保機看到韓延徽又回來，果然大喜，第一時間就叫韓延徽過來跟他見面。他激動地拍著韓延徽的後背說：「你怎麼突然失聯了這麼多天。這些天你都去了哪裡？急死我了。」

韓延徽說：「我久離家鄉，思念老母親，想回鄉探母，又怕你不答應，就偷偷地跑回去了。」

耶律阿保機說：「你為什麼又回來？」

韓延徽說：「忘記父母就是不孝，背棄君王就是不忠。我雖然斗膽不辭而別，但心仍然還在老大這裡，所以我看過老母親之後，便又回來了。」

耶律阿保機大喜，讀過書的人就是不一樣，他手下的契丹兄弟們沒有誰能說出這麼有程度的話來，他當場賜名韓延徽為「匣列」。這是契丹語，意是「復來」。當然，他並不僅僅賜給韓延徽一個契丹名字，還當場任命韓延徽為政事令、崇文館大學士，宣布內外大事都讓他參與決斷。韓延徽就成了契丹王朝第一個文官。

據說當天韓延徽南逃時，耶律阿保機做了一個夢，夢見一隻白鶴從帳中飛出。當韓延徽快回來的時候，耶律阿保機又夢見白鶴飛入帳中。第二天早上，耶律阿保機就對侍臣說：「韓延徽回來了。」不久，韓延徽真的回來了。這個故事顯然是編的。誰編的？我想一定是韓延徽和耶律阿保機共同編的。耶律阿保機下決心向中原王朝學習，自己要像中原王朝那樣當契丹的皇帝，就必須重用這方面的人才。契丹內部那幾個耶律兄弟，雖然個個長得肌肉發達，跑馬射箭，個個技術高超，但都是一群沒受教育的猛士。他們上戰場，當他的保鏢，那是很稱職的。可是讓他們處理很多疑難問題、創立一套制度，就難上加難了。韓延徽是從漢地來的，而且學問又高，對中原王朝的體制十分熟悉，完全可以幫他建立一套有契丹特色的王朝機構來。只是這人來自漢地，突然獲得他的重用，成為他排名第一的重臣，只怕那幫耶律兄弟不服。於是，他就和韓延徽創作了這個白鶴的故事，讓大家心服口服。韓延徽不是漢人，而是那隻白鶴，是老天派這隻白鶴來幫耶律阿保機的。於是，大家向韓延徽行禮之時，就毫無違和之感了。

當時，李存勗正與大梁發生大規模戰爭，也怕契丹突然鐵騎南下，他就真的撐不住了，也向契丹派出使者，跟契丹修好。

韓延徽趁機給李存勗寫了一封信，把自己逃離晉陽、再投契丹的事解釋了一番：非不戀英主，非不思故鄉，所以不留，正懼王緘之讒耳。然後請李存勗多多關照老母親。當然，最後他還特別說了一句：延徽在此，契丹必不南牧。呵呵，只要韓延徽還在契丹，契丹絕對不會有一兵一卒南下。李存勗一看，好啊。就是照顧你一萬個母親，都值得。王緘啊，你真好。要不是你把韓延徽逼走，契丹這邊真不好處理。你逼得好，逼得妙。奸臣有時一不小心還真會把壞事做成好事。

韓延徽說過這句後，在李存勗時期，契丹還真沒有大規模深入南侵。

耶律阿保機大力重用韓延徽，最主要的原因就是想借助韓延徽為他創立契丹王朝的體制，讓他成契丹的開國皇帝。

耶律阿保機在跟內部保守勢力的幾番爭鬥之後，終於剷除了阻擋在他通往建國稱帝之路的所有障礙，心裡很高興。當他準備集合諸部長老過來，進行可汗選舉時，韓延徽對他說：「大汗，萬萬不可！」

耶律阿保機說：「為什麼不可？現在誰還敢出來跟我競選？」

韓延徽一聽，原來這人忘記自己的初衷了。

耶律阿保機的初衷是什麼？是皇帝啊。

韓延徽說：「是沒有人競爭。可是大汗全票通過之後，仍然是可汗啊。只要還叫可汗，以後就還得選舉。只有當上皇帝，才可以終生制啊。」

耶律阿保機一聽，差點打自己的嘴巴起來，大叫：「我要當皇帝，不當可汗。」

於是，他當機立斷，廢除了選汗制度，宣布自己是契丹皇帝。

時間是西元 916 年二月。

地點：龍化州。

耶律阿保機雖然做夢也想當皇帝，為了當這個皇帝，他不惜跟兄弟們反目成仇，跟契丹諸首領反覆較量，直到把他們都一一挑落。但他在準備登基時，還是向中原王朝的很多開國皇帝學習 —— 也就是表演一下謙讓精神。當然，這個劇本肯定是由韓延徽創作出來的。先是迭烈部的耶律曷魯率百僚請耶律阿保機上尊號。然後，耶律阿保機擺擺手說，我阿保機何能何德……。但大家固請，說這是廣大契丹人民群的心願，也是老天爺的要求，請阿保機一定要當皇帝。否則，老百姓不同意，老天爺也會有意見。幾個回合之後，耶律阿保機這才假裝認輸，說是拗不過大家的勸說，不得已才當這個皇帝。好像他當得十分委屈，十分過意不去，十分無可奈何。如果老天怪罪，就怪你們啊。

耶律阿保機假裝無可奈何地接受耶律曷魯們的勸進之後，就率部眾修建都城 —— 即後來的上京。他在皇城裡還修了孔廟、道觀、寺廟，大大加速了契丹的漢化。

耶律阿保機稱帝之後，也很想打一場戰爭來為自己的稱帝加持一把。

現在要打仗，當然只能打幽州。

正好這時徐溫派人替耶律阿保機送來一件東西 —— 猛火油，說這是攻城的大利器，只要用它攻城，就可以燒掉敵人的城樓，如果敵人用水來澆，火勢會更猛。

耶律阿保機一聽，原來這個世界還有這樣的黑科技，他很想拿去試驗一下。當然，試驗的地點就是幽州，看看能不能把幽州的城樓燒掉，看看幽州用水來滅火時，是不是越澆火越旺？他覺得這個太刺激了。

可是述律平卻反對他這樣做，說：「哪有為了驗證某件東西就要發動戰爭，攻打另一個國家的？這也太把軍國大事當兒戲了吧？」

述律平說完，就指著軍帳前的一棵樹對耶律阿保機說：「這棵樹已經沒有皮了，它還可以活下去嗎？」

耶律阿保機一怔，剛才是討論攻打幽州，現在怎麼突然把主題轉移到這顆樹上了，但他還是回答：「不可。」

述律平說：「現在幽州城也就跟這棵沒有皮的樹一樣。我們只須派三千騎兵前去，埋伏在幽州城的周圍，搶掠它的四周，使城中無糧可食，不用幾年，幽州城自然會處於困境。何必勞動幾萬人馬亂哄哄地去攻城？而且，此番出戰，萬一不勝，反而成為中原各部的笑話。說不定我們契丹也會隨之解體。」

耶律阿保機一聽，不由汗流遍身。他也知道，現在鎮守幽州的是周德威。周德威是李存勗手下數一數二的大將，不但勇猛，而且極富智計，要想勝他，真不容易。幸虧還有這個老婆提醒。有個好老婆，事業才興旺。

8. 一場被壓榨與壓迫逼出的兵變

其實現在幽州也不好過。

李存勗雖然極力放下姿態跟契丹修好，但他對契丹還是有防範之心的。他不但讓周德威這員老將鎮守幽州，主持北部大局，還讓他的弟弟李存矩在新州當老大。新州緊緊靠著契丹。可以說，李存矩的位置是極其重要的。

李存矩當新州老大，有兩個任務，一是防備契丹的進攻，二是招募北方部落驍勇之士以及劉守光那些逃亡的散卒，以補充南方的部隊 —— 現在李存勗正在跟大梁隔著黃河對峙，雙方都在打消耗戰，前線的部隊天天都需要補充。這個任務也是極為艱鉅的。

可以說，李存勗對這個弟弟的期望值是很大的。

但李存矩卻對哥哥的精神一點不領會。他當了新州的老大，就把自己傲慢的性格表現得很到位 —— 我是晉王的親弟弟，你們這些人算個屁。而且他為人還嚴苛，看誰不順眼，就大加處罰。

李存矩牢記哥哥的囑託，不但要不斷地往南方輸送兵員，還強迫老百姓出戰馬。很多老百姓家裡是沒有馬的。可是他不管，我不管你有沒有馬，我只管你把馬上交過來。沒有馬，你就想辦法。很多老百姓沒有辦法，只得用牛去換馬，最後十頭牛才可以換一匹馬。老百姓們叫苦連天。

李存矩很快就徵得五百匹馬，然後決定親自送到前方。他讓壽州刺史盧文進當他的副將，一起帶馬南下。那些跟隨他一起送馬的士兵都害怕長途差役，不願跟過去。

李存矩一點不理解這些士兵的心思，一路都大聲催促。

士兵們終於憤怒起來了。

小校宮彥璋看到眾怒已成，便對大家說：「聽說晉王正跟梁人戰鬥，騎兵死傷了很多。我們都是有父母妻子的，現在卻為別人去異鄉作戰，千里送死。而李存矩卻如此對待我們。難道大家就這麼甘心受辱下去？」

這話一下就戳中了大家的痛點，他們的怒火馬上就燃燒起來，大聲說：「只有把李存矩殺了，然後讓盧文進帶我們回新州。到時，我們死守新州，誰又能把我們怎麼樣？」

這夥人說做就做，當場拿起武器，大喊大叫著向傳舍衝過去。

李存矩還在傳舍裡最豪華的床上睡著。士兵們撞進門去。李存矩還不知道怎麼回事，幾把大刀就砍過去，把他砍死在床上。

他們殺死李存矩之後，就去找盧文進，請求盧文進帶他們回新州。

盧文進這才知道，他的老大已經被這夥人砍了腦袋，目前屍體還丟在那張床上。他急忙跑進李存矩的房間，撫摸著那具屍體哭道：「你們害死了公子，讓我還有什麼面目去見晉王？」

他更知道，如果現在他不同意當這夥人的帶頭大哥，這夥人馬上就會翻臉，把他也殺了——他們連晉王的弟弟都敢殺，他還在乎一個刺史？

於是，他只得答應他們的要求，帶著大家回新州。

但當他們來到新州城外時，新州守將楊全章卻不讓他們進城。

他們知道，以他們現在的實力是攻不下新州的。於是，他又大喊大叫著衝向武州。李嗣肱帶著兵馬趕來，把他們痛打了一頓。這時，周德威也率兵趕到。

盧文進知道如果再跟他們周旋下去，馬上就會被他們全部消滅。

現在政府軍四面包抄過來，已經把他們很多路都堵死了。他們又沒有根據地，當然不能在野外轉來轉去。最後，盧文進就帶著這夥人投奔了契丹。

9. 周德威自負釀禍

李存勗很快就知道了這事。他萬萬沒有想到，他的親弟弟會捅出這個大漏子來，不但把自己的性命丟了，還誤了他的大事 —— 他現在非常需要補充兵員啊。

李存勗很快就調查到，李存矩不但自己驕橫得沒有極限，還重用身邊的工作人員，甚至他的婢妾們都可以插手新州的事務。那些將士不造麼那就真是豈有此理了。他已經無法再處理他的這個不成材的弟弟了，就把那些跟李存矩一起驕橫並搞亂新州事務的男男女女全部斬之。

李存勗斬完這些人後，心裡還暗自慶幸，幸虧把周德威放在北邊主持全局，否則真的不堪設想了。

李存勗很看重周德威，耶律阿保機也很忌憚周德威，周德威對自己也很自信。

是啊，他沒有辦法不自信。他是李克用、朱全忠時代的老將，不但是河東方面碩果僅存的元老級戰將，就是在這個時代也很難找到他這樣老資格的猛人了。他從晚唐打到現在，打了無數上規模的大仗，打過敗仗，也打過勝仗。但最多的是勝仗。他仗打得有勇有謀，簡直可以說是無人可比了。

他由此就有點自負起來。

話說幽州之北七百里處有個關口叫渝關。關下一條河叫渝水。渝水向曲折而流，直流入海。從關東北順著海有一條路。此路最狹窄之處僅幾尺，兩邊都是高低起伏的山峰。這些山峰都極為險峻，高不可攀。這樣的形勢一直延續到牛口。往時幽州方面都會設置八防禦軍，在此把守。所有的士兵都在本地徵召。這裡的田租也都供給本處的軍用，不需再送薊縣。這還不算，幽州每年都還送來很多棉衣和綿絮來讓這些守關部隊禦寒。這裡每年都收穫很早，收穫完成之後，就堅壁清野，以待契丹的南侵。契丹軍來，他們就關起壁壘來，絕對不主動出擊。等到契丹無可奈何退出去的時候，他們仗著地形熟悉，就派精兵去險要之處截擊，往往把契丹兵打得大敗而走。

這裡的守軍，都是亦軍亦農。他們除了守備渝關之外，還自己耕種田地。不但能自結自足，而且作戰有功，還得到獎賞和提拔。因此他們守關很認真負責，種田時也很勤勞苦幹，作戰更加敢衝敢殺，所以契丹人也不敢輕易前來突破瓶頸。

周德威主持北方大局之後，他覺得自己英勇無敵，誰都不敢惹他——即使來惹他，也會被他打敗，等於是送戰功來給他的。他太想立功了，這個想法到現更加強烈。所以，他從來不擔心契丹入侵，而是怕契丹不來打。所以，他從不修整邊防設施。如此一來，渝關的險要就慢慢被失掉了。

契丹人一看，就經常來到營州和平州之間放牧割草。周德威根本不管。

周德威除自負之外，還不願意看到別人立功——好像整個幽州只允許他一個人立有戰功，他才高興。可這是不可能的，因為每次出戰，不是他一個人去戰鬥的，而是很多將領同時出擊的。尤其是幽州城裡的老將，都是經過戰場打拚過來的，哪個身上沒有傷疤，哪個身上沒掛幾塊功勳章？周德威心裡就不爽了，於是，他就找各種藉口，把這些有功勳章的老將都做掉。這讓幽州將士也很不爽。

10. 幽州解圍

盧文進投奔契丹之後，並沒有老老實實待在那裡當個低三下四的降將。他還必須立有戰功，才可以在契丹立足。

正好耶律阿保機也想打打幽州，盧文進正好當帶路人。

於是，盧文進帶著契丹大軍再攻新州。

此時，新州的守將正是那個安金全。

安金全在晉陽保衛戰中，表現得很出彩，可是當他守這個城時，看到契丹的騎兵滾滾而來時，就有點怕了起來 —— 也許是上次保衛戰中，李存勗沒有獎賞他的原因，現在他也不想拚命了。契丹才開始進攻，他就宣布守不住了，然後棄城走 —— 反正再怎麼立功也不會得到李存勗的認可，那又何必拿老命去拼？

盧文進輕鬆地進入新州，任命他的老部下劉殷為新州刺史，讓他鎮守新州。

李存勗看到盧文進攻下了新州，急命周德威率河東、鎮州、定州的部隊去收復新州回來。

周德威帶著三鎮部隊猛攻新州，連續作戰十多天，都沒有拿下。

耶律阿保機看到盧文進拿下了新州，心頭大喜。哈哈，有了新州，就有進擊幽州的橋頭堡了。一定要守住這個橋頭堡。於是他馬上集結三十萬大軍，急速南下，前往救援盧文進。

周德威率軍迎戰，這才發現，契丹的部隊真是太多了，漫山遍野，幾十萬大軍，奔跑而來，揚起的灰塵都能把天空遮蔽。他手下才有幾個兵？李存勗這段時間主要是集中力量去打朱友貞，留在北方的兵員已經不多，平時搞點維穩工作，那是沒有事的，但要對付契丹三十萬人，簡直是異想天開。

周德威毫無懸念地被打得大敗，然後抱頭奔逃而回。

耶律阿保機這次動員三十萬大軍南下，當然不僅僅是為了救盧文進，而是為了打下幽州。

他擊敗周德威之後，馬上就率大軍進圍幽州。

耶律阿保機對外高調宣稱，他帶來的部隊整整有一百萬。

幽州城頭的將士遠遠望去，只見契丹營地的氈車毳幕漫山遍野，一望無盡。

契丹兵都是以騎兵為主，向來擅於野戰，攻堅戰就很沒有技術。

幽州城很堅固。

耶律阿保機雖然自大地對宣稱他帶了一百萬部隊殺過來，但他望著堅固的幽州城牆，也只是摸著那顆腦袋，沒有什麼辦法。

耶律阿保機沒有攻堅的經驗，但盧文進有。

盧文進對契丹兵進行現場教學，指揮他們攻打城池。他先教契丹兵挖道地，而且是四面俱進。

周德威對於道地戰也是很熟悉的。

他馬上拿出破解的辦法：在城裡挖地穴，然後點燃膏油來阻截從道地裡衝過來的契丹兵。

盧文進又拿出第二個攻堅技術：下令在城外堆起土坡，把土坡堆得比城牆還高，然後居高臨下射擊。

周德威在城中熔銅來投向敵人，當天就殺死一千多契丹兵。

但契丹兵仗著人多勢眾，仍然猛攻不止。

周德威看到契丹這次打得狠猛，而且軍隊人數又多，知道耶律阿保機不拿下幽州絕不罷休。他這點部隊真的守不住幽州了。周德威這才知道，撤走邊防險要的守軍，真是犯了天大的錯。周德威這時哪敢託大，他一面焦頭爛額地守城，一面派人急奔南下，去向李存勗告急。

此時，李存勗正與大梁主力隔河相持 —— 誰堅持到底誰就是勝利。如果此時分兵去救幽州，則這裡就難以支持了。如果不救幽州，又怕幽州有失。幽州有失，契丹軍必定會大舉南下，後果如何，還用花時間去想像嗎？

饒是李存勗向來以當代最偉大的策略家自詡，這時也覺得腦子不夠用了，召集諸將過來討論。

所有的人都認為，還是先打敗梁軍、占領了河南，然後再揮師北上，把契丹那幫野蠻人打回去。現在從黃河邊撤回去，讓大梁有了緩過這口氣，以後就難找到這樣的機會了。

只有李嗣源和李存審、閻寶認為一定要先救幽州。因為契丹一旦占有河北，則河東境內就會大震，軍心立刻不穩，如果急切之間又拿不下大梁，就會被大梁和契丹前後夾擊。試問，以目前河東之力，能扛得住契丹和大梁的聯手夾擊嗎？

李存勗一聽，果然大有道理，他大叫道：「當年太宗皇帝得一李靖，就可以擒住頡利可汗。現在我有三員猛將，還怕什麼契丹。」

接下來討論用什麼戰術去打契丹 —— 畢竟契丹有三十萬之眾，如果沒有好的策略，不但不能打敗他們，反而會被他們收拾。

李存審和閻寶認為，契丹這些游牧民族，向來沒有什麼輜重，他們無法長時間地維持下去。等他們糧食吃光了，自然撤兵回去，到時我們再尾追其後，對他們掩殺一番，必須大獲全勝。

李嗣源卻不同意：「周德威是社稷重臣，現在幽州朝夕難保，只怕這段時間就會發生意想不到的變化。我們哪有時間等待敵人的衰弱？請大王派我為先鋒，馬上趕往幽州。真的刻不容緩了。」

李存勗大聲說：「你說的很正確。」

當天，李存勗就讓李嗣源集結部隊，然後率先前進，在淶水駐紮下來。

閻寶則率鎮、定兩州兵跟在後面。

兩人出發後，李存勗又覺得他們帶的部隊太少了，便又命李存審帶兵過去支援。

耶律阿保機圍攻幽州兩百多天，城中的情況已經萬分危急。

李嗣源和閻寶以及李存審帶著七萬部隊在易州會合。

李存審說：「現在的情況是，敵眾我寡，敵人的騎兵多，我們大多都是步兵，如果在平原地帶相遇，他們就會以鐵騎蹂躪我軍。我們就會被踩為泥醬。」

李嗣源說：「契丹兵沒有輜重，我們的部隊都是糧草隨行的。如果跟他們在平原相遇，他們一定會搶奪我們的糧草。我們的糧草一旦被奪，部隊馬上就會不戰自潰。這仗就不用打了。不如先到山中，潛行到幽州，與城中的部隊形成呼應之勢。如果在山中遇到敵人，我們也可以據險而拒之。」

其他兩人都同意。

於是，他們馬上從易州向北行進。他們在山中整整行軍了五天五天，先翻越大房嶺，再沿山澗向東繼續前進。

李嗣源和他的那個養子李從珂率三千騎為前鋒。他們到離幽州六十里處時，終於與契丹兵相遇。

契丹兵沒有誰會料到李存勗會派兵前來救援幽州。當他們看到李嗣源的部隊突然出現時，也不由大吃一驚，居然不敢接戰，轉身退回去。

李嗣源率兵尾隨而去。

當時，契丹的部隊都在山上行軍，而李嗣源的部隊卻沿澗水前進。

每到谷口，契丹兵就借勢攻擊李嗣源軍。李嗣源父子每次都拚力而戰，硬是衝破敵人的圍攻，得以繼續前行。

到了山口，契丹在那裡擺了一萬多騎兵，擋在李嗣源的面前。

李嗣源手下的將士都大驚失色。他們才三千兵馬，而且已經多天的急行軍，此時都已經人困馬乏，哪能經得起人家一萬人的猛攻？再衝上去，就是送死。他們都睜著驚恐的眼睛，看著李嗣源，意思是我們還是撤吧。

李嗣源能撤嗎？現在他要是撤回去，幽州大勢就完蛋了，幽州大勢一完蛋，則河北大勢也完蛋，最後就是河東事業大勢去矣。

李嗣源鐵青著臉，挑選了一百多名騎兵當先前行。他到了陣前之後，免冑揚鞭，用胡語對契丹兵大聲說：「你們無故侵犯我們的領土，現在晉王命我帶甲百萬，直搗西樓，滅掉你們全族。」

他當然沒有只放嘴炮 —— 在這個時候，光嘴炮是沒有用的。他說過之後，立刻挺起兵器，躍馬奮進，三次衝入敵陣，在陣中斬了契丹的一名將領。後面的部隊看到他勇敢單挑敵陣，而且殺得威風凜凜，幾進幾出，無人敢擋，便都鼓勇衝出，隨他衝進敵群。

契丹兵抵擋不住，向後退卻。

晉軍這才衝破山口這道瓶頸，得以出來，紮下營寨。

李存審命令士兵們伐木為鹿角，每人手持一根，部隊一停下來，就做成了營寨。

契丹兵看到晉兵已經做成了防禦營寨，也不敢進攻，打算明天集結再多的部隊前來把他們打死，今天先回去吃飽飯。

他們繞著晉兵的營寨而去。

契丹兵想暫時不惹事，但李嗣源輕易放過他們嗎？

這個地方很窄，契丹兵在繞寨而過時，基本都貼著營寨的柵欄走過去。

李嗣源下令全軍放箭。

營中萬箭齊發，「流矢蔽日」，契丹兵顯然比較天真，他們以為他們不惹事了，晉兵也不會做什麼，哪想到晉兵這麼缺德？他們毫無防備——也無當防備，只被直射得馬死傷塞路。

李嗣源率兵很快就推進到幽州城下。

契丹兵早已嚴陣以待。

契丹兵顯然有恃無恐。因為他們的部隊比李嗣源多很多，而且他們的皇帝耶律阿保機也是常勝將軍。他們的皇帝耶律阿保機當年連李克用都敢玩一把，還怕這幾個李克用的下一代嗎？

是的，如果光從這些大數據分析，契丹無論如何都可以完勝李嗣源。

晉軍方面老早就知道，形勢很嚴峻，對他們很不利。

從明面上看，絕對不能硬拚。

古人說過，不能力敵，只能智取。

只能玩智商了。

這一次是李存審最先開動腦筋。他命令部隊在契丹軍的後面擺開陣勢，反覆告誡大家暫時不要輕舉妄動。他挑選了一批老弱，都拿著點燃的柴草前進。柴草產生的煙霧，片刻就把天空遮住。

契丹亂這時更加慌亂了。他們只見眼前濃煙滾滾，而濃煙之中，是響徹雲霄的喊殺聲。他們根本不知道晉軍到底來了多少人馬。

晉軍則奮勇而戰，擊聲震天，全力出擊。

契丹前軍大敗。全軍席捲而逃，什麼都丟下。結果漫山遍野都是契丹軍丟棄的戰車、帳篷、鎧甲、羊、馬。晉軍乘勝追擊，斬俘數以萬計。

二十四日，李嗣源進入幽州。

周德威見到李嗣源時，緊緊握著李嗣源的手，什麼話也不說，只是在那裡痛哭，那張老臉上，滾滿了大顆大顆的老淚，皮肉帶動著淚水不斷地扭動著。這是絕處逢生之後的表情。

幽州之圍終於解除。

第九章
色令誤國，王建立幼子；怒斬權貴，朱瑾殺徐知訓

1. 李存勗內憂外患

契丹人在幽州大攪一頓，迫得李存勗分兵去救周德威，大梁這邊的壓力這才有所減弱。

在前線頂了李存勗一年的劉鄩這時必須回大梁了。

西元 917 年八月，劉鄩從滑州回到大梁。

朱友貞看著劉鄩，心裡滿是憤怒，恨不得當場把劉鄩來個肉失消失。但他還是強壓心頭的怒火，請大家討論，該如何處置這個敗軍之將。

這些大臣都不是笨蛋，都知道魏州之敗，責任並不全在劉鄩。如果不是朱友貞三番五次地催促劉鄩出戰，恐怕現在劉鄩都還在莘縣那裡跟李存勗對壘——也許已經不對壘了，因為李存勗的物資可能就支持不住而退兵了。但他們能把責任推到朱友貞的身上嗎？朱友貞能主動背這個鍋嗎？

朱友貞不背這個鍋，那就只有劉鄩背了。

結果，劉鄩以河朔失守之罪，而被解除平章事，貶為亳州團練使。

李存勗回到了晉陽。他這些年來，都帶兵出征，到處打仗，後方的事全部交由張承業主持。

張承業雖然是監軍出身，但他的治理能力很強。這幾年來，他勸課農

桑，累積錢穀，積極儲備策略物資，還為李存勗招兵買馬。這人執法嚴格，從來不看權貴的面子，因此很得民心，晉陽境內很是平穩，軍隊的糧餉從不短缺。

李存勗除了熱愛打仗外，還很喜歡玩遊戲。他對那些陪他玩耍的藝人也都很喜歡。他有時高興起來，就大聲叫嚷大大地賞賜他們。可是每到這個時候，張承業就捂緊口袋，即使李存勗親自討錢，往往也拿不到。

於是，李存勗就在錢庫裡擺了一桌酒席，讓他的兒子李繼岌為張承業跳舞。

在家一看，當然明白李存勗的意思，我都把姿態放到這個地步了，讓兒子為你舞蹈了，你也該拿出點錢來吧？

張承業在李繼岌跳完舞完畢，跟大家一起鼓掌叫好之後，就拿出一條飾有珍寶的帶子和幣馬送給李繼岌。

李存勗一看，就指著錢庫裡堆積如山的錢物，大聲叫起來：「和哥（李繼岌的小名）缺的是錢啊。七哥你應該送一堆錢給他才對。寶帶和幣馬，他一點不需要。」

大家一聽，李存勗都這樣說了，張承業應該老老實實地送錢李繼岌了。

哪知，張承業卻說：「剛才我送給郎君的彩禮，都是從我的薪資裡支出的。錢庫裡的錢，是大王用來供養戰士的。我不敢用公物作為個人的私禮。」

李存勗一聽，臉上馬上就出現「不悅」的表情。這錢本來就是我家的錢，現在我連送給兒子都不能了。可是他又不好意思發作，便藉著酒話來諷刺張承業一把。

張承業一聽，突然憤怒起來，說：「我是李家的老臣。我從來不為我的子孫作打算。我之所以珍惜這些錢，完全是為了幫助大王完成李家的霸業。如果大王覺得我做的不對，完全可以自己進庫取錢，想取多少就多少，何必問我？不過，我仍然提醒你一下，錢財用完之日，就是老百姓離開你之時，李家事業將一無成。」

李存勗大怒，你一個宦官出身的監軍，居然敢大道理來教訓我？他回過頭來，向李紹榮大叫：「拿劍來！」

張承業站了起來，拉住李存勗的衣袖，哭著說：「我受先王的臨終遺命，發誓為國家誅滅朱氏。如果因為吝惜庫存的錢物而是死於大王劍下，我在地下見到先王也就無愧了。現在就請大王把我一劍殺了吧。」

這時，在一旁的閻寶也過來，拉住張承業的手，請他放開李存勗的衣袖。

張承業突然舉起拳頭，猛砸到閻寶的臉上，把閻寶打得倒在地上，嘴裡還大罵：「你這個閻寶，就是朱溫的餘黨，受晉大恩，從來不思為國家盡忠，反而想用諂媚的手段來獲得獎賞。」

這事最後居然為李克用的夫人曹太夫人聽到了，她急叫人去召李存勗。

李存勗嚇得就地趴下叩頭，向張承業道歉，說：「我因為喝得多了，腦子進水，不知天高地厚，居然頂撞了七哥。更得罪了太夫人。現在我敬七哥幾杯酒，請七哥原諒我。」

他說著，連飲四杯，但張承業一杯都沒有喝。

李存勗入宮之後，曹太夫人派人去向張承業道歉，說：「小兒不懂事，頂撞了你，剛才我已經責打他過了。」

第三天，曹太夫又帶著李存勗來到張承業的府第向張承業道歉。

還沒有完。過了不久，李存勗又稱，按先帝的遺旨，授張承業開府儀同三司、左衛上將軍、燕國公。但張承業一再推辭，沒有接受。而且直到他死的時候，仍然只稱唐官。大唐那麼多將軍和大臣，結果都不如張承業這個宦官這麼死忠。

從李存勗對張承業的這個事上看，可以看得出，李存勗真沒有多少雅量。

李存勗手下還有個掌書記叫盧質。這人是個酒鬼，屬於逢酒必喝、逢喝必醉那類人。當然他如果一醉方休就不省人事之後，也沒有什麼。偏偏他喝多之後，那張嘴就管不住，居然當眾指著李存勗的幾個弟弟說那是幾個阿豬阿狗。

李存勗心頭哪能不憤怒？幾個弟弟都是豬狗了，那我是什麼？我就是豬狗的大哥啊。

張承業得知後，怕哪天李存勗會把盧質一把殺掉，便趁著李存勗心情很好的時候，說：「大王，盧質多次無禮。我想為大王殺掉他算了。」

李存勗連忙擺擺手說：「不可。我現在正招賢納士，以成就功業。七哥怎麼勸我做這樣的事？」

張承業站起來，向他道賀：「大王能夠如此，還怕得不到天下嗎？」盧質這才得免殺身之禍。

李克用的夫人曹氏能力很強，但李存勗最寵愛的夫人人品就不那麼好了。李存勗現在有三位夫人，第一位是原配韓氏，第二位伊夫人，第三個是劉夫人。他最愛的就是劉夫人。

劉夫人的老爸是成安人，以行醫和占卜為業。

劉夫人是被李存勗手下的大將袁建豐擄過去，獻於王宮，被李存勗發現，讓她當了夫人。

這位劉氏為人狡詐，嫉妒心極強，又十分放蕩。李存勗去哪裡征戰，都喜歡帶她跟隨。

前些時候，她隨李存勗到魏州。

他的老爸也正在這裡展開自己的業務。他聽說自己的女兒已經成為晉王的夫人，而且也來到了魏州，便丟下擔子跑去認女兒。

李存勗聽說是劉氏的老爸前來，便派袁建豐去辨認 —— 當初是你擄掠過來的，你應該認得劉爸爸。

袁建豐說：「當年我得到夫人時，有一個黃鬚老頭護著她。哈哈，就是這個老人。我記得很清楚。」

李存勗一聽，看來可以確認了，他進去把這事跟劉氏說了，請劉氏去跟老爸見面，以後老爸就可以跟女兒榮華富貴、不用老是在街頭扛著個「包治百病」的破旗子混那口飯了。

哪知，劉氏正在跟那幾個夫人爭寵，明爭暗鬥得死去活來。那幾個夫人的出身比她高貴多了。她對自己這個寒微的出身向來感到羞辱。她聽到李存勗的話後，馬上就生氣起來，說：「我離開家裡的時候，已經長大了，對當時的情景記得清清楚楚。我的父親已經死於兵亂，我曾守著他的屍體痛哭，然後才離開的。今天這個鄉巴佬居然前來冒充我的父親。」

於是，她讓人在宮門前把她的父親打了一頓，喝令他快走開。

2. 黃河結冰天助晉軍，朱友貞郊祭誤國

李存勗雖然貪玩好耍，但他仍然記得他最重要的任務就是去消滅朱氏。

他在晉陽住了一段時間後，派人前去黃河邊查看。

調查的人很多快就回覆：黃河上的冰已結滿河床了。

李存勗對大家說：「這幾年，我們都在跟大梁打仗，雖然壓著他們打，但因受限於黃河，不能渡河作戰，無法把他們消滅。現在河床已經結冰，

真乃天助我也。」

李存勗說過之後，馬上快速來到魏州。

十一月二十三日，李存勗在朝城進行了一次打獵活動。這一天，氣溫降得特別厲害，簡直可以呵氣成冰。

李存勗跑以河邊一看，只見黃河水面上的冰已經結得很厚，踩上去十分堅固。他就對大家說：「今天不打獵了，去打梁營。」

他說罷，就帶著騎步和步兵踩著堅冰過河南下。

當時大梁的部隊都駐紮在南岸，沿河數十里，柵壘相望。

李存勗帶著部隊，迅速發動進攻，只片刻功夫就把這些柵壘全部攻克，然後進攻楊劉城。

他派步兵先奪取後梁的營寨，然後用蘆葦塞滿防禦塹壕，再從四面發動進攻，當天就攻下了楊劉城，生俘守將安彥之。

朱友貞自從李存勗上次撤兵之後，除了處分一把劉鄩之外，並沒有做別的工作。他繼續重用趙巖等人。

趙巖跟朱友貞也一個樣，好像敵人一撤走就萬事大吉，根本不用再管邊防的事了。就在李存勗已經陳兵黃河邊上，眼睛已經瞄準楊劉時，趙巖對朱友貞說：「陛下自從踐阼以來，尚未南郊，以致大家都覺得陛下這皇帝跟其他藩鎮沒有兩樣。那些藩鎮都不把陛下放在眼裡。陛下應該馬上到西都行郊禮，並謁拜宣陵。」

敬翔忙說：「自從劉鄩失利以來，國家公私困竭，人心惴恐。如果現在去祭祀圜丘，就必須施行賞賜。這是貪圖虛名而受實害啊。更何況，河東勁敵就在黃河邊上，正對我們虎視眈眈，隨時都可以打過來，御駕怎麼可以輕易出動？等北方平定之後，再去郊祭不遲。」

朱友貞一聽，心裡當然不高興，朕就知道你會出來說這番話，但朕能聽嗎？只要朕隆重郊祭之後，老天爺就會幫助朕。有了老天爺的幫助，還怕什麼李存勗？你沒事一邊去吧。

朱友貞絲毫不理會黃河北岸的李存勗大軍，更沒有去想，現在黃河已經結冰，天險在這個嚴酷的冬天，已經全部喪失 —— 只要李存勗的鐵蹄一舉，就可以衝過黃河，直搗大梁。

一句話，再不做防範，大梁就直接進入尾聲。

這本來應該是朱友貞最該重視的問題，可是他一點不關心這個問題。他以最有效率的速度來到了洛陽，先是視察了御用的車子和章服，還裝飾了宮殿，把郊祭的準備工作，做得認認真真、細緻入微，堅決不能出現一絲一毫的漏洞。

朱友貞當天就把郊祭的日子定下。

朱友貞定下這個日子之後，就重重地舒了一口氣 —— 只要這個活動完美結束，朕就會得到老天的認可，那些輕看朕的藩鎮就不得不服朕了。他覺得自己這個皇帝的形象瞬間就高大起來了。

哪知，他才剛剛鬆下那口氣，就有人跑過來向他報告：李存勗乘著黃河結冰，悍然發動侵略戰爭。楊劉城已經失守。

朱友貞聽畢，頓覺天旋地轉，一屁股重重地坐到凳子上，緊閉著那張嘴巴，真的不知道該說什麼話了。

不一會，大量真假消息就四處傳播，有的人說晉軍已經進入大梁。

被這些消息打擊得最沉重的是朱友貞的那些從官。

因為他們的家屬都在大梁，如果大梁淪陷了，他們的家屬也就淪陷了。當敬翔提出暫時不郊祭，而優先做好黃河一帶防範時，這些人都堅定地站在朱友貞的立場上，指責敬翔想多了。去年李存勗在黃河邊上跟我們整整對峙了一年，他們能跨過黃河嗎？李存勗就那麼可怕嗎？大梁邊防軍是吃素的嗎？你敬翔也是大梁老一輩革命家了，怎麼就這麼長他人志氣、滅自己威風 —— 專門抹黑自己的國家？你有時間，多唱衰李存勗吧。而當他們聽到大梁已經淪陷時，頓時在那裡「相顧涕泣」。朱友貞更是「惶駭失圖」。

朱友貞這才知道，不聽老人言，真的吃虧在眼前。把希望寄託在老天爺身上，有時是不可靠的。

朱友貞只得宣布，暫停郊祀活動，狂奔回大梁，集結大家抵抗，或許事情還有轉機。

朱友貞於西元 928 年正月，回到大梁。

大家一看，大梁還沒有淪陷，都鬆了一口氣，謠言真是害死人啊。

但他們很快就得到一個確切的消息：李存勗的大軍已經在大梁境內展開劫掠活動，而且一直搶掠到鄆州和濮州境內，滿載之後才回去。

到了這時，趙巖他們都沒有站出來說什麼，好像這些事跟他們毫無關係。

敬翔看不過去，又上疏給朱友貞：「國家連年喪師失地，大梁的疆土越來越緊縮。可是陛下自即位以來，都居深宮之中，只和一批左右親隨商議國家大事。這些人玩耍是很創意的，但他們毫無估量國際形勢的能力，更不能預估與敵國之戰的勝負。先帝在位時，我們擁有河北的全部地皮，版圖是所有勢力中最大的，國力也是最強悍的。那時，先帝親率豪傑，四處征戰，猶不得志。今天，敵人都已經打了鄆州了，情勢空前危急，可是仍然沒有引起陛下的重視。我聽說李存勗即位以來，到現在已經有十年。每當攻城作戰，他都親自衝鋒陷陣。最近攻打楊劉時，他甚至親自揹著柴草衝在戰士們之前。結果士氣大振，一鼓而下楊劉。再反觀陛下，只是在深宮裡安然自若，顯得溫文儒雅，只派賀瑰之流去抵擋敵人，期望他們去把敵人打敗。我真不知道他們能做出什麼來。我認為，當務之急，陛下應該去向那些老臣舊勳廣泛徵求意見，尋找破敵之法。如果不這樣，則大梁當永無寧日。我雖然不才，但自從先帝以來，就受國家恩惠，無時無刻不想著為國出力、以報國恩。陛下如果覺得缺乏人才，就請派我到邊疆效力。」

他的這份奏疏遞交過去之後，趙巖和張歸霸他們就出來說話了。他們沒有多說，他們只說一句話：敬翔老人家這是在發洩心裡的怨恨。

朱友貞一聽，就把敬翔的疏丟到一邊。現在朕沒有時間去聽你發牢騷。

朱友貞除了對敬翔有辦法外，對李存勗沒有一點辦法。

雖然朱友貞在宮裡低頭看著地面，在那裡束手無策，更沒有向本勢力發出什麼抵抗命令，但河陽節度使謝彥章還是拚命跟李存勗對打。

李存勗一如既往地衝在前面。

正月二十一日，李存勗帶著輕騎兵從魏州赴黃河邊上，準備揮軍再打過去。

謝彥章看到李存勗出現，便帶著士兵一面修築壁壘、準備固守，一面派人決開河水。河水一下就瀰漫了好幾里，把李存勗的部隊阻止住。如此一來，朱友貞又得以鬆了一口氣。

3. 王建末路與大蜀沉淪

朱友貞這邊處於危急的狀態，另外幾個勢力這時也很亂。

目前各個勢力中，還屬於晚唐時代留下來的老大，只有三個。一個是吳越的錢鏐，另一個就是蜀地的王建，還有一個是李茂貞。錢鏐雖然也在吳越那裡自行其是，權力跟其他勢力的老大沒有兩樣，但這人比較冷靜，一直沒有稱帝的想法，一直承認大梁為他的朝廷。王建則已經稱帝，目空一切。王建自從跟李茂貞為敵以來，就一直將李茂貞當成欺負的唯一對象，李茂貞本來就很平庸，再加上了年紀，平庸就升級為昏庸，綜合國力一天比一天下沉，部隊沒有戰鬥力，手下的那幫養子，也都沒有什麼能力。王建打他，實在是打得太順利了。

王建的目標就是把李茂貞的地盤都劃歸於蜀。

前些年，他在取得對李茂貞一連串的勝利後，仍然沒有滿足。西元916年九月，他又派王宗綰為東北面都招討，任命王宗翰、王宗壽為第一第二招討，帶十萬部分出鳳州。再以王宗播為西北面都招討，劉知俊、王宗儔、唐文扆裔為第一、第二、第三招討，帶十二萬部隊出秦州，同時向李茂貞勢力開火。這是他這些年來，伐岐動作最大，出兵最多的一次。

十月，王宗綰的部隊開出大散關，首先跟鳳翔兵打了一仗，取得大勝，斬俘一萬多人，並乘勢奪了寶雞。

幾天之後，王宗播也出故關，直擊隴州。

李茂貞聽說蜀兵大舉來攻，正要做出部署。哪知，另一個消息又傳來：他的那個養子李繼岌已經投降了蜀兵。不光他一個人裸奔前去投降，他還帶著所部兩萬人前去。李繼岌投降的理由很簡單，就是因為李茂貞長期以來，對他已經嚴重猜忌，他已經長期被這個猜忌弄得坐立不安了。

王建立刻任命李繼岌為第四招討，隨蜀兵前進。

劉知俊和王宗綰率先在鳳翔會師，將鳳翔層層合圍。

李茂貞本來就血氣不足，現在更是躲在城裡，不敢出戰。

就在蜀兵準備對鳳翔發起猛攻時，突然天降大雪。

王建馬上下令各路部隊撤回。王建雖然看李茂貞不起，但他知道鳳翔城十分堅固，當年朱全忠包圍了很久，都沒有攻下來，最後不得不跟李茂貞妥協，現在蜀兵遠征，又碰上惡劣天氣，再打下去，只怕要損兵折將。

李茂貞看到蜀兵自行退去，心裡暗叫，真是天助我也。

王建在欺負李茂貞時，表現得很強悍，也很冷靜。可是他在處理內部事務時，也開始有點亂了。先是前一段把自己的太子搞定，鬧出了一個不大小的變故。這個變故之後，他的情緒就長期處於不穩定的狀態，疑心越來越重。他也跟很多皇帝一樣，一邊對功臣們保持著居高不下的戒心，一面又極度相信某些人。

王建現在最相信的就是飛龍使唐文扆。飛龍使本來就是一個養馬官，而且還是宦官。王建從晚唐時代就在大宦官手下混，他肯定知道大唐有一大半亂子，都是由宦官引起的，而且最後宦官還可以把皇帝關起來。他應該比誰都知道宦官對王權的危害。可是到了這個時候，他又走上了晚唐皇帝們寵信宦官之路。

唐文扆一成為王建的頭號親信，也自然而然地成為蜀中一人之下萬人之上的特權人物。

誰想飛黃騰達，走唐文扆的門路絕對沒有錯。

張格比任何人都敏感，他很快就搭上了唐文扆的便車，成為唐文扆的死黨。此時，他正與毛文錫成為敵政，相互爭權，相互抓對方把柄。

這時，毛文錫正有一樁喜事要辦 —— 他的女兒準備嫁給同平章事庚傳素的兒子。有了這一個大喜事，親戚朋友當然都高興，必須好好慶祝一番。

毛文錫就把大家集中在樞密院裡歡樂一下。

動用樞密院的場地來歡樂，是需要提前報告王建的。但毛文錫忘記了這個關節，帶著一大批親朋好友，來到樞密院，然後就放開手腳瘋狂。

王建突然聽到樞密院裡鶯歌燕舞，熱鬧非凡，覺得很奇怪，樞密院什麼時候變成娛樂場所了？他轉身問唐文扆。

唐文扆知道毛文錫在裡面搞親友派對，立刻就添油加醋地說了毛文錫一大堆壞話。

王建這時對唐文扆的話已經深信不疑。既然唐文扆說毛文錫這麼壞，毛文錫一定是個壞透頂的人物。於是就把毛文錫貶為茂州司馬。你喜歡搞派對，就到茂州去搞吧，別在這裡擾我清靜。

當然，他並不僅僅貶毛文錫一把就了事。他還把毛文錫的兒子毛詢流放到維州，並把他全家的財產全部沒收充公；毛文錫的弟弟毛文晏則被從翰林學士貶為榮經縣尉。自然還會牽連到庚傳素。於是，庚傳素也被降為工部尚書。

毛文錫這才知道，搞這場親朋派對真的付出沉重的代價。什麼叫樂極生悲，這就是。

毛文文錫覺得自己很倒楣，但劉知俊更倒楣。

劉知俊是職業軍人，生在這樣的一個時代，職業軍人應該是戰鬥的一生。可是劉知俊這一生卻是倒楣的一生。他先是在朱全忠手下幹，為朱全忠賣力地去戰鬥。結果卻被懷疑，不得不投靠李茂貞。他到鳳翔之後，也想憑自己的能力混個出人頭地，又被李茂貞懷疑，他只得又跳槽到王建這裡。

王建知道他是個人才，試用了幾次之後，果然很厲害。王建終於決定讓他獨當一面。西元 917 年十一月，王建任命劉知俊為都招討使，此前只有王建幾個養子可以得到這個職務。由此可見，王建對劉知俊的器重。

王建對劉知俊很器重，想讓他獨當一面為他的勢力去努力奮鬥。可是王建那幫養子們不幹了。他們長期跟隨王建打拚，王建現在的事業，是由他們開拓出來的。他們跟王建拚命了很有多年，才有幾個能當到這個級別？現在劉知俊一個降將，才到蜀中幾天？在蜀地還沒有認識幾個人，還不熟悉蜀中的天氣，直接就當上了他們的老大。他們能服嗎？劉知俊有這麼大的能耐，為什麼被大梁懷疑，為什麼又被李茂貞懷疑，為什麼又被我們打得大敗而逃過？劉知俊不但是個N姓家奴，還是我們手下的敗將。現在讓這個手下敗將來統領我們，是不是要把我們搞得從勝利走向失敗？

這些人很快就統一思想：堅決不服從劉知俊的指揮。

他們不但不服從劉知俊的指揮，而且還不斷地講他的壞話。唐文扆看到劉知俊得到重用，心裡也超級不爽，看到大家都在倒劉，便順著這個形勢，在王建面前大力推銷劉知俊的壞話。

他們在王建面前說盡劉知俊的壞話後，還怕王建不害死劉知俊，便又集體創作了兩句童謠，使之到處流傳：

黑牛無繫絆，棕繩一時斷。

這兩句話看起來，很是讓人摸不著頭緒。摸不著頭緒就對了。因為所有這類童謠都是這樣令人莫名其妙——只有這樣，才方便某些人的斷章取義。這兩句話中，黑牛就是指劉知俊。劉知俊生肖屬牛，皮膚又黑，所以謂之黑牛。下一句的棕字，其實就是「宗」字。王建的親生兒子和那些養子名字裡都一個「宗」字。理解了這幾個字，就知道了這兩句話的意思，也就是說，哪天劉知俊一脫離了王建的約束，就會使王建斷子絕孫。

王建這個人不但迷信，也很忌憚劉知俊的能力，對他的左右說：「我已經老了，劉知俊不是你們這些人能夠駕馭的。」

於是，他就把劉知俊殺了。

理由是什麼？

說是謀反。其實大家都知道，不是謀反，而是太有才了，又是外來人。大家都認為他該死。

王建大概很崇拜劉備，曾於去年突然頭腦發燒，把國號改為漢。可是，斬殺劉知俊後，在一次祀昊天上帝的活動中，突然颳起大風，而且風大得把大樹都連根拔起，弄得「幕幄皆裂」。王建認為「大風拔木」實在是不祥之兆，便改元天光，又恢復了大蜀的國號。

王建斬殺劉知俊是怕他死後，沒有人駕馭得了這個猛人，是為了子孫後代著想。其實現在他的太子就很不成材。

他的太子仍然是王衍。王衍是靠他老媽玩那點陰謀詭計上來的。他老媽玩那點陰謀詭計很用心，但對他的教育就不怎麼上心了。這人雖然還很年輕，但好色又好酒，還愛玩遊戲，而且常常玩得不知天高地厚。

有一次，王建從夾城那裡路過，聽到王衍和諸王鬥雞擊球的聲音，一浪高過一浪，不由一聲長嘆：「吾百戰以立基業，此輩其能守之乎！」從這事上看，就懂得王建是知道這個兒子是不成材的，在這個混亂的時代，把事業交給這樣的人跟斷送事業沒有什麼區別。

王建有了這個意識，就很恨張格，認為是張格當初玩手段，逼得他立王衍為太子。他一恨張格，就很想換這個太子，可是因為徐賢妃天天力挺這個太子，他就沒有廢太子的行動。王建的另一個兒子王宗傑很有才略，經常跟他討論國家大事，很有自己的見解，十分對王建的口味。王建覺得把基業交給王宗信才是最正確的。於是，他就在心裡下了決心，準備廢王衍而立王宗傑。

可是他的這念想才動，王宗傑就突然死去。

那麼生龍活虎、天天在他面前侃侃而談的小夥子，怎麼說死就死？

王建對王宗傑之死很懷疑，但他也只是懷疑而已，沒有追查下去。

王建此前得了一場病。這場病告一段落之後，視力嚴重受損，即使是大白天，也常常昏暗不明。這個情況，現在更加嚴重了。

王建也知道自己真的不久於人世了。他這時更加堅定地認為，如果把全部家當交給王衍，他創立的大蜀就會馬上終結。可是他又不願直接廢除這個敗家子。於是，他就想到了一個自以為很聰明的辦法，為王衍安排一個得力的輔政大臣。

當然，這個輔政大臣也只能從養子那裡選拔。

他認為，目前這幫養子中。最有能力對他也最為忠誠的就是王宗弼。現在王宗弼是北面行營招討使兼中書令。

西元 918 年五月，王建把王宗弼召到成都，任命他為馬步都指揮使。

五月初三，王建把大蜀核心圈的幾個大臣召到他的寢殿，對他們說：「太子仁弱，沒有什麼能力。當初因為拗不過你們的請求，這才越過次序破格立他為太子。如果他實在擔不起大業，可以把他安置在別的宮中，但不要把他殺死。只要是王氏子弟，你們都可以選擇輔助他們當中德才兼備的人。至於徐妃的兄弟們，只可以照顧他們的生活，一定不要讓他們掌握兵權，也不能讓他們參與政事。以全其宗族。」從這個話上看，王建是很清醒的，是看得很明白的，比誰都知道王衍繼位後，就會壞掉他的事業，徐氏的兄弟一掌權，他的事業也同樣完蛋。

如果他是個英武之主，有了這個想法，肯定會趁著自己還有一口氣在，先把這個巨大的隱患清除。可是他只是把大臣們叫來，然後把這個隱患明白地告訴他們，還給出了他自以為聰明的解決辦法。他就不想想，他自己都清除不了這個隱患，他的這些大臣能清除嗎？

王建公開了自己的政治遺囑，最受震動的就是唐文扆。

唐文扆就是一個宦官，但仗著王建的信任，成為大蜀最有權勢的人。不但掌握著禁兵，還參與重大機密的討論。他知道，自己的這些權勢，全靠王建的寵信，王建一死，這些大臣肯定不會讓他好好活下去。

他看到王建立了政治遺囑之後，馬上就想出了對策，把這些大臣們全部清除，到時這個天下仍然是他的天下——而且他的權勢會比現在更大。

他馬上調動手下力量 —— 他掌握著禁兵，手下的力量是很雄厚的，通通守住各個宮門，不讓諸王再見到王建。王宗弼等三十多個人來到朝堂，就進不了宮，見不到王建，只見到唐文扆。

唐文扆雖然在籌劃著把這些人全部殺死，但那是在王建死後的事，現在王建還活著，他也不敢怎麼樣。他只是告訴大家，現在皇帝陛下需要休息，請大家暫時就在這裡靜候，等皇帝陛下龍體稍安，再進去不遲。

王宗弼他們一聽，覺得也很有道理，便老老實實地在那裡靜候。

其實，唐文扆就是用這個辦法先把這些人穩住，只等王建閉眼的那一刻，他就直接向這些人發難，一舉把他們砍倒在血泊之中。

到了這個時候，情節還是按唐文扆的指令碼進行著。

唐文扆有個死黨叫潘在迎，目前的職務是內皇城使。唐文扆派潘在迎跑到外面看看大家的動靜。

可以說，唐文扆對潘在迎是絕對的信任，否則就不會把這樣的任務交給他。

哪知，潘在迎並不真心當他的死黨，平時都裝著無限忠誠於他，關鍵時刻卻把自己的立場亮了出來。

潘在迎出來之後，便把唐文扆的陰謀全盤告訴了王宗弼他們。

王宗弼他們一聽，不由驚呼起來，一不小心，就差點上了唐文扆這個傢伙的大當。在這個宮廷中混，必須時刻都保持著高度的警惕性啊。

王宗弼他們知道，如果還在這裡靜候，那就是等死。於是他們不顧一切地撞開門，強力進入王建的臥室，終於見到了王建。

王宗弼在王建面前揭露了唐文扆的陰謀。

王建雖然極度信任唐文扆，但他也知道唐文扆的人品，聽了王宗弼他們的報告後，便毫不猶豫地下令，以崔延昌判六軍事，然後召太子入宮侍疾，貶唐文扆為眉州刺史。

幾天之後，又宣布削唐文扆的所有官爵，流放到雅州，任命宋光嗣為內樞密使，與王宗弼、王宗瑤、王宗綰、王宗夔並受遺詔輔政。

可能很多人都不知道這個宋光嗣。宋光嗣就是一個宦官。當年王建那個女兒普慈公主被嫁到鳳翔成為李繼崇之妻時，因受不了李繼崇的為人，就是派這個宋光嗣回到成都向王建報告的。王建就把這個女兒召了回來。宋光嗣為人很有心計，很快就得到王建的信任，幾年下來，就被任為宣徽南院使。

王建雖然在病入膏肓時，決定把後事託負給王宗弼他們。但他又考慮到，這些輔政大臣，多是許昌故人，肯定不為太子所用，還必須找一個讓太子十分信任的人跟在太子身邊。王衍既年輕，又貪玩好耍，這些年都是在宮中跟一班玩家瘋玩，根本沒有結交到什麼德才兼備的朋友。王建躺在病床上想來想去，最後只想到宋光嗣這個宦官。他覺得宋光嗣那麼忠於他的女兒，也一定會忠於他的兒子。於是，宋光嗣就成了輔政團隊中的首席大臣。

六月初一，王建宣布駕崩。

次日，王衍宣布即位，成為大蜀第二代君主，遵他老媽為太后，以宋光嗣判六軍諸衛事，成為軍方一哥。

六月二十五日，王衍下召，殺掉唐文扆以及他的另一個死黨王保晦。

唐文扆一死，那個長期跟他合作的張格就怕了起來。

張格的某個親信就勸他現在最好的保命辦法，就是假裝有病，在家等待朝廷的命令。

張格的另一個死黨禮部尚書楊玢怕張格自動放棄權力，自己也會跟著受損，便對他說：「你有擁立的大功，皇上只會感激你，哪會處理你？不用怕。」

張格這時頭腦已經凌亂，聽到楊玢這麼一說，覺得真的很有道理，真的沒有必要自動放棄權力。於是，就在那裡硬著頭皮等著。

才等了兩天，他就接到一個文件：貶為茂州刺史。那個勸他不必擔心的楊玢也被降為榮經縣尉。張格還沒有去茂州上班，第二個文件又來了：降維州司戶。那個在毛文錫案被牽連過的庾凝績上奏，請求把張格放到合水鎮，並命令茂州刺史顧承郾偵察張格種種見不得人的事。

王宗侃的妻子和張格是同姓，看到本家被人家按在地板不斷地摩擦，就想幫他一把，便去對顧承郾的母親說：「請妳告誡妳的兒子，不要做替別人報仇的蠢事。否則，將來同樣沒有好果子吃的。」

顧承郾聽了母親的話，沒有照庾凝績的話去做。

庾凝績很生氣，找了個藉口，又處理了顧承郾一把。

王衍即位之後，按照王建臨終前的布局，把王宗弼和庾傳素提到最高位上，他自己不親政，人事大權由王宗弼掌握。雖然王建認為王宗弼很可靠，能為他之後的事業保駕護航，但王宗弼也有個多數人都有的弱點，就是特別愛財。

他當了第一大臣之後，就公然接受大家的賄賂，沒幾天家裡的錢財就有一大堆。大家對他都是怨聲載道。至於宋光嗣就一心一意地耍自己的小聰明，一天到晚，都聚精會神地去迎合王衍的聖意。一外一內，就這樣把持著大蜀的大政，使得大蜀事業直接拐進了衰落的軌道。

4. 南疆亂局初現

大蜀發生了這個天大的事，淮南也不平靜。

淮南周邊的形勢也有了輕微的變化。

首先是荊南的高季昌，此時已經逐步脫離了大梁的領導。高季昌脫離大梁，對淮南確實是有利的。首先，高季昌獨立之後，自己雖然獨霸一方，但沒有大梁作後援，底氣就單薄了很多，實力也比此前減弱。而且，高季昌脫離大梁之後，就不得不在淮南面前放軟姿態。

高季昌霸占荊南之後，也知道比起周邊的這些勢力來，自己的地皮實在是太袖珍了，必須想辦法擴大一下領土。當然他還不敢向東侵犯淮南 —— 那只能去找死。於是，他就把目光投向了蜀地的夔州、萬州、忠州、涪州。理由是這四個州原來就是荊南的地皮，屬於自古以來就是荊南神聖不可侵犯的領土。而且大蜀正忙於跟鳳翔對打，估計也無力來跟他扯皮。

高季昌經過一番準備，便帶著部隊去攻打夔州。

夔州刺史王成先向鎮江節度使王宗壽請求讓他帶甲士出戰。

王宗壽只把穿白袍的士卒配備給他。

王成先就帶著這些士兵迎戰高季昌。原來蜀兵怕荊南兵前來攻打，就先在河上架起一座浮橋，以阻止荊南的船只逆流而來。

高季昌對此早有準備。他的船隊抵達浮橋不遠處時，放出一隊火船，只片刻之間，就燒掉了對方的浮橋。大蜀招討副使張武硬是在短期內又架起鐵索橋來阻攔高季昌的火船。結果高季昌的火船無法通過。高季昌想不到對方居然還有這一招，不由傻了眼。

更讓高季昌鬱悶的是，天公還不作美。突然一陣逆風颳來，火船迅速轉向，衝進高季昌的船隊。高季昌哪想到這一節？毫無應對之法。荊南船隊瞬間全部著火，荊南兵馬上就陷於水深火熱之中，大量士兵們不是被燒死，就是被迫跳進水裡淹死。

高季昌當然不願在船上等大火燒來，他改乘一艘戰船逃跑。他在船上蒙了一層牛皮。可還是被飛石擊中，船尾被砸斷。高季昌只得棄了戰船，跳到一艘小船逃跑。

這次大戰，雙方都還沒有短兵相接，蜀方就取得了勝利，殲滅對方五千多人 —— 這對於荊南來說，絕對是巨大的損失。

王成先取得了勝利之後，對王宗壽很是惱火。他派人去向朝廷控告王宗壽不配讓他戴甲士卒去迎戰高季昌。結果朝廷還沒有接到王成先的控告信，王宗壽卻先知道了。

王宗壽不動聲色，說有事請王刺史前來議一議。

當王成先來到王宗壽辦公廳裡時，王宗壽只是冷冷一笑，當場斬殺了他，連個理由也不給。

高季昌遭到大敗，實力自然大打折扣，淮南東邊就是不設防，都可以宣布無戰事了。

不過，還有南邊的劉巖勢力。

劉巖雖然很想當皇帝，但他對領土的野心並不大。劉巖原來是高舉大梁的偉大旗幟的，但看到大梁現在已經江河日下，被李存勗壓著打，前途越來越黯淡了，還掛這個招牌，真沒有什麼意義了。別的勢力既沒有很大的實力，也沒有幾個人稱帝。既然如此，不如宣布自己當皇帝算了。

劉巖於西元 917 年八月，宣布即皇帝位，國號大越。

到了這時，神州大地有了三個家皇帝。一家是朱全忠，一家就是蜀地的王衍，另一家就是嶺南的劉巖。

當然，現在的劉巖偏居嶺南一隅，並沒有什麼遠大的理想，只是想在嶺南當個南霸天，對中原那幾大勢力並沒有很大的威脅。

所以，淮南的南部也算是比較安全的。可以說，這是淮南獨立自主以來，國際環境是最為有利的 —— 北方的大梁雖然跟他們是死對頭，可是現在大梁被李存勗打得都喘不過氣來，哪有力氣南下？他們連高季昌單飛出去，都沒有吭聲。

如果淮南勢力的高層有非凡的雄才大略，肯定會十分珍視這個難得的發展機會，把淮南的事業做強做大。

淮南的實際領導人仍然是徐溫。

徐溫現在只把錢鏐當成自己的頭號對手。為了防範這個對手，他自己到潤州坐鎮，把淮南的事務全交給他的兒子徐知訓。

徐溫還有一個養子徐知誥，現任升州刺史。這人也很熱衷於搞基建，他在當刺史之後，把吳興城裡的府舍整治得井然有序，看上去十分繁華。徐溫到吳升視察時，發現升州繁華富裕，心裡很喜歡。

於是，潤州司馬陳彥謙就建議把鎮海軍的治所遷到升州來。

徐溫一聽，這個建議正合我意。

他就把徐知誥調任潤州團練使。

徐知誥好容易把升州打造得那麼繁榮昌盛，現在卻把他調到潤州來，心裡很不高興。他就請徐溫讓他去宣州。徐溫不同意。徐知誥就更不高興了。

宋齊丘對徐知誥說：「其實去潤州更好！」

徐知誥說：「一個窮地方，有什麼好？」

宋齊丘說：「是很窮。可是地理位置絕佳啊。」

徐知誥說：「這對我有什麼用？」

宋齊丘說：「如果你毫無想法，當然沒有什麼用；如果你心裡還有點抱負，就大大地有用了。現在徐溫重點培養徐知訓，把一切政事都交給他處理。可是徐知訓驕縱無比，只要徐溫一死，他就敗在眼前。潤州與廣陵只隔一條河。這可是上天送給你的大禮啊。為什麼不接受呢？」

徐知誥一聽，滿心歡喜，跑到潤去上班了。

徐溫任陳彥謙為鎮海節度判官。徐溫不識字，只是掌管大方向，具體的事情全部交由陳彥謙辦理。

淮南這些年來，跟周邊勢力摩擦衝突的次數有所減少。但他們還是吃掉了一個勢力。

這個勢力就是盧光稠勢力。

盧光稠雖然霸占了虔州，成為虔州的第一把手，其實他這個勢力的核心人物是譚全播。但譚全播卻不喜當第一把手。盧光稠準備死時候，就強烈要求把大印交給譚全播，但譚全播堅決不接受。於是，盧光稠的兒子盧延光就成了虔州勢力的老大。

盧延光這時還很年輕，他也跟很多年輕人一樣，喜歡到處玩耍和打獵，就是不喜歡坐下辦理公事。

指揮使黎求看到這傢伙就是個大玩家，這個時代不是遊戲時代，是打拚的時代啊，跟他繼續這樣下去，我們都得死。他為了自己不被盧延昌拖死，就在一次去跟盧延昌見面的時候，把門關上，然後一劍把盧延昌殺掉。

黎求殺掉盧延昌之後，馬上就想到譚全播。譚全播在虔州的威望要遠遠高於盧家父子。如果譚全播知道他殺了盧延昌，一定很不高興。他一咬牙，想把譚全播也做掉。

譚全播知道後，不由大懼。急忙稱病不出。

當譚全播在家裡瑟瑟發抖地聽天由命時，黎求卻突然暴斃。

黎求死後，牙將李彥圖大喜，搶過權力，自稱虔州防禦使。

哪知，李彥圖才在這個職位上待幾天，文件還沒簽幾個字，就又宣布突然死亡。

大家看到誰當這個防禦使誰就不明不白地暴斃，看來虔州防禦使這個職務真的有些邪門 —— 誰當誰死。於是，沒有誰再去搶這個職務了。

可是虔州必須有個一把手啊。

大家就都跑到譚全播的家裡，跪請老譚出山來收拾殘局。請求老譚不要再裝病了。別的可以繼續裝，病不能裝得太久啊。裝得太久了，說不定會真的裝出個不治之症來。

譚全播便又出來擔當大任。譚全播仍然沒有搞獨立自主那一套，而是繼續高舉大梁的旗幟，派人前往大梁向朱友貞請命。朱友貞又拜他為虔州防禦使。

譚全播的治理能力還是很強的。他沒有繼續折騰，而是老老實實地管理著自己的地盤，一直和平地管理了七年時間。在這七年裡，虔州幾乎沒有什麼事。

譚全播雖然不願意惹事，可是他仍然走錯了一步棋。這步棋就是主動去當朱友貞的二層機構。因為目前他的地盤離並不跟大梁接壤 —— 還隔著淮南勢力那一片遼闊的土地，而且大梁已經不是朱全忠時代的大梁了，現在的大梁即使想幫他，不但鞭長莫及，而且也沒有實力。以前淮南對大梁還有所顧忌，現在淮南已經宣布跟李存勗一起進攻大梁了。在這樣的情況下，徐溫來會放著虔州不管嗎？

西元 918 年，徐溫任命王祺為虔州行營都指揮使，率領洪、撫、袁、吉四州之兵，去攻打虔州。

淮南對虔州之戰的總策劃正是嚴可求。

嚴可求知道虔州經過多年的休養生息，現在物質很豐富，城防很堅固，要攻打著實不易，必須搞個突然襲擊。他撥出大量的資金，招募了一批熟悉贛石之險的水工，暗中出發。當淮南大軍出現虔州城下時，虔州人才驚呼：淮南兵來了。

眼看淮南部隊突然大舉而來，譚全播並沒有嚇得尿褲子，更沒有屈服，而是率著部隊死守。

王祺攻打虔州，攻了一個月，仍然在城外攻。

結果虔州還沒有攻打下來，王祺就先死了。

徐溫沒有想到虔州一個孤城，居然這麼頑強。他當然不能因為王祺死了就放棄攻打虔州，他又派劉信接替王祺，繼續去打虔州。

譚全播看到淮南的這個架勢，知道徐溫不拿下虔州是絕不罷休的。

譚全播知道，無論自己如何英勇善戰，都抗不住淮南的進攻。於是，他就向錢鏐、馬殷以及福建的王審知勢力求救。

這幾個勢力都是淮南的仇家，得到虔州的求救信後，便都爽快地派兵出來救虔州。於是，南部的情況又複雜起來了。

5. 徐知訓狂妄失德

主持淮南全面工作的徐知訓並不管情況如何複雜，他仍然按自己的性格生活。

他現在是整個淮南勢力中除了他老爸之外最有權力的人。他拿著這麼大的權力，並沒有來個權為民所用，而是仗著這個無比巨大的權力來滿足自己的各種欲望，為自己的欲望服務。他得知威武節度使李德誠家裡有幾十個美女藝人，便派人過去，命令李德誠把這些美女免費送給他。

李德誠當然不肯，派人對他說：「我家裡的這些女藝人年紀都已經很大了，有的都有了孩子，不足以侍候大帥這樣的貴人。請給點時間，我可以幫大帥再物色一些年輕漂亮的美女送過去。」

徐知訓大怒，你居然敢用這些話來搪塞我？把我當成什麼人了？告訴你，老子早就是成年人了。他大吼：「以後殺掉李德誠，連他的妻子都要過來。」

徐知訓不光敢吼叫著殺掉李德誠，就是楊隆演他也敢公開透明地欺負。他在楊隆演面前，從來就沒有行過君臣之禮。

有一次，他居然要求楊隆演跟他一起同臺進行表演。他自己的角色是參軍，楊隆演的角色是僮奴。他讓化妝師把楊隆演的頭髮紮了兩個丫角，穿著破舊的衣服，手裡拿著帽子，跟他在後面。他走得趾高氣揚、目空一切，楊隆演則走得如履薄冰、恭恭敬敬、屁顛屁顛地跟著。

還有一次，徐知訓請楊隆演跟他一起划船。船到指定地點後，楊隆演先起來，徐知訓居然用彈子彈了他幾下，簡直把這個淮南第一把手當小孩看。徐知訓還請楊隆演跟他一起去賞花，賞花地點是在禪智寺。他們賞花的時候，可不是白白地去參觀盛開的鮮花，然後聽導遊天花亂墜，而是一邊喝酒一邊賞花。徐知訓幾杯酒下肚之後，性格就豪放起來，在楊隆演面前手舞足蹈，什麼話都敢說，什麼動作都敢做，把楊隆演嚇得都哭了起來。當時陪著坐的人，都是兩股顫顫，汗不敢出。楊隆演實在受不了徐知訓的對他的狂傲行為，就決定離開這個現場。楊隆演這時都嚇得全身癱軟，無法站穩，在左右的扶持之下才上到船裡。

徐知訓仍然放不過他，馬上駕小船去追趕。後來，他追不上楊隆演，就生氣起來，取來一把鐵棍，打死了楊隆演的一個親隨。

大家看到徐知訓如此作為，都不敢做聲 —— 連楊隆演他都敢肆無忌憚地公開侮辱，別人得罪他能有好果子吃嗎？

徐知訓除了不把楊隆演放在眼裡外，還跟他的那些兄弟一起，都看不起徐知誥。徐知誥是徐溫的養子，有才能還深得徐溫的器重。他們就不服了：你一個姓李的小子，也來搶我們徐家的福利？

只有徐知訓最小的那個弟弟徐知諫對徐知誥「以兄禮事之」。

徐知訓曾經召集兄弟們一起喝酒快活，其他兄弟都按時來了，只有徐知誥沒有到。

徐知訓大怒：「這個乞兒不想喝酒，難道他想吃劍嗎？」

徐知訓做正經事，向來有始無終，但恨起來人，絕對是善始善終，從來不馬虎。他說過要讓徐知誥吃劍，就真的想要這個乞兒的性命。

當然，徐知訓並沒有直接跑上門去，把徐知誥砍倒在血泊之中再揚長而去。

他又請徐知誥前來喝酒，當然他這次擺的就是家庭式的鴻門宴。事先在現場埋伏了一隊甲士，只等徐知誥入席跟他開懷暢飲之後，他來個擲杯為號，甲士們一湧而出，亂刀砍下，徐知誥這個乞兒片刻之間就血肉模糊。

徐知誥雖然知道徐知訓很亂來，但他絕對沒有想到，徐知訓居然會對他擺鴻門宴。他接到喝酒通知之後，第一時間就趕緊前去赴宴了——上次缺席那場酒會，徐知訓已經很生氣了，這次一定要提前到場。

徐知諫知道徐知訓的陰謀。他看到徐知誥很天真地來了，心下大驚，老兄啊，你這是來送人頭的。他又不能直接附耳說什麼，更不能大喊大叫你快走啊，這不是你來的的方。他只得狠狠地踩了一下徐知誥的腳跟。

徐知誥被他狠狠地踩了一下腳，再回頭看這個小老弟一眼，他瞬間就明白怎麼回事了。

徐知誥急忙說昨天吃了過期食品，肚子鬧得厲害。我先去解決一下這個問題。然後苦著臉、捧著肚子朝廁所跑過去。

他當然沒有進廁所，而是直接就向外急奔。

徐知訓看到這人居然從他的眼皮底下腳底抹油，他這鴻門宴白擺了。

他當然不甘心就這樣讓徐知誥逃之夭夭了。他拔出寶劍，丟給刁彥能，派他追出去，用這把劍把徐知誥殺了。

刁彥能拿著那把劍，騎上馬就追了出去。

刁彥能追到半路就追上了徐知誥。

刁彥能雖然是徐知訓的親隨，每天陪徐知誥東跑西跑，吃香喝辣、玩得天旋地轉，但他對徐知訓的人品十分鄙視，很是佩服徐知誥。他不願殺死徐知誥。於是，他只是遠遠地向徐知誥舉起手中的劍，然後回去向徐知訓報告：那小子跑得太快。我追不上。

徐知訓明目張膽地謀害徐知誥，徐知誥也是逃跑了事。徐知訓欺負楊隆演，楊隆演除了大哭之外，不敢怎麼樣。可是當徐知訓欺負到另一個強者時，他的厄運就來了。

6. 周本巧計破吳越

這個人就是朱瑾。

朱瑾是晚唐時期的藩鎮，當年跟他哥哥朱瑄一起，救過朱全忠，後來又跟朱全忠打得十分激烈，是一個曾經改寫過歷史的人物。只是後來他被朱全忠擊敗，不得不投靠楊行密。現在這個時代還有他這樣的資格的人已經屈指可數。

徐知訓居然連這樣的狠人都敢欺負。

朱瑾雖然很厲害，資格可以秒殺當代任何人，但他還是記得自己是外來戶，對當權派還是很小心的。現在淮南的當權派就是徐溫父子。而主持廣陵事務的正是徐知訓。他必須跟徐知訓保持良好的個人關係。

有一次，他派他的一個家庭藝術團成員去向徐行訓問好。

徐知訓一看，這個美女真漂亮。

徐知訓馬上派人對朱瑾說：「這個美女真漂亮。留在我家了。」

朱瑾聽了之後，勃然作色，拍案而起，我的美女你也想搶？

徐知訓本來對朱瑾就很不爽。他不爽的原因是，朱瑾的地位是很高——目前是平盧節度使、同平章事、諸道副都統，相當於全軍副總司令。一個走投無路的人，來到淮南，還能有這麼高的級別，這個級別比徐知訓現在還要高。你憑什麼就可以這麼高高在上？憑你走投無路？於是，他就在泗州設置了個靜淮軍，把朱瑾調任靜淮節度使。

朱瑾很憤怒，強奪美女不得，就設法整我，你這是把我成什麼人了？

朱瑾是經過大風大浪過來的，再加上這麼多年來，一直在淮南當降將，脾氣已經收了很多，因此雖然心裡極恨徐知訓，但他在表面上對徐知訓比過去更加恭敬了。

徐知訓看到朱瑾對自己服服貼貼，老遠看到自己就低下頭向自己行禮，心裡很得意，不是說你很厲害嗎？哈哈，再厲害的人，在我面前都抬不起頭。

朱瑾看到徐知訓徹底把自己看衰之後，便開始行動了。

朱瑾有一匹馬，他十分喜歡。冬天就把馬放在專門的帳篷裡，夏天則把牠圈在用紗做的葛帳裡。他還有一個更加漂亮的寵姬。

朱瑾想辦法讓徐知訓都知道他有這兩樣東西。

徐知訓很快就知道老朱不但有寶馬，還有美人。這兩樣是徐知訓最喜歡的。他決定到朱瑾的家裡串門子。

朱瑾看到徐大公子來了，馬上恭恭敬敬地前來迎接，然後擺出朱府有史以來最為豐盛的酒席。開喝之後，朱瑾拿著酒杯向徐知訓敬酒，然後請那個最漂亮的美女出來跳舞，最後還讓人牽出那匹馬來說是作為祝壽的禮物送給徐知訓。

徐知訓大是高興，哈哈，老朱不愧是過來人，太會做人了。

朱瑾看到徐知訓開懷大笑，便很有禮貌地請徐知訓移步中堂，以便更加恭敬地聆聽他的教誨。

徐知訓得意地昂首而進。

他一點不知道，朱瑾早已在中堂這裡埋伏了一幫殺手。

徐知訓進中堂之後，朱瑾的妻子就出來向他下拜。

徐知訓看到朱瑾對他的恭敬這麼到位，當然也裝著講一下禮貌。在朱瑾妻子向他下拜之後，他也行禮答謝——誰說我不懂禮節？我平時是不願向你們行禮而已。我要是行禮起來，動作比你們標準多了。

徐知訓正彎腰行禮，站在他旁邊的朱瑾突然面色一端，兩眼殺氣閃現，突然舉起笏版，朝徐知訓的頭部猛敲。朱瑾是個猛將，武力指數極高，這一猛砸下來，力道十足，直接把徐知訓擊得倒在地上。

朱瑾擊倒徐知訓之後，一聲大呼，那群埋伏在四周的殺手衝了出來。

徐知訓還不知怎麼回事，一把大刀就呼地砍下，腦袋立刻與身體分離。

朱瑾此前在跟朱全忠對打時，智商很不夠用，經常上朱全忠的當，心思很直，但這一次，他的謀劃很周密。在此之前，他就先在廡下拴了兩匹暴躁的烈馬。在他準備向徐知訓動手時，事先安排在馬旁邊的人就暗中把馬解開。兩匹馬就在那裡相互踢咬，弄得聲音很大。所以外面的人根本不知道裡面發生了什麼事情——徐知訓帶去的手下，更不知道他們的老闆已經被砍了腦袋。

朱瑾殺了徐知訓之後，就提著那顆血淋的腦袋出來時，徐知訓那幾百隨從才知道，就在剛剛、兩匹馬在激烈的嘶鳴之間，不可一世的徐知訓已經由生入死了。他們都嚇得四處逃散。

朱瑾則提著徐知訓的腦袋騎上快馬，直奔楊隆演的住處，丟在楊隆演的面前。

楊隆演突然看到朱瑾前來，然後在自己面前丟下一顆人的腦袋，這顆腦袋的血還很新鮮地流著，不由嚇了一大跳，朱瑾啊，你這是要做什麼？我可沒有請你去當殺人犯過啊，怎麼把這顆腦袋丟到我的面前。

朱瑾卻冷靜得狠，說：「這是徐知訓那個惡賊的腦袋。我已經代大王除此大害了。」

楊隆演一聽，更是嚇得要癱軟下來，舉起衣袖擋住自己的臉，轉身跑到內室，大叫：「這是舅舅你自己做的，我什麼都不知道。」

朱瑾一看，這傢伙真是不足以成大事，自己把希望寄託在這樣的人身上，真是大錯特錯，不由在那裡大叫：「婢子不足與成大事。」到這時才知道楊隆演不足成大事，你就更不足成大事了。

他抓起徐知訓的首級猛甩在柱子上，然後挺劍而出。

此時，子城使翟虔等人已經關上府門，帶兵過來討伐朱瑾。

朱瑾當然不會前去送死。他從後面翻越城牆。如果是年輕的時候，這樣的城牆他一翻過去，肯定不會有事。可是現在他年紀已經很大了，到了嚴重缺鈣的時候，當他翻牆過去、落地時，腳骨卻斷了。

他無法站起來跟人家拚鬥，更沒有辦法一躍而起拚命逃跑了，他轉過頭對追他的人說：「我為萬人除害，也算死得其所了。」說完，舉劍自盡。

一直密切關注廣陵局勢的徐知誥得知廣陵出了這個變故之後，心下大喜，老宋真有先見之明啊。當天就率兵渡江，進入廣陵。

徐知誥入城之後，朱瑾已經死了。

徐知誥就代表徐溫進行了安撫工作。

徐溫的其他兒子都很軟弱，徐溫只得讓徐知誥取代徐知訓，主持全吳的政事。然後宣布，把朱瑾的屍體投入雷塘，並誅滅了他的全族。

朱瑾雖然在殺徐知訓時，動了一下腦筋，工作做得很周密。但他並沒有對此事作過通盤考慮。他很天真地以為，只要他把徐知訓殺掉，除掉楊隆演的這顆眼中釘，楊隆演就會精神振奮，跟他一起，把徐溫勢力一起清除，從此淮南大地，就是他最有權勢了。但他居然沒有想到，楊隆演這樣的人能成大事嗎？一個天天在徐知訓面哭鼻子的人，敢有什麼作為？他更沒有想到，徐知訓這些年來，倒行逆施，很多人對徐知訓都很憤怒，只要他稍加留心，就完全可以找到更多志同道合的人員。只有跟這些實力派聯手起來，才能把徐家勢力一網打盡，否則，即使楊隆演答應跟他幹，他仍然會被強大的徐溫搞定。

事實上，還有一個強者也很想打倒徐家勢力。

這個人就是米志誠。

米志誠也是當世的猛將，當時南方的大兩著名高手，一個是朱瑾，另一個就是米志誠。朱瑾善於使槊，米志誠則以騎射出名，在軍中的素有威望。如果兩人密謀好，然後裡應外合，占領廣陵，並不是一件難事。但朱瑾在策劃這個事時，除了楊隆演這個軟包子外，沒有把其他人納入他的考慮範圍內，終於導致他折足而死。

米志城聽到朱瑾起事的消息後，果然很是興奮，他帶著十幾個騎兵出來尋找朱瑾。後來，聽說老朱已經死了，這才回去。

徐知訓被砍死，徐溫當然會清算下去。只要懷疑誰是朱瑾的同黨，他都要嚴厲剷除。宣諭使李儼，當時就住在海陵，徐溫懷疑他參與了朱瑾的密謀，便下令把李儼殺掉。他聽說米志誠出來找過朱瑾，看來這人也是朱瑾陰謀集團的核心人物，必須殺掉。

嚴可求知道殺李儼很容易，但殺米志誠就不那麼容易了，弄不好米志誠舉兵對抗，麻煩就不是一般的大了。他就為徐溫想出了一個辦法，謊稱袁州兵打敗了楚兵，實在是一件值得大大慶賀的事，請諸將都入朝祝賀，然後安排武士埋伏在戟門口。

米志誠也是個四肢發達頭腦簡單的武夫，也不想想，就那麼一點小勝，值得這麼慶祝嗎？

他沒有想那麼多，只想著去參加一場慶祝活動，肯定有好酒好菜。

當他來到戟門口時，武士們突然衝了出來，將他一把擒住，然後將他以及兒子們，一併「斬之」。

發生這麼大的事，徐溫也不得不回到廣陵入朝，處理一下後事。

徐溫雖然殺了李儼和米志誠，但他還是高度懷疑諸將都參與了這件事，就想搞一場肅清朱瑾流毒活動，擴大打擊面，進行一場上規模的誅殺運動。

徐知誥和嚴可求知道，如果這個運動一擴大化，淮南必將人人自危，大批忠勇之士，都會被冤枉而死，淮南必將元氣大傷。兩人急忙去見正怒氣勃勃的徐溫，把徐知訓的種種惡行如實向徐溫敘述了一遍。用事實說明，徐知訓是自己作死的。如果朱瑾不殺他，以後別人也會殺他。

徐溫聽了，怒氣稍解。想不到自己的兒子居然是這個樣子的。他要是被人欺負到這個地步，他也老早就奮而拔劍了。徐溫知道，他這個兒子的種種做法，已經是太不得人心了，如果自己不在這裡好好地向廣大淮南人民群眾作個交待，徐家在淮南人民心目中的形象就會大打折扣。於是，他下僅把朱瑾的屍體從雷塘裡重新打撈上來，再好好埋葬，然後把徐知訓那些左右都叫來，把他們狠狠地痛罵了一頓，並進行了處罰。只有刁彥能經常勸諫徐知訓，被徐溫表揚了一通。

徐溫隨後任命徐知誥為淮南節度行軍副使、內外馬步都軍副使、通判府事，兼江州團練使，讓徐知諫暫管潤州團練事。不久，徐溫又回到金陵鎮守，總管淮南的大事，其餘政事都由徐知誥全權處理。徐知誥完全取代了徐知訓。朱瑾這一刀砍下去，他自己和徐知訓成為最大的輸家，而徐知誥成為最大的贏家 —— 當然，如果沒有宋齊丘的建議，對於廣陵發生這場事變，徐知誥就只能在宣州袖手旁觀了。

有時，某個看不起的建議，真的能改變某個人的命運，甚至可以改變歷史的某個細節。

徐知誥內心肯定很感謝徐知訓，老兄啊，幸虧你把流氓的事做絕，在人民群眾心目中已經無比的爛了。現在我出來工作，就好辦多了。他一反徐知訓的所作所為，對楊隆演十分恭敬，在士大夫面前，也表現得十分謙虛，對誰都很寬容，自己的生活也很節儉。他知道，想把自己的事業做得更強更大，只得到楊隆演和士大夫們的欣賞還是不夠的，還必須得到廣大人民群眾的擁戴。

為此，徐知誥以楊隆演的名義發表了個政策，全部免除十三年以前所拖欠的稅收，其餘的到豐收年景時再交納，這是讓老百姓得到實實在在的恩惠。他也知道，要想把事業做大，就必須有很多人才相幫。於是，他到處訪求人才，虛心接受別人的勸諫，堅決杜絕一切私下的請託。大家知道，我們的老百姓都是很通情達理的，也是很溫順的，只要你稍對他們好一點，他們就立刻振臂高呼萬歲，死心塌地地擁護你。徐知誥這些政策一發表，不光老百姓對他十分感激，就是那些耆宿老將和強悍勇夫也無不悅服。此前，南方一帶的幾個勢力，都徵收丁口錢 —— 也就是人頭鋭。馬殷和王審知勢力收的是穀子或麥子，錢鏐和淮南則是收錢。而且交了人頭稅之後，又要按照耕種的田地畝數再交錢，以至錢重物輕，老百姓們十分反感。

宋齊丘對徐知誥說：「錢並不是耕出來的。現在讓老百姓交錢，就是讓老百姓捨本逐末。請免除丁口稅，其的稅錢全部摺合穀帛交納。細絹每匹值一千線的可以當三千銳錢。」

有人說：「這樣政府的損失就大了。我們只粗略一算，政府每年的損失的錢就有億萬之多。」

宋齊丘說：「哪有百姓富足了而國家還貧窮的呢？」他的原話是：「安有民富而國家貧者邪。」宋齊丘在歷史上並不著名，但他的這個話卻十分有見地，即使放在現在，仍然沒有落後。

徐知誥聽從了宋齊丘的建議。從此之後，江淮之間空曠的土地也全部得到開墾，淮南勢力也很快富足起來。

徐知誥對宋齊丘言聽計從，收到很好的施政效果。但徐溫卻很不喜歡宋齊丘。徐知誥多次請求大用宋齊丘，讓老宋有個很高職務。徐溫就是不同意。最後，徐知誥只能利用自己的權力，讓宋齊丘當了個殿直、軍判官。

宋齊丘的職務雖然很不高，級別也很低，但徐知誥對他卻超級信任，每天晚上都帶著宋齊丘到水亭密談，而且經常談到半夜。

有時侯，他們在殿堂上，把屏障撤去，只在空曠大廳上擺一個大火爐，相向而坐。兩人都不說話，只是用鐵筋在灰上寫字，隨即就用勺子把字塗掉。除了他們兩人之外，誰都不知道他們在密談什麼。

淮南內部穩定了下來後，徐溫又有精力去關注虔州方面了。

此時，劉信仍然在攻打虔州。本來徐溫以為，虔州就是一個孤立的勢力，打虔州應該不會費多少力氣，絕對是一場可控的戰爭。

哪知，譚全播看到淮南方面對虔州不依不饒，死了王祺又派劉信過來。他便向周邊的幾個勢力發出求援信。

幾個勢力接到他的信後，都很積極響應。錢鏐派錢傳球為西南面行應援使，率兩萬大軍去攻打信州；馬殷則派張可求帶一萬餘人駐紮古亭；王審知派兵駐紮雩都，都做出救援譚全播的姿態來。

錢傳球的部隊很快就到了信州。信州守軍只有幾百人。但信州守將很膽大，面對兩萬吳越的部隊，他毫不畏懼，帶著部隊衝出來迎戰。結果很快就被打得抱頭而回。

錢傳球的部隊順勢就包圍了信州城。

信州守軍看到敵人來得太多了，我們才幾個人？只要敵人四面攻打進來，我們再怎麼部署都擋不住。這樣的仗怎麼打啊？誰覺得這樣的仗能打誰來試一試。

信州刺史叫周本。

周本知道，現在靠幾百士兵把這城守住，那是痴心妄想。想守住這個城池，只有靠他自己了。他望著城外如蟻的敵人，再看看身邊這些瑟瑟發抖，連刀都拿不住的士兵，並沒有慌亂起來。他下令把城門打開。

大家一聽，都鬆了一口氣，周刺史終於認清形勢投降了。只有投降，才能保命。否則，作無謂的掙扎除了白白地讓幾百守軍死傷之外，真沒有別的用處。

周本讓大家把門城打開之後，並沒有帶著大家高舉白旗出城，而是又叫人在城門那裡架起帳篷，然後把所的將領都叫城樓上，把城裡的歌舞團也召來，讓他們又唱又跳，他自己則和諸將一邊欣賞歌舞一邊喝酒——當然只有他一個人在欣賞歌舞，其他人都睜著大眼看著城外的敵人。現在城門大開，只要敵人稍一縱馬，就可以毫無阻力地衝進城，然後衝上城樓，把他們這一干又喝又喝的人一把抓住。他們都在那裡臉色發白地不敢喝。但周本硬是叫他們喝酒，要盡情地喝，今天酒管夠。

那些食客不得不戰戰兢兢地拿起酒杯，有幾個人都把酒倒進了自己的衣領。

周本一看，真想上前去踢他們幾腳，老子都不怕死，你們怕什麼？要是讓城外的敵人看到，我們就真的死無葬身之地了。

幸虧敵人離得很遠，沒有看到這些搞笑的細節。

吳越兵看到周本把城門打開，又在城上喝酒，有點像傳說中的空城計。可是他們又怕，如果不是空城計，他們衝進城裡，被人家設計之後，就真的是有去無回了。

錢傳球也不敢賭，只是下令放箭。

一時之間，飛矢雨集，全都射向城樓。

周本仍然安坐不動。他要是一動，就全完了。

錢傳球就更加懷疑城裡有伏兵了。到了半夜，他就解圍而去。

徐溫看到錢鏐的大軍撤走了大軍，那顆心才放了下來。

正在這時，李存勗的使者來到。

第十章
輕敵喪將，李存勗痛失周德威；焚營克敵，吳越兵潰

1. 朱梁末日將至，李存勗怒戰破黃河

李存勗是派人來請淮南請淮南派兵北上，跟晉軍會師，一起攻打大梁。

徐溫也是很狡猾的，他說現在虔州戰事正酣，真沒有辦法分兵北上了。

李存勗自從攻占了楊劉之後，就一直陳兵於黃河邊上。

西元 918 年六月，李存勗在魏州舉行了一次閱兵儀式。之後，他親自駕船去測試河水的深淺，結果他發現最深處只淹沒了槍。

回來之後，李存勗對諸將說：「梁軍沒有作戰的意願，只是想用水來阻止我軍過河，干擾我軍的士氣而已。我們不能上他們的當，應該堅決涉水過河，向敵人發動進攻。」

李存勗繼續發揚他身先士卒的風格。

六月二十一日，他帶著他的親信部隊，首先過河。其他各軍緊隨其後，大家都提起衣服、橫揹著長槍，結成軍陣向前推進。

恰在這一天，河水突然下降，水深僅到膝蓋。晉軍人人心裡直呼，真是天助我也。

守在對岸的是梁軍匡國節度使、北面行營排陣使謝彥章。

謝彥章看到敵人渡河而來，心裡暗自冷笑，你們也不等我們放鬆警惕

了再這樣涉水而來啊？我雖然沒有什麼能耐，但站在岸上擋住你們還是沒有什麼問題的。

他帶著部隊在岸上列陣，對著水裡的晉軍發起衝擊。

晉軍無法接招，只得暫時退卻。

如果謝彥章只帶著他的部隊在岸上攔敵人，晉軍再怎麼英勇無敵，都無法衝上南岸，最後只會灰溜溜地撤兵回去，如果謝彥章部隊的箭多，也可以完全用箭把很多晉兵箭死在河裡，給李存勗一個大大的教訓，讓他明白公開透明地涉水作戰，絕對是錯誤的行動。

可謝彥章也是一個腦子不夠用的傢伙。他看到他逼退了李存勗的部隊，心裡馬上就得意起來，原來河東精兵不過如此。你們這就想退回去？老子不同意。

他突然豪氣勃發起來，帶著部隊衝進河裡，要求大家去追擊晉兵。

於是，他的部隊也衝下水裡，朝晉軍追過去。

李存勗一看，不由大喜，下令大家奮勇迎敵。

晉兵們看到謝彥章放棄了地利，直接下河來跟他們對抗——如此一來，雙方的條件就一個樣了。晉兵向來不把大梁的兵放在眼裡，看到他們自動放棄自己的優勢前來戰鬥，哪能放過這樣的機會？

此時，梁兵正好追到中流。中流的水比兩邊更急。

李存勗一看大好機會，下令擊鼓奮進。

梁兵處於水急之處，哪能抵抗得了？

謝彥章在中流之中，拚死抵擋，只片刻之間，就發現自己真的撐不住了，只得帶著部隊撤回。

李存勗率部隊緊隨其後，一路狂砍，殺敵無數，黃河水都被染紅。

謝彥章最後隻身而逃，這才得免一死。

晉軍順利上岸，迅速攻下了臨河的四個營寨。

這一仗，本來是李存勗急於求成，率軍涉水渡河，部隊在急流當中，腳都站立不穩，還必須挽起手來抱團前進，根本無法戰鬥，只要謝彥章守在岸邊，用箭射擊，河裡的晉軍都是活靶子，梁軍想失敗都難。哪知，謝彥章比李存勗更奇葩，硬是帶著大家跳進河裡，結果被人所乘，敗得沒有一點商量。仗打到這個分上，也只能說明大梁真的沒救了。

李存勗靠謝彥章頭腦進水，輕鬆地突破了黃河天險，知道大舉滅梁的時候到了。

李存勗決定調動一切能調動的力量，全力以赴，攻打大梁。

他命令周德威帶幽州步騎三萬、李存審帶滄景步騎一萬、李嗣源帶邢州步騎一萬、王處直帶易州步騎一萬，甚至麟、勝、雲、蔚、新、武等州的奚、契丹、室韋、吐谷渾諸部，都要帶兵到黃河前線，跟他會師。

八月，諸部全部到達。

李存勗在魏州舉行了一次盛大的閱兵活動。

所有的人都知道，李存勗已經下決心發動對梁的最後一戰了。

大梁高層到這時仍然沒有什麼部署。

大梁泰寧節度使張萬進，本來是劉守光的手下大將，其任務是負責輔佐劉守光的兒子劉繼威。哪知劉繼威也跟他老爸一樣，看到美女就不計後果。他居然跑到張萬進的家，把手伸向了張萬進家的女性。張萬進怒火沖天地把他殺了。殺了大老闆的兒子，張萬進當然不能繼續在劉守光手下混了。於是，他就歸順了大梁。這人是不得已才投降大梁的，對大梁並沒有多少好感——雖然他最終被任命為泰寧節度使，但因為朱友貞身邊那幾個傢伙動輒派人前來跟他要錢。他心裡能高興嗎？

這時他看到李存勗大舉進兵，大梁最後的日子已經肉眼可見 —— 連黃河天險都守不住了，他們還能守住什麼 —— 為什麼還要為這樣的集團去賣命？別人去賣命那是別人的事，但我張萬進堅決不幹。他毫不猶豫地派出使者，向李存勗請降。

當李存勗突破黃河之時，朱友貞只在那裡哀聲嘆氣，用有氣無力的目光對著趙巖、張歸霸掃來掃去，他發現這兩個傢伙比他更有氣無力。他盼望這兩個傢伙能替他出點主意，但他很快就知道，你讓這兩個傢伙去搞陷害別人、強行索賄，那是很厲害的，但要讓他們拿出打退李存勗的辦法，那還不如殺了他們。他們沒有辦法，他也沒有辦法。可是當他聽說張萬進叛國投敵後，心頭就怒火萬丈了。他立刻下令，調劉鄩為兗州安撫制置使，馬上去打張萬進。

李存勗看到張萬進的一次無意的投降，居然還能把大梁的兵力分散過去，而且還把目前大梁最能打的劉鄩派去跟張萬進對壘 —— 對於大梁而言，這是既浪費兵力，也是浪費人才之舉 —— 李存勗心大喜。如果當初朱友貞不那麼生劉鄩的氣，仍然讓劉鄩鎮守黃河邊，就是硬塞給李存勗一萬個豹子膽，他也不敢涉水過河的。劉鄩的野戰能力不強，但他的防守能力卻十分強悍。然而，朱友貞對此一無所知，憑著自己的情緒，把劉鄩貶出去，讓腦殘分子謝彥章來守黃河，結果把好牌打成了爛牌。李存勗知道，必須抓緊時間進行部署，千萬不能錯過這個好機會。

李存勗立刻從魏州來到楊劉，帶著部隊到處打擊，想試一試大梁兵的反應。他先是搶掠了鄆州和濮州，然後循河而上，在麻家渡那裡紮營。

大梁派賀隗和謝彥章屯兵於濮州北行臺村，跟李存勗對峙。

李存勗這時仍然不安分。一天到晚帶著騎兵逼近兵敵人的營壘前挑戰，好幾次都陷於險境，每次都靠李紹榮拚死力戰，這才讓他撿回性命。王鎔和王處直為此上書給他，請他注意安全。你現在是全軍之主，不能這樣老是冒險。你要是出了意外，整個河東就會出現意外。

李存勗看完信之後，哈哈大笑，對使者說：「定天下者，非百戰何由得之！安可深居帷房以自肥乎。」然後繼續發揚他的冒險精神。

有一次，李存勗又翻身上馬，準備去做冒險行動。

恰好碰到李存審。

李存審拉住他的馬，向他泣諫：「大王應當為天下多多保重自己。扛著武器衝鋒陷陣的，是將士們的職責，是我這類人應該去做的，不是大王應該去做的。」

李存勗沒有辦法，只得宣布停止今天的冒險行動，怏怏而回。

過了幾天，李存勗問李存審在哪？

答：「不在營中了。」

李存勗大喜，立刻上馬，急策而出，搞得十分倉皇狼狽，他對左右說：「那個老傢伙太煩人了。老是過來對我拉拉扯扯，太讓人不爽了，不就是去找個刺激，哪有什麼嚴重。」

他帶著幾百騎兵，直接來到謝彥章的營門前，向謝彥章叫板。

這些天來，李存勗天天帶兵出來挑戰。謝彥章已經摸清了他的規律，知道他肯定會繼續前來尋找刺激，因此老早就把五千精兵埋伏在河堤下。

李存勗也像往常一樣，先帶十幾個騎兵上堤而來。

埋伏在堤下的梁兵一看，果然跟謝大帥的預測沒有毫釐之差。他們都一躍而起，直向李存勗衝殺而來，片刻就把他重重圍住。

李存勗只得帶著他的騎兵拚命。但敵人太多，他哪能殺出重圍。幸虧他帶來的那幾百騎兵很機警，迅速發現大王已經被敵人圍困，直衝過來救他。經過一番衝殺，李存勗這才得以突出重圍。這時李存審也帶兵趕到，梁兵這才撤了回去。

李存勗這次差點被人家消滅在河堤上，這才真正意識到，李存審他們的勸諫是很正確的。

李存勗對大梁大兵壓境之後，就想直取汴州。可是梁軍把全部兵力都擋在他的面前，而且這次梁兵也乖了，不管他如何挑戰，天天派人到梁軍的營門前，大罵髒話，反覆問候梁兵的 N 代祖宗，人家都把他們的髒話當耳邊風。你們罵吧，我全軍的情緒穩定得很。

雙方在那裡相持一百多天，戰爭氛圍已經十分濃厚，可就是沒有發生一場拚鬥。

到了十二月，李存勗終於忍不住了。他集中了全國所有的部隊擺在這裡，可不是來跟梁軍大眼瞪小眼、看誰忍不住先笑的，而是要消滅朱氏的大梁王朝。忍不住的李存勗一咬牙，又向前推進，直到距敵人僅十里的地方下寨 —— 再逼近他們一點，即使不能把他們逼出決戰，也要製造點壓力給他們。

從李存勗的這些行動看，梁兵前線統帥部採取的戰術是很正確的，就是跟你拖，拖到你不願拖為止 —— 你總不能把全國的兵力都集中在此吧？

這個戰術很正確，但朱友貞在用人方面上就不正確了。

2. 賀瑰設宴殺同僚，梁軍誤斷命脈自掘墳墓

本來，在這關係到整個集團生死存亡的關鍵時刻，前線的部隊必須有一個統一的總指揮，全面協調各部的行動。

但現在朱友貞卻讓兩個人當前線一把手。

一個是賀瑰，一個就是謝彥章。

賀瑰是什麼人？敬翔就曾經說過，把國家的安全交給賀瑰這些人，結果國家就只有危險了。

賀瑰雖然沒有被敬翔高度評價，但他也有一技之長，就是當時的步兵專家，很善於統領步兵作戰。謝彥章則是大梁的騎兵專家。賀瑰原來是朱瑄手下的大將，曾多次與朱全忠大戰，最後投降了朱全忠，戰鬥經驗十分豐富。當然，他的戰鬥經驗基本都靠蠻拚，很少開動腦筋。他也算是朱家手下的老員工了。這時看到謝彥章居然跟他齊名，心裡就不爽起來。當然如果僅僅不爽一下，然後透過打勝仗、打惡仗來把對方比下去，也是很不錯的。可是他卻沒有這樣去想，更沒有這樣去做，而是覺得不管從哪個角度去看，謝彥章都不是好人，甚至是李存勗的臥底。

有一次，他跟謝彥章在野外練兵時，指著前面的一塊高地，說：「在這裡立柵壘，絕對是個好地方。」

他說此話之後不久，李存勗就派兵到那個高地，建立起了柵壘。

賀瑰一看，腦子裡的第一反應就是：肯定是謝彥章把他的想法告訴了李存勗，使得李存勗搶先了高地。

賀瑰向來打蠻仗，當他看到李存勗的部隊步步逼近時，就多次想上去跟敵人拚個血流成河。可是謝彥章自上次猛浪招致失敗之後，就深刻地汲取教訓，認為如果出營對抗，就正中敵人圈套，因此每次賀瑰要求出戰，他總是堅決反對。

賀瑰對謝彥章說：「主上把全國的部隊都交給我們。現在國家的安危，都繫在我們的身上。今天敵人大軍壓境，天天在我們的營門前挑戰謾罵，我們卻裝著看不見。這樣對得起主上和百姓嗎？」

謝彥章說：「敵人舉傾國之兵前來，正是利於速戰。如果我們深溝高壘，占據著渡口，他們就不敢深入打進來。如果我們輕易地去和他們對決，萬一有什麼失誤，則大勢去矣。」

有點常識的人都知道謝彥章的話是很對的。

賀瑰卻認為，謝彥章的話很可疑，謝彥章就是不讓他去決戰，不讓他們出去消滅侵略軍，謝彥章一定是敵人的間諜。於是，他把他的懷疑祕密地告訴了朱友貞。

朱友貞那個腦袋裡向來水份多於腦汁，聽了賀瑰的話，就在那裡驚得嘴巴大開，難怪謝彥章在黃河邊上打得那麼糟糕，在那樣的情況下，居然犯那樣的錯？那樣的錯誤是一個身經百戰的老將會犯的嗎？那場戰鬥，肯定是謝彥章故意那樣打的。

朱友貞在賀瑰的啟發下，本來不會太複雜的腦子這時不斷地產生聯想，越想越覺得謝彥章是在故意通敵，準備把他賣給李存勗。最後，他相信了賀瑰的控告。

賀瑰看到朱友貞相信了自己的控告，不由大喜，謝彥章啊，你這個晉狗的末日到了。

賀瑰在跟敵人打仗時，全憑血勇之氣，很少開動腦筋，但這時他卻玩了個腦力勞動。他請行營馬步都虞侯朱珪前來，一起商量如何剷除謝彥章這個最大的通敵犯。

兩人想來想去，還是抄鴻門宴的作業。

他們擺了個酒席，請謝彥章前來，說是一邊喝酒一邊討論如何打好這場國家保衛戰。

謝彥章並不知道賀瑰對他那麼不爽，更不知道賀瑰恨他已經恨到非要把他肉體消滅不可。他接到邀請後，二話不說，就跑過去赴宴。他才一入場，就被事先埋伏的武士手起刀落。

賀瑰不但恨謝彥章，還恨謝彥章手下的兩員驍將濮州刺史孟澄審以及侯溫裕。這兩個是當時大梁軍隊裡最出色的騎兵將。

賀瑰把這兩個人也都殺了 —— 誰叫你們帶騎兵帶得那麼好，又是謝彥章的老部下。

朱友貞聽說謝彥章這個最大的通敵犯被解決了，心頭又是一陣輕鬆。他對這次設計除掉謝彥章的朱珪很滿意，馬上提拔朱珪為匡國留後。不久，又提拔他為平盧節度兼行營馬步指揮副使。

朱珪很高興，略施小計，就除掉了謝彥章，然後就拿到了節度使的大印。哈哈，有時根本不用上戰場殺敵，靠害掉自己方面的人也可以得到快速提拔啊。

3. 李存勗九死一勝，朱梁王朝風雨飄搖

李存勗更高興。他知道大梁兵這麼多天都死守營壘之中，正是謝彥章堅持的結果，他時刻都恨不得謝彥章突然被天上掉下的石頭砸死才好。現在天上沒有掉下石頭砸死謝彥章，賀瑰和朱貞友卻聯手把謝彥章殺掉了。哈哈，朱友貞啊，你知道什麼叫親者痛仇者快嗎？如果不知道，請把殺謝彥章的事覆盤一下。

李存勗對部下說：「都到這個時候了，他們的將帥還忙著自相殘殺，離滅亡還久嗎？賀瑰這個人，殘忍暴虐，從來不得軍心。我如果引兵直攻他們的國都，他們還能堅守不動嗎？跟這樣的人打仗，沒有辦法不百戰百勝。誰跟他們打誰都很幸運。」

李存勗向來對自己的軍事能力超級自負，認為當代的軍事家中，排名第二的人都被他甩幾條街。他看到梁軍陣營中，在這個時候，還在忙於內鬥，而且內鬥的結果是，良將慘死，剩下的是只會蠻幹的大將，他哪還把

他們放在眼裡。所以，他又準備親率一萬騎兵，直搗大梁，結束這場戰爭。不必老在這裡跟賀瑰這個腦殘的傢伙對峙了。

周德威說：「大王，敵人雖然無緣無故地殺掉自己的上將，但他們的軍隊還是很完整的。大王現在如果輕率行動、想搏僥倖，只怕未能成功。」

李存勗一聽，看來周德威上次被圍困、差點完蛋，現在就膽小了，哪場仗不是冒險的？大梁離這時並沒有多遠啊。遠比當年鄧艾襲蜀的距離近多了。況且敵人老早就被我打怕了，只要我的騎兵衝到大梁城下，朱友貞除了出城面縛，他還能做什麼？他斷然拒絕了周德肆的勸阻，決定按自己的計畫行事。

九月十九日，李存勗下令，讓軍中所有的老弱全部回魏州，他率最精銳的騎兵直奔大梁。

二十一日，李存勗下令把軍營全部毀掉，然後率兵大進，號稱所帶的部隊十萬！

李存勗以為賀瑰是個腦殘人士，腦筋向來不會拐彎，所以敢率大軍毀營繞道而進，目標直奔大梁。

但這時的賀瑰卻很機警，他看到李存勗毀營南下之後，也下令放棄營壘，緊跟在李存勗的後面。

李存勗這次的計畫做得十分周密。他除了帶精銳騎兵外，還帶著三萬魏博民工，讓他們為部隊修築柵壘。部隊一到指定地點，三萬民工立刻把柵壘做好，部隊完全可以拎包入住。

二十三日，李存勗的大軍來到胡柳陂。

於是，著名的胡柳陂之戰即將打響。

次日清晨，有探馬從後面奔來，報告：大梁軍已經從後面跟了上來。

李存勗一聽，根本不把賀瑰當一回事。他來就來吧，他只是來當觀眾，看我怎麼打仗而已。

周德威卻一臉的憂慮，說：「敵人倍道而來，緊隨在我們的後面，沒有可以休息的地方。我軍柵壘已經十分堅固，而且守備也已經完善。我們現在已經深入敵境，每一步都要小心再小心，不要輕舉妄動。這裡離大梁城已經很近，後梁的士兵都很想家。他們的心裡一定很憤怒很激動。戰鬥力會很破表。如果不用謀略來對付他們，只怕難以取勝。我建議，大王應該先按兵不動，先讓我帶騎兵去騷擾他們一下，讓他們不得休息。到晚上都不能修好營壘、柴灶也沒有做好，一整天都不能吃好飯。我們趁他們還很睏乏的時候，全力進攻，可以一舉將他們消滅。」

這個建議確實是好建議。

可是李存勗這時不但看衰賀瓌，更認定周德威已經年老遲鈍、思想保守、膽小畏戰了，跟這樣的人打仗，一點不刺激，他說：「此前在黃河上就恨不得看到敵人。現在敵人來了又不打，真是豈有此理。老將軍怎麼突然變得膽怯了？」他回頭對李存審說：「你負責運送糧草先發。我為你殿後。馬上把敵人消滅光。」

說罷即下令按此行動，他自己親自帶著戰鬥部隊先出。

周德威看到他如此強硬，也不敢再說什麼，帶著幽州軍跟隨而去。

臨行前，他對他的兒子們說：「吾無死所矣。」

賀瓌也知道，惡戰已經不可避免，已經把部隊集結成戰陣，一路按著作戰隊形前進，已經來到李存勗的面前。

李存勗放眼望去，賀瓌的部隊真多，橫亙數十里，聲勢十分浩大。

李存勗心下冷冷一笑，再多的人也只是來增加我的成績而已。一個比豬還蠢的統帥帶多少人都只會打敗仗。

李存勗繼續發揚他衝在第一線的作風，帶著銀槍都（相當於他的禁衛軍）直衝賀瑰的戰陣。

果然如李存勗所料，賀瑰大軍的人數雖然很多，但戰鬥力真不很強。李存勗帶著他的禁衛軍，在梁兵陣上「衝蕩擊斬，往返十餘里」，直殺得無人能擋，即使是勇猛的王彥章也被李存勗擊敗，不得不向西逃到濮陽。

李存勗一看，哈哈，王鐵槍不是英雄無敵嗎？他英勇無敵，那是因為沒有碰到對手，現在碰到我，那只有滿地找牙了。

情節發展到此，梁軍的失敗就只是時間問題了。

但事情到了這裡，突然發生了一個巨大的轉折。

這個轉折是很碰巧的。

王彥章被李存勗擊敗之後，不得不向西抱頭而逃。王彥章在敗逃時，完全是慌不擇路。可是他一頭衝向的西邊，正是李存勗全軍武器、輜生堆放的地方。看守在這裡的晉兵，大多都是非戰鬥人員。他們看到梁兵的旗幟突然隨風捲來，不由得大是驚慌 —— 不是說這裡是後方、不會有敵人打來嗎？怎麼現在這麼多敵人打過來？我們都沒有經過戰鬥訓練啊，拿什麼來抵抗敵人？

這些後勤人員看到梁兵大舉而來，都嚇得逃散。他們一逃散，當然就會去找主力部隊來保護。他們很快就驚喜地發現，周德威的部隊就在眼前。於是，一群哭爹叫娘的後勤部隊都湧向周德威的陣地。

周德威一看，你們不要亂衝啊。你們這麼亂衝，我的陣腳就亂了。可是在這個時候，哪個還理他的話？

那些散兵的戰鬥力不強，但逃跑起來、對本軍的陣地的衝擊力是很大的。他們只一陣亂撞就把幽州兵的陣地撞得七零八落。幽州兵最後也被衝擊得淩亂起來。

周德威只看得眼花撩亂，腦門上全是密密麻麻的汗珠。他還大聲呼喊，要求大家要冷靜，不要亂了陣腳，但完全無效。

幽州兵越來越亂，最後亂到自相殘踏的地步。

周德威一聲長嘆，他打了一輩子的仗，雖然也打過慘不忍睹的敗仗，可是從來沒有打過如此窩囊的仗。己方明明已經占著上風，牢牢地掌握著戰場的主動權，賀瑰已經毫無還手之力，可是偏偏弄出這個事故來。這時，部隊越來越亂，賀瑰也發現了戰機，率部碾壓過來。

周德威和他的兒子這才發現，戰場上到處是亂哄哄，他們連逃跑的機會都沒有了。結果一代名將就這樣死於亂軍之中。

除了周德威外，魏博節度使王緘也被打死在戰場上。

到了這時候，李存勗的大軍也都被打亂。梁兵突然由敗反勝，從四面八方集合起來，向晉兵發動進攻，而且攻勢越來越猛。

李存勗也無法扭轉戰局了，他只得拚命衝上一座土丘，然後收拾散兵。

到了中午，隨著部隊結集越來越多，李存勗部才又開始振作起來。

賀瑰又搶到了一處高坡，對李存勗形成居高臨下之勢。

李存勗對他的將士們說：「只有搶到那座小山，我們才可以了得勝利。你們跟我一起去把它奪回來。」

李存勗說著，就率先衝了過去。他一陣奮力衝殺，第一個登上了山頂。李從珂帶著禁衛軍緊隨其後，個個都拚命戰鬥，梁兵看到李存勗來得太猛，便都紛紛避讓，結果他們都避讓到山下了。

晉兵終於占據了整個小山。

其實就是占領了這座小山，也未必真的能取得勝利。如果此時梁後有個得力的統帥，李存勗仍然逃不出生天。

但現在梁兵的統帥是賀瑰。賀瑰能打硬仗，但向來缺乏統籌才能，他只宜親自帶著自己的部隊衝鋒陷陣，至於統籌規劃，走一步算三步，對於他來說就太難了。

賀瑰並沒有抓住這個機會進行部署，集中全力圍困李存勗，仍然按照計畫進行戰鬥。

到了傍晚，賀瑰的部隊在山的西面列陣。

山上的晉軍看過去，賀瑰的部隊很多，臉上就布滿了懼色。

李存勗這時又發揚了一次民主，問大家怎麼辦。

大多數人都認為，目前各路人馬都還沒有會集，不如先斂兵還營，等明天再戰。

閻寶說：「王彥章的騎兵已經進入濮陽，現在山下只有步兵。他們一到傍晚都想回家，不想再戰鬥了。我們完全可以居高臨下，對他們全力衝擊，完全可以把他們一舉擊破。現在大王深入敵境，配合的部隊又出師不利，如果再率兵撤退，必為敵人所乘。那些尚會集合的部隊聽說大王又被敵人打敗，一定會不戰自潰，後果不是一般的嚴重。凡與敵決勝，只有認真觀察形勢。一旦形勢已經搞清楚，就要果斷拍板，不能再猶豫疑惑。大王的成敗，在此一舉。如果不能決一死戰，奪取勝利，即使收復散兵回到北面，但河朔一帶，將不復為我所有。」

李存勗這時突然遭到不利，也有點放不開了，聽了閻寶的話，在那裡不置可否。

李嗣昭說：「目前敵人沒有營壘，個個都想回到家裡，好好吃飯睡覺。我們完全可以用騎兵去騷擾他們，讓他們不能吃飯。等他們退卻時，我們追上去，就可以把他們擊敗。如果我們斂兵還營，他們必定糾集更多的部隊捲土重來，到時勝負就難料了。」

李建及也不多說，穿起戰袍，橫執武器，大聲說：「敵人的大將已經逃跑，大王的騎兵一無所失。現在放馬去打山下那些疲勞的梁兵，簡直就是催枯拉朽。大王儘可登到山頂，看我為大王破敵。」

李存勗的腦袋這才清醒了過來，大聲說：「如果不是你們這麼說，我就誤了大事。」

李存勗的決心一下，李嗣昭、李建及馬上就率領騎兵，大喊大叫著衝向梁兵的陣營。其他部隊也緊跟其後。

在這段時間裡，賀瓌的腦子基本都處於停機狀態，沒有對李存勗的部隊進行針對性的部署，仍然在那裡順其自然地觀望著。而且這種觀望，又是麻木的觀望，根本沒有做什麼防備工作。

當他們突然看到山上的晉軍衝殺下來時，都是悚然一驚，不知道怎麼辦。

別人不知道怎麼辦，也就罷了。關鍵是賀瓌也不知道怎麼辦。於是，就只好被人家蹂躪了。

晉軍一番衝殺，已經潰不成軍的梁軍被李存勗的騎兵部隊衝擊得一片凌亂。

此時，吳瓊和胡裝又各率一萬多平民百姓在山下拉著柴，弄得灰塵漫天之後，再擊鼓納喊，把戰場的氛圍推向極至。

梁兵整個指揮系統本來就已經處於停機狀態，士兵們都在各自為戰，被這些聲勢一恐嚇，心頭更是塞滿了懼意，馬上從各自為戰轉到各自逃跑。結果自然形成了恐怖的自相殘踏事件。

山上到處都堆著梁兵丟棄的武器和鎧甲。這一波衝擊，梁兵被直接打死的超過三萬人。

當然，李存勗的部隊也是損失巨大 —— 損失了三分之二的部隊。

雙方都不能再振作起來了。

於是，誰也沒有心思出來較勁了。

李存勗回營後，才知道周德威父子都已經光榮犧牲，他突然兩眼發呆，半晌之後，失聲痛哭：「喪吾良將，是吾罪也！」

當時的情形下，周德威的建議，對於李存勗而言，可以說是萬全之計。不過後來的的事證明，李存勗的決策也沒有錯。戰場局勢後來的逆轉，完全是出乎所有人的意料之外，即使是梁軍方面，也沒有想到居然是那個樣子，如果一切都在梁軍諸將的意料之中，王彥章絕對不會帶著部隊一路不回頭地跑進濮州，而是會殺個回馬槍。以王彥章之勇，李存勗後來即使殺出賀瑰軍的圍困，也會傷亡慘重，此刻不知在哪裡長吁短嘆了。

這次戰鬥，從頭到尾，大家都在糊塗地戰鬥。先是晉兵糊塗地失敗，而且失敗得點差徹底了。然後又逆勢而勝，兩次起伏，讓人看得都有點驚呼起來。

李存勗回到了大營，但李存審和李從珂還沒有回來。

他們在戰鬥中被衝散，成了失聯人員。李嗣源看到己方突然遭到失敗，也不知道李存勗在哪裡，便到處問人家。有人說：「晉王已經渡過河北了。」

李嗣源當然信以為真，便也渡過黃河，準備到相州去。

過了一天，李嗣源又聽說，李存勗進攻濮陽，而且還真的攻了下來，便急忙跑到濮陽去見李存勗。

李存勗十分不爽，對他說：「你以為我真的死了？你渡過黃河去了哪裡？」

李嗣源急忙叩頭謝罪。

李存勗打起仗來，十分英勇，敢衝在第一線，而且以冒險為樂，可是對有功人員很不大方。李從珂雖然是他的養子，這次從山上衝下來，立的功是最大的。但李存勗也僅僅賞了他一大鍾酒。

李存勗繼續前進，很快來到德勝渡。

當時，王彥章的散兵還在到處散逃。有一些散兵正往大梁方向奔逃。他們看到李存勗的部隊已經到了德勝渡，便急跑進大梁城，到處散布這個消息：「晉兵已經大勝，即將抵達大梁了。」

這個消息才剛剛在城中散發，又有一些李存勗的散兵跑了過來，還向大梁城裡的人詢問路徑。大家一聽，更加確信晉軍真的要抵達了。於是，整個大梁城都震驚了。

朱友貞更加震驚。

朱友貞一震驚，就下令把大家都趕到城頭，做好守城的準備。他又覺得這個城有點難守，便打算逃到洛陽。只是由於太晚了，他才沒有馬上動身。那些從前線逃散回來的士兵，不到一千人，其他的士兵都逃回了自己的老家。朱友貞命令再集結起來，一個月後才勉強整頓成軍。

4. 三戰三捷，吳國強勢崛起

在梁晉大戰得你死我活的時候，淮南大將劉信也還在虔州那裡拚死攻城。

劉信這時對面的不僅是譚全播的虔州，他的側面還有馬殷的大將張可求。如果不把張可求打跑，他就有可能被人家前後夾攻。他派手下大將張宣帶三千兵馬在夜間出擊，襲擊了一把張可求，取得了成功。然後又派梁詮等人去攻打吳越和王審知的部隊。那兩家聽說楚兵已經被襲擊得敗退，便也帶兵回去了，留下譚全播一人在戰鬥。

劉信把譚全播邀來的外援全部打跑之後，又集中全部力量進攻虔州，一戰就殲敵幾千，但仍然沒有打進虔州。

劉信打了這麼久，知道虔州城真的很堅固，要拿下十分不容易，便派人進去勸譚全播，請他送個人質給廣陵，保證以後順服吳越，然後收了譚全播一大筆賄賂，再撤軍回去，說是已經和平解決了虔州問題。

徐溫大怒，老子出了這麼多兵力給你，就是要你把虔州打下來，你打了這麼久，犧牲了這麼多淮南子弟兵，就得了個人質回來？

徐溫當場把那個倒楣的使者打了幾十杖。當時，劉信的兒子劉英彥是徐溫的親兵隊長。徐溫把三千兵交給劉英彥，對他說：「你老爸居上游之地，帶著比敵人多十倍的兵力，打了這麼久，竟然打不下一個小城。這跟反叛有什麼區別？你現在帶這支部隊到前線去，跟你的父親一起反叛。」

徐溫又叫朱景瑜跟劉英彥一起去，說：「譚全播的士兵都是農夫出身，飢寒交迫已經多年。他們的妻子又都在包圍圈外面。前段時間劉信解除了包圍，他們現在都在相互慶賀，然後離開城池，回家跟妻子團圓了。只要他們聽說我軍還要來，一定都會逃跑。虔州也就成了空城。只要你們把大軍開過去，就一定能毫無阻力地進入虔州。」

劉信聽到徐溫的話後，嚇得差點癱倒下來，攻不下城池，居然就等於反叛，他急忙又帶著部隊返回去，襲擊虔州。他的先鋒部隊先到達虔州城下，

譚全播給了劉信一個人質，又給劉信一大堆金錢，相信劉信真的已經撤走了，虔州可以安全了。哪知，劉信突然又返身殺來。他一點沒有準備。當他看到劉信突然出現時，正準備集結抵抗，可是劉信的先鋒部分已經殺進城裡，城裡的士兵都已經一鬨而散，誰也叫回來了。

譚全播知道大勢已去，便逃到雩都，但最後仍然被劉信抓獲。

徐溫覺得譚全播確實是個人才，不但沒有處理他，反而任命他為右威將軍，領百勝節度使。

徐溫拿下了虔州，也算是在外戰中打了個勝仗。

徐溫現在是淮南最有權力的人，但他仍然覺得自己的級別太低。他想了一下，很快就得出原因，他的級別低，主要是是因楊隆演的級別低。楊隆演現在只是一個王爵。王爵手下的官員自然不很高。於是，他就對楊隆演說：「現在大王與諸將都是節度使，職務都一樣啊。雖然大王還有個都統之名，但也只是虛名而已。不如建立吳國，登極稱帝。」

楊隆演卻不同意。當不當皇帝，他都是傀儡。他當了皇帝，只能說明他是更高一級的傀儡而已，本質沒有什麼差別，何必讓人家罵他。

嚴可求一直是徐溫的謀主，一心一意為徐溫著想。這人絕對是淮南勢力中最聰明的人。他一眼就看到徐知誥現在心裡已經有了很複雜的想法，如果繼續讓徐知誥這麼掌握大權下去，以後徐溫打下的基業，就會全部落到徐知誥手裡。

嚴可求為此多次向徐溫建議，由徐溫的次子徐知詢取代徐知誥，掌管淮南的政事。

徐知誥很快就知道嚴可求的這些話。徐知誥意識到，如果還讓嚴可求繼續留在廣陵，他就會很危險。他找來駱知祥密謀了一下，最後得出一個方案：出嚴可求為楚州刺史。只要嚴可求不在權力中心，就什麼都不怕。

嚴可求接愛了任命之後，就到金陵去見徐溫，對徐溫說：「我們一直奉大唐正朔，也一直以復興大唐為口號。現在朱、李爭奪天下，朱氏已經一天比一天衰落下去，李氏卻在迅速地發展起來。一旦李氏統治了天下，我們真的能夠甘心當他的臣屬嗎？反正這個大唐的正朔已經沒有什麼利用價值了，我們不如先建立吳國，以順應民心。」

這話很對徐溫的脾氣，徐溫聽得大悅起來，便把嚴可求留下，讓他參理政事，並讓他起草準備建國的禮儀。

徐知誥一看，這一招居然被嚴可求輕而易舉地化解了，而且現在嚴可求還留在徐溫的身邊，可以天天在徐溫身邊替徐溫出主意，那可是大大地壞事啊。他沒有想到，逼嚴可求，居然逼出這個樣子來。既然不能擺平嚴可求，那就只好想辦法巴結他。

最後，徐知誥一咬牙，那就跟他聯姻吧。於是，把他的女兒嫁給嚴可求的兒子嚴續。

朱友貞看到淮南攻下了虔州，就下了個詔書給錢鏐，叫他集中全部力量進攻淮南。

錢鏐對大梁絕對是赤膽忠心。淮南攻下虔州後，錢鏐向大梁入貢的甬道被阻斷，他就從海路北上，到登州萊州上岸，再到大梁。當他接到朱友貞的詔書後，二話不說，便派他的兒子錢傳瓘為諸軍都指揮使，率戰艦五百艘，從東州向淮南進擊。

徐溫派彭彥章和陳汾去迎戰。

徐溫這時對錢鏐的部隊似乎不怎麼重視，他只是不斷地帶著淮南那些官員請楊隆演稱帝。楊隆演就是不許。在其他方面，他可以無視楊隆演，可以完全不照顧楊隆演的感受，按自己的意思進行下去。可是在這個事上，他真不能把楊隆演怎麼樣。人家就不願意當皇帝，你能咬哪個關鍵部位？

他沒有辦法，只有不停地勸進，你不同意，我就不停地勸。

後來，兩人各退一步，楊隆演不當皇帝，但同意放棄大唐正朔，建立一個完全獨立自主的吳國，楊隆演只宣布即吳王之位，然後宣布大赦，改元武義；建立宗廟社稷、置百官，宮殿文物皆用天子禮，以徐溫為大丞相、都督中外諸軍事、諸道都統、鎮海．寧國節度使，守太尉兼中書令、東海郡王。職務級別樣樣都顯得十分霸氣。當然，徐知誥也被狠狠地提拔了幾個等級：左僕射、參政事兼內外諸軍事，仍領江州團練使。其他人當然也相應得到提拔。楊隆演即位的時間是，西元 919 年四月初一。

錢傳瓘並不因為吳國宣告成立就暫停進兵。他帶著部隊快速進兵，很快就與彭彥章相遇。

錢傳瓘下令每艘船上都裝滿石灰、豆子和沙子。

四月初八，兩軍在長江邊的狼山交戰。

吳國的船乘風而進，氣勢十足。

錢傳瓘只得帶著自己的船隊避開吳船，等吳國的船隻過去之後，便調轉方向，尾隨其後。如此一來，錢傳瓘的船隊反而居於順風之位。

吳船回頭跟錢傳瓘的水軍交戰。

錢傳瓘等的就是這個時候，他下令大家順風揚灰。

一時之間，江上石灰瀰漫，全往吳船飄過去。吳兵都睜不開眼。

錢傳瓘下令把船開過去，靠近吳船時，他命令士兵們把沙子撒在己方的船上，而把豆子撒到敵方的船板上。那些豆子都沾滿了戰鬥流出的血，吳兵踩著這些豆子，一動就都摔倒在船板上，哪還能舉刀砍人？整個吳兵瞬間就喪失了戰鬥力。

錢傳瓘下令向吳船放火。

吳軍立刻就陷於水深火熱之中，被打得大敗。

但彭彥章還在努力作戰，手中的兵器打得廢了，他又抓起一根木頭，繼續作戰。激鬥中，他的身上已經有了幾十處傷口。他的副手陳汾面對這個水深火熱的戰鬥場面，怕得要命，在那裡緊握著兵器，一動也不敢動。

彭彥章奮鬥到最後，身上已經擠不出一絲力氣了，便伏劍自盡。

這一戰，錢傳瓘俘獲吳國裨將七十人，斬首一千多人。

陳汾雖然逃了回去，但被徐溫砍了腦袋。徐溫還把陳汾家的財產全部沒收，分一半給彭彥章家。

正這時，馬殷看到這些勢力越玩越大，自己也該出來刷個存在感了。馬殷向來很小心，很少去打沒有把握的仗，他只想找個弱小一點的欺負一下，打一場可控的戰鬥。符合這個條件的只有荊南的高季昌勢力了。於是，他派兵去打荊南。

高昌季雖然以前多次跟淮南勢力作對，但他自從單飛出來後，很用心跟淮南方面修好，雙方已經發展成同盟的關係。當他看到楚兵大舉而來時，急忙向吳國老大哥求救。

吳國老大哥剛剛被錢傳瓘的石灰粉打得眼睛都睜不開，但接到高季昌的求救信後，也不能不管 —— 如果馬殷吃掉荊南，對他們的威脅就巨大了。徐溫根本不用跟誰商量，第一時間就派劉信帶著洪、吉、撫、信四州之兵，從瀏陽直奔潭州，然後還命令武昌節度使李簡率水師攻打馬殷的復州。

當劉信的大軍抵達潭州東時，馬殷立刻下令從荊南撤軍而回。但仍然攔不住李簡。李簡的部隊用最快的速度，攻下了復州，生擒復州知州鮑唐。

馬殷本來想趁著大亂之機，吃一口荊南的豆腐，哪知卻惹得吳國出手，結果沒有吃到高季昌的豆腐，反而丟了復州，這個虧有點大了。

吳國教訓了一把馬殷，又於六月間跟錢鏐的部隊打了一仗，取得了勝利。

錢鏐這次是奉命來打吳國的，所以很捨得下本錢。

七月，他叫錢傳瓘再接再厲，率三萬部隊進攻常州。

徐溫看到錢鏐的部隊來勢很猛，便親自帶諸將拒敵。

兩陣對峙之際，吳國的陳璋帶著水軍從下面的海門跟在錢傳瓘兵的後面。

七月初七，兩軍在無錫交戰。

就在這個關鍵時刻，徐溫突然生病發燒，無法指揮戰鬥。

錢傳瓘帶著部分猛攻吳兵的主力。當時射出的箭有如急雨，陳彥一看，仗打了這個地步，老闆再不出面，他們這些人都會被人家乾淨徹底地消滅掉。可是徐溫現在發燒得滿臉通紅，站立不穩，哪能出來亮相？陳彥情急之下，找了一個長相和徐溫一樣的人，讓他穿上徐溫的衣服，來到指揮位置指揮作戰。

過了一會，徐溫的病情稍稍好轉。徐溫比誰都知道，如果他還不能出去，好個替身肯定支持不下去的。所以，他馬上就挺身而出，堅定地帶著大家奮力抵抗錢傳瓘的猛烈進攻。

徐溫雖然剛剛發燒，但他的腦子並沒有發燒。他冷靜得很。他一邊指揮戰鬥，一邊觀察整個形勢。他突然發現，由於近期大旱，遍地都是枯草，而且他們的部隊正好處於順風的所在。徐溫大喜，下令放火。

吳兵到處放火。

錢鏐軍都處於逆風的位置，一下就被捲過來的煙火燒得焦頭爛額，立刻進入大敗模式。結果錢傳瓘手下的大將何逢、吳建都被殺在戰場上，損失士兵一萬多人。

錢傳瓘帶著剩下的隊部倉皇逃去。

徐溫下令追擊，在山南又追上錢傳瓘，再把錢傳瓘狠狠地痛打一頓。

此前，淮南和錢鏐多次交戰，雙方打了很多年，投奔到對方的降將很多。徐溫對這些叛將很惱火。他曾下了命令，誰生擒叛將陳紹他就賞誰一百萬。在這一戰中，崔彥章真的把陳紹抓到手了。

大家一看，陳紹這次肯定會被徐溫咔嚓。

哪知，徐溫看了看陳紹，就下令鬆綁，說：「你繼續幫老子帶兵，以後不要再做叛國投敵的事了。」有人暗中問徐溫，怎麼又讓他帶兵了？因為他作戰勇敢，還很有計謀，現在太需要這樣的人才了。

除了陳紹，徐溫還惦記著另一個叛將。這個叛將叫曹筠。曹筠在一次戰鬥中叛逃，投奔了錢鏐。徐溫並沒有怪罪他，反而善待其妻，然後派人去告訴曹筠：「你因為在淮南不得志而離開我軍，這是我的過錯。你在那邊好好工作吧，不必掛念你的家少。」

曹筠一聽，對徐溫很是感激。在這一次戰鬥中，曹筠又跳槽轉回吳國。

徐溫見到曹筠時，不但沒有責備過曹筠一句話，反而列舉了自己過去沒有重用曹筠的三點過錯，然後把他原來的田產都退還給他，還復其軍職。曹筠雖然得到優厚的待遇，但沒有幾天就死去，死因：內愧。

吳國取得了一場大勝，徐知誥更是信心滿滿，向徐溫強烈請求，讓他帶兩千步兵，然後換上錢鏐軍的服裝和旗幟，跟在錢鏐敗軍之後，向東襲取蘇州。

徐溫搖援頭說：「你的這個計策確實很妙。但我現在想讓子弟兵們休息一下，不想去打蘇州。」

當時諸將都認為：「錢鏐的軍隊主要要依靠船隻，是當今最厲害的水師。現在天氣大旱，很多河水都見底了。這可是老天爺在讓他們滅亡啊。我們應該把全軍都調動起來，一舉將他們搞定。」

徐溫嘆道：「天下戰亂已經很久了，老百姓受的苦難已經十分嚴重。況且錢鏐也不是易與之輩。我現在最擔憂的就是連兵不解，打到死不回頭。現在我們幸而取得了勝利，應該讓他們害怕，不敢再戰了。我們主動停戰，使得兩地百姓都得以安居樂業，大家都高枕無憂，這難道不是一件好事嗎？大家打來打去，死傷無數老百姓，又有什麼益處呢？」他說過之後，就帶兵回去了。

徐溫雖然是個文盲，嘴上說了一大套冠冕堂皇之辭，好像都是在為老百姓著想，其實他更多的是為他自己著想。錢鏐集團也是個大勢力，錢鏐手下諸子以及幾個大將，都很善於戰鬥。如果真的打起來，最後勝負如何，誰都不敢逆料。更要命的是，淮南勢力所處的位置是四戰之地。目前東面就是錢鏐勢力，北面是朱友貞的大梁，西面是高季昌，西南面是勢力十分強大的馬殷，南面又是剛剛稱帝的劉巖。除了高季昌跟吳有過盟約，算是同盟關係之外，其他幾個勢力跟吳都是你死我活的敵對關係。錢鏐和朱友貞自不用說，劉巖和馬殷又是兒女新家，跟一家為難，就得跟兩家打。那個王審知雖然不很活躍，但如果看到機會，他們也會果斷伸手。到時，吳國再怎麼強悍，也鬥不過這些勢力的群毆。他嘴上說，繼續打下去，老百姓會受不了，其實他受不了。

5. 徐溫止戰，錢鏐稱臣

徐溫這邊引兵回去，為這場大戰畫了個休止符。

錢鏐雖然沒有繼續被徐溫追著打，但他的心情也很不好受。這次大戰，不但損失了很多士兵，還損失了兩員大將。當他看到何逢的戰馬逃回來時，突然就放聲大哭起來，而且哭得悲不自勝。大家看到錢鏐這個樣子，都覺得跟他跟對人了。

正好錢鏐有個姬妾鄭氏，正大受錢鏐寵愛。這個鄭氏的老爸看到女兒成了錢鏐的寵姬，萬千寵愛在一身，自己就飄了起來，覺得自己的保護傘已經夠大了，就做出一件足以判處死刑的大事來。

錢鏐的左右，都為這個鄭父求情，主公就看在鄭氏那張美麗可愛的臉蛋上，放過鄭父一馬吧。

所有的人都認為，錢鏐肯定會順著這個臺階下了。

哪知，錢鏐看到大家的求情後，大聲說：「豈可以一婦人亂我法。」然後宣布休掉鄭氏，然後把鄭父斬首。

錢鏐是當時最勤政的老大。這人從小就在軍營裡，夜裡從未在床上睡過，實在睏倦了，就枕在一根圓木上或者一大鈴上休息。他在這些圓東西上睡著後，只要小木枕和大鈴一斜，他立刻就醒了。他把這種東西叫「警枕」。另外，他還在臥室內放一個粉盤，如果有什麼需要記下的就寫在粉盤中，一直到老都堅持這樣做。有時睡得正酣，如果外面有人來報告事情，他就讓侍女振動紙張提醒他。有時他把銅丸彈到樓牆的外面，用這種方法來提醒打更的人。有一次，他悄悄出去，半夜裡敲北城的門，守門官不肯開門，說：「即使大王來了也不能開。」於是，他從別的門進去，第二他召見北城門官，重重地賞了那個堅持原則的門官一把。

徐溫長期鎮守潤州，把防範錢鏐當他工作的重中之重，對錢鏐的性格和行動肯定研究得很透。他了解到錢鏐的這些事蹟，就知道要打敗這樣的人是不容易的。

徐溫把部隊退回去之後，他就派使者拿著吳王楊隆演的信去見錢鏐，歸還無錫之戰的俘虜。

錢鏐剛被打敗了一次，看到對方主動放下姿態和解，如果還不領情，人品就出了大問題。他也派使者來到廣陵，表達了與吳國建立友好關係的願望 —— 大家不再計較以前的種種，一切都要向前看。從此之後，兩大曾經不共戴天的勢力停止了爭鬥 —— 而且這一次和平，就一直和平了二十幾年。他們少了很多煩惱，老百姓也得到了休養生息。這就不僅是雙贏而是多贏了。

徐溫和楊隆演多次去信錢鏐，勸他也在自己的勢力範圍內稱王。但錢鏐沒有答應。

6. 權貴亂政，朝堂成市井

目前沒有跟別人搞來打去的就是蜀國的王衍了。

王衍沒有跟別人發生戰爭，並不說明蜀國內部都一片和諧、全天候歲月靜好。

王衍即位之後，不管是政權還是軍權，沒有一權掌握在他手裡——這可是他老爸生前的安排。蜀國的軍權基本都掌握在他那幾個親王的手裡。只有王宗鼎覺得搶這個軍權並不一件好事。他對他的兄弟們說：「歷史已經多次證明過，親王掌兵，最終都會發生禍亂。現在我們蜀國的形勢是，主少臣強，進讒離間的事以後就會越來越多。所以，我們真不應該牢牢地把兵權掌握在手裡。」

他堅決地請辭軍中的職務。王衍當然同意了他的請求，按照他的意願，只讓他管理書舍、然後種植點松竹來自發娛自樂。

不是每個人都能像王宗鼎這樣不搶權。

王衍當上皇帝之後，也很注意培養自己的團隊。這人還在當太子時，就從來不幹過正經事，交友圈中的那幫人，也都是街頭小混混之類。他最為信任的人，也就是這幫人。他很快就把這幫人提拔到領導地位。他任命王廷紹、歐陽晃、李周輅、朱光葆、朱承、田魯儔等人為將軍。這夥人本來都是內廷的官，這時個個都成了威風凜凜的將軍，心裡很高興。哈哈，陪太子玩，最後也能當將軍。誰說玩耍不能玩出個光明的前途來？

這夥人本事沒有多少，但很貪心，也很貪權。他們當了將軍，還不滿足，還仗著跟王衍的關係，插手政事，而且驕橫貪暴，被廣大蜀地人民視為大患。

周庠為此曾勸王衍，一定要跟這些人保持很遠的距離。否則必定釀成蜀患。

王衍哪能聽？你這是想得太多了。朕還很小的時候，就跟他們一起玩，他們從來沒有造成什麼禍患給朕過。

有一次，歐陽光發現自己的住處有點狹小，就覺得很不滿意。自己堂堂皇帝的紅人，走在朝堂上都威風八面，豪宅怎麼就這一點？

他想擴建自己的豪宅，可是又擴建不了 —— 如果他周邊的房子是一般老百姓、甚至是一些沒有權勢的官員，他大可找個理由強占。可是現在他的邊上是軍營。軍營是不能強占的。

歐陽晃望著那一片軍營，想了大半天，終於想出了一個辦法。

在一個颳大風的晚上，他親自放起一把火，把自己的房子先燒了。最後大風一颳，連同西鄰的軍營著了火，幾百間營寨很快就燒成了一地灰燼。

次日，他就把自己的宅基地狠狠地擴大了一圈，然後叫工匠用最快的速度修建了他的豪宅。王衍對此根本不過問。反正燒的不是他的房子、占的也不是他宮殿。

王衍沒有其他事做，就更加放縱了。他還有一個放縱的老媽，兩人秉性相承，有著共同的愛好，最後還拉上王建的那個皇后 —— 現在的太后一起，到處瘋玩。三人經常組團到大臣們的家裡，吃喝玩樂。有時還跑到附近的景區去，飲酒賦詩，花費巨大。

內教坊使嚴旭負責到處尋找漂亮女孩子，送到宮中，為王衍提供異性服務。只位美女只要被嚴旭看中，他立刻就帶著武裝人員上門，強搶過去。很多老百姓為了保全自己的孩子，便拿出鉅款，送給嚴旭。嚴旭一看，哈哈，古往今來，當個內教坊使能發財的也就只有我了。可見，皇帝的愛好足可以讓任何一個行業的人發財。

王衍對嚴旭的工作很滿意，最後提拔嚴旭為蓬州刺史。嚴旭終於從一個宮廷歌舞團的團長成長為方面大員。

太后和太妃（即徐賢妃）也覺得權力是個好東西。兩人經常把刺史、縣令、錄事參軍等官職當成商品，拿來明碼標價，拍賣出去。大家知道後，自然爭搶著把錢財送過去。但不是每一個送禮的人都能得到這些職務，而是誰送得多誰才可以得標。

蜀國的朝廷已經亂成一鍋粥。

7. 李存勗決戰賀瑰，氣逐群臣

李存勗則繼續謀劃著攻打朱友貞。

李存勗從前線回來之的後，做了一次人事變動。他自領盧龍節度使，任命李紹宏管理軍府事，取代李嗣昭。李紹宏是個宦官，本來姓馬。李存勗賜他李姓，讓他和孟知祥一起擔任中門使。當李存勗讓李紹宏去幽州任職時，孟知祥也不想繼續當中門使了。他不想當這個中門使，是因為他覺得這個職位是個危險的職位。此前吳珙和張虔厚都是在這個職位出事的。孟知祥越想越覺得可怕，就請他的夫人到曹太夫人那裡哭著，請也把孟知祥外放。

李存勗對孟知祥說：「你離開這裡也行，但必須推薦一個人來頂職位。」

孟知祥就推薦了郭崇韜。

郭崇韜是代州人，最初是在李克修手下混，李克修死後，他被調到李克用身邊工作。此後他一直擔任李克用的近臣。郭崇韜雖然在李克用身邊工作，完全可以利用一下職權，為自己謀些利益，但他沒有這樣做。這人給人最大的印象就是清廉，而且辦事幹練，很有效率，遇事機警，應對從容。

李存勗接班後，郭崇韜就被任為中門副使，也就是孟知祥的副手。孟知祥想外放任官，就把他推薦過來頂替自己。

李存勗暫時收兵時，賀瓌並沒有收兵。

賀瓌繼續攻打德勝南城。

賀瓌想乘著李存勗不在時，一舉把德勝城攻下。他集中了大量的兵力，對德勝城「百道俱進」，火力全開。當時，他用竹片作索將十多艘戰船連在一起，蒙上牛皮，還像城牆一樣做了一些短牆和支架，橫擺在黃河上，以斷絕德勝城的援兵。

李存勗當然不能讓賀瓌成功，他接到消息後，馬上親自率兵前去救援。

當李存勗的大軍來到黃河邊上時，突發現賀瓌布置了這道牆，使他們無法渡過黃河。

李存勗派一個叫馬破龍的潛水進入南城，見到了守將氏延賞。氏延賞看到晉王的聯繫員來到，自然大喜過望。他告訴馬破龍，現在城裡的矢石即將用完，很難再支持下去了。

李存勗知道後，心裡很急。他在那裡拍拍腦門，但卻想不出一個好辦法來。最後，他在軍營門口放了一大堆金錢，說誰有辦法破解梁軍布在黃河上的連牆戰船，這堆現金就是他的。

大家都跑到軍門那裡看，努力開動腦筋，但很多人開動了很久，都沒有想到有效的辦法來。看來這堆現金真的推銷不出去了。

後來，李建及說：「賀瓌率他所有的部隊前來，就是希望一戰決勝。如果我軍渡不過河，他的意圖就得以實現了。讓我帶著部隊和他們決一死戰。」

他只挑選了三百個人，組成一個敢死隊，穿上鎧甲，拿上刀斧，然後乘船出發。

當他們的船隊靠近賀瑰的船牆時，賀瑰船上的士兵都朝他們放箭，一時之間，箭如雨下。

李建及他們毫無懼色，冒著箭雨，硬往前衝，最後衝上敵人的船牆，揮斧砍斷竹索，然後用又裝上柴草、澆上油，再點燃，從上游順水放下，隨後又用大的戰船，載滿士兵一邊擊鼓，一邊大聲呼叫，向梁兵發起衝鋒。

由於竹索補砍斷，梁兵的船牆就不得不分離出來，很多船隻都隨流而漂了下去，很多士卒不是被燒死，就是落水淹死。

李建及破除了賀瑰的船牆，李存勗的大軍得以渡過黃河，將賀瑰包圍起來。

賀瑰萬萬沒有想到，他布置的防線就這樣的被人家衝得七零八落。眼看敵人已經開始對他包餃子，哪敢再戀戰，帶著部隊突圍而逃。

李存勗率軍追擊，一起追到濮州才收兵回去。

賀瑰這才在行臺村駐紮下來。

李存勗回到晉陽，搞了個慶功宴。郭崇韜認為每次晉王的宴會，陪吃陪喝的人太多，造成很大的浪費，請減少一些不必要的陪宴人員。

李存勗就生氣起來，喝道：「我為保衛家而不怕犧牲的人準備飯菜，居然不能自作主張。我當這個統帥還有什麼用？你們乾脆另選他人來當這個晉王，我自己回太原去算了。」

大家以為他這話只是賭氣的話。

哪知，他怒氣沖沖地說完之後，馬上召來掌書記馮道，叫他起草這個文件來向大家宣告。

馮道拿著筆，在那裡遲疑徘徊，卻沒有落筆。他看到李存勗有點平靜之後，就說：「大王剛剛平定河南，安定了天下，郭崇韜的建議也沒有什麼大錯。大王不採納也就算了，何必以此驚動遠近。如果讓敵人知道了，就會說我們這邊君臣不和，影響很不好啊。」

正好郭崇韜進來謝罪，李存勗這才讓馮道不用寫個通告了。

8. 李存勗大戰王瓚，石敬瑭與劉知遠初露鋒芒

賀瑰被打敗了一場，才鬆了一口氣，但一場大病又襲來，使他直接逝世。

朱友貞任命開封尹王瓚接替賀瑰為北面行營招討使。

王瓚接過大印之後，立刻帶五萬部隊，從黎陽出發，渡過黃河，乘著晉兵不備，襲擊澶州、魏州，一直打到頓丘，直到遇上晉軍大部隊，這才退了回來。

王瓚是王重盈之子，深得他家的傳統，即治軍極嚴，令行禁止。他占據了在晉軍上游十八裡的楊村。他在黃河兩岸修築營壘，從洛陽運來竹木造了一座浮橋，從滑州不斷地運來糧食。

與此同時，李存進也在德勝製造浮橋。

有人對李存進說：「製造浮橋，必須要竹索、鐵牛、石頭。這些東西我們都沒有，怎麼做？」

李存進不理這些話，沒有竹索就不做橋？我就不信。他用葦繩拴住大的戰船，再栓在土山的大樹上，一個月的時候，就建成了一座浮橋。

李存勗休息了一段時間後，又來到魏州。他派幾萬士兵去擴建德勝北城，每天都跟梁兵作戰。這一段時間，雙方都在短兵相接，沒有發生上規模的戰鬥，打來打去，互有勝負。

也就是這個時候，又冒出一個歷史大大有名的人物來。

他就是著名的石敬瑭。

很多人都以為石敬瑭是漢人，其實這個歷史名人是沙駝人，跟李存勗同族。他的父親叫臬捩，本來是西部少數民族，後來跟朱邪歸唐，再跟朱邪入居陰山。後來李克用崛起，臬捩覺得老在陰山這個苦寒之地，真沒有什麼前途，於是就跑來投入李克用軍中。這人的騎射技術極好，最後官至洺州刺史，也算混了個出人頭地。

石敬瑭是臬捩的次子。石敬瑭雖然是沙駝人，但他跟很多沙陀人不一樣。很多沙陀人從小只努力練習騎射技術，然後沒有其他愛好，他卻沉默寡言，除了苦練騎射技術之外，還拿著一本兵書，從早研究到晚。他的偶像是戰國名將李牧以及前漢的周亞夫。

李嗣源當代州刺史時，發現他與眾不同，對他十分看好，最後把自己的女兒嫁給了他。

後來，李存勗也發現了他。當然，李存勗是發現他的騎射技術很好，就把他調到自己的身邊。但李嗣源又要求把他調回自己的身邊，統領自己的親軍精銳騎兵「左射軍」，將他視為自己的心腹。

西元 916 年，李存勗和劉鄩對打時。有一次，李存勗的陣勢還沒有擺好，劉鄩瞅了個機會，率兵就衝擊過來。

李存勗馬上陷於危急之中。

石敬瑭見狀，馬上帶著十幾名親軍馳入敵陣，揮槊奮戰，左衝右突，硬是把敵人的攻勢遏住，然後掩護李存勗後撤。

李存勗脫離險境之後，對石敬瑭大大地表揚了一番，然後撫摩著他的後背說：「大將門下出強將，果然不錯啊。」賜給他很多財物，還親自送給他酥食。

經此一戰，石敬瑭成了救主英雄，而威名遠颺。

他不但救了李存勗，還拚死救過他的岳父大人李嗣源。

西元917年的莘縣之戰，李嗣源與石敬瑭一起陷於陣中，被敵人重重包圍，萬分危急。

李嗣源都有些絕望了。

但石敬瑭沒有絕望。他挺身揮劍，往來奮鬥，奔跑數十里，殺退劉鄩，讓岳父大人脫離了險境。

西元918年，李嗣源又中了劉鄩的埋伏，危急之際，又是石敬瑭帶著親兵為李嗣源殿後，與梁兵大戰，這才得以突出重圍。

從此，石敬瑭跟隨李存勗和李嗣源，參加多次戰鬥。

這次李存勗也帶著石敬瑭出來，與梁兵在黃河邊上，不斷交戰。有一次，石敬瑭率兵與梁兵大戰。雙方鬥得十分激烈。梁兵打斷了石敬瑭戰馬的鎧甲。他手下的橫衝兵馬使劉知遠把自己的戰馬送給石敬瑭，自己騎著斷了甲的馬在後面慢慢走。

梁兵看到石敬瑭的兵走得很慢，很鎮靜，便懷疑他有埋伏，竟不敢追擊。石敬瑭和劉知遠兩人這才免了一死。於是，又一個歷史名人出現了。

劉知遠跟石敬瑭一樣，也是沙陀人。當然，他跟石敬瑭還是有所不同的。石敬瑭是刺史的兒子，劉知遠的家庭一點不顯赫。他小時候，性格很內向，平時很少說話。他身體很差，經常得病。他的長相也很特別，眼睛白多黑少，加上臉色又紫黑，讓人覺得他很威嚴。他雖然自帶威嚴，但這個威嚴也無法改變他家庭的困境。

家庭已經很困難，體格還不怎麼扎實，任誰對他的前程都不會看好，他自己也不看好自己的前程。由於家庭太過困難，他無法討到一個老婆。最後，他不得已去當了一家姓李的上門女婿——當時，人們稱上門女婿為贅婿，可見這個職業是很被人們看不起的。可以說，劉知遠當時所處的社會地位，已經到了最底層，備受人們的歧視。

這種人在生活中，是最容易倒楣的。

有一次，他在牧馬時，由於放鬆了警惕，他的馬踏壞了寺廟的莊稼。千萬不要以為，寺廟裡那些平時低眉念著阿彌陀佛的光頭和尚個個都與人為善。這個寺廟的和尚還是很凶的。他們看到劉知遠的馬踏壞了他們的莊稼，立刻就滿臉橫肉地把劉知遠抓起來，然後綁住，再把他痛打一頓，直打得他嗷嗷叫。

劉知遠被這一頓痛打，心裡很恨這些和尚。可是憑他現在的實力，根本無法向和尚們報復。他摸著身上的痛處，咬著牙思考了大半天，終於意識到，如果他繼續在這裡當這個社會的底層人物，人家還會不斷地欺負他。只有混出個人樣來，他才能擺脫目前這個豬狗不如的困境。於是，劉知遠告別了家鄉，決定到外面去混出自己的前程來。

當時天下大亂，最容易找到的職業就是當兵吃糧。

劉知遠就投到李嗣源手下當了普通一兵。

劉知遠知道如果不努力打仗，他永遠都改變不了他底層人物的身分，永遠處於這個社會的最底層，任人踩來踩去，做聲不得。因此，他作戰十分勇敢，很捨得拚命 —— 反正這條命也是賤命，活著也沒有多少價值，不如拚一拚，如果僥倖不死，就能拚出自己的新生活來。

結果，他還真的拚成了一名偏將，成為石敬瑭手下的員工。

在這次德勝軍之戰時，他憑著自己的機智，救下了石敬瑭，使得石敬瑭對他十分感激，對他十分器重，使得劉知遠又登上了一個新的人生起點。

當李存勗與王瓚在黃河邊上打來打去、不分勝負的時候，劉鄩還在兗州那裡跟張萬進硬碰硬。

劉鄩圍攻張萬進已經一年多。張萬進這時已經很危險了。估計他也沒有想到，他投降李存勗之後，就一直在這裡孤軍奮戰，得不到一點幫助。他多次向李存勗告急，可是李存勗卻無法顧及。

劉萬進知道，如果李存勗再不派兵來救援，他就只好宣布兗州失守了。他再派劉處讓去見李存勗。

李存勗同樣沒有答應出兵，你不見我在這裡打得這麼辛苦嗎？哪能抽出力量去幫你們？你們就再堅持一下吧。都堅持一年了，能不能再堅持一下。

劉處讓大怒，就在軍營門口那裡割掉自己的耳朵巖，大聲說：「如果大王不同意出兵，我不如死了。」

李存勗一看，劉處讓的忠義太讓人感動了。他這才熱淚盈眶地答應了劉處讓的請求。

可是已經晚了。

當李存勗答應分兵去救兗時，劉鄩已經攻下了兗州，張萬進全族盡滅。

李存勗就提拔劉處讓為行臺左驍衛將軍。

李存勗跟王瓚在這裡打了幾個月，仍然沒有把王瓚打敗，心裡也很焦急。

李存勗覺得必須想其他辦法了。

他偵知梁軍在潘張那裡存放軍糧。潘張離楊村足足有五十里。李存勗決定從敵人的糧道上做文章。

西元 919 年十二月，李存勗親自帶著騎兵從河南岸上出擊，向梁兵糧食運輸隊發動攻擊，將之全部俘獲而還。

李存勗心裡很高興，哈哈，王瓚這小子居然也來打仗。連糧道都不沒有派兵保護，就讓這一隊民工自行運送糧草。我不襲擊一下，還真對不起他的智商。

王瓚得知自己的糧道被劫之後，並沒有像袁紹那樣六神無主，而是迅速集結部隊，埋伏於李存勗返回的路上。

李存勗沒有想到王瓚會來這一招，被打得大敗。李存勗拚命衝出重圍，但又被一隊梁兵圍住，無法脫身。李存勗心中大叫苦也。

幸虧還有李紹榮。李紹榮看到李存勗被圍，便縱馬殺來，奮力將李存勗救出。

最後，只有李存勗和李紹榮活著逃了出來。這一次，本來是李存勗去襲擊王瓚的運輸隊，後來反而被王瓚襲擊一把，差點丟了性命。

這一戰雖然很驚險，但李存勗的損失並不大。

十二月初五，他再跟王瓚在黃河南岸大打一場 —— 既然搞偷襲不行，那就光明正大地打吧。

雙方的上半場，王瓚取得了勝利，俘獲李存勗手下大將石君立。

但下半場時，李存勗奮力反擊，又將王瓚打敗。而且敗得很徹底，他自己搶到一艘小舟，這才逃得性命，走保北城。

朱友貞聽說石君立被俘，就打算重用他，先把他關在監獄裡，然後很優待他，並派人去做他的說服。石君立說：「我乃晉之敗將，如果為梁所用，雖然竭力效死，但還有誰會相信我呢？」

朱友貞仍然愛惜他的忠勇，最後把其他俘虜都殺了，唯獨留下石君立。

李存勗把王瓚擊敗後，擋在他面前最大的阻礙清除了。他乘勝攻打濮陽，很順利地拿下。

朱友貞聽說王瓚遭到重大失利，便又氣急敗壞，立刻把王瓚召回，改派戴思遠為代北面招討使，去黃河邊擋住李存勗。

第十章　輕敵喪將，李存勗痛失周德威；焚營克敵，吳越兵潰

第十一章
誤殺忠良，朱友貞自斷肱骨；養父被弒，張文禮揭竿起兵

1. 晉梁爭鋒

王瓚被朱友貞免去職務，那是因為打了敗仗。但李建及被李存勗貶官，就有些冤枉了。

李建及一向為李存勗統帥親兵。這人不但忠勇，而且人品極佳，所得賞賜，都分給手下士兵。平時也是跟普通士兵們同甘共苦。這樣的領導者，注定得到手下無條件的擁戴，因此他每次出戰，手下都為甘願為他效死力，因此他立的功勞就大。他的功勞一大，同僚們就都眼紅起來——如果眼紅之後，就想辦法去努力戰鬥，讓自己的功勞比他更巨大，那也沒有什麼。可是這些眼紅的人也知道，在戰場上還真比不過他。

既然無法在戰功上把他比下去，就只有不讓他再上戰場。

於是，他們就不斷地在李存勗面前吱吱喳喳，這些吱吱喳喳的內容都是李建及的各種壞話。

當然，最俱殺傷力的是韋令圖的讒言。

韋令圖是宦官，也是李建及的監軍。

他對李存勗說：「李建及經常以私人的財產分給士卒，可見其志不小啊。不可讓他繼續帶兵了。」

李存勗雖然在戰場上十分果斷，但也跟其他老大一樣，疑心向來很重，聽到「其志不小」這四個字，那根神經立刻劇烈地跳動了起來。

雖然韋令圖沒有拿什麼實質的證據來，李存勗對李建及仍然不放心。

李建及知道這事之後，並沒有慌張，一天到晚仍然泰然自若。

最後李存勗還是把他調離軍隊，出為代州刺史。

王瓚失利之後，大梁的危機又提高了幾個等級。

面對這樣的形勢，朱友貞繼續束手無策。就在朱友貞束手無策時，河中那邊又出了個大大的事故。

現在的河中節度使仍然是朱友謙。

朱友謙此前投靠過李存勗，後來又反正過來，仍然官復原職，但他已經把河中當成自己的菜園，在那裡高度自治，基本不鳥大梁中央了。當然，他就這樣在那裡搞獨立王國，使得朱友貞對河中水潑不進、針插不入，那也沒有什麼。可是這傢伙突然腦子發燒起來，覺得河中的地皮不夠大，要是能把同州也劃進來多好啊。

當然，他也知道，朱友貞是不會同意把同州再劃給他的——現在朱友貞恨得還把河中切走一大塊才好。既然走朱友貞門路不行，那就只有靠自己了。靠自己，其實就是靠武力。在這個時代混，要實現這樣的想法，只有訴諸武力。

朱友謙想到就做到。他突然派出部隊，襲擊同州。

同州節度使叫程全暉。他一直都聚精會神地關注著河東軍的動向，對河東軍防範得很嚴密。他萬萬沒有想到，河東軍沒有對他用過一兵一卒，反而是他的隊友朱友謙對他搞了個突然襲擊。

他哪提防得了？

朱友貞不廢一槍一彈，就進了同州，然後把程全暉趕走。

程全暉沒有辦法，只得捲起包袱，逃到大梁。

朱友貞強奪同州之後，就任命他的兒子朱令德為忠武留後，然後上表，請朱友貞發放委任狀給朱令德。

朱友貞大怒，他沒有理由不大怒，別人搞點小動作，也就算了，你也是朱家的人啊，怎麼也在朕背後捅刀？他堅決拒絕了朱友謙的請求。可是他堅決拒絕之後，又覺得朱友謙這個傢伙也是幾姓家奴，多次反覆過，如果得罪了他，他一怒之下又投靠李存勗，也是大大的麻煩啊。於是，他就任命朱友謙兼任忠武節度使。

可是當他簽發這個文件時，朱友謙已經等得不耐煩，直接派人去見李存勗，說我又投靠大王了，請大王任命我的兒子朱令德為同州節度使。

李存勗雖然對朱友貞又回歸大梁很不爽，但在他跟大梁作最後決戰時，朱友謙突然來這一著，大大地削弱了大梁的力量，對他的幫助無疑是巨大的。他十分高興，直接發出親筆手令任命朱令德為忠武節度使。

朱友貞大怒，這個傢伙真不能留在這個世界上了。他馬上任命劉鄩為河東道招討使，帶兵去攻打同州。

劉鄩得令之後，迅速帶兵包圍了同州。

朱友謙便向李存勗求救。

李存勗一看，朱友謙這一次歸順，果然把大梁的兵力吸引過去，這個效果真的很好。他當然不能讓劉鄩攻下同州。他命令李存審、李嗣昭、李建及以及李存質帶兵去救同州。

八月，李存審他們來到河中，當天就渡過黃河。

大梁兵這些年來，雖然被河東兵打得很狼狽，但他們對河中兵卻很看不起，只要跟河中兵對陣，他們都窮追猛打，毫不留情，也毫無顧忌。

李存審知道梁兵的這個風格，精選兩百精兵，又摻雜了一些河中兵，組成一支部隊，逼近劉鄩的軍營。

劉鄩看到河中軍前來，也不打話，帶著一千騎兵直追出來。他追了一段路，突然發現前頭旌旗招展——原來河東援兵已到。晉兵乘著劉鄩發呆的那一刻，奮力反擊，把劉鄩又打退了回去，並且活捉了劉鄩五十個騎兵。

劉鄩的膽子馬上就縮水，從此不敢輕易出動。

河中一直是大梁的屬地，將士們對大梁還是很有感情的，現在雖然打著河東的旗號，但他們的立場並不堅定，個個都在腳踏兩隻船。當時，各路部隊都集中在河中，河中的人口多了很多，弄得糧價都很貴。

朱友謙的那幾個兒子都無法忍受了，紛紛勸他們的老爸回頭是岸，「歸款於梁」，先把梁兵退走再說。

朱友謙說：「當年晉王親自率兵前來解救我們，他手持火把連夜作戰。現在他正和梁兵正面作戰，軍情十分緊迫，但他仍然派出部隊前來救援，還提供大量的糧草給我們，我們怎麼能夠再反覆呢？」

晉兵的另一路猛攻華州，毀掉了其外城，取得重大進展。

劉鄩卻不敢去救華州，只是眼睜睜地看著晉兵不斷地取得進展——因為他還得面對李存審的大軍。

李存審屯駐朝邑，他手下諸將都怕河中撐不住會被梁兵打下，因此都請他趕快出兵，要是晚了一步，就會鑄成大錯。

李存審說：「如果梁軍知道我們利於速戰，就一定會夾渭而營，斷我糧道。以持久戰的戰術來困我，我們就會進退不可。所以，急於求戰，讓他們知道我們的底牌，是取敗之道。不如先在這裡向他們示弱，等到好最佳時機，再來個出奇制勝。」於是，他就在那裡按兵不動。

十幾天後，有個會望氣的人說：「天上有黑氣，狀如鬥雞。」

李存審哈哈大笑，說：「可以一戰矣！」—— 估計這個望氣者是為李存審說那句話的，目就是藉此鼓舞一下士氣 —— 老天爺都出來暗示我們可以出戰了。

劉鄩看到李存審部隊逼近來，也帶著全軍出來迎戰，但士氣低落，毫無章法，被李存審擊敗。

劉鄩只得鳴金收兵 —— 不能再敗下去了，必須及時止損。

劉鄩收兵之後，就閉壁不復出。

晉兵諸將看到劉鄩又當了縮頭烏龜，都強烈要求乘勝進擊，攻破劉鄩的營壘。

李存審知道防守是劉鄩的強項，硬攻一定會遭到極大的損失，便道：「獸窮則搏，不如開其走路，然後擊之。」

李存審命令停止進攻，派王建及到沙苑那裡牧馬。

劉鄩看到王建及在那裡悠閒地放著馬，士兵們唱著草原大歌，以為晉兵已經鬆懈了，覺得這是逃跑的好機會。劉鄩這些年來，被晉兵打怕，更被朱友貞逼得膽顫心驚，腦子也跟著一片凌亂，對敵情的估算都出現重大的偏差。這時，他只看到敵人鬆懈的表象，卻沒有花腦筋去深入地想一想，李存審是什麼人，會在這個時候讓士兵們搞得這麼鬆懈嗎？

劉鄩判定晉軍鬆懈之後，迅速做出決定，連夜出逃。

李存審要的就是這個效果。他看到劉鄩果然率全軍夜遁，心下大喜，立刻率兵追擊。

梁兵才跑出營門不久，就發現身後敵人大軍喊殺連天的地席捲而來，知道又上大當了。大家只是爭著拚命亂逃。

李存審追到渭水，又把劉鄩軍大破一頓。

劉鄩一敗逃，朱友謙的河中又安全了。

朱友貞安全之後，並沒有消停。他又派他的河中兵去攻打崇州。

鎮守崇州的靜勝節度使溫昭圖看到河中兵打過來，嚇得面無人色，急派人去向朱友貞告急。

朱友貞的主力都在黃河那裡跟李存勗對壘，哪還能抽兵力去支援溫昭圖。但他又不能不管，於是就派供奉官竇維去崇州。

溫昭圖一看，我是求援兵啊，怎麼只派個宦官出來？一個宦官能救得了我，我還用向你們告急嗎？

竇維對面色更加發白的溫昭圖說：「老兄現在能控制的就是華原和美原兩個縣。這兩縣名字雖很漂亮，但地皮很少。因此呢，老兄雖然也叫節度使，但也只相當於一個鎮將而已，和那些大的藩鎮比起來，真是差得太遠了。老兄想不想擴大點地盤，做個名逼其實的節度使？」

溫昭圖本來以為這個宦官會代表皇帝向他發出一些關於戰爭的最高最新指示，哪想到這傢伙居然討論他的轄區問題，然後問他是不是想擴大自己的勢力範圍。這個還用問嗎？做夢都想啊。他有點愕然，只得傻乎乎地回答了一個字：「然！」

竇維說：「那我幫你弄一弄。」

怎麼弄？

竇維說：「這個簡單，你就請求換個地方。也就是換到一個比現在你轄區更大的個地方當第一把手。」

溫昭圖一聽，原來是讓他逃出這個地方。如果是在以前，他肯定不會答應。現在他表示堅決服從這個安排。這些天來，他已經嚇得神經衰弱，只怕再在這裡待下去，他的身心會立刻垮掉。

於是，溫昭圖臉色刷白地離開了崇州。朱友貞任命華溫琪為靜勝留後。

朱友貞這個安排，溫昭圖是暫時安全了，但崇州的困境並沒有得到一點改善。

溫昭圖在這個宦官的指點下，回到大梁後，就走趙巖的門路，果然就被任為匡國節度使。這是個大藩鎮。

2. 亂世中的無所作為

梁晉兩家繼續拚命，打得熱火朝天，蜀地的王衍則繼續玩耍。

這人從他爸那裡繼承了這個「皇帝」之位，心裡全天候都是滿滿的幸福感。如果現在做個幸福指數問卷調查，他的幸福指數肯定是全地球最高的。在這個不可預測的亂世裡，別的老大個個都如履薄冰，要麼想著如何去吞併別的勢力、擴大自己的地盤、壯大自己的實力，要麼就小心翼翼地防備別的勢力打進來，以免被人家滅亡，只要生命還在運轉，危機感就從來沒有消失。唯獨王衍那雙眼睛從來沒有向蜀地之外展望過。他只在自己的地盤裡做主，而且蜀國的政事和軍權又都分給那些文武大臣，他當這個皇帝，根本不用處理軍國大事。他再不玩，他當這個皇帝還有什麼用？

即使有時他不得不做一些正事，但仍然以玩耍的心態去玩。

比如西元 920 年潤五月，王衍在萬里橋那裡修建了高祖原廟。修了廟就必須去祭祀。對於王衍而言，工作永遠是玩耍最好的藉口。他有了這個理由，馬上就帶著後宮裡的美女，還叫文武百官作陪，帶著高祖生前喜歡吃的食品，一路吹吹打打而來，搞得熱鬧非凡。他也是玩得笑容滿臉。什麼嚴肅的事，一到他手上，都變得無比歡樂。

華陽尉張士喬看不下去了，就上書勸說王衍，祭祀是嚴肅的事情，不要搞得這麼歡樂，像過兒童節去郊遊烤肉一樣，這是對祖先的不敬啊。這種行為，就是兩個字：非禮！

王衍一看，不由氣炸了肺，朕祭高祖，就是要讓高祖高高興興地吃吃喝，你居然說是非禮？難道一定要搞得死氣沉沉、如喪考妣，才對得起高祖？這個氛圍能讓高祖嚥得下四川美食嗎？你說朕非禮，你才是真的非禮。請問，對列祖列宗大不敬，該當何罪？

他身邊的那幾個親隨說：「死罪！」

王衍大聲說：「好。今天朕判張士喬死刑，立即執行。」

幸虧太后還很清醒，說：「不就是勸諫幾句話，好像說得也沒有什麼錯。以前先帝在時，祭祀時也嚴肅。不能判死刑。」

死罪可以免，但活罪是不免不了的。於是，把張士喬削官，然後流放黎州。

張士喬的職位並不高，但很有骨氣。看到自己一腔忠心，好心勸諫，結果差點被砍頭，後來雖然改判為流放，但覺得還是極大的恥辱，在這樣的皇帝的領導下，活著還有什麼意義？他無比激憤之下，跑到江邊，一頭紮進滾滾濁流，永遠告別這個世界。

王衍當然不在乎張士喬的自盡，你願意死我有什麼辦法？

王衍突然記起，自己當的是蜀國的皇帝啊，現在蜀的勢力範圍還是很寬的。自己為什麼天天只在成都城裡這幾個景點逛來逛去，已經逛得毫無新鮮感了。哈哈，蜀國那麼大，我要去走走。

當然他還記得他是皇帝，皇帝要出去，還是必須找個理由的，是不能像別的背包客那樣，說走就走。你如果問他如何把蜀地治理成盛世四川，他會一臉的困惑，但找個去玩耍的理由，他找得比誰都快。

這次，他同樣找了個聽起來很厲害的名目：北巡。

皇帝的出遊，必須氣派，不同凡響。

王衍決定不同凡響地出巡之後，立刻就下令，以禮部尚書兼成都尹韓昭為文思殿大學士，但在翰林承旨之上，陪他一同出巡。大家一看，皇上啊，你要是任命韓昭當其他官，我們也沒有什麼意見。可是讓他高於翰林承旨，這個我們就想不通了。韓昭是個半文盲啊，怎麼讓他來領導翰林院那幫人？當然，他們的意見只能壓在心裡，絕對不能吐出嘴巴。韓昭雖然沒有什麼文才，但他拍馬屁的口才極佳，一張嘴能說得王衍心頭無比暢快。王衍哪天不見他，就覺得那天吃火鍋都沒有味道。因此，韓昭可以毫無阻力地出入宮禁。韓昭成為王衍的紅人之後，馬上提出一個請求，讓他把通、渠、巴、集四州的刺史拿去拍賣。拍賣所得的款項，就讓他拿去修自己的豪宅。

任何一看這個做法，不但腐敗，而且腐敗得很奇葩 —— 別人至少是暗中做些手腳，而韓昭居然公開透明地提出這個要求。更奇葩的是，王衍居然很爽快地答應了他的請求。

大家一看，都在心裡堅定地認為：蜀之將亡矣。

經過一番周密的準備，王衍終於宣布大舉北巡。

西元 920 年八月初十，王衍從成都出發。這一次，他緊扣「北巡」的主題，身披金甲，頭戴珠帽，手執弓箭，威風凜凜而行。隨從的旌旗兵甲，連綿百餘里，看起來真的很壯觀。

大臣們都不敢說什麼。

但雒縣守令段融又忍不住上書，說：「不宜遠離都邑，當委大臣征討。」如果北邊真的有什麼敵情，完全可以派幾個將領過去，把敵人打得落花流水，哪用得著皇上御駕親征。這種小題大作，是個巨大的浪費。

王衍一聽，浪費？你也知道什麼叫浪費？告訴你，朕天天讓生命消耗在深宮裡，那才叫浪費。這一次，他沒有怪罪段融，但他理都不理。

十月，他到了武定，但幾天過後。他發現這裡除了高山深谷之外，也沒有什麼好玩，住了幾天，休養好精神之後，便又回安遠了。

王衍一路遊玩地「北巡」了幾個月，玩得累了，便打道回府。他又突然記得，所謂的北巡，是要發生點戰鬥吧？否則這個北巡有點名不符實。他當然不會真正的打仗。真的要打起仗來，他還是讓那幾個兄弟去打拚。

十一月，他下詔以王宗儔為山南節度使、西北面都招討、行營安撫使，再派王宗昱、王宗晏、王宗信為三招討以副之，帶兵去打李茂貞勢力。

王宗儔帶著部隊很快就出了故關，經過咸宜，進入良原。

經過幾天行軍之後，十一月初十，王宗儔終於來到了指定點，向隴州發起進攻。

李茂貞本來以為王衍這個花花公子，每天都把有限的生命投入到無限的玩耍遊戲當中，根本不會想到要對他展開什麼軍事行動，他可以安享晚年一段時間了。哪知，王衍這樣的人，向來不按常理出牌，那個腦子從來不按正常人的思維運轉，明天要做什麼，連他都無法預測。別人就更不知道他要出什麼牌了。

李茂貞只得大叫倒楣。王衍亂出牌，而李茂貞基體沒有什麼牌出。他只得親自帶著一萬五千人屯出來應敵。

十六日，蜀將陳彥威又從散關出兵，在箭嶺那裡跟鳳翔部隊遭遇，把鳳翔兵擊敗。

王衍的這次北征，完全是心血來潮之舉，事先並沒有做過充分的準備工作，雖然把李茂貞嚇了一大跳，但蜀兵很快就吃完了自帶的糧食，不得不宣布退軍。

雖然是因為糧盡退兵，但也算是取得了勝利。

當時，王衍還在安遠駐著，算是自己親自部署、親自指揮了這場戰鬥。哈哈，打仗原來也跟遊戲一個樣。朕玩遊戲是一把好手，朕指揮戰鬥同樣是一把好手。可見，只要腦瓜聰明，什麼事都做得好。

王衍懷著勝利的喜悅，於是十一月二十三日，從安遠城出發，十二月初三到利州。

這幾個月來，他一直都走著陸路。要知道這些陸路都是蜀道啊。蜀道有多難？請再讀一下李太白那首詩。

王衍覺得走蜀道真的有點累了，不想再體驗下去了。於是，他決定泛江而下，坐在船上，一邊喝酒一邊欣賞著兩岸風光，心裡也是風光無限。

當然，如果就他一個小團隊乘船順流而下，那也就無所謂。可是王衍玩起來，他會搞小規模嗎？小規模能展現皇帝的磅礴大氣嗎？

他要求他坐的龍船一定要裝飾得不但要光彩照人，而且要「輝映江渚」，隊伍要壯觀，形象要高大，不能讓蜀國丟臉。當然，這些物資都由沿江州縣供應。

這些州縣的人民並不富裕，被強迫為王衍提供大量的物資，使得他們家裡就更加貧困了。王衍所過之處，都弄得怨聲載道。

王衍終於來到閬州。

他對外宣布，是在閬州視察的。是訪貧問苦的。是送溫暖給閬州人民的。可是他到閬州做的第一件事，就是問閬州第一號美女是誰？

有人說何康的那個女兒絕對是閬州顏值最高的。

王衍說：「馬上給朕叫過來。」

恰好何康正準備把這個美女嫁出去。

王衍當然不能讓她嫁給別人。他立刻下令，這個美女他要定了。至於那個未婚夫嘛，就賞給他一百匹絲帛。你長那麼帥，又有了這一百匹絲帛，還愁討不到漂亮老婆？

那個未婚夫對這個美女絕對愛得要命，眼看美女就要變成自己的老婆，正在那裡心花怒放。哪知，王衍突然出現，然後來個橫刀奪愛。他的愛情就此打了水漂。心頭原來那滿滿的柔情蜜意，瞬間就成了此恨綿綿。

沒有了愛情的這個未婚夫，心裡就只有無窮夫盡的悲痛。最後他被這個無窮無盡的悲痛折磨而死。

王衍很喜歡美女，但當年他老爸為他選的妃子還很看門當戶對的。王建當年為王衍選的是時任兵部尚書高知言的女兒當太子妃。估計高氏的顏值一般，王衍對這個原配，基本不動。再後來，他又納了個韋妃。韋妃長得真漂亮。於是王衍每天都跟韋妃你恩我愛，對高氏就更加不理睬了。最後，他覺得再留這個高氏在宮裡，也是沒有什麼意義了，便派人把高氏送回高家。

高知言突然看到女兒被退貨回來，當場嚇得一屁股跌坐在堅硬的地板上。

韋妃本來姓徐，是徐耕的女兒，跟他母親徐太妃是同宗。這個韋妃有一次來到徐太妃那裡串門子，恰好王衍也在那裡。王衍看到這個美女真漂亮，比他的原配漂亮一萬倍。他立刻就喜歡上了。他的母親看到兒子喜歡這個美女，便把這個美女留在了後宮。王衍雖然敢亂來，但他也知道娶老媽家族的人，會被人家說三道四。於是他就到處宣稱，這個美女是韋昭度的孫女。然後讓她改姓韋，再把她迎到宮中，先任婕妤，然後再任正妃。

王衍還有個特別的愛好，就是擊球。他的球場也是很豪華的。他經常掛起錦緞圍成一個圈，然後就在裡面擊球，他雖然在裡面玩得天翻地覆，外面的人都不知道。有一段時間，他居然迷戀燒香，經常叫人拿來大把香，然後他燒著，而且燒得晝夜不息。誰也不知道，他能從燒香中品出什麼樂趣來。但過了一段時間，他又討厭了燒香，改用燒莢皂來改變室內的氣味。

他又突然想出一個創意來，把繒帛堆成山的模樣，然後在上面做一些宮殿樓觀，看上去很像仙境。繒山被風吹雨之後，他就用新的把壞的換掉。有時，他還帶著一幫親信，到繒山上喝酒玩樂。而且一住十多天還不想下來。

後來，他又覺得光有山沒有水，這樣的景點就缺乏了靈性，於是又在繒山面前挖了一條水河。這條人工一直通到原來他老爸住的宮內。他經常在晚上乘船回到宮中。每當他準備乘船回宮時，都叫宮女們手拿著一千多支蠟燭在前面的船上，臉朝後面站立。燭火把水面照得如同白天一樣。有時，他在宮中大吃大喝的過程中，搞得樂鼓喧天，而且一直通宵達旦。

王衍雖然把正事當兒戲，他的精力也都放在玩耍方面，那雙眼睛也從來不捨得去觀望一下當前的國際形勢，好像其他勢力都跟他無關一樣，但他還是跟徐溫聯合辦了一件事。

這件事，就是兩人聯名向晉王寫了一封信，勸李存勗稱帝。

3. 徐溫的帝位夢

徐溫近來最積極的工作就是勸人家稱帝，他一直在勸楊隆演稱帝，但楊隆演就是不同意。

在吳國境內，楊隆演是名義上的第一把手，可是勢力範圍內的事，沒有一樣是他可以說了算的，唯一能由他決斷的就是當不當這個皇帝。他就堅決不同意徐溫的勸進。楊隆演是楊渥的弟弟，但他性格比較懦弱，行事也表謙恭謹慎。他自從上位以來，就是當這個傀儡，可以說是專業傀儡了。大權都掌握在徐氏父子手裡。他對此從來沒有說過一然埋怨的話，臉上也從來沒有出現過不平的色彩。

徐溫專政以來，也很關注楊隆演的神態，發現這人臉色每天都那麼平靜，心下也暗自鬆了一口氣。

楊隆演雖然表情很淡然，但他內心肯定是很痛苦的。他只不過把這個痛苦死死地壓在心底，不敢讓一絲一毫的痛苦暴露出來。這種壓制，使得他更加鬱悶。他沒有辦法，就只好天天喝酒，而且每次只是空著肚子猛喝，很少吃菜吃飯。

大家一看，大王啊，你這不是要把自己喝死的節奏？

楊隆演並不管大家的眼色。他只是用很溫和的目光看著這些人一眼，然後在心底偷偷地說：我就是要把自己喝死。我沒有別的自由，難道沒有把自己喝死的自由？

楊隆演這麼喝了一段時間後，果然就生起了病，而且一來就臥床不起。

楊隆演病入膏肓，徐溫自然得回到政治中心。

西元 920 年五月，徐溫入朝。

當時，大家都認為，如果楊隆演自動死掉，徐溫當老大的阻力就沒有了，他完全可以順勢上位 —— 否則還要耍各種手段，讓難看的吃相暴露出來。於是，當他請大家來商量，誰來當下一任的吳王時，有人就對他說：「以前，劉先主曾經對諸葛亮說：『嗣子不才，君宜自取。』」

這話雖然說得很委婉，但徐溫卻聽得很明白，他正色對大家說：「你不要再說這樣的話了。如果我想坐上這個位子，在誅張顥時就應該為之，哪用等到現在。我告訴你們，即使楊氏沒有男丁，只有女人，我也要立她為王。誰敢再胡說八道，殺無赦。」

他說過這話之後，就宣布把楊隆演的弟弟楊溥回來，暫時代理政事。

幾天之後，楊隆演死去，楊溥即吳王之位。

徐溫自己不當吳王，但他多次勸楊隆演為皇帝，一直勸到楊隆演死掉，都沒有成功。於是，他又聯合王衍一起去勸李存勗當皇帝。

4. 王鎔的末日

李存勗得到兩人不遠千里而來的勸進信後，就把這封信拿來，給大家看，說：「從前王太師也多次給先王書信，說唐室已亡，完全可以自己稱帝了。先王對我說：『以前天子巡視石門時，我派兵去剿滅那些亂臣賊子。當時威震天下。我在那個時候，完全可以挾持天子，占據關中 ，然後辦好各種禪讓手續，誰敢對我怎麼樣？但是我們李家世代忠於大唐，從來都努力為皇帝立功。現在怎麼能這樣做？我再一次重申，我誓死不人稱帝。你以後更要以恢復大唐為己任，不要向那些奸臣學習。』先王之話，言猶在耳，我怎麼能聽從這些建議？」

大家雖然聽了李存勗的這個話，但他們仍然集結起來，聯合那些藩鎮，集體向李存勗勸進。

大家猜的果然沒有錯。李存勗的那番話是故意表演給大家看的，他的內心世界其實是很想當皇帝的。他如果不想當皇帝，他就不會這樣跟朱氏硬碰硬到底了。

當大家都一哄而上向他勸進時，他在心裡就笑了。他不再推辭，叫有關部門去採購玉石，準備製作一件精美的傳國寶物。恰好在這個時候，有關部門報告，有人獻來傳國之寶。原來當年黃巢攻破長安時，魏州有個僧人傳真的師父不知從哪個管道，得到了那顆傳國之寶，珍藏了整整四十年。傳真翻看師父的舊物時，看到那塊傳國之寶，還以為是 ·塊普通的玉石，準備把他賣掉，拿幾兩碎銀回來改善生活。當他拿出那件寶物時，現場有個識寶之人，對傳真說：「這是傳國之寶啊。」

傳真一聽，原來如此。差點當破爛賣掉了，他急忙拿著這塊東西跑到魏州行臺那裡，上繳給有關部門。

李存勗手下一干人聽到這個消息，都向李存勗表示熱烈的祝賀。這是老天爺在顯靈啊，千萬不要辜負老天爺的美意。

這個消息傳到晉陽，張承業知道後，第一時間就馬不停蹄地來到魏州，勸諫李存勗：「大王世世代代是大唐的忠臣，大王幾代人都為大唐努力奮鬥，曾經多次解救過大唐的危難。正因為如此，我這個老奴三十多年來，都為大王努力工作，收集財賦、招兵買馬，協助大王誓死消滅那些篡位奪權的逆賊，以期恢復大唐宗廟社稷。這些年來，大王帶領我們艱苦奮鬥，四處征戰，雖然全面平定了河北，現今朱氏這個逆賊還在，大王就急急忙忙登帝位。這個做法，已經嚴重偏離了大王的初心。如此一來，就會造成天下人心離散。當務之急，大王必須先滅朱氏，報了各位先王之仇，然後尋到大唐王室之後，擁立為帝，再向南奪取吳國，向西滅掉蜀國，再橫掃天下，一統四海。到那時，即使高祖、太宗復生，又有誰敢居於大王之上呢？要知道，讓之愈久則得之愈堅。我說這些話，絕對沒有別的意思。只是因為深受先王之恩，欲為大王建立萬年之基而已。」

李存勗一聽，只得說：「這個，這個，並非我之所願，只是大家的意見，我也無可奈何啊。」

張承業一聽，知道再也勸不住李存勗了，便放聲痛哭起來，說：「各路諸侯這些年來，不惜血戰，本來都是為了恢復唐家天下。今天大王卻自取之，這是在欺騙我啊。」

他說過之後，把自己的封地全部還給李存勗。不久，張承業就自己發病，從此再也不復起。

張承業鬱悶而終，另一個強者也在這個時候死掉，

王鎔。

王鎔絕對是當代最資深的軍閥之一，大概除了他的叔叔王處值之外，沒有誰可以在他面前擺資格了。在晚唐的各路強者中，王鎔的能力並不強——即使放在當代，他的存在感也很弱，但他卻硬是支撐到現在不倒。

王鎔長期在幾大強悍的勢力中間生存，危機感時時都籠罩在他的頭上，搞得他膽顫心驚了大半輩子。直到他徹底倒向了李存勗，再加上朱全忠已經死，大梁的實力大為衰落，這才得以過上幾年安穩的日子。

這人安逸之後，就忘記了自己曾經的膽顫心驚，心態也開始變了起來。他們王家世代鎮守成德，頗得趙人之心。他在成德一帶，地位顯赫，又生得一副雍容自逸之態，怎麼看都是個大富豪之相。他也十分奢侈，他的府第花園，在當時是最好的。他很少去惹外部勢力，只以遊玩為第一要務，一旦瘋玩起來，就不理政事。趙地的政事，他都交給幾個身邊工作人員處理。為他掌管大權的是行軍司馬李藹以及宦官李弘規。兩人一內一外，分管內外事務。

另一個宦官石希蒙因為善於拍馬屁，也深得他的信任。

他還有一個最信任的人，就是那個養子王德明。王德明原來叫張文禮，本來是劉仁恭的牙將，後來隨劉守文鎮滄州。劉守文去幽州看望老爸時，張文禮就趁機作亂。但因為張文禮在滄州太不得人心，才宣布起事，就被滄州人打倒，最後只得跑到鎮州投奔王鎔。

張文禮不但敢起事，而且很會吹牛，說他精通兵法，只要重用他，絕對能打勝仗。

王鎔聽他吹了幾次，對他佩服不已，認為他是個奇才，就收他為養子，改名王德明，然後把軍隊事務都交給他。

王鎔收了這個養子，覺得自己收了個軍事奇才，以後可以讓他去打勝仗，自己完全可以玩耍享樂。有養子真好。難怪那麼多強者都收很多養子。

開始時，王鎔安排王德明跟隨李存勗去征戰。後來。王鎔想把他倚仗為腹心，便派符習去取代他，調他回來任防城使。

王鎔不但貪財好色好玩好耍，也很迷信佛道，很想從這些宗教中獲得長生不老之法，他也像很多人一樣，只要有機會，就去求仙，經常集結一群善男信女，講習佛經，然後又鑽研道家符。為了感動仙界那些人士，他一有空就廣設齋醮向仙道祈禱。他找來一幫道士，在宮裡冶煉金丹。他在西山把館宇裝飾得異常華麗，然後經常跑到那裡去玩。有時候，他突然來了心情，就去登山觀水，一直當旅遊家幾個月，這才回到家裡。他也是個很講面子的人，每次出去，絕對不止三五好友，說走就走，而是帶著一支不下一萬人的隊伍，浩浩蕩蕩出發，一路吃喝玩樂，耗費十分巨大，老百姓都深受其苦。

一般史書有了這樣的描述，這個被描述對象的人生，基本就是走到了盡頭。

西元 920 年十二月，王鎔從西山回來，在鶻營莊住宿。

王鎔的宦官兼男寵石希蒙覺得還沒有玩夠，就對他說，時間還早著哪，不如再去別的地方玩一玩。

這話很對王鎔的脾氣。

李弘規說：「大王，現在晉王正在黃河兩岸和梁軍沐血奮戰。他親自冒著敵人的箭矢、衝鋒陷陣。可是大王專門供給軍用的物資卻被挪用於一些別的事情，晉王要是知道了，他會高興嗎？另外，現在我們正處於困難時期，人心難測。大王如果久離府第，遠出遊玩，萬一有奸人為變，對大王閉關相距，不讓我們進去，大王怎麼辦？」

王鎔一聽，也有點怕起來，那就先回去吧。遊玩之事，來日方長。

他看了看石希蒙，石希蒙低頭看著地面，沒有說什麼。

李弘規告退之後，王鎔正要下令收拾行李，準備啟程回府，石希蒙又低聲說：「大王，剛才李弘規那些話，絕對是危言聳聽，胡亂猜的。大王這些年來，深得人心，成德上下，都堅決擁戴大王，哪個敢對大王產生異心？李弘規出言不遜，威脅大王，是為了自誇，以提高自己的威名而已。千萬不要聽他的，誤了大王娛樂的大事。」

王鎔一聽，覺得更有道理。不就是多玩幾天，就能讓成德變天了？於是，他又連續住了兩夜，一點沒有回去的意思。

李弘規一看，這個大王真是不見棺材不掉淚，只用言語威脅是沒有效果的，必須再強硬一點。李弘規就叫內牙都將蘇漢衡帶著親軍、手持大刀，來到帳篷前面，對王鎔說：「戰士們離家已經很久，他們都想跟大王盡快回去。」

李弘規又在一旁說：「大王，石希蒙一天到晚都在勸大王到處瘋玩，好像大王的職責就是到處玩耍一樣。這傢伙就是奸臣一個。我們還聽說他準備對大王搞陰謀詭計。請大王立刻殺掉他，以謝國人。」

王鎔一聽，什麼，石希是奸臣？你可以說任何人是奸臣，也不能說石希蒙是奸臣啊。他就是一個宦官，一個天天陪我玩的宦官而已。他很會玩，很可愛啊。請問，哪個奸臣這麼可愛？天下能有這麼可愛的奸臣嗎？他只是白了李弘規一眼，沒有說什麼。

那些兵丁看到王鎔仍然不想回去。王鎔不回去，他們就得繼續執行保衛任務，繼續在外風餐露宿，拿著武器提高警惕，然後到處爬涉。王鎔他們玩得很高興，他們站崗站得很辛苦。他們不想繼續辛苦了。他們認為，他們的辛苦都是石希蒙造成的。於是他們大喊大叫起來，衝進帳篷，抓到石希蒙，然後亂刀揮下，把可愛的石希蒙砍死，然後把石希蒙的首級丟到王鎔的面前，意思是大王你看著辦。

王鎔萬萬沒有料到，這些士兵居然一言不合，就對石希蒙手起刀落，殺人比殺一隻螞蟻還乾脆，而且殺的又是他最親愛的石希蒙。他一時怒火沖天，但面對士兵們的憤怒，他又覺得很可怕。他在那裡劇烈顫抖了一陣子之後，臉色紅了又白，白了又紅，這才咬著牙，怏怏回府。還在這裡待著，既沒有石希蒙陪伴，更怕這些士兵還會做出什麼來。

王鎔這時才覺得，只有回到府第才是最安全的。

他馬上啟程急奔而回。

回到王府之後，他的怒氣還沒有消失 —— 能消失嗎？這些士兵居然當著他的面，把他最親愛的石希蒙砍死，他要是還放過這些士兵，他還是在成德說一不二的趙王嗎？他對得起陪他玩了這麼久的石希蒙嗎？

王鎔的屁股還沒有坐到那張椅子上，就叫來他的長子王昭祚以及他最信任的養子王德明來，派他們馬上帶兵去包圍李弘規和李藹的家，要把兩人的全族誅滅。這幾個傢伙，口口聲稱人家為奸臣，其實他們才是真正的奸臣。

李弘規和李藹絕對沒有想到，王鎔居然會對他們下這樣的狠手，一點防備意識都沒有，被王祚和王德明全部輕鬆斬首，受到珠連的還有幾十家。當然，那個敢帶兵提刀殺石蒙的蘇漢衡更不能放過，也被砍死在血泊之中。接著又在軍隊中掀起肅清李弘規流毒運動，凡是跟李弘規和蘇漢衡有過往來的，通通抓起來，嚴加問審，追究他們的反叛情況。

這輪運動一開始，王鎔的親兵部隊都人人自危。

王鎔一點不覺得危險。他覺得很解氣。

王鎔殺了李弘夫和李藹之後，就把大權都交經王昭祚。

王昭祚生在王府中，本質上就是花花公子，性格驕橫，剛愎自用，覺得自己很了不起，掌握大權之後，還繼續嚴查李弘規的餘黨，只要附和過李弘規的，他都無情地將其全部斬殺。

這一輪大刀砍下來，最覺得恐懼的就是李弘規所部的五百士兵。他們看到只要跟李弘規有過瓜葛的，都被綁赴刑場。他們可是天天跟李弘規在一起啊。他們能躲得過王昭祚的清算嗎？他們都怕得要命，相聚在一起，都失聲哭起來。但他們更知道，哭是解決不了問題的 —— 王昭祚是不相信眼淚的。哭救不了他們的性命，還在這裡待著，只怕馬上就會有生命危險，我們該怎麼辦？

他們還在那裡討論怎麼辦時，王鎔宣布賞賜各個部隊。其他部隊都獲得了賞賜，唯獨李弘規的這五百部屬什麼都得不到 —— 因為王鎔恨他們殺死石希蒙。你們聽李弘規的話，你們就去跟李弘規要賞賜吧。

當他宣布這個決定時，他完全可以想像得出那五百士兵失落和驚懼的表情，覺得十分解恨。

那些士兵看著別人笑容滿臉的提著賞賜的物資，就更恐懼了。他們更怕王鎔接下來會對他們進行一場血腥的清算。他們都瑟瑟發抖。

這一切，王德明都看在眼裡。

王德明自從投奔成德成為王鎔的養子之後，就一直得到王鎔的重用。他很快就發現，王鎔的能力很一般，除了會玩樂之外沒有別的，經常被他毫無根據的吹牛糊弄。這樣的人完全可以「取而代之」。他雖然打仗能力很差，但膽子大，只要覺得有機會，就敢跳出來起事 —— 當年，他乘著劉守文去幽州出差之機，就悍然宣布滄州獨立。這時看到王鎔父子居然就是這種貨色，哪能不心癢起來？

他看到這五百士兵已經被王鎔逼得走投無路，完全可以利用一下，就對他們說：「兄弟們，我不得不告訴你們一個大大不好的消息。」

什麼消息？

王德明說：「趙王已經下達命令給我，叫我將你們一個不留地坑殺。我覺得你們並沒有罪，卻要被殺。想服從趙王的命令，又不忍回害你們。不殺你們 ，我又獲罪於趙王。我該怎麼辦啊。我真是太難了。」

那些絕望的士兵聽了王德明的話，無不感動得淚水橫流。

王德明知道，自己的事成功了。

當天晚上，他們集中在潭城西門，一邊喝酒一邊謀劃。

有人說：「王太保今天那番話的意思，大家都已經深刻領會。今天晚上，只要我們勇敢地起來，就可以獲得富貴了。」

大家一聽，就這麼著。反正我們已經被逼到了絕路，不得不這麼幹了。我們不幹死他，他就會幹死我們。

他們說完之後，立刻丟下酒杯，翻過城牆進入城內。

此時，王鎔正在燒香，一臉虔誠地跪在那裡，接受道主天尊的授符。

士兵們一看，哈哈，他原來還想長生不老。我們讓你馬上往生極樂世界。

他們衝上去，根本不跟王鎔進行一句對話，揮刀就砍。

王鎔和另外一個道士當場就死在那裡。死的時候，王鎔手裡還拿著那個道符。據說，這個道符可以讓他得道成仙。

士兵們不管他手裡拿著什麼東西，很俐落地把他的首級割下，然後放火燒了王鎔那座全國最豪華的府第。

那夥人的帶頭大哥張友順帶著他們來到王德明的駐地，請他擔任留後。

王德明一看，哈哈，老子動動嘴皮，就大功告成。真乃天縱奇才，我都佩服我自己來了。

王德明一點不客氣，當場宣布自己順應民心，擔任成德留後，並恢復

自己原來的名字 —— 張文禮。然後把王氏一族全部殺掉 —— 當然，王昭祚的妻子，他還是留下的。因為這個美女是朱全忠的女兒，他還為自己留一條投靠大梁的後路。

當然，現在成德還是李存勗的附庸。

張文禮殺完王鎔一族之後，便派人去向李存勗進行了報告，還送去一份勸進表，再順便請晉王任命他為成德留後。

李存勗正在喝酒作樂，突然接到王鎔被殺的消息，重重地放下杯子，失聲悲哭起來，然後拍案而起，準備去討伐張文禮 —— 你以為你附上一份勸進表，就可以矇蔽老子？你也把老子當成王鎔了？

大家都認為，張文禮固然罪大惡極，做出犯上弒主的行為來，確實該將他碎屍萬段。只是目前我們正在跟梁軍對峙，大戰正酣，容不得半點閃失，急切之間，不能再樹一個外敵。

那就放過張文禮這個奸賊了？

當然不能放過他。只是暫時將此事擱置一下。具體做法就是，先順著他的意，任命他為留後，暫時穩住他一下，別的以後再說。

李存勗一聽，只得強行壓下怒火，派人前去任命張文禮為成德留後。

張文友大為高興。哈哈，王鎔這個倒楣鬼，你不那麼貪玩，老子還沒有機會呢。

5. 忠臣無路，權臣無門

王鎔很倒楣，劉鄩也很倒楣。

劉鄩本來是大梁勢力比較有實力的戰將，但自從朱友貞即位以來，他就時運不濟起來。不是被朱友貞逼著去打敗仗，就是自己技術發揮不好，老是中敵人的奸計。

他前段時間去討伐朱友謙時，又犯了個大大的原則性錯誤 —— 或者是朱友貞犯了個原則性錯誤。

因為劉鄩還有個身分，就是朱友謙的親家。

劉鄩帶著部隊來到陝州時，就先派人拿著他的一封信，去做朱友貞的說服，勸他好好考慮，不要與朝廷為敵、與人民為敵。

劉鄩寫了這封信給朱友貞後，就在陝州停留了一個多月，想等朱友貞覺悟起來，主動認罪歸順。他就免得跟親家兵戎相見了。

哪知，朱友貞絲毫不給親家面子，一點不理會劉鄩的語重心長，堅決與朱氏對抗到底。

劉鄩這才不得不進兵。但已經錯過了最佳時機，替晉兵的援兵留下了充足的時間。

尹皓和段凝向來忌恨劉鄩，抓到劉鄩這個巨大的把柄之後，就向朱友貞告發，說：「劉鄩別有用心。他故意在陝州逗留，放縱戰機、保護敵人，讓朱友謙有足夠的時間等待援兵。」

朱友貞一聽，自然全盤相信了兩人的話。

劉鄩兵敗之後，也有點心灰意冷，主動要求解除自己的兵權。

朱友貞對劉鄩向來也很忌憚，當年他三番五次要求劉鄩出擊，劉鄩就是硬著頭皮不理他的命令。後來他令劉鄩回朝，劉鄩也斷然拒絕。他對劉鄩也毫無辦法。現在看到劉鄩主動放棄兵權，簡直是太陽從西邊出來了。他馬上批准了劉鄩的請求，然後叫劉鄩到洛陽去看病 —— 身體是革命的本錢啊，你一定要為國家養好身體。

劉鄩到了洛陽之後，朱友貞又給張宗奭一道密令：劉鄩到洛陽之後，你想辦法把他幹掉。至於用什麼辦法，由你作主，但一定要做得祕密。

張宗奭一看，呵呵，你叫我帶兵去跟李存勗對抗，我真的沒有辦法。叫我去祕密搞死一個沒有了兵權的劉鄩，我還是有辦法的。他用的辦法就是請劉鄩過來喝酒。當然，劉鄩喝下的那杯是毒酒。然後劉鄩在洛陽因病醫治無效死亡。

當然，現在劉鄩之死，對整個局勢毫無影響。

李存勗已經牢牢控制著戰場的主動權。

他一邊壓著梁兵往死裡打，一邊做著稱帝的準備工作，兩手抓兩手都要硬。

李存勗到這時，突然發現，他手下的戰將很多，但文人卻很少。要知道，稱帝是大事，是要有一個莊嚴的儀式的。他手下那夥人，上戰場那是很有能耐的，可是你讓他們起草一個登極儀式，不如讓他們去死。

最後，他突然想到，這套儀式，就是一般讀書人也未必能懂。只有唐朝的那些舊臣才知道。於是，他就到處尋求大唐舊臣，讓他們幫自己這個忙。

可能很多人都忘記了一個人，這個人就是蘇循。蘇循曾任過大唐的禮部尚書啊。絕對可以算是禮制的專家。如果他都不懂了，別人就更不懂。當年朱全忠稱帝時，搞的那一套，也全部由他弄出來的。

別人可能忘記了他，但朱友謙卻沒有忘記。因為當年朱全忠把他打倒時，他就跑到河中來投靠朱友謙，一直在朱友謙的保護之下。這些年來，他默默無聞地過著，朱友謙也在默默無聞地保護著他。

這時，朱友謙看到李存勗急著打這樣的人才，立刻就把蘇循貢獻出來。他派蘇循到行臺向李存勗報到。

蘇循本來就是個政壇老滑頭兼投機分子。他當年為朱全忠稱帝的事，跑前跑後，用力過猛，然後以為自己這麼賣力，就可以成為頭號大臣。哪知，他為了向朱全忠表忠，不惜做出逼迫唐皇帝之事，把人品全部裸露出來。朱全忠當皇帝後，硬是把他一擼到底。他不得不離開洛陽，跑到朱友謙這裡討生活。連他也沒有想到，他居然還有出頭之日 —— 哈哈，是金子就不怕被埋沒。

他到了魏州之後，進入牙城，見到官府就拱手行禮，他說，這叫拜殿。大家一看，看來只有當過大唐的禮部尚書才知道這一套。

他見到李存勗時，就在那裡扭著身體舞蹈起來，高呼萬歲。然後邊哭邊自稱臣下。

第二天，蘇循獻了三十支大筆給李存勗。

大家一看，老蘇你這是要教晉王練書法？筆這麼大，以後晉王還得像那些退休人士一樣到廣場那裡邊走邊寫，遠遠看上去像掃地僧一樣。

李存勗也不知道送他這麼多大筆是什麼意思。

蘇循看到大家一臉懵圈，就笑了，你們不懂就對了。告訴你們，這三十支筆不是一般的毛筆，是畫日筆。只有皇帝才能擁有。至於為什麼叫畫日筆，你們自己想。我不解釋。

李存勗大喜，馬上任命蘇循為河東節度副使。

大家一看，他們跟晉打拚了這麼多年，都沒有得到什麼提拔。當年安金全以一己之力，保全了晉陽，結果也只是被一帶而過的表揚了一下。蘇老頭兒獻了三十支大筆，就直接成為河東節度副使。要知道，現在的河東節度使正是晉王李存勗啊。蘇循進來的第二天，就成了河東的第二把手，成了所有在場和不在場的河東舊人的頂頭上司。

在蘇循突然走上飛黃騰達的軌道上時，那個張文禮又覺得很不踏實起來。他雖然被李存勗任命為留後，好像一切都很順利，都在按照他的指令碼流暢地進行，可是他知道李存勗聰明得要命，能像王鎔那麼傻乎乎地被他糊弄嗎？

張文禮這麼一想，冷汗就不自覺地流了出來。他覺得自己應該多留幾條後路。

第一打後路就是契丹。契丹那邊不是有個盧文進嗎？他可是漢地這邊的人，可以走一下他的門路。他派人暗中去找盧文進，請盧文進隨即帶契丹兵前來支援他。

第二條後路就是大梁。他同時還派人來到大梁，對朱友貞說：「王鎔為亂兵所殺，幸虧我的保護，公主得以無恙。現在我已經北召契丹來助，再請陛下發精兵一萬前來相助，一起向李存勗進攻。李存勗必敗無疑。」

朱友貞一看，覺得這個辦法真好。如果能跟契丹聯手，那真是太妙了。但又覺得有點不可靠，就在那裡遲疑不決。

敬翔說：「現在我們被晉兵壓著打，處於十分被動的地位。好容易張文禮在成德搞出這個事來。我們正好乘著這個機會收復河北。只要黃河以北重歸我手，則李存勗對我們就無能為力。請陛下順從其請。機不可失啊。」

朱友貞也覺得十分有理。

可就在這時，一直不說話的趙巖和張漢傑又出來發言了。這兩個哥們對國際國內形勢，從來不認真觀察，一天到晚只是在意自己手中的權力。看看誰對自己有威脅就打擊誰。他們知道敬翔很有能耐，曾經是朱全忠時代的頭號大臣，如果他的策略大功告成，他很有可能又成為第一大臣。他要是當了第一大臣，大梁還有他們什麼事嗎？因此，他們一直就抱著這樣的原則：凡是敬翔的提議，他們就堅決反對。即使這個提議可以讓大梁起死回生，他們也要堅決反對。在他們的心裡，大梁的生死存亡都跟他們無關，他們只在乎自己手中的權力是不是受損了。

兩人聽了敬翔的話，立刻說：「陛下，現在強敵壓境。李存勗的主力就在我們首都不遠啊，稍有疏忽他們就衝到了大梁城下。我們舉全國之力來抵抗他們，都還嫌兵力不夠，又去哪抽出一萬部隊去支援張文禮？況且張文禮現在是腳踏三隻船。他派人來跟我們修好，只是以此來為自己多加一條安全帶而已。這對我們毫無幫助。」

朱友貞對這兩個傢伙的話，向來沒有免疫力。他聽了兩人這麼說之後，就果斷地否決了敬翔的提議。

張文禮為了替自己尋找後路，不斷地派使者祕密前往大梁和契丹。有幾個使者實在不宜在隱蔽戰線工作。他們才到黃河邊的渡口上，就被李存勗的人抓獲，而且還被搜出身上的蠟丸。蠟丸裡面包著絹書。

李存勗早知道張文禮的這些伎倆，因此得到這些東西後，並沒有暴跳如雷地跺腳大罵，而是把這些東西都包好，然後讓使者再帶回去向張文禮交差，弄得張文禮又是慚愧又是害怕。最關鍵的是，朱友貞還不跟他聯手，使得他的心思白白地暴露在李存勗的面前。他不怕才怪。

張文禮雖然乘亂殺了王鎔，當上了成德第一把手，但王鎔手下的那些舊將對他都是不服。他也很顧忌那些人，於是就不斷地找機會，把他們逐一誅滅。

張文禮殺了很多人之後，突然發現，符習也是王鎔的心腹舊將，而且他現在還帶著一萬人馬隨李存勗在德勝。這個手握重兵的傢伙更必須清除。可是這個動作的難度有點大，符習手裡有重兵，又跟著李存勗，張文禮膽子再大，也不敢硬來。

但他又不甘心讓符習繼續手握重兵地活著。於是就向李存勗請求，說符習是成德的核心人物，現在成德需要他，請晉王把他放回來，成德再派別人去頂替。為了不讓符習起疑，他還破格提拔符習的兒子符蒙為都督府的參軍，然後再派人拿著錢物去慰勞前線的將士，以便討好他們。

符習知道後，跑去見李存勗說：「大王，我和趙王曾經一起發誓剿滅朱賊，我跟趙王雖非父子，但情同骨肉。不意突然生出這個變故來，我實在是太痛心了。大王如果沒有忘記先王，就應該為他報仇。傾力滅掉朱賊。我繼續和大王並肩戰鬥。」

符習說過之後，跟他三十多個部下一起跪倒在地，邊哭邊說：「趙王交給我們寶劍，讓我們去消滅敵人。自從發生變亂以來，深仇大恨無處可以報。我們本來想以寶劍自殺，但又覺得這樣做，對死去的人真沒有什麼好處。現在大王感念趙王昔日之情，答應為趙王報仇。我們不敢煩大王的府兵，只願意率領我們的部下前去報仇，以此來報答王氏之恩。雖死亦無恨。」

李存勗本來對張文禮就已經很憤怒了，看到符習他們這樣說，就決定把張文禮搞定。李存勗這時再也不天會徵求意見了。張文禮已經跟契丹和朱友貞不斷往來，而且直接向這兩家提出，一起向李存勗發難。如果張文禮這個計畫成功，李存勗就有苦頭吃了。他跟朱友貞在這裡已經打了很長時間，雙方已經差不多打到精疲力盡的地步了，現在都在硬著頭皮咬牙堅持，就看誰的最後那口氣更長一點。如果契丹和張文禮的部隊殺進來，他真的抵擋不住。必須馬上解決張文禮這個後患。現在符習強烈要求去打張文禮，那是正對時候。

李存勗馬上任命符習為成德留後，又派閻寶和史建瑭帶兵幫助符習，從邢州向北出發，一定要把張文禮這個吹牛大王打死。

張文禮也是到到了倒楣期，他努力巴結朱友貞，可是朱友貞居然一口回絕。他這輩子都在吹牛，而且都是吹得不著邊際、吹得毫無根據。唯獨這一次跟派人去跟朱友貞聯合，算是做了一件有根據的事，可是朱友貞卻又不配合。更要命的是，這個祕密的事，還被李存勗知道得一清二楚，手裡全是他搞陽奉陰違的把柄。張文禮知道，李存勗這次絕對不會原諒他。

饒是他那張嘴平時誇誇其談，這時也是不知道說什麼好了。

張文禮就這樣直接進入鬱悶期。

張文禮正在鬱悶時，果然聽說李存勗已派符習帶著部隊北上來打他。

張文禮本來肚皮上長了個毒瘤，雖然請了很多神醫來對症下藥，可是一直沒能根治。這時，他心情一鬱悶，那個毒瘤就發作起來。

張文禮一邊受毒瘤的折磨，一邊還六神無主。

西元 921 年八月十一，有人向張文禮報告：張大人，符習那廝的部隊已經攻下了趙州。

張文禮忍著疼痛，說：「王鋋刺史呢？」

答：他還在當趙州刺史。

張文禮點點頭，說：「這麼說來，他還繼續戰鬥。」

回大人，他沒有繼續戰鬥。

張文禮說：「那他還怎麼當刺史？」

答：「他先投降了敵人，然後晉王又任命他當趙州刺史。」

張文禮一聽，不由大叫一聲，直接倒在地上。大家上前去把他扶起來，發現他居然已氣絕。

他的兒子張處瑾一看，老爸啊，你怎麼在關鍵時刻徹底撂擔子？你也太不負責任了吧。

張處瑾知道，如果這時大家知道張文禮死了，局面馬上就不可控。於是，他來個祕不發喪，跟他的另一個死黨帶著部隊韓正時跟符習硬碰硬。

九月，晉兵渡過滹沱河，包圍了鎮州。他們完成包圍之後，就決開漕渠灌進城中，還生擒了深州刺史張友順。這一次，雙方打得十分激烈，連河東悍將史建瑭也中箭犧牲。

李存勗也沒有想到成德軍居然抵抗得這麼頑強，他準備再分一些部隊去支援符習。

大梁北面招討使戴思遠獲取這個情報後，覺得機會又來了。他暗中進行了一個計謀，等李存勗分兵之後，德勝北城的兵力肯定會空虛下去，他就可以對其襲擊一把。

他這個計謀絕對沒有錯。可是他居然讓他的計謀洩露出去，軍中很多人都知道了。

李存勗抓到幾個俘虜。這幾個俘虜居然也知道戴思遠的這個計謀。於是，李存勗也知道了。

李存勗大驚，差點完蛋了。

他不動聲色，來個將計就計。

他高調宣稱，已經分兵北上打擊成德。

然後他叫李嗣源在戚城埋伏，叫李存審屯駐德勝城，先以騎兵去引誘戴思遠的部隊。

戴思遠聽說李存勗果然分兵北進，心頭大喜，便派兵向德勝北城出發。

戴思遠才到半路，就碰上了一隊河東騎兵。

有人提醒戴思遠，看來敵人已經有所防備了。

戴思遠說：「也得先打這隊騎兵再說。」

兩下一接觸，戴思遠發現河東的這隊騎兵，都是一些老弱，騎在馬上看起來很威武，戰鬥力卻很差。戴思遠哈哈大笑，原來守德勝的都是這些老弱。李存勗是故意讓他們騎著馬到處跑，表示他已經有所防備，其實是在玩空城計。哈哈，德勝北城在望了。

戴思遠下令全軍加速前進。

而此時，李存勗已經帶著主力部隊嚴陣以待。

梁兵很快就急奔而來。

他們覺得他們是在朝著勝利的方向飛奔。

突然他們發現前頭有大量的晉兵在列陣以待。

到底怎麼回事，戴大帥不是說這裡已經十分空虛了嗎？

李存勗看到梁兵果然如期而來，便馬鞭一揮，三千鐵騎疾馳而出，向梁兵衝擊。

梁兵這才知道中了人家的圈套，戰鬥隊形很快就被衝擊得淩亂，接下去就大敗了。接著李嗣源的伏兵也四面殺出，梁軍將士就更加魂不附體。

戴思遠本人也從亂軍中衝出，向楊村奔逃。指揮官都已經逃離現場，其他士兵也只能自顧逃命，大家都在爭相逃跑，戰場上亂成一團，很多人因為自相踐踏而死，還有的落於河中的冰窟窿，再加上被敵人砍殺，梁軍這次損失了兩萬多人。

戴思遠本來是想取得一場勝利，結果卻把這個勝利送給了李存勗。他的策略很正確，可是他居然連一點保密工作都不會做，最後就只得大敗了。要知道，兩家對打到現在，都已經到了最後關頭，誰都經不起一場失敗了。戴思遠的這場失敗，對於大梁來說，可說是痛入骨髓了。

李存勗來個將計變計，狠狠地打了戴思遠一場，收穫了一次意想不到的勝利。

但北方的形勢更複雜起來。

6. 契丹南侵

因為王處直又加了進來。

王鎔死後，王處直就成當今最資深的藩鎮強人了。他還是王鎔的叔叔。

王處直有個缺陷，就是沒有嫡子。

後來，有個跑江湖的術士李應之在陘邑得到一個小孩。這個小孩當時叫劉雲朗。李應之把劉雲郎送給王處直。他對王處直說：「這個小孩有貴相。」

當時大家都很迷信，王處真這樣的人更迷信。

他聽李大師這麼一說，馬上就把劉雲郎收為養子，改名王都。

王都長大後，嘴巴很乖，善於逢迎，敢弄虛作假。王處直很喜歡他，覺得他很乖。

後來，王處直組建了一支新部隊，就讓王都當了這支部隊的統領。

王處直其實還有一個兒子叫王郁。只是這個兒子非正妻所生。王處直很不喜歡這個非嫡子。王郁看到老爸對他很不待見，一天到晚只誇那個養子。他覺得自己還在這裡混，肯定混不過王都。以後王處直大機率會把大位交給王都。他深知王都的品性。一旦王都大權在握，他的好日子就到頭了。於是，他決定離開定州，離開他的父親，轉投李存勗帳下。

李存勗見到王郁之後，覺得這小子還不錯，就把女兒嫁給他，然後任他為新州團練使。

王處直看到王郁自動離開了，心裡很高興——王郁要是不主動離去，他還真不好處理這個接班人的問題。因為他一直就想讓王都當接班人，但總是無法繞過王郁——到底王郁是他的親生兒子啊。如果他強行把大位送給王都，王郁沒有意見，其他人也會說三道四。現在這一節全免了。

王處直毫無心理負擔地任命王都為節度副使。大家一看，定州勢力的接班人已經呼之欲出了。

王處直當了李存勗的附庸後，一直就在定州這裡獨立自主，很少介入別國的事務，存在感並不強。他跟王鎔由於是叔姪關係，以前一向是唇齒相依，共進共退。

當張文禮起事殺掉王鎔時，很多人都以為王處直叔叔會奮而起兵，跟張文禮硬碰硬到底。

哪知，王鎔一家被滅門之後，王處直居然連個強烈譴責的聲音都沒有。好像王鎔跟他沒有一丁點關係一樣。

直到李存勗發兵討伐張文禮時，王處直才又抬起他那花白的腦袋來，關注這件事。很多人又都認為，他這次一定會發兵配合李存勗，夾擊張文禮。

哪知，這些人又都想錯了。

王處直完全不是這樣想的。他看到李存勗準備攻占鎮州，就突然想到，他的定州和鎮州向來唇齒相依，一榮俱榮、一損俱損，鎮州作為獨立勢力的存在，對定州是大大的有利。如果李存勗拿下鎮州，以後定州就是孤立的存在了。到那時，周邊的大勢力只要有想法，就完全可以拿下定州。他的事業就完蛋了。

於是，王處直就緊急派人去勸李存勗別打鎮州。當然，他的理由並不是說他擔心鎮亡而定孤，而是說現在前方跟梁兵咬得正緊，必須全力以赴對付梁軍，請先放過張文禮吧。張文禮殺了我的姪兒 ，我都還可以忍受。大王就不必那麼急躁吧。

李存勗一聽，這個老傢伙自己的姪兒被人家滅門了，居然還有臉出來說這些話？

他馬上答覆王處直，說張文禮膽敢弒君，已經義不可赦，後又潛引梁兵，直接威脅易州和定州。必須堅決消滅。

王處直一聽，更加擔心了。王處直一擔心，自然就想辦法化解這個難題。

他想來想去，看來只有跟契丹聯合起來，才有希望不被李存勗吃掉。

當時，新州跟契丹接壤，而新州刺史正是王郁。他這時覺得王郁真的很重要。他暗中派人去找王郁，請王郁拿金錢去賄賂契丹，請契丹派兵打入河東境內，以此來解鎮州之圍。

王郁的左右知道後，都勸王郁千萬不能這樣做。現在晉王事業如日中天，得罪他是沒有好果子吃的。

王郁不聽。他有自己的想法。

他派人對王處直說：「只要你立我為繼承人，我就照你的話去做。否則一切免談。」

王處直想不到王郁會提出個要求。這小子，也算是夠沉得住氣了。原來以為他讓了一步，跑到李存勗那裡再就業，原來卻是跑到那裡坐等機會，一旦有機可乘，就突然伸手。他沒有辦法，只得答應了王郁的條件。

王處直看到王郁同意去連結契丹，終於大大地鬆了一口。可是軍府的那些人對契丹都沒有什麼好感，我們堂堂燕趙之人，怎麼能去跟契丹拉拉扯扯。王都知道王處直答應立王郁為繼承人，心裡就更不爽了。

王都一不爽，就想強奪這個節度使大位。於是，他跟書吏在某外角落商量，乾脆把王老爺子抓起來，逼迫他讓位 —— 這事劉守光做得，我們為什麼做不得。

當時，王處直正跟張文禮在城東喝酒，一直喝到天黑才噴著酒氣回來。

王都早就在王處直的豪宅周圍識設下埋伏。

當王處直來到豪宅前時，士兵們突然都跑出來，大聲鼓譟，然後把他劫持起來，說：「我們不願意把契丹拉扯進來。請你回到西院。」於是就把他王處直和他的大小老婆一堆人都關在西院。王都這時把自己的嘴臉全部展現出來，他關了王處直之後，把王處直的子孫以及心腹將佐，全部殺掉，然後宣布自己是留後。

王處直從唐末之亂到現在，很多跟他同時代的人都已經完蛋，而且很多人都比他厲害N倍，最後都逃不脫提前倒下的悲慘結局。他碌碌無為，卻硬是支撐到現在，沒有哪個強者把他幹掉，結果卻被這個來歷很有些不明的養子搞定。這個惡果完全是他自己種下的。

王都搞了這個政變之後，便派人去向李存勗作了報告。

李存勗一看，王處直你活該。便讓王都接替了王處直的職務。

李存勗看到成德抵抗很頑強，心裡也有點著急起來。如果老是在鎮州那裡浪費一支部隊，黃河這邊的力量就有點難了。必須盡快結束鎮州的戰鬥，把那支部隊調回來，增加這邊的力量。看來必須他本人去了。

李存勗心下計議一定，便叫李存審和李嗣源繼續守德勝，他自己帶兵去攻鎮州。

張處瑾看到李存勗都親自出馬了，自己這點實力，哪是李存勗的對手。他不敢再打，急忙派他的弟弟張處琪和幕僚齊儉去向李存勗謝罪請服。

李存勗不許。

李存勗不許之後，就跑到第一線，指揮部隊攻城。哪知，「盡銳攻之」了十多天，仍然沒有攻打下來。

張處瑾雖然死守了十多天，但李存勗的攻勢卻從沒有停歇。他知道再這樣下去，他就死定了。於是，他派韓正時率領一千多騎兵衝出包圍圈，直奔定州，任務是向王處直求援。

韓正時衝出來時，河東軍便尾隨而追，一直追到行唐，終於把韓正時抓獲，斬首。

韓正時丟了腦袋，張處瑾則絕了外援。

那邊王郁還在努力完成老爸交辦的任務，跟契丹保持密切聯繫。

耶律阿保機其實也一直想找機會南下。他現在又有盧文進作嚮導，而且盧文進又熱衷於南下作戰，狠狠地打擊河東那幫人。

王郁看到自己的工作初見成效，便派人對耶律阿保機說：「陛下，鎮州美女如雲、金帛如山，遍地是財富，如果陛下能搶在別人的前面趕到，這些美女財富就都歸陛下所有。否則，就全歸李存勗那廝了。」

耶律阿保機一聽，嘴巴都張開起來，必須抓緊時間，否則真的被李存勗搶在前面了。他馬上決定帶領全部人馬南下。

述律平還是很冷靜的，勸他說：「我們現在有西樓羊馬之富，其樂趣已經無窮無盡了，何必勞師遠征，冒著巨大的危險去打鎮州？我聽說晉王用兵，天下無敵。跟他對決，稍有不慎，後悔就來不及了。」

這次耶律阿保機不聽述律平了。哈哈，你聽說鎮州有美女多，你當然要反對了，不過，你放心，不管有多少美女，即使那些美女的顏值飆到天際，你在朕的心裡永遠占據第一位。

當年十二月，耶律阿保機的部隊向幽州進攻。

李紹宏率兵死守。

耶律阿保機看到幽州城堅，估計急切之間，很難打下，便又長驅而南，圍攻涿州。

涿州果然沒有幽州那麼堅固，耶律阿保機連續猛攻十天，終於攻下了涿州，生擒刺史李嗣弼。

接著，耶律阿保機向定州進攻。

王都萬萬沒有想到，契丹大軍真的風捲殘雲而來，不由嚇得面無人色，急向李存勗告急：大王如果不馬上派兵前來救援，我馬上就完蛋了。

李存勗也沒有料到契丹真的要來，而且來得這麼迅速。如果定州被契丹拿下，耶律阿保機的膽子就會更大，契丹兵就會進入更加良好的戰鬥狀態，他們必定會繼續南下。到時就會與大梁對河東形成夾擊之勢。那時，只怕韓信復生，也應付不了啊。

李存勗只得又放下鎮州，帶著五千騎兵去救定州，並派王思同率兵駐紮狼山，預防契丹的進攻。

李存勗萬萬沒有想到，形勢居然變得這麼複雜。

6. 契丹南侵

五代十國裂世局——大唐終焉與新王初起：
王朝餘燼未冷 × 諸侯稱帝為王 × 契丹借勢崛起，正統沒於烽火，亂世自此無主

作　　者：譚自安
發 行 人：黃振庭
出 版 者：複刻文化事業有限公司
發 行 者：崧燁文化事業有限公司
E-mail：sonbookservice@gmail.com
粉 絲 頁：https://www.facebook.com/sonbookss/
網　　址：https://sonbook.net/
地　　址：台北市中正區重慶南路一段 61 號 8 樓
8F., No.61, Sec. 1, Chongqing S. Rd., Zhongzheng Dist., Taipei City 100, Taiwan

電　　話：(02)2370-3310
傳　　真：(02)2388-1990
印　　刷：京峯數位服務有限公司
律師顧問：廣華律師事務所 張珮琦律師

定　　價：580 元
發行日期：2025 年 08 月第一版
◎本書以 POD 印製

國家圖書館出版品預行編目資料

五代十國裂世局——大唐終焉與新王初起：王朝餘燼未冷 × 諸侯稱帝為王 × 契丹借勢崛起，正統沒於烽火，亂世自此無主 / 譚自安著 . -- 第一版 . -- 臺北市：複刻文化事業有限公司 , 2025.08
面；　公分
POD 版
ISBN 978-626-428-202-4(平裝)
1.CST: 五代十國 2.CST: 通俗史話
624.2　　　　114010257

電子書購買

爽讀 APP　　臉書